인문학 콘서트 2

인문학, 한국인을 탐색하다

인문학 콘서트 2

이어령
김정운
임헌우
하지현
박이문
임돈희
이종철
장윤선
오세정
조용진
김열규
최준식
이종묵
한명희
김삼진
김봉렬

이숲

인문학의 눈으로 바라본 한국인의 정체성

기원전 고대 로마의 유적에서 발견된 "태양 아래 새로운 것은 없다(nil novi sub sole)"라는 유명한 문구를 기억합니다. 그간 우리는 과학과 소통수단의 놀라운 발전을 경험해왔지만, 근본적으로 인간 자체를 혁신한 사례는 좀처럼 찾기 어려웠음을 새삼 느끼게 하는 문구가 아닌가 합니다.

그러나 실제로 일상의 우리 삶에는 얼마나 많은 변화가 있었습니까?

근세의 역사만 돌아봐도 제국주의 전쟁이 있었고, 열강의 각축전에서 우리는 비극적인 식민 지배를 경험해야 했으며, 동족 간의 전쟁을 겪어 나라가 폐허로 변한 모습을 속수무책 바라보는 수밖에 없었던 질곡의 역사를 헤쳐왔습니다. 그러나 불과 60년 만에 한국은 전 세계가 주목하는 나라, 산업화와 민주화를 동시에 이룩한 나라, 경제규모로 세계 13위의 국가로서 2010년 G20 개최국이 되었습니다.

이처럼 빠른 변화의 소용돌이에서 '우리' 안의 경험과 의식의 차이에 따른 세대 간 괴리를 목격하기도 합니다. 태양 아래 새로운 것이 없다던 현자의 말씀에 비추어 볼 때, 우리는 너무도 빈빈한 발견과 발명, 그리고 변화에 당황한 느낌마저 듭니다.

결국, 우리는 새로운 것을 창조할 수는 없지만, 기존의 사실들을 새로운 맥락에서 바라보고, 전혀 다른 방식으로 사고하여 이전에 볼 수 없었던, 완전히 새로운 것을 '재창조'하는 능력을 길러왔던 것이 아닌가 합니다. 저는 바로 그런 창의력과 상상력이 오늘날의 우리가 있게 한 원동력이라고 믿습니다. 그리고 그런 힘은 과학과 기술에서 나오는 것이 아니라, 인간을 이해하고 더 나은 미래를 꿈꾸는 인문학적 상상력에서 비롯되었음을 확신합니다.

KTV 한국정책방송에서는 2008년 6월 인문학 열전이라는 프로그램을 기획, 방송하기 시작하여 2010년 10월 현재 모두 120여 명에 달하는 국내 대표적인 원로·중견 학자들의 인문학 담론들을 소개했습니다. 철학과 역사, 문학과 예술 등 인문학의 주요 주제들을 쉬우면서도 깊이 있게 다루어, 시청자들로부터 매우 긍정적인 반응을 얻고 있습니다. 아울러, 2010년 1월에는 《인문학 콘서트》라는 제목의 책으로 출간하여 지금도 독자들의 꾸준한 사랑을 받고 있습니다.

이번에 출간한 《인문학 콘서트》 2권은 '인문학, 한국인을 탐색하다'라는 부제가 시사하듯이 세계가 놀라는 성과를 이룩한 한국인의 저력은 과연 어디에 있는지, 한국인의 고유한 창의력과 상상력은 어디서 온 것인지, 우리가 바라는 미래의 한국인은 어떤 모습이 되어야 할지, 다양한 분야의 대표적인 학자들이 인문학적 시선으로 그 핵심을 탐색한 내용을 담고 있습니다. 독자들이 이 책을 통해 한국인으로서 자신의 정체성에 자랑스러움을 느끼고, 내면에 숨어 있는 자신만의 능력을 발견하고, 그것이 더 나은 삶을 만들어가는 든든한 힘이 되기를 간절히 바랍니다.

아울러 KTV 인문학 열전을 지금까지 잘 이끌어준 MC 김갑수 선생님과 연출팀의 신혁중, 조성호, 정성구, 권채린, 그리고 작가팀의 서선미, 최선미 씨에게 고마움을 표하며 제3, 제4의 인문학 향연이 이어지길 빕니다.

2010. 10. 4.

KTV 한국정책방송원장

손 형 기

제2부. 한국인, 어디서 왔나

제3부. 한국인, 누구인가

제1부
한국인, 어디로 가나

이어령 Only One, 한국인의 독창성

"지금의 인문학은 쇠퇴해야 합니다. 죽어야 합니다.
그래야 인문학은 스스로 살아나고 꽃을 피우겠죠."

김정운 한국인이 놀다

"익히 아는 것을 전혀 다른 맥락으로 가져가는 역량이 창의성인데,
놀이가 바로 그렇다는 거예요."

임헌우 한국인, 상상력을 디자인하라

"망설임에는 천 가지 변명과 만 가지 이유가 있다고 합니다.
그런데 무언가를 시작하는 데에는 딱 한 가지가 필요합니다.
바로 용기입니다."

하지현 한국인의 도시 심리학

"도시의 삶에서도 슬로우 라이프를 실현할 수 있다는 사실을 아는
것은 중요하지만, 무엇보다 중요한 것은 내 속도로 내 페이스를
일정하게 유지하는 겁니다."

박이문 한국의 과학교육을 위하여

"과학교육은 기술을 가르치는 교육이 아니라, 과학이 무엇인가를
근원적인 차원에서 이해할 수 있게 하는 교육이 되어야 합니다."

Only One, 한국인의 독창성

| 이어령 |

"세상을 천지인으로 구별해서 바라보면 인간과 인간을 둘러싼 모든 것을 대상으로 삼을 수 있죠. 오늘날과 같은 자연과학의 대상으로서 땅을 연구할 수 있어요. 땅은 객관적으로, 물리적으로 존재하니까요. 육안으로 관찰할 수 있는 하늘도 마찬가지죠. 그런데 인간인 나를, 내가 어떻게 관찰하죠? 내가 나를 객관적으로 보려면 나의 밖으로 나가야 하잖아요. 그런데 내가 어떻게 내 밖에서 나를 봅니까? 인간 자신이 어떻게 인간을 객관적으로 바라볼 수 있습니까? 그러니까 '인문학'이라는 학문은 허구다, 인간이 어떻게 인간을 대상으로 연구할 수 있느냐. 그러려면 인문학을 하는 사람에 대한 인문학이 또 있어야 하지 않느냐. 이렇게 인문학이란 사실상 존재하지 않는다는 주장도 있어요. 그러나 역설적으로 말해서 사람이 사람을 대상으로 삼는 인문학은 지극히 놀라운 학문이고, 사실은 최첨단 자연과학보다 더욱 탐구 불가능한 영역을 다루고 있다고 말할 수 있죠."

이어령

이화여자대학교 명예석좌교수.
서울대학교 국문학과 졸업, 동 대학원 석사, 단국대학교대학원 국문학 박사.
문화부 장관, 올림픽기념사업추진위원회 위원, 세계디자인올림픽 조직위원회 위원 역임.
주요 저서: 《생각》, 《젊음의 탄생》, 《디지로그》

세상 모든 것이 인문학이다

김갑수   우리 한국인의 삶을 어떻게 규정해야 할까요?

참 어려운 질문입니다만, 과거를 돌아보면 긴 역사를 통해 드러난 한국인만의 고유한 성질이 있는 것 같습니다. 그것은 때로 개인과 국가의 결정적 위기를 극복하는 놀라운 기적을 낳기도 하고, 때로 타인의 모습을 마치 자화상처럼 바라보며 절망하는 원인이 되기도 합니다.

인문학이 궁극적으로 인간에 대한 이해를 목표로 한다면, 한국인의 정체성을 찾아내는 하나의 시각이 될 수도 있을 겁니다. 우리가 인간에 대한 이해를 이야기할 때 이어령 선생님은 늘 큰 그림을 그려주시고, 번득이는 혜안으로 깨달음을 주시는데, 우선 선생님께서 생각하시는 인문학이란 어떤 것인지 설명해주셨으면 합니다.

이어령   인문학이 무엇이냐는 질문에는 단정적으로 대답하기 참 어렵지만,

아주 사소한 예에서 대답을 찾아보지요. 인문학적 사고를 말할 때 특히 동양에서는 예부터 모든 것이 인문학이었어요. 선비들의 학문에서만이 아니라, 일상 어디서나 발견할 수 있었습니다.

예를 들어 엽전의 모양을 보면 전체적으로 둥글고 가운데 네모난 구

상평통보

멍이 있잖아요. 그래서 둥글면서도 각이 졌다는 뜻에서 이걸 '공방(孔方)'이라고 하는데, 그 네모난 구멍은 단순히 엽전을 가지고 다니기 쉽게 줄을 끼우는 기능적인 장치처럼 보이지만, 사실 거기에는 아주 심오한 의미가 숨어 있습니다. 엽전의 둥근 모양은 하늘을, 가운데 네모는 땅을 상징하죠. 그렇게, 엽전 한 닢에 우주가 담겨

있는 겁니다. 그런데 그 엽전을 누가 씁니까? 사람이 쓰잖아요. 하늘과 땅과 사람. 그것을 천지인(天地人), '삼재사상(三才思想)'이라고 합니다. 이것은 뭐 한국 고유의 사상은 아닙니다만, 지금까지 동양을 지탱해온 정신적 지주라고 할 수 있어요.

예를 들어 백과사전을 '삼재도감(三才圖鑑)'이라는 이름으로 부르곤 하죠. 하늘과 땅과 사람, 즉 우주 만물에 대한 설명이 들어 있다는 겁니다. '천(天)' 자에 '문(文)' 자를 쓰면 천문학(天文學), 땅 '지(地)'에다 '문(文)' 자를 쓰면 지문학(地文學), '인(人)'에다 '문(文)' 자를 쓰면 인문학(人文學)…. 그러니까 서양식으로 인문학을 설명하려면 아주 복잡하지만, 삼재사상으로 풀면, 천문학, 지문학, 인문학으로 간단히 해답을 얻을 수 있습니다. 요즘 여러 학자가 학문의 통섭, 융합을 해야 한다고 주장하는데, 사실 옛날부터 동양에는 인문학, 즉 사람을 중심으

로 해서 천재, 지재, 인재의 세 가지 힘이 뭉쳐진 삼합일체의 삼재사상이라고 하고, 그것이 우주 만물을 아우르는 학문이라고 생각했던 거죠. 그 당시 인문학이라는 용어를 사용하지는 않았지만, 우리 선조는 이미 오늘날과 같은 인문학적 사고를 하고 있었던 겁니다.

김갑수　그렇군요. 하지만 자연과학과 인문학은 연구의 대상 자체가 다르지 않습니까? 자연과학의 연구대상은 눈에 보이는 자연현상이지만, 좁은 의미의 인문학은 명시적으로 규정할 수 없는 인간을 대상으로 하니까요. 그런데 그걸 어떻게 하나의 범주로 묶을 수 있었을까요?

이어령　세상을 천지인으로 구별해서 바라보면 인간과 인간을 둘러싼 모든 것을 대상으로 삼을 수 있죠. 오늘날과 같은 자연과학의 대상으로서 땅을 연구할 수 있어요. 땅은 객관적으로, 물리적으로 존재하니까요. 육안으로 관찰할 수 있는 하늘도 마찬가지죠. 그런데 인간인 나를, 내가 어떻게 관찰하죠? 내가 나를 객관적으로 보려면 나의 밖으로 나가야 하잖아요. 그런데 내가 어떻게 내 밖에서 나를 봅니까? 인간 자신이 어떻게 인간을 객관적으로 바라볼 수 있습니까? 그러니까 '인문학'이라는 학문은 허구다, 인간이 어떻게 인간을 대상으로 연구할 수 있느냐. 그러려면 인문학을 하는 사람에 대한 인문학이 또 있어야 하지 않느냐. 이렇게 인문학이란 사실상 존재하지 않는다는 주장도 있어요. 그러나 역설적으로 말해서 사람이 사람을 대상으로 삼는 인문학은 지극히 놀라운 학문이고, 사실은 최첨단 자연과학보다 더욱 탐구 불가능한 영역을 다루고 있다고 말할 수 있죠.

그래서 인문학의 정의를 내리려고 고심하기보다는, 인간이 과연 어떻게 살아왔는지 그 흔적을 살펴보는 일이 인문학을 이해하는 상징적인 방법이 될 수 있을 겁니다. 예를 들어 아주 오랜 옛날 원시인들이 사냥하는 모습을 그려놓은 벽화를 보면 자기가 잡는 짐승은 아주 세밀하게 잘 그려놓았어요. 그런데 그것을 잡는 사람의 모습은 그냥 점으로 툭툭 찍어놨거든요. 먹잇감은 잘 관찰하고 그림으로도 잘 재현하는데, 정작 그 먹잇감을 잡는 사냥꾼을 제대로 그린 벽화가 없는 겁니다. 인간이 아닌 대상을 연구하기는 쉽지만, 인간이 자신의 생각이나 마음을 연구하는 것은 대단히 어렵다는 거지요. 그래서 인문학은 다른 학문과 비교되는 것이 아니라, 학문을 하는 주체 자체가 인간이기에 인문학이 아닌 것이 없고, 인문학이란 것이 따로 없다고 말할 수 있겠죠.

에스파냐 북부 칸타브리아 지방 알타미라 동굴 벽화

인간을 둘러싼 세 가지 세계

김갑수   인간이 성찰할 수 있는 것이라면 모든 것이 인문학의 대상이 될 수 있다는 말씀 같습니다. 그런데 인문학의 비중과 영향력에도 부침이 있지 않습니까? 서양에서는 르네상스 시기 인문정신이 정말 왕성하게 꽃피었고, 계몽주의 철학자들은 인간의 진보를 믿고, 인간이 보유한 모든 지식을 모아놓은 백과전서를 꿈꾼 적도 있었는데, 이제는 말하기조차 진부해졌습니다만, 인문학이 실종될 위기에 놓였다고 합니다. 대학에서도 인문학 관련 학과들이 속속 사라지고, 기업에서도 인문학 전공자들을 기피하는 현상이 어제오늘의 일이 아닙니다. 과거와 비교할 때 인간의 경제적 삶이 이토록 풍요롭고, 인간이 이렇게 강력하게 자연을 지배한 적이 없는데, 왜 인간을 대상으로 한 인문학적 정신은 쇠퇴하는 걸까요?
그간 선생님께서 하신 말씀을 보면, 미래 세계에서는 인간이 인간을 벗어날지도 모른다, 트랜스휴먼(trans-human)의 세계가 온다고 하셨는데, 지금 우리가 그런 상황으로 가는 것이 아닌가요? 이런 변화와 흐름에 놓인 인문학의 위치는 과연 어떤 것인지 궁금합니다.

이어령　　그것이 오늘 대화의 가장 중요한 화두라고 생각해요. 사실, 인간도 자연의 일부이고 물리적 실체인 만큼, 자연과학의 중요한 연구대상 이죠. 그런데 인간은 자연과 다르죠. 인간은 자연 사물과도 다르고, 동물과도 다릅니다.

기호학에서는 자연적이고 물리적인 세계인 자연계를 '피시스(Physis)' 라고 하고, 언어나 상징의 체계를 뜻하는 기호계를 '세미오시스

(Semiosis)'라고 하고, 인간이 자의적 으로 만든 법률이나 규칙의 체계를 '노모스(Nomos)'라고 합니다. 이건 뭐, 그리 어려운 얘기가 아닙니다. 예를 들어 도로를 보면 중앙에 분리 대를 만들어서 자동차가 건너편 차 선으로 넘어가지 못하게 물리적으 로 막아놓았죠. 이것을 피시스의 체 계라고 할 수 있겠죠. 그런데 도로 중앙에 황색 선만 그어놓고 넘어가 지 못하게 해놓은 곳도 있어요. 이것 은 세미오시스 체계에 속하는 겁니 다. 도로 위에 칠해놓은 노란색 페인 트에 불과하지만, 사람들은 모두 그

선을 넘어가면 안 된다는 걸 알고 있어요. 그 선을 넘어가면 어떻게 되죠? 경찰에게 적발되면 범칙금을 물어야 하지요. 이렇게 법과 규칙으로 정해서 강제적으로 지키게 하는 것이 바로 노모스의 체계입니다. 그러니까 우리가 자동차 하나를 몰고 가더라도 피시스, 세미오시스, 노모스의 체계를 직접 체험하고 그 안에서 사는 거예요. 그런데 기계 기술의 발달로 피시스가 노모스와 세미오시스를 앞지르는 현상이 벌어지고 있어요. 가령, 교통법규로 정해서 안전벨트를 하라든가, 음주운전을 하지 말라고 하는데, 알코올 냄새가 나면 아예 시동이 걸리지 않는 차를 만든다든지, GPS로 감시하고 있다가 차가 중앙선을 침범하면 자동으로 원래 차선으로 돌아가게 하는 기술이 개발되면, 세미오시스에 속하는 교통체계나 노모스에 속하는 교통법규 자체가 아무 의미 없어지는 거죠. 지금 미국이나 유럽에서는 알코올 냄새가 나면 시동이 절대로 안 걸리게 하는 기계장치를 장착할 수 있는 수준에 와 있지만, 이런 법안이 국회에서 통과되지 않는 거예요. 왜냐? 그렇게 되면 규범 자체가 무의미해지고 인간은 기계에 완전히 구속된다는 거죠. 인간에게 자유의지가 없다면, 버튼 하나로 작동되는 로봇이나 다름없지 않으냐는 거죠. 그래서 인문학이 필요한 겁니다. 만약 합리적인 자연과학의 방식대로 모든 것이 그렇게 딱딱 맞아떨어지면 인문학이 왜 필요하겠어요?

김갑수   그런 의미에서 보자면 인문학은 그야말로 인간이 중심이 되는 학문이군요. 자연적이고 기계적인 현상보다는 인간의 의지가 어떻게 작동하는지를 중요하게 생각하니까요.

Living vs Life

이어령 　그렇죠. 인간의 행동에는 예외적인 것도 있고, 때로는 일탈성이나 우연성도 드러나니까요. 그래서 인문학을 하고 소위 '문·사·철(文·史·哲)'이 필요한 거죠. 시나 소설은 재판기록과 다르잖아요. 문학 언어는 고지서나 회사 서류에서 사용하는 언어가 아니니까요. 이 여분의 것, 먹고사는 데 필요 없는 것 같은 이 여분의 것이 없다면, 인간성 역시 사라지는 거예요.

그래서 인문학이 위기에 처했다는 것은 무슨 얘기냐면, 기계적인 것과 규범적인 것들이 인문학이 요구되는 영역을 점점 장악해서 자유나 여유나 우연적 사실들이 생산하는 즐거움을 우리 인간이 상실하게 되었다는 것을 말합니다.

우리 삶에서 먹고 자고 입는 것을 '리빙(living)'이라고 할 때 그것이 생명의 자연스러운 활동이 구성하는 '라이프(life)'를 장악해버리는 거죠. 리빙을 지배하는 것은 과학기술이나 응용기술이고, 라이프를 다루는 학문이 바로 인문학인데, 오늘날 라이프를 상실한 우리에게는 리빙만 남았다는 겁니다. 가령, 대학은 지식을 탐구하는 곳인데, 지금 대학이 어떻게 되었습니까? 졸업 후에 안전하고 보수 좋은 직장에 들어가려고 가는 곳이 대학이잖아요? 왜 취직하죠? 먹고, 자고, 입기 위한 수단을 확보해주거든요. 그러니까, 이제는 대학이 리빙을 해결하는 곳이 되어버렸어요. 학문을 익혀서 자기 존재를 확인하고, 정의를 외치고, 자신을 둘러싼 모든 것을 사랑하고, 자신이 살아 있음에 행복을 느끼는, 그런 교육과 경험의 장이 아닌 겁니다.

우리가 살아가면서 기능적인 인간이 되어 물건을 생산하는 것도 중요하지만, 정작 중요한 것은 즐거움이잖아요. 그래서 제가 늘 얘기해요. 이제는 '생산'이라는 말을 쓰지 마라. 김연아는 스케이트 하나로 온 국민을 행복하게 해줬죠. 그런데 김연아가 뭘 생산했죠? 입고 먹고 자는 데 도움이 되는 뭔가를 생산했나요?

김갑수   그러고 보면 김연아는 즐거움을 생산했네요.

이어령   그래요. 감동과 즐거움과 행복을 생산했죠. 그런데 우리가 행복을 '생산했다'고 합니까? 창조하죠. 즐거움을 창조하고 만들어내는 거죠. 예술작품도 생산이 아니라 '창작'한다고 하잖아요.
기술은 먹고 자고 입는 영역의 활동과 관련된 거예요. 과학기술, 상업기술, 경영기술… 이제 어마어마한 규모가 되어버린 금융 기술을 포함해서 인류가 만들어낸 모든 기술은 사실, 짐승도 먹고 자고 입는 것을 해결하는 기술과 같은 거예요.
그러나 사랑하는 기술, 상대방을 즐겁게 하는 화법, 그리고 작품을 창작하는 작법은 달라요. 무슨 설명서나 법조문과는 달리 그 말을 듣고 글을 읽으면 가슴이 뛰고 눈물이 핑 돌면서 아, 내가 살아 있구나! 하고 느끼게 되는 시의 언어… 이런 것들이 사라진다면 이 세상은 생존수단만 존재하고 생존 그 자체의 목표, 다시 말해 생존의 자기목적적인(autotelic) 라이프의 즐거움은 사라지는 거죠. 이런 점을 명확하게 알면서도 어쩔 수 없이 오늘날 산업주의, 모든 생산수단은 인간의 생명이 아니라 생존을 위한 리빙의 기술을 개발해온 거예요.

김갑수   기술이 인간의 삶을 편리하고 생산적인 것으로 만들어주리라고 믿고 기술개발에 모든 것을 걸었지만, 정작 인간의 행복이라는 근본적인 목적에는 빗나가버린 셈이군요.

이어령   그렇죠. 전쟁기술, 생산기술, 기계기술, 지식기술도 마찬가지예요.

그러니까 인문학의 쇠퇴가 문제가 아니라, 라이프와 관계없는 인문학이 문제예요. 요즘 인문학서나 논문을 보면 주석을 새까맣게 달아놓고 남의 글을 잔뜩 인용해놓는데, 그게 사실은 인문학에 자연과학적 방법을 도입한 거죠. 그리고 인문학자의 성과를 논문 편수로 따질 뿐, 아무리 훌륭한 시를 쓰고 감동적인 산문을 써도 그건 평가 기준에서 제외되죠.

오늘날 인문학이 쇠퇴했다는 말은 인문학 자체가 쇠퇴한 것이 아니라, 인문학 본연의 특성을 잃어버리고 자연과학으로 대체될 수 있는 공허한 학문이 되어가기 때문이라고 생각해요. 그렇게 공허한 인문학은 감동과 즐거움을 주지 못하니까 사람들이 찾지 않는 거죠.

김갑수 그러니까, 지식은 단순히 정보의 차원에만 귀속되는 것이 아니라, 감동과 즐거움을 줄 수 있어야 한다는 말씀인가요?

이어령 어릴 적 골목을 누비던 아이스크림 장수가 있었어요. 아이스크림 장수는 다른 장수들과 달라요. 아~이스크림! 하고 소리를 지르죠. '아이 스크림(I scream, 나는 외친다)'의 뜻이 되기도 하지요. 내 입에서 절실한 외침, 악! 소리가 나오는 그런 인문학은 아직 나오지 않았어요. 인문학의 쇠퇴, 인문학의 부정은 새로운 인문학이 태어나기 위한 진통이고 새로운 빛에 대한 기다림이에요. 지금의 인문학은 쇠퇴해야 합니다. 죽어야 합니다. 그래야 인문학은 스스로 살아나고 꽃을 피우겠죠.

창의력 퀴즈, 하나

하면 할수록 커지는 것은?
과연 뭘까, 콩나물을 먹으면 먹을수록 키가 커지고,
거짓말을 하면 하면 할수록 일이 커지고…
아하! 정답은 바로 생각.
생각하면 할수록 커지는 것은 바로 생각이다.

창의력 퀴즈, 둘

'넥타이와 청바지 중 높은 것은?
넥타이를 맨 사람이 사장님일 가능성이 많으니까 이 사람이 높다?
빌 게이츠도 때론 청바지를 입으니까
청바지를 입은 사람이 더 높을 수도 있다?
아하! 넥타이와 청바지는 평등하다.
뒤집어 생각해보기,
하면 할수록 점점 커지는 생각으로 나만의 생각을 발견한다.

온리 원(Only One) 창조자

김갑수   선생님은 넘버원의 베스트보다 온리 원의 창조적 주체가 되라고 말
씀하십니다. 영화 〈아마데우스〉 기억나십니까? 살리에르는 사실 성
실한 노력파죠. 자기 재능의 마지막 한 방울까지 남김없이 창작에
쏟아 붓습니다. 그러나 모차르트를 따라잡지 못합니다. 그는 놀죠.
연애도 하고, 빈둥거리고, 철딱서니 없는 짓도 합니다. 그런데 그는
창조적인 힘을 발휘합니다. 신이 공평하지 않은 걸까요? 모자란 재

영화 〈아마데우스〉에서 살리에르와 모차르트

능, 낡은 생각을 붙들고 좌절하는 살리에르와 달리, 모차르트의 삶과 사고는 늘 새롭고, 새롭게 반응하고 새롭게 행동합니다. 그런 의미에서 생산보다 창조가 중요하다는 선생님 말씀은 아주 인상적으로 들립니다. 선생님은 인간의 삶이라는 큰 범주에서 말씀하셨지만, 범위를 좁혀서 인문학만 두고 보더라도 그 핵심은 창조에 있고, 또 뭔가를 창조하려면 창조적으로 사고해야 하지 않겠습니까? 그런데 막상 무언가를 창조하려면 막연해집니다. '창조'라는 낱말 뜻은 알지민, 과연 어떻게 해야 창조적으로 사고할 수 있을까요?

이어령 쉽게 말하자면 어제의 방식을 되풀이해서는 무언가를 창조할 수 없잖아요. 어제와는 다르게, 새롭게 해야 창조가 시작되죠. 창조와 반대되는 것들을 생각해보세요. 남의 생각을 그대로 옮기는 것, 고정관념, 습관, 어제 하던 것을 오늘 그대로 반복하는 것. 또 지금까지 지키기만 하면 살아갈 수 있었던 질서… 이런 것들을 흔들어놓는 것이 바로 창조거든요.

그런데 나는 어제처럼 살 수 있다면 그것으로 족하고, 이미 만들어 놓은 것을 지키기만 하면 행복하다는 사람은 창조라는 것이 필요 없죠. 창조는 기존의 것을 흔들고, 부정하고, 아프게 하는 것이기에 그런 사람에게 창조는 오히려 불편한 거죠. 실제로 어떤 회사가 창조 경영하겠다고 작정해서 전 사원이 창조적 발상을 하고 창조적 사고를 한다면 그 회사는 망하기 십상입니다. 직원들은 묵묵히 위에서 시키는 일 열심히 하고, 매일 똑같은 기계 돌리고, 똑 같은 제품 찍어내고… 99퍼센트가 그렇게 살아가죠. 그런데 나머지 1퍼센트는 생

Steven P. Jobs, 1955~

William H. Gates, 1955~

각이 다릅니다. '이건 아니야. 사람들은 모두 지금 잘되고 있다고 하지만, 이렇게 계속하면 우린 낭떠러지로 가는 거야. 뭔가 다른 것을 찾아야 해.' 바로 이런 1퍼센트가 빌게이츠가 되고 스티브 잡스가 되는 거죠.

우리 휴대전화를 좀 봅시다. 스티브 잡스가 아이폰을 잘 만들었느냐? 손이 큰 서양 사람들은 가지고 다닐 만하지만, 우리에겐 너무 크고 무거워요. 국산 휴대전화와는 달리 휴대전화 줄을 매는 구멍조차 없어요. 문제가 많아요. 그런데 아이폰에는 국산 휴대전화에 없는 장점이 많아요. 인  터페이스도 그렇고, 콘텐츠도 그렇고, 디자인도 뛰어나서 아이폰이 한국에 상륙하자 마니아들뿐만 아니라 일반인들도 너도나도 구매하느라 붐을 이루었죠.

다른 스마트폰과 아이폰을 비교해보면 스티브 잡스의 창조적 상상

력은 바로 디지털과 아날로그(신체성)의 인터페이스 혁명을 낳은 것
인데, 저는 벌써 '디지로그'의 이론을 책으로 낸 적이 있습니다. 이
것은 인간과 컴퓨터 '사이'를 개혁한 것인데, 이 '사이'에 대한 인식
은 한국인이 더 뛰어나죠. 어렸을 때부터 우리는 '사이' 좋게 놀라는
말을 들었잖아요? 스티브 잡스의 아이폰은 인간과 '폰'을 사이좋게
한 것이지요.

여기서 우리는 서양의 도전을 받아서 동양적인 것을 더 성장시키고.
또 서양 사람들은 동양적 발상에 자극을 받아서 패러다임을 바꾸죠.
이렇게 양쪽의 갈등과 경쟁이 창조적 긴장관계로 전환되는 겁니다.
바로 이런 것이 창조지, 몇 가지 발명해서 특허 내고 어쩌고 하는 것
은 기술적 수준의 이야기입니다. 그것은 창조성이나 창조력의 발현
이라고 할 수 없어요.

김갑수　창조란 새로운 아이디어를 내는 수준의 활동이 아니라, 어떤 근본적
인 정신자세의 결과를 말하는 거군요.

새로운 인류 자본, 인문학

이어령   그렇습니다. 창조력은 생명처럼 각자에게 고유한 겁니다. 나와 똑같이 생긴 사람은 세상에 아무도 없잖아요. 따라서 온리 원, 하나밖에 없으니까 그것을 창조라고 하지, 똑같은 것이 또 있다면 그것은 창조가 아니라 모방이고 카피죠. 그래서 창조의 길은 대단히 어렵고 고단한 여정입니다.

얼마 전 리먼브라더스가 파산하면서 세계적인 금융위기가 왔잖아요. 창조적으로 사고하기보다는 상업주의적 발상에서 주식투자 하고, 금융상품 만들고, 부동산 사고, 돈으로 돈을 버는 장사를 계속하다가 소위 '금융 쓰나미'라는 엄청난 충격을 받은 거잖아요.

자, 그렇다면 이제 어떻게 해야 하죠? 산업자본주의는 안 된다, 금융자본주의도 안 된다, 사회주의는 더더욱 안 된다… 이제 새로운 자본주의를 만들어야죠. 그래서 창조적 자본주의, 자연 자본주의, 생명 자본주의라는 말이 나오는 거예요. 자본이란 다른 것이 아니라,

생산할 수 있는 재료(material)를 말하죠. 그럼, 그게 땅에서 오느냐, 사람 마음에서 오느냐, 문화에서 오느냐, 기계에서 오느냐, 금융이나 유통에서 오느냐. 어느 시대나 뭔가를 자본으로 삼아서 뭔가를 생산해왔잖아요. 이제 그 자본으로 인문학이 나올 차례라는 겁니다.

자동차가 달릴 때 물이나 공기를 이용한 냉각 장치가 없다면 화석연료만으로는 엔진이 타버립니다. 타조는 몸 안에 있는 단백질을 이용한 생체 기술로 시속 100마일로 달리는데, 그렇다고 해서 타조가 통닭구이가 되는 거 보셨어요? 자동차 내연기관을 작동하는 기계기술과 타조의 생명 기술은 비교가 안 된다는 거예요. 38억 년을 살아온 생명의 기술을 인간의 기계 기술이 따라갈 수가 없는 거죠.

듀폰 사에서 만든 초고분자 화학 섬유 케블라(Kevlar)는 총알을 막을 정도로 강도가 높아서 방탄조끼의 재료로 사용하죠. 그런데 거미줄의 강도는 강철의 다섯 배예요. 현재 인간의 능력으로는 죽었다 깨어나도 거미줄 같은 건 못 만들어요. 만약 인간에게 거미줄 같은 것을 만들어내는 기술이 있어서 그것을 연필 정도 두께로 꼬아서 그물을 만든다면, 점보제트기도 나비처럼 걸려버려요.

바퀴벌레는 더욱 놀라워요. 예를 들어 우리

케블라

가 1리터의 주스를 만든다고 가정합시다. 그럼 얼마나 많은 폐기물
이 나올까요? 쉽게 짐작할 수 있죠. 농장에서 오렌지를 키우는 과정,
오렌지를 운반하는 과정, 페트병을 만드는 과정 등에 수 톤의 자연
자원을 폐기물로 처리해야 한 모금의 주스를 마실 수 있어요. 그런
데 캘리포니아에서 실제로 실험한 결과를 보면 바퀴벌레는 절대로
오줌을 밖으로 내보내지 않아요. 미생물을 이용해서 아미노산으로
만들어버려요. 인간은 미생물의 공격을 받아서 병에 걸리고 죽기도
하잖아요. 그런데 바퀴벌레는 그런 미생물을 자기편으로 만들어서
완벽하게 자기 생명 장치를 만들어낸다는 거죠. 인류는 지구에서 30
만 년을 살았지만, 3억 년이란 오랜 세월을 살아온 바퀴벌레는 미생
물을 제 편으로 만드는 상생의 기술을 터득한 거예요. 그러니 지난
30년간 인간이 개발한 과학기술은 바퀴벌레가 볼 때 정말 아무것도
아니죠.

그 외에도 자연이 보유한 놀라운 기술은 무수히 많아요. 예를 들어
연꽃잎에 물방울이 떨어지면 표면을 적시지 않고 또르르 굴러 내리
잖아요. 그 원리를 이용해서 벽돌을 만들고 고층 빌딩을 올리면 오
염되지 않으니까, 사람이 위험하게 높은 데 매달려서 청소하지 않아
도 늘 깨끗하죠. 또 있어요. 모기가 우리 피를 빨 때 별로 아프지 않
잖아요. 그래서 모기의 침을 확대해서 관찰하고 연구해서 찔러도 아
프지 않은 바이오 바늘을 만들었어요.

제가 이런 얘기를 하는 이유는 지금까지 인간이 개발한 과학기술이
얼마나 부족하고, 자연의 질서와 비교할 때 얼마나 어리석은지를 말

연꽃잎

하려는 거예요. 100킬로그램도 채 안 되는 사람의 몸을 이동하는 데 1톤이 넘는 쇳덩어리를 움직이는 바보들이 세상에 어디 있어요?

그렇게 지난 1세기 동안 자동차산업을 만들고, 그게 첨단산업이 되어서 이제는 전기자동차를 만든다고 하잖아요. 그런데 배터리를 만들려면 리튬이 필요하죠. 리튬은 희귀금속과 같은 것인데 어디서 구하죠? 그러니까, 리튬을 확보하려고 엄청난 규모로 자연을 파헤치고, 서로 자원을 확보하려고 전쟁하는 거예요. 자연과학자, 기술자는 그걸 몰라요. 그러나 인문학자는 알죠. 사람들은 인문학자가 과학도 모르고, 현실도 모르고, 순진하게 백일몽이나 꾸는 줄 아는데, 이 지구를 꿈꾸는 사람들 덕분에 우리가 여기까지 왔지, 그것이 자연을 훼손하면서 100킬로그램을 움직이려고 1톤짜리 쇳덩어리를 움직이는 사람들 덕분이겠어요?

이제는 인문학자가 반격할 때가 온 겁니다. 지구온난화, 환경파괴, 이런 것을 누가 고발하고, 누가 경종을 울리겠습니까? 인문학자밖에 없어요. 왜? 인간을 우선으로 생각하는 사람은 생명기술, 감동기술을 쓰고, 남의 마음을 움직이는 기술을 써왔지, 화석연료 파내고, 생산을 위해 생산하는 짓은 하지 않죠. 이제 CEO들이나 정치가들이 시를 읽고 음악을 듣고 그림을 보고, 인간이 살아간다는 것이 얼마나 기쁜 일이고 살아서 숨 쉬는 것이 얼마나 놀라운 기술인가를 알게 되어 소위 '그린 그로스(Green growth)'를 하게 되면, 꿈꾸고, 상상하고, 엉뚱한 것을 만들어내는 사람들을 보고 돈키호테라고 비아냥거리는 일도 사라지겠지요.

감동의 인문학

김갑수   그러니까, 인문학은 생산과 소비 그리고 이윤과 이득만을 목표로 삼
고 살아가는 삶과는 달리 새로운 것, 남들이 생각하지 않은 다른 가
능성을 바라보는 삶을 지향한다는 말씀인가요?

이어령   인문학은 본질적으로 인간 사이의 소통. 너와 나와 사이의 공감, 사
랑을 중요시하지요. 동쪽 하늘에 해가 뜨더라도 그저 사방이 밝아졌
다는 사실에서 생각이 그치는 것이 아니라, 어둠 속에서 태양이 솟
아오를 때 느끼는 그 장엄한 감동, 마치 심포니 4악장의 그 웅장한 소
리처럼 자신의 삶을 다른 관점에서 바라보는, 그런 차원을 부여한다
는 겁니다.

제가 이 말은 꼭 해야겠는데, 의학자들이 아직도 해결하지 못하는
암에 관한 일화입니다. 치명적인 암이 재발해서 사망선고를 받았는
데 놀랍게도 완치되어 살아난 사람 셋을 의사들이 초청해서 배경을

조사했어요. 이건 인터넷에 소개된 의사협회보고서에 나온 얘기예요. 현대의학으로 설명할 수 없는 이런 일이 어떻게 벌어졌는지, 의사들이 임상 목적으로 그 사람들의 증언을 직접 들은 거죠. 그때 한 여성이 이런 말을 합니다.

"저는 처음 암에 걸렸을 때 암과 싸워서 이겼습니다. 그러나 얼마 후에 암이 재발해서 온몸에 퍼졌고 병원에서 사망선고를 받았을 때 아, 이제 끝났구나, 죽는 일만 남았구나, 하고 생각했습니다. 그래서 주변을 정리하고 죽음을 준비하기 시작했습니다. 그러던 어느 날 툇마루에 앉아서 바라보니 태양이 지고 있었습니다. 그걸 보면서 문득 제 삶도 저렇게 끝나고 있다는 생각이 들었습니다. 붉은 해가 스러지면서 아름다운 황혼이 펼쳐지고, 조금씩 조금씩 주위가 어두워지는 걸 보면서 저는 내 생명의 마지막 순간을 지켜보고 있었습니다. 아, 내 인생도 저렇게 사그라지는구나… 그렇게 저는 그때까지 살아온 제 인생을 돌아보고 있었습니다.
그런데 옆에 있던 아이가 자꾸 칭얼대니까, 생각을 정리할 수가 없었어요. 그래서 저는 아이에게 이렇게 말했습니다. '지금 엄마는 인생에서 가장 중요한 몇 분을 보내고 있어. 엄마 삶에서 가장 중요한 걸 하고 있단다. 그러니 내게 조금 시간을 줄 수 있겠니?' 그랬더니 놀랍게도 아이가 이렇게 말했습니다. '응, 엄마, 말을 참으려고 해도 엄마를 보면 자꾸 말이 하고 싶어져.' 그때 저는 살아야겠다는 강한 의지가 용솟음치는 것을 느꼈습니다. 안 된다, 나 안 죽는다. 이 아이를 두고 내가 어떻게 떠나? 암하고 싸울 것도 없다…"

엄마를 보면 참아도 자꾸 말하고 싶다는 아이의 심정. 그게 바로 사랑이고 소통이잖아요. 이런 생명이 옆에 있는데 어떻게 그 여성은 죽음을 기다리고만 있겠습니까?

김갑수   아, 정말 감동적인 이야기군요. 지난 세기 학자들은 인문학을 과학으로 정립하려고 엄청난 노력을 기울였는데, 결국 인문학의 본질은 과학을 넘어선 것이라는 말씀처럼 들리는군요.

이어령   인문학이 뭐냐고 묻는다면 저는 이렇게 대답하겠습니다. 과학으로 설명할 수는 없지만, 실재하는 것을 인문학은 설명한다. 과학은 설명할 수 있는 것을 설명하지만, 인문학은 설명할 수 없는 것을 설명하는 학문이다. 기본 대상이 다르다.
아인슈타인에게 죽음이 뭐냐고 물으니까 "더 이상 아름다운 모차르트의 음악을 들을 수 없게 되는 것이다"라고 대답했잖아요. 공자님이 일찍이 말씀하셨어요. 지지자불여호지자(知之者不如好之者)요, 호지자불여락지자(好之者不如樂之者)라. 아는 자는 좋아하는 자만 못하고, 좋아하는 자는 즐기는 자만 못하다. 지·호·락(知·好·樂) 가운데 락(樂)이 최고예요. 그런데 지금 학문은 지력(知力)에 머물고 있잖아요.

부정(否定)의 인문학

김갑수   네. 선생님 말씀대로 인문학이 인간에게 얼마나 큰 감동과 즐거움을 줄 수 있는지, 인문학이 인간 삶에서 얼마나 중요한 것인지, 충분히 납득할 수 있는데요, 그럼에도 현실적으로 많은 사람이 인문학에서 즐거움을 찾는 것 같지는 않습니다. 요즘 세태는 사람들이 느끼는 즐거움과 재미를 대중문화, 특히 예능이 독점하고 있는 것 같아요.

정작 대중이 인문학이나 철학에 관심을 느껴 책을 펼쳐도 그 안에는 도저히 접근할 수 없는 세계가 있습니다. 캄캄하죠. 무슨 말인지, 알아들을 수가 없으니까요. 문학을 조금 더 깊이 알고 싶어서 문학비평서를 읽어봐도 똑같은 일이 벌어집니다.

시대 조류라고 할까요, 대중적 관심사가 말초적인 문화상품들로 향하는 현상, 인문학자들의 지적 작업이 대중에게서 더 멀어지는 현상을 선생님은 어떻게 생각하시는지요?

이어령 　전문적인 것은 무조건 어렵다고만 생각
하는데, 그렇지 않거든요. 창의력이 돋
보이는 인문학은 아무리 어려운 글로 되
어 있어도 참고 읽어보면, 입에서 정말
악! 소리가 나요. 저는 밤에 잠이 안 오
면 손에 잡히는 대로 이런저런 책을 읽
어요. 그러다가 갑자기 벼락을 맞은 것
처럼 악! 소리기 나면서 전율하고 감동
할 때가 있어요.

G Galilei, 1564~1642

전에도 몇 번 얘기했지만, 제가 왜 인문학을 했느냐. 바로 이런 거예
요. 선생님이 교실에 들어와서 갈릴레오가 지동설을 얘기했는데 종
교재판을 받으니까 목숨을 건지려고 자기 이론을 부정했다. 그러나
나오면서 혼잣말로 그래도 지구는 돈다, 그랬다는 거예요. 그 얘기
를 듣고 학생들은 고개를 끄덕이죠. 야, 역시 과학자는 다르구나! 끝
까지 신념을 굽히지 않는구나! 저게 바로 진리구나! 그런데 저는 선
생님에게 이렇게 물었어요. 갈릴레오가 혼잣말을 했다는데 그걸 다
른 사람이 어떻게 들었대요? 그러니까, 선생님이 화가 나서 '야, 너
이리 나와!' 그러고는 막 때려요. 그게 지식이에요? 아니죠. 혼잣말은
남이 듣지 못하니까 혼잣말이라고 하는데, 이게 이치에 맞느냐는 거
예요. 우리가 이치에도 안 맞는 이런 어리석은 말을 남이 가르쳐주
는 대로 그게 진리인 줄 알고 살아왔잖아요. 저는 이런 고정관념, 예
부터 당연한 것으로 전해 내려오는 것에 대해서는 일단 'No!'라고
말하기로 작정했어요. 이게 부정(否定)의 지성이거든요. 지성은 부정

하는 거거든요.

모든 사람이 이순신 장군의 거북선이 훌륭하다고 했을 때, 저는 또 이렇게 물었어요. "선생님, 이순신 장군의 거북선이 훌륭한지, 그렇지 않은지는 거북선과 싸운 일본 배와 비교해봐야 알 수 있지 않아요? 일본 배가 형편없다면 거북선이 당연히 이기는 거고, 일본 배가 아주 탁월했는데도 거북선이 이겼다면 그건 대단한 거죠. 그런데 일본 배가 어떻게 생겼는지 아세요?" 그런데 거북선이 위대하다는 말만 하지, 거북선과 싸운 일본 배가 어떻게 생겼는지 가르쳐주는 사람은 찾아보기 힘들어요. 오천 만 국민이 거북선 위대한 건 알아도, 거북선과 싸운 일본 배가 어떻게 생겼는지는 모르는 사람이 많죠.

거북선과 아다케 후네

김갑수 선생님의 질문을 받은 선생님은 아주 당혹했겠군요. 정말 거북선을 제대로 알려면 거북선이 대적했던 일본의 군선 아다케 후네(安宅船)를 알아야겠지요. 선생님께서 전에 말씀하셨듯이 못을 보면 망치가 어떻게 생겼는지 짐작할 수 있듯이, 일본 배를 알면 그것을 격파한 거북선이 어떤 것이었는지를 자연히 알게 되겠죠. 그것이 바로 선생님께서 말씀하시는 창조적 사고가 아니겠습니까? 새롭게 접근하고, 통합적으로 사고하고, 관계 속에서 생각해야 한다는 것. 그 속에서 생각은 무한대로 뻗어나가겠지요. 그 창조적 사고의 비밀을 들려주시겠습니까?

이어령 아다케 후네는 엄청나게 큰 배예요. 큰 것은 길이가 50미터, 폭이 10미터가 넘고 수백 명이 탑승할 수 있었죠. 게다가 다층 누각까지 설치해서 '해상의 성'이라고도 불렸어요. 덩치가 그렇게 크니까 속도는

느리지만 안전하죠. 그래서 이름이 아
다케(安宅)가 되었다는 설도 있고요. 아
다케 후네 중에서 임진왜란 때 우리나
라에 온 배는 니혼마루(日本丸)라고 부
르는데, 이순신 장군과 맞선 구키 요시
다카(九鬼嘉隆)는 화공법이 아니라 노또
리(乘っとり) 전법을 쓰죠. 그게 해적들
의 전형적인 전법이에요. 자기 배를 상
대방 배에 가까이 붙인 다음, 방패처럼

요코하마 항 니혼마루 메모리얼에
있는 니혼마루

사용하던 '다떼이다(盾板)'를 눕혀 다리를 만들죠. 그것을 이용해 올
라타고 칼로 치고 약탈하는 거죠. 이순신 장군이 그걸 안 거예요. 그
러니까, 적병이 우리 배에 올라타지 못하게 하면 우리가 이기는 거
잖아요. 그래서 판옥선(板屋船)에다가 고슴도치처럼 삐죽삐죽한 쇠
침을 박아놓은 거북이 등 모양의 뚜껑을 덮은 거죠. 일본군은 늘 하
던 식으로 거북선에 배를 붙여 대고 '아, 이제 우리가 이겼다, 올라타

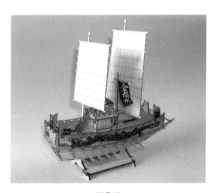

판옥선

거북선

라! 하고 확 덤벼드는데, 사방이 쇠침이고 배 안으로 들어갈 구멍이 있어야지. 거북선은 뚜껑을 만들어 달아서 안으로 들어갈 통로가 완전히 차단된 배잖아요. 그때 거북선이 일본 배를 들이받아요. 일본 배는 판선이어서 아주 약하기 때문에 뻥 뚫리거든요. 실제로 요시다카의 기록을 보면 물이 콸콸 들어오니까 살려달라고 빌었는데, 운 좋게도 큰 대합이 구멍을 막아줘서 살아났다는 거예요. 그래서 구키 집안은 지금도 조개를 절대로 안 먹는답니다.

김갑수   이순신 장군이 왜구를 무찌른 것도 상대의 전략이나 약점을 잘 알았던 덕분이고, 또 우리가 거북선을 이해하려면 당시 일본 배의 구조를 알아야 한다는 말씀은 상대적 사고가 중요하다는 뜻으로 새기게 됩니다.

소통의 인문학

이어령   상대성 이론도 그렇지만, 관계론은 누군가와의 만남에서 의미가 생기고 존재도 탄생한다는 사고입니다. 그러니까, 초등학교 시절 거북선에 대해 가르칠 때에도 관계론적으로 설명해줬더라면 얼마나 좋았겠어요. 모든 것은 상대적이고, 절대적으로 강하거나 약한 것은 없다는 사실을 가르쳐줬다면, 일찍부터 인문학적 사고에 한 걸음 더 가까이 다가갈 수 있었겠죠.

오늘날 소위 '인터(inter)'로 대변되는 관계론적 사고가 얼마나 중요한지는 우리가 자주 사용하는 언어만 봐도 알 수 있잖아요. 인터넷, 인터액티비티, 인터액션, 인터페이스, 인터내셔날, 인터퍼스날… 인간관계를 말할 때도 '너 그 사람하고 사이가 좋다며?' 이런 식으로 말하잖아요. 이 '사이'의 학문, '인터'의 학문이 바로 인문학이죠. 이렇게 생각만 하면 우리는 일상생활에서 이미 인문학 분야에 들어와 있고, 그 재미를 알기 시작하면 지금까지 어렵게만 보였던 인문학을 한다는 것이 너무도 황홀한 경험이란 걸 깨닫게 됩니다. 그리고 상업적이고 기술적인 인식으로는 도저히 가까이 갈 수 없는 새로운 인식의 세계로 우리를 초대한다는 걸 알게 됩니다.

김갑수   선생님께서는 인문학이 소통의 학문, 관계의 학문이라고 하셨잖아요. 그런데 어떤 인문학자들은 소통에는 전혀 관심이 없고, 어찌 보면 담론의 생산을 위한 생산을 하고 있다는 느낌이 들 때가 있습니다. 그분들은 그것이 내단한 업적이고 과학적인 작업이라고 하실지 모르지만, 아무도 이해할 수 없는 내용을 처음 보는 용어를 써가며 수백 개의 각주를 달고, 수백 개의 인용문을 곁들여 현란한 글로 만들어 발표하시는데, 조금 외람된 말씀입니다만, 도대체 누구를 위해 그런 책을 출간하시는지, 무엇을 위해 그런 연구를 하시는지 모르겠습니다. 그렇다고 해서, 그런 노력이 인문학의 발전이나 인간의 지식 확충에 기여하는 것 같지도 않아요. 이런 현상이 특히 인문학자 사이에서 흔한 것 같은데, 그것도 대중이 인문학을 멀리하게 된 원인 가운데 하나라고 할 수 있지 않을까요?

이어령   1996년에 '소칼 사건(Sokal's hoax)'이라는 유명한 사건이 있었죠. 앨런 소칼은 뉴욕대학교 물리학과 교수였는데, 소위 포스트모던 철학자란 분들이 발표하는 글을 보면 자기 자신도 이해하지 못하는 과학 용어를 남발하면서 말장난을 한다는 생각이 들었던 거예요. 그래서 소칼은 그걸 입증하려고, 아주 고상해 보이지만, 실제로는 아무 의미도 없는 엉터리 논문을 하나 썼어요. 자연과학 이론을 인문학에 적용해서 제목도 그럴 듯하게, 〈경계를 넘어서 ─양자 중력의 변형적 해석학을 위하여〉라고 달았죠. 그리고 그것을 《소셜 텍스트(Social Text)》라는 권위 있는 포스트모더니즘 계열 잡지에 보냈어요. 소칼은 '겉으로 보기에 그럴 듯하고, 편집자의 이념 성향에 맞기만 하면 헛소리로 가득한 논문도 출판해주는지' 알아보려고 했던 거죠. 그런데 이게 채택되어 출간된 거예요. 그러자 소칼은 그 논문이 사실은 엉터리라는 것을 폭로했죠.

Alan Sokal, 1956~

김갑수 소칼 사건은 희대의 코미디가 되어버렸습니다만, 오늘날에도 여전히 시사하는 바가 큰 것 같습니다. 이념과 형식논리에 빠진 인문학은 결국 대중에게서 멀어질 수밖에 없겠지요. 인문학 본래 목적이 그렇듯이 이제는 인간을 대상으로 한, 인간이 중심이 된, 인간을 위한 인문학으로 다시 태어나야 할 때가 아닌가 하는 생각도 듭니다.

이어령 인간을 우선하는 사고가 어떤 것인가를 역설적으로 보여주는 일화가 있습니다. 솔로몬의 명 재판은 구약성경에도 나오는 얘기니까, 모르는 사람이 드물 겁니다. 아이 하나를 두고 두 여자가 서로 자기가 어머니라고 주장하는데, 솔로몬은 이런 판결을 내리죠. '도저히 판가름이 안 나니, 어쩔 수 없다. 아이를 둘로 잘라줄 테니, 각자가 반씩 가져가라.' 그러자 가짜 어머니는 당장 그러겠다고 하지만, 진

〈솔로몬의 판결〉. 니콜라 푸생, 1649.

짜 어머니는 울며불며 아이를 포기하겠다고 합니다. 그제야 솔로몬은 진짜 어머니를 알아보고 그녀에게 아이를 데려가게 했다는데, 이일화는 수천 년이 흐르는 동안 수억의 사람들이 지혜로운 사고의 전범처럼 믿어온 이야기입니다. 그런데 조금 생각해봅시다. 물건이라면 몰라도, 살아 있는 아이를 어떻게 반 토막 내어 가져간다고 가정할 수 있습니까? 그게 어떻게 통합니까? 그제 실제로 재판정에서 있을 수 있는 얘기냐 이거예요. 관념적으로는 있을 수 있죠. 소유권 차원에서 보자면 분명히 2분의 1로 나눌 수 있지만, 살아 있는 생명체에게 2분의 1이라는 것은 개념조차 존재할 수 없습니다. 그런데 그런 개념을 전제로 재판하고 그것이 마치 합리적인 사고인 것처럼 모두 받아들입니다. 이런 '솔로몬의 지혜'가 서구 과학주의, 서구 인문주의를 지배해왔기 때문에 현실과 괴리된 사고, 지식을 위한 지식,

인간이 배제된 합리성이 존속하고 있는 거예요. 서구에서는 솔로몬의 이런 관념적인 판결을 현명하고 합리적이라고 판단하기 때문에 요즘도 범법자의 형량을 모두 계산해서 200년, 300년 징역형을 선고하는 거예요. 수명이 100년도 채 되지 않는 인간에게 오로지 형식논리로, 수백 년을 구형하고 선고한다는 것은 정말 난센스 아닙니까? 바로 이런 게 서구 정신의 이면입니다.

김갑수 합리와 논리의 이름으로 정작 인간 자신은 사라진 서구적 사고의 상징적인 사례인 것 같습니다. 그럼, 동양은 어떻습니까? 동양적 사고의 차이는 무엇인가요?

이어령 동양은 어떻게 했느냐. 중국 송(宋)나라 때 계만영(桂萬榮)이란 분이 만든 《당음비사(棠陰比事)》라는 재판기록집이 있어요.
이 책에 보면 솔로몬의 판례와 똑같은 일화가 나옵니다. 한 아이를 두고 두 어머니가 자기 자식이라고 주장한 송사죠. 그런데 동양에서는 절대로 아이를 둘로 가른다는 식의 사고를 하지 않습니다. 관념적으로 사고하는 것이 아니라, 생명을 중시하고 현실에 바탕을 둔 발상을 하니까요. 그래서 이 일화에서 판관은 두 여자로 하여금 아이의 양쪽에서 팔을 잡고 당겨서 힘 센 사람이 데려가게 합니다. 몸을 두 동강 내는 게 아니에요. 그런데 가짜 어머니가 무지막지하게 막 잡아당기니까 아이가 아파서 울죠. 그 모습을 보고 진짜 어머니는 너무 애처로워서 손을 놓아요. 그러자, 판관은 '바로 이 사람이 어머니다!' 하고 판결합니다. 여기서 우리는 전혀 다른 두 가지 태도를 보게 됩니다. 한쪽에는 도끼를 가져다가 아이를 반으로 자르겠다는 재판이 있고, 다른 한쪽에는 아이를 잡아당기면 아플까 봐 엄마가 손을 놓아서 판결이 나는 재판이 있어요. 똑같은 얘기인데도 이렇게 다르잖아요.

김갑수 선생님 말씀을 듣다 보니, 본질적인 문제를 생각하게 됩니다. 왜 학문을 하느냐. 왜 인문학을 하느냐. 학문을 위한 학문을 할 것인가, 아니면 인간을 위한 학문을 할 것인가…

이어령 제가 말하고 싶은 것은 독자도 인문학자도 조류가 어떻고, 흐름이 어떻고 하는 일시적이고 가변적인 경향에 현혹되어 본질을 잊어버리지 말자는 겁니다. 적어도 때리면 멍이 들고 찢으면 피가 흐르는 인문학을 하라는 겁니다. 읽으면 눈물이 흐르고 가슴이 뛰는 인문학을 하라는 거예요.

이건 좀 다른 얘기입니다만, 얼마 전에 한 일본 기업인이 저를 찾아와서 이런 말을 했어요. 자기 집안은 150년 동안 기업을 운영하면서 중·고령 여성을 대상으로 상품을 생산하고 고객의 마음을 사로잡으려고 무진 애를 썼답니다. 그런데 어느 날 한국의 배용준이란 인물이 나타나더니 일본 주부들이 욘사마, 욘사마 하면서 지갑을 털어 한국까지 쫓아가고, 추운 날 바닥에 앉아 벌벌 떨면서 기다리더라는 겁니다. 자기네는 소비자들의 그런 마음을 헤아리지도 못하고 그저 기저귀 몇 장 팔고, 비누 몇 장 파는 데만 온 정력을 쏟았다는 거죠. 그래서 이대로는 안 되겠다는 각성을 했다는 겁니다.

바로 그런 겁니다. 제가 일본 여성들이 텔레비전에서 배용준 씨에 관해 인터뷰하는 걸 보고 깜짝 놀란 적이 있습니다. 그분들은 이렇게 말합니다.

"우리에게는 훌륭한 정치가가 많습니다. 좋은 기계를 만들고 편리한 물건을 만들어주는 기업체 대표도 많습니다. 하지만 그분들이 내 삶에 기쁨을 주지는 못합니다. 내가 서서히 늙어가고 아까운 청춘도 사라져가는데, 그분들이 나를 위해 무언가를 해주지는 못합니다. 그런데 어느 날 텔레비전 드라마에서 배용준이란 인물이 나타났어요. 메말라가는 내 가슴을 적셔주고 그토록 떨리게 한 사람은 배용준밖에 없습니다. 남편이 내 가슴을 울리게 합니까, 내 자식이 울리게 합니까? 고이즈미 수상이 나를 울립니까, 미쓰비시 사장이 나를 감동시킵니까? 배용준은 시들어가는 내 삶에 사랑을 다시 일깨워주고, 열여섯 살 때 두근거리던 가슴을 다시 뛰게 해줬습니다. 이제 사라진 줄만 알았던 사랑의 열정을 다시 불러일으키고, 그때의 기억을 되살려줬습니다. 그거 하나만으로도 배용준은 내게 욘사마입니다."

인문학이란 바로 이런 겁니다. 살아 있는 이야기를 하는 것이 인문학이기에 경제학자가, 정치학자가, 과학자가 하지 못하는 얘기를 할 수 있어요. 그게 인문학이에요. 그것은 머리로 하는 공부만 가지고는 안 되는 거죠.

교육의 패러다임을 바꿔라

김갑수 지금 선생님께서 말씀하셨듯이 인문학적인 사고가 인간에게 얼마
나 소중하고, 또 즐거운 것인지 제 연배만 해도 공감합니다. 그런 가
치를 믿으면서 살아왔으니까요. 그런데 요즘은 명석하고 사려 깊고
열정적인 젊은이들조차도 취업 준비에 토플 준비에 파묻혀 지냅니
다. 목전에 결과가 보이는 실리적인 공부가 아니라면, 그저 한 치 건
너로 생각하고 별로 주의를 기울이지 않는다는 겁니다. 이런 젊은이
들에게 선생님께서는 어떤 말씀을 들려주시겠습니까?

이어령 저는 요즘 젊은 사람들이 우리 세대와 크게 다르지 않다고 생각해
요. 단지, 우리가 드러내지 못하고 안에 숨겨뒀던 것들을 요즘 젊은
세대는 겉으로 자유롭게 드러낸다는 점이 다를 뿐이죠. 우리가 생각
은 했어도 차마 행동으로 옮기지 옮겼던 것, 말로 표현하지 못했던
것들을 요즘 젊은이들은 그대로 표출하는 거예요. 우리 세대와는 달

리 자기통제라든가, 자기검열의 기제가 그들에게는 없으니까요.

가령 우리가 어릴 적에는 어른들이 "너, 이 책 읽어라" 하시면, "싫어요, 재미없어요" 이렇게 대답하지 못했잖아요. 그런데 요즘 젊은이들은 그렇게 얘기하거든요. 이처럼 상황이 변한 것은 인간이 변했다기보다 인간의 내면에 억압되어 있던 요소들, 통제되던 요소들이 겉으로 튀어나오게 되었다고 봐야죠.

그럼, 오늘날 젊은이들을 어떻게 해야 하느냐. 이런 상황에 알맞은 교육법, 이런 상황에 알맞은 인문학을 개발해야죠. 그런데 우리는 이전 틀에 따라 고안된 교육에서 한 걸음도 못 나가고 있어요.

김갑수   결국, 교육의 패러다임 자체를 바꿔야 한다는 말씀인가요?

이어령   '얼음이 녹으면 물이 된다'는 것이 학교에서 가르치는 방식이에요. 그런데 '얼음이 녹으면 봄이 된다'라고 하는 아이들도 있다는 겁니다. 얼핏 보면 엉뚱한 대답 같지만, 발상 자체가 다르죠. 그런데 이런 아이들은 학교 교육에서 탈락합니다. 물론, 학교에서는 얼음이 녹으면 물이 된다고 가르쳐야죠. 그러나 엉뚱한 생각을 하는 1퍼센트의 아이들을 버린다면, 그 아이들의 생각이 틀렸다고 한다면, 거기서 무슨 창조적 사고가 나오겠어요?

지금 우리에게는 '얼음이 녹으면 봄이 된다'는 사고가 아니라, '얼음이 녹으면 펭귄이 살 곳이 없다'라고 하는 사고가 절실히 필요해요. 북극의 빙산이 녹고 있는 오늘날의 문화 문맥에서 보자면 그렇게 대답하는 아이에게는 시대감각이 있잖아요. 이런 아이들이 성장한 21

세기 한국은 세계에서 가장 창조적인 나라가 되겠죠. 그러면 인구 13억의 중국, 우리보다 100년 먼저 근대화한 일본과 경쟁해서 절대로 뒤지지 않을 겁니다. 그 가능성을 지금 우리 아이들에게 열어주자는 겁니다. 이제 교육은 티칭 프로세스(teaching process)에서 러닝 프로세스(learning process)로, 러닝 프로세스에서 한 걸음 더 나아가 씽킹 프로세스(thinking process)가 되어야 합니다. 사회도 지식정보 사회에서 생명 중심의 창조사회로 가야 합니다. 38억 년 살아온 우리 DNA에 각인된 생명의 학습을 통해 생명자본주의, 자연자본주의 사회에서 뭔가 창조해내야 한다는 거죠. 이런 혁신에 실패한 국가는 그야말로 뒤처진 나라가 될 수밖에 없고, 이런 창조력이 있는 민족은 인류를 이끌어갈 원동력을 갖추게 되는데, 한국이 지금 그 단계에 와 있다는 겁니다.

생각

편견과 고정관념 그리고 이분화된
흑백논리의 덫에 친 사람들이 많다.
사지가 묶여 있는 것은
누구나 쉽게 알 수 있지만
생각이 갇혀 있는 답답함을 자각하고 있는
사람들은 아주 드물다.
그러기 때문에 자신의 사고(思考)를 가둔
사면의 벽을 인식하고
그것을 부수고 나오는 미국 드라마,
〈프리즌 브레이크(Prison Break)〉는 한 사람의 힘으로 되지 않는다.
사고가 틀 속에 갇혀 있음을 깨달으려면 남이 도와줘야 할 것이다.

- 이어령, 《생각》 중에서

온 세상이 교과서다

김갑수   선생님도 프리즌 브레이크를 보셨습니까?

이어령   아, 그럼요. 그 드라마를 기호학적으로 분석해 보면 정말 재미있습
니다. 문신은 주로 폭력배들이 하잖아요. 그런데 이 드라마의 주인
공은 대단히 지적인 사람이고, 문신도 여느 이미지가 아니라 아주
특이하게도 탈출하기 위한 암호, 지도를 몸에 새겼다는 것은 그야말
로 고정관념의 감옥을 깨고 나온다는 뜻에서 프리즌 브레이크라고
할 수 있죠. 발상 자체가 지금까지의 생각을 완전히 뒤집은 거잖아
요. 이처럼 세상 모든 것을 지적인 활동의 대상으로 삼으면 그 모든
것이 바로 교과서고 텍스트죠.

김갑수   그 말씀은 바로 오늘날 젊은이들에게 들려주셔야 할 교훈이구나, 저
는 그렇게 생각하면서 듣습니다. 특히, 청년실업 문제 등 미래가 막

막하다고 좌절하는 젊은이가 요즘 많지 않습니까? 인문학적 발상에서 어떤 메시지를 남기실지요?

이어령   네 머리로 생각하라. 네 생각을 놓아두고, 왜 남의 생각을 빌리려 하는가. 이런 습관만 바꿔도 세상이 달라진다. 너희 모두 천재고, 너희 모두 가슴에 정말 귀중한 보석을 간직하고 있다. 이것을 잊지 마라. 더구나 그것 없이 어떻게 지금까지 살아왔겠는가.

한국인이 놀다

| 김정운 |

"문화는 행복하게 사는 기술입니다. 사회적으로 행복하게 사는 여러 가지 장치가 마련되어 있어야 하는데, 아무것도 없이 그저 시간을 줄 테니 행복하게 살라는 것은 실효성이 없는 주문이에요. 실제로 외국 사례를 보면 부부가 함께 보내는 시간이 늘어나면 이혼율도 부쩍 늘어나죠. 특히, 일본에서는 은퇴한 부부가 헤어지는 황혼이혼이 사회문제가 되고 있잖아요. 부부가 함께 보내는 시간이 많아지면 행복해질 거라는 막연한 환상을 품는데, 절대로 그렇지 않아요. 지금 행복한 사람이 나중에도 행복해지는 겁니다.

우리가 '인내는 쓰고 열매는 달다'라는 말을 자주 하는데, 그러려면 행복하게 살 수 있는 문화적 인프라가 존재해야 합니다. 그런데 그런 것이 전혀 없으니 쓴 인내 뒤에 단 열매를 맛볼 수 없죠. 그런 상태에서 갑자기 노는 시간을 늘려주니까, 문제가 생기는 겁니다."

김정운

명지대학교 대학원 여가경영학과 교수.
고려대학교 심리학과 졸업, 베를린자유대학교 대학원 발달심리학 석사, 동 대학원 문화심리학 박사.
일본 와세다대학교 고수기 산업심리연구소 특별연구원, 한국여가문화학회 부회장, 문화체육관광부 새 여가정책 포럼 위원장, 여러가지 문제 연구소 소장.
주요 저서 : 《노는 만큼 성공한다》, 《휴테크 성공학》, 《나는 아내와의 결혼을 후회한다》

놀아야 한다

김갑수   제가 아는 어느 작가가 제일 좋아하는 문장부호는 쉼표랍니다. 글을 쓰다 보면 옆길로 샐 때가 있는데, 그럴 때 쉼표 한 번 찍고, 마음의 여유 찾고 나서 다시 제 길로 돌아오곤 한답니다. 그렇죠, 쉼표가 있는 인생과 없는 인생은 정말 많이 다를 겁니다.

쉴 줄 모르는 한국인의 일상은 제대로 된 삶이 아니다, 잘 노는 것이 중요하다고 강변하시는 김정운 교수를 모시고, 쉼의 의미가 무엇이고 쉼이 우리에게 왜 필요한지 함께 알아보도록 하겠습니다. 선생님, 우선 언제 쉬어야 하는지 말씀해주시겠습니까?

김정운   제가 사용하는 방법은 먼저 놀 때를 정해놓습니다. 달력을 보면 월요일부터 시작하는 달력이 있고, 일요일부터 시작하는 달력이 있지 않습니까? 제 달력은 금요일부터 시작합니다. 그래서 금·토·일을 어떻게 재미있게 놀지 계획해놓고, 그다음에 일주일을 계획합니다.

김갑수   원래 전공하신 분야가 문화심리학이죠?

김정운   네. 제가 이렇게 잘 놀아야 한다, 잘 쉬어야 한다고 말하고 다니니까,
          사람들이 저를 어설픈 교수로 봐요. 한국의 인식이 그렇습니다. 재
          밌어야 한다, 잘 놀아야 한다고 하면, 가벼운 사람으로 보는 거죠.
          지금 한국에서는 경제가 가장 큰 문제인 것처럼 말하지만, 저는 그
          게 본질적인 문제라고 생각하지 않아요. 또 정치 문제도 세계적인
          스펙트럼으로 보자면 그리 험악한 상황은 아니거든요. 그럼, 도대체
          무엇이 본질적인 문제냐? 사람들이 기본적으로 사는 게 재미없다는
          게 가장 큰 문제죠. 주위를 둘러보면 행복한 사람이 없다는 것이 눈
          에 보여요. 이런 현상은 아무래도 그간 압축성장의 결과인 것 같아
          요. 역사상 근대 이후에 한국처럼 빨리 발전한 나라가 있어요? 이렇

밤에도 환하게 불을 밝힌 서울 강남의 빌딩 숲

게 빨리 발전하다 보니까, 정말 우리가 가져야 할 것, 목적 자체를 상실했다는 거예요. 삶의 목적이 없는데, 돈은 벌어서 뭐할 거예요?

김갑수 목전에 해야 할 일들이 널렸고, 그날그날 먹고살아야 하니까, 삶의 목표니, 의미니 하는 것은 아예 생각조차 못 하는 게 아닐까요?

김정운 결국, 행복해지려고 돈을 버는 것 아니겠어요? 그런데 우리나라 사람들은 마치 행복하면 안 되는 것처럼 생각해요. 저는 그것을 '개미 컴플렉스'라고 부르는데, 우리는 대부분 행복에 대한 죄의식을 느끼는 병에 걸렸어요. 오랜 세월 그렇게 교육받았으니까요. 그래서 뭔가가 재미있으면 막 불안해집니다. 심지어 휴일에 낮잠이라도 자고 나면 기분이 찝찝합니다. 남들은 열심히 일하는데, 내가 지금 공부해야 하는데 낮잠을 자면 안 될 것 같다는 거죠. 그런 생각이 쉰 살, 예순 살이 되도록 지속하는 겁니다. 이건 병입니다. 그래서 이런 문제에 대한 사회적 고민도 있어야 하고, 대안도 만들어야 하지 않겠느냐. 그런 생각에서 문화심리학에서 '여가경영학'이라는 응용분야가 생긴 겁니다.

한국인은 왜 놀 줄 모르는가

김갑수   일과 놀이의 균형관계에서 우리 사회에 큰 변화를 안겨준 것이 주 5
일 근무제입니다. 토요일, 일요일을 연달아 쉰다는 것은 선진국에서
나 가능한 일인 줄 알았다가, 이게 덜컥 도입되니까 봉급생활자들은
신이 났죠. 그런데 놀랍게도 이혼율이 늘어나고, 가정불화가 더 심
해졌어요. 주 5일 근무제 시행과 그에 대한 한국인의 심리부터 짚어
보면 어떨까요?

김정운   주 5일 근무제가 시행되면서 그것에 대한 대책을 마련하는 정부 차
원의 모임에 참석한 적이 있습니다. 그런데 정책결정자들은 여가가
개인 시간이니까 국민 스스로 알아서 잘 지내리라고 착각합니다. 그
런데 현실은 그렇지 않거든요. 한 번도 여가를 주체적으로 보내본
적이 없는 사람들한테 마음대로 하라니 감당하지 못하는 겁니다.

자식한테 이렇게 말하는 부모가 있어요. '뭐든지 네가 원하는 것을 해라.' 그러나 그건 아무것도 하지 말라는 말과 같습니다. 뭐든 해본 경험이 있어야 그걸 할 것 아닙니까? 그와 마찬가지로 정부가 국민에게 아무 계획 없이 이제 맘껏 행복하게 살아보라고 한다고 해서 한 번도 행복하게 살아본 적이 없는 사람들이 어떻게 행복하게 살수 있겠어요?

문화는 행복하게 사는 기술입니다. 사회적으로 행복하게 사는 여러 가지 장치가 마련되어 있어야 하는데, 아무것도 없이 그저 시간을 줄 테니 행복하게 살라는 것은 실효성이 없는 주문이에요. 실제로 외국 사례를 보면 부부가 함께 보내는 시간이 늘어나면 이혼율도 부쩍 늘어납니다. 특히, 일본에서는 은퇴한 부부가 헤어지는 황혼이혼이 사회문제가 되고 있잖아요. 부부가 함께 보내는 시간이 많아지면 행복해질 거라는 막연한 환상을 품는데, 절대로 그렇지 않아요. 지금 행복한 사람이 나중에도 행복해지는 겁니다.

우리가 '인내는 쓰고 열매는 달다'라는 말을 자주 하는데, 그러려면 행복하게 살 수 있는 문화적 인프라가 존재해야 합니다. 그런데 그런 것이 전혀 없으니 쓴 인내 뒤에 단 열매를 맛볼 수 없죠. 그런 상태에서 갑자기 노는 시간을 늘려주니까, 문제가 생기는 겁니다.

일본도 마찬가지죠. 일본에서는 '주휴 2일제'라고 하는데, 그 제도를 시작한 이후 가장 크게 성장한 산업이 파칭코랍니다. 가족끼리 행복하게 시간을 보내라고 하니까, 그 여가를 감당하지 못하고 파칭코나 하고 있더라는 거죠. 한국도 예외는 아니라고 봅니다.

OECD 국가 중에서 한국이 노동시간은 제일 긴데, 생산성은 꼴찌에

파칭코에 몰두한 일본 사람들

요. 이 모순을 도대체 어떻게 해결해야 할까요? 생산성을 높이려고 노동시간을 더 늘린다? 이건 해결책이 아니죠.

김갑수   그런 모순의 원인을 그간의 고도 압축성장에서 찾을 수도 있겠지만, 그것만으로는 설명할 수 없는 구석이 있어요. 서양에 가보면 길에서 지나가는 낯선 사람에게도 눈이 마주치면 미소를 보내잖아요. 그런데 우리는 무표정합니다. 눈이 마주칠까 봐 아예 피해버리죠. 2002년 월드컵 때 온 국민이 광장으로 나와서 모르는 사람끼리도 서로 부둥켜안고 함께 뛰고 함께 놀았잖아요. 그런데 그 열기가 사라지자마자 언제 그랬냐는 듯이 평상시의 그 무표정한 얼굴로 돌아갔어요. 우리는 왜 놀 줄 모르고, 왜 즐길 줄 모를까요?

한국인에게 부족한 정서적 공감대

김정운   놀이와 의사소통은 같은 개념입니다. 의사소통이라고 하면 논리적
으로 서로 따지는 것으로 생각하기 쉬운데, 그렇지 않아요. 의사소
통에는 기본적으로 정서를 공유하는 과정이 전제됩니다. 내가 만약
정서를 공유하지 않고, 논리적으로만 상대방을 설득하려고 들면, 상
대방은 이런 반응을 보입니다. "그래, 네 말이 다 맞아, 그래서 어쩌
라고?" 그러니까 논리적으로는 이해가
되었지만, 설득은 안 된다는 겁니다. 지
난 10년간 우리나라에서 가장 많이 팔린
책 가운데 하나가 로버트 치알디니가 쓴
《설득의 심리학》이라고 해요. 그런데
제가 심리학을 전공했지만, 사실 그 책
의 내용이 몹시 어렵거든요. 그런데 왜
그렇게 많이 팔렸을까요? 한국 사람들

Robert B. Cialdini, 1945~

이 의사소통에 엄청난 문제를 안고 있다는 거죠. 정서 공유의 과정이 생략되어 있기 때문이에요. 그러니까, 국민이 정서를 공유할 수 있는 바탕이 없다는 겁니다. 정서를 공유한다는 것은 어떤 문화적 경험을 말합니다.

김갑수　논리적이고 지적인 사고를 동원한 이해는 가능한데, 정서적 공감대가 부족하다는 겁니까?

김정운　그렇죠. 우리는 참고 인내하라고만 교육받았기 때문이에요. 그러다가 2002년 월드컵 때 정말 처음으로 정서를 공유하는 집단적인 경험을 한 겁니다. 정말 행복했죠. 그런데 뭐가 문제가 되었느냐면, 집단적으로 모여야만 정서를 공유할 수 있는 것처럼 착각하는 문화가 형성된 거예요. 아까 말씀하셨지만, 지나치는 사람과 눈이 마주치면 미소를 보내는 것이 일상이 되어야, 그것이 문화가 되어야 정서를 공유한다고 말할 수 있어요. 정서를 공유하는 가장 기본적인 과정이 서로 눈이 마주치고 웃는 거거든요. 우리가 어릴 적에 엄마한테 가장 먼저 배우는 의사소통의 방법이 바로 눈을 마주치고 웃는 겁니다. 엄마가 아기를 키울 때 어떻게 하죠? 아기의 눈을 바라보고 말하잖아요. 이것이 모든 의사소통의 기본인데, 우리는 눈을 마주치면 피하죠.

이처럼 문화적으로 사소한 정서 공유의 패턴들이 존재하는데, 우린 그게 다 파괴됐다는 거죠. 그것이 기본적으로 우리가 회복해야 할 과제인데, 그것은 문화적 다양성을 통해 가능해요. 그럼, 문화적 다양성이라는 건 뭐냐. 국민 각자가 각기 나름대로 재미있게 사는 방식이 문화적 다양성이에요. 문화적 다양성이라고 하면 뭔가 엄청난 이데올로기가 있는 것처럼 생각하는데, 전혀 그런 게 아니라는 겁니다. 각자 행복하고 재미있게 사는 방법을 찾아내면, 그것이 문화적 다양성으로 자연스럽게 연결되고, 나와 다른 것에 대한 관용이 생기고, 이해의 폭이 넓어지고, 그것이 의사소통의 핵심이 된다는 거예요. 그런데 지금 우리에게 없는 것이 뭐냐. 우리가 삶에서 재미를 느낄 경험이 없고, 그걸 찾을 방법을 모르니까 정서를 공유하는 의사소통의 가장 기본적인 프로세스가 생략되어버린 겁니다.

김갑수 결국, 잘 놀아야 한다는 말씀인데 "나는 놈 위에 노는 놈 있다"는 것이 김정운 교수의 지론입니다. 놀 줄을 알아야 놀 수 있는데, 여가가 생기니까 파칭코나 하고 있는 일본 사람들은 참 불행한 놀이를 하고 있다는 거예요. 이왕이면 삶을 풍요롭게 하는 창의적인 놀이라면 좋을 텐데. 이 창의력이라는 게 그냥 생기는 것도 아니고, 또 뭔가를 어렵고 고통스럽게 창조해서도 안 될 텐데요. 우리 삶이 단조롭고 재미없는 이유 가운데 하나가 바로 창의력 부재에서 오는 게 아닌가 싶어요.

창조하고 싶다면 맥락을 바꿔라

김정운 요즘 창의성에 대한 논의가 아주 활발합니다. 기업에서도 창조경영을 자주 언급하고, 서울시청에는 '창의시정'이라는 현판도 붙어 있어요. 그런데 창의성이란 대체 무엇을 의미하죠? 생전 듣도 보도 못하고 상상도 못했던 것을 만들어내는 것을 창의적이라고 말하는데, 인간은 절대로 듣도 보도 못하고 상상도 못한 것을 만들어낼 수 없어요. 심리학에서는 생각하는 것을 '표상한다'고 말하는데, 영어로는 '리프리젠테이션(representation)'이라고 하죠. 다시 말해서 뭔가를 생각해내려면 이전에 경험한 것을 머릿속에서 다시(re) 떠올려야(presentation) 한다는 거예요. 그렇다면, 이미 경험한 것을 떠올리는데, 그걸 어떻게 창의적이라고 하느냐. 다시 떠올린 것의 맥락을 바꾸는 능력이 바로 창의성입니다.

김갑수 떠올린 것의 원래 맥락을 다른 맥락으로 바꾼다는 겁니까?

김정운   그렇죠. 예를 들어 커피 잔은 우리가 커피를 담아 마시는 일종의 용기이지만, 이것을 미술관의 벽에 걸면 예술작품이 되잖아요. 미술에서 콜라주 작품이 그렇죠. '식탁'이라는 맥락에서 '전시장'이라는 맥락으로 바뀜으로써 커피 잔의 의미가 전혀 달라지는 겁니다. 이것을 예술 미학에서는 '낯설게 하기(Verfremdung)'라고 부릅니다.

김갑수   초현실주의 작품에서도 흔히 볼 수 있지만, 잘 알려진 마르셀 뒤샹 (Marcel Duchamp, 1887~1968)의 〈샘〉 같은 작품을 보면 낯설게 하기가 어떤 것인지 한눈에 알 수 있죠. 뒤샹이 'R Mutt'란 가명으로 뒤집어놓은 변기를 출품했을 때 관람객들은 이 작품을 '예술'이라는 맥락에서 받아들이기가 몹시 어려웠겠죠. 새로운 창조라는 것은 그만큼 어렵고 충격적인 일인 것 같습니다.

〈샘(Fontaine)〉, 마르셀 뒤샹, 1917.

김정운 　'낯설게 하기'는 러시아 형식주의자들 이론이나 독일의 브레히트의 예술론에서 도 그 예를 찾아볼 수 있어요. 우리가 예술의 목적이나 성과를 말할 때 '낯설게 하기'는 창의성을 가장 함축적으로 잘 설명하는 기제라고 생각해요. 익히 아는 것을 전혀 다른 맥락으로 가져가는 역량이 창의성인데, 놀이가 바로 그렇다

B. Brecht, 1898~1956

는 거예요. 예를 들어 우리는 빗자루를 보면 청소할 생각밖에 못 하잖아요. 빗자루의 맥락은 청소니까. 그런데 아이들은 빗자루를 가지고 무엇을 하느냐. 칼싸움하고 총싸움하고 심지어는 빗자루를 타고 하늘을 날아가잖아요. 빗자루가 종전과 전혀 다른 맥락으로 들어가는 겁니다. 이렇게 맥락이 바뀐 빗자루를 타고 하늘을 날아가는 이야기로 엄청난 돈을 벌어들인 게 뭐죠? 해리포터 아닙니까. 해리포터 이야기가 벌어들인 돈이 우리나라 수십만 명의 노동자가 수만 대의 자동차를 만들어 판 것보다 훨씬 더 많다는 거죠. 경제 문제도 바로 그런 데에서 해결책이 나온다는 거예요.

우리는 빗자루를 보면 바닥 쓸 생각밖에 못 하는데, 아이들은 어떻게 빗자루를 타고 하늘을 날아갈 생각을 하는 걸까요? 그 차이가 어디에 있느냐는 겁니다. 아이들은 오직 한 가지 생각밖에 안 합니다. 재미있게 놀 생각. 그게 인간의 본능이에요. 인간을 '호모 루덴스(Homo Ludens)'라고 하죠. 놀이하는 인간이란 본능적으로 재미를 찾

〈해리포터〉

는 존재라는 겁니다. 그런데 복잡한 사회에서 너도나도 맥락을 무시하고 무조건 재미만 찾으면 사회가 유지될 수 없죠. 빗자루를 가지고 청소는 안 하고, 노상 타고만 다니면 안 되니까요. 그래서 아이들을 붙잡아서 '사회'라는 틀에 가두어놓습니다. 그렇게 사회화한 존재가 바로 우리 어른들이죠. 그렇게 '재미'라는 요소를 우리 삶에서 완전히 제거한 겁니다. 그 과정에서 창의성 역시 사라져버린 거죠.

김갑수   어른들의 사고가 그렇게 굳어버렸다면, 어떻게 아이의 마음으로 돌아갈 수 있다는 겁니까? 맥락을 전환하려면 유연하게 사고하고 평소와 다르게 사물을 바라보는 시선이 필요한데, 의도적으로 아이의 마음, 아이의 시선이 된다는 것 또한 쉬운 일이 아니잖습니까?

김정운　물론이죠. 그래서 일상생활에서 늘 맥락을 바꿔보는 훈련이 필요한 겁니다. 예를 들어 우리가 여행할 때 왜 재미를 느끼죠? 사실, 집 떠나서 낯선 곳으로 여행가면 고생이 막심하죠. 그런데도 여행을 다녀오면 기분이 좋고, 아름다운 추억이 남잖아요. 그 이유가 뭐죠? 맥락을 바꿨기 때문이에요. 우리가 미술관에 가는 이유도 마찬가지입니다. 평소에 보던 것과 전혀 다른 사물을 접했을 때 느끼는 감정이 달라진다는 거죠. 이렇게, 생활 속에서 다양한 문화적 경험을 할 때 자기 삶의 맥락을 바꿀 능력이 생깁니다. 그래서 문화가 중요하고, 예술이 중요한 겁니다.

책도 마찬가지입니다. 책에 몰입한다는 것은 내 삶과 다른 책의 세계 속으로 빠져들어간다는 뜻입니다. 이런 경험을 하면 삶이 정말 재미있어지고, 자기 삶을 재미있게 가꾸는 능력이 생깁니다. 그런데 지금 우리가 읽는 책들을 보면, 내용은 너무 한쪽으로 쏠렸습니다. 예를 들어 평범한 직장인에게 최근에 어떤 책을 읽었느냐고 물어보면 하나같이 성공, 처세, 재테크, 부동산투자, 다이어트, 뭐 이런 것들에 관한 책입니다. 심지어 휴가지에 가서도 자기계발서를 읽고 온다는 거예요. 그러면 맥락이 안 바뀌죠. 그런 책들이 나름대로 기능을 하겠지만, 내 삶을 정말 창의적으로 가꾸고 싶다면, 지금의 내 삶과는 전혀 다른 맥락을 한번 경험해보라는 거예요. 그래서 저는 휴가지에 갈 때 제발 소설책을 들고 가라, 당장 먹고사는 문제와 전혀 상관없는 내용을 담은 책을 읽어보라고 권합니다.

창의적인 인간이 되고 싶다면 음악회에도 가고, 미술관에도 가도, 여행도 해야 합니다. 그래서 새로운 미학적 경험들로 끊임없이 나를 자극하지 않으면, 어떤 창의성도 발휘할 수 없어요.

행복해지려면 노력과 훈련이 필요합니다. 사람들은 창의성과 관련해서 흔히 인지적 능력을 이야기하는데, 인지력은 회귀적이고 반복적인 능력입니다. 예를 들어 논리적 사고방식으로 여기는 삼단논법에서는 연역법이나 귀납법을 중시하죠. 그런 사고에 따라 사회에서는 사례를 모아 법칙을 만들고, 법칙에 따라 사례를 가려내는데, 사실 이것은 가장 전형적인 순환구조입니다. 이런 방식으로는 어떠한 새로운 사고도 도출될 수 없어요. 그렇다면, 이 순환구조를 깨트리는 새로운 사고의 유형은 무엇이냐. 찰스 퍼스(C. Peirce, 1839~1914)는 그것을 '유추법'이라고 했어요. '혹시', '아마도', 영어로 하면 'maybe'의 사고를 가능하게 하는 이 유추법을 어떻게 구현할 수 있느냐. 바로 이런 미학적 경험을 통해 구현할 수 있다는 겁니다. 그래서 끊임없이 자신을 정서적 경험에 노출해야 하는데, 그것은 앞서 말한 맥락 바꾸기와 동일선상에 있습니다. 사람은 누구나 맥락이 바뀌었을 때 정서적 충격을 받게 마련입니다. 낯선 곳에 가면 불안해지는 이유도 바로 그것입니다. 여행이 바로 낯선 곳에서 불안을 즐기는 방법이고, 그것이 사실은 문화가 되는 거예요. 그런데 그런 자극을 즐기기보다는 아주 말초적인 자극만 찾아서 번지점프를 한다든지, 극기훈련을 하면서 자신을 학대하는데, 거기서는 어떠한 창의성도 발휘되지 않습니다. 문화적 충격을 느끼고, 정서적 자극에 끊임없이 자신을 노출하는 기술, 그것이 우리를 행복하게 해줄 뿐만 아니라 창의적인 삶을 살게 하는 근본이 된다는 거죠.

생각의 지도

김갑수   이제는 옛 얘기가 되었는지 모르겠습니다만, 1970년대 토니 부잔이 주장한 마인드맵이 있지 않습니까? '마인드맵'이란 문자 그대로 '생각의 지도'를 뜻하는 것인데, 생각을 마치 지도를 그리듯이 이미지화해서 사고력이나 창의력, 기억력을 한 단계 끌어올린다는 두뇌개발법으로 알려졌죠.

T. Buzan, 1942~

학습이나 업무능력 향상에 효과가 있다고 해서 학교뿐만 아니라 세계적인 대기업에서도 마인드맵 이론을 실무에 활용했다고 하는데, 그런 아이디어가 아직 유효하다면, 그리고 창의성을 계발하는 데 의미가 있다면, 그런 것도 한번 고려해볼 가치가 있겠죠?

김정운 　네, 마인드맵은 토니 부잔이 브리티시 컬럼비아 대학원에 다닐 때 고안한 방법인데, 그림과 상징물을 활용해서 학습하는 것이 훨씬 더 효과적이라고 판단해서 만들었다고 하지요. 이 방법은 앞서 제가 말씀드린 대로 전혀 다른 맥락에서 사고할 때 형성되는 개념들을 구체화하는 기술입니다. 예를 들어보죠. 자, 여기 사과가 있다고 가정합시다. 사과라는 말을 들으면 어떤 단어가 떠오르세요?

김갑수 　사과…사과… 엉뚱한 것 같지만, 사과를 베어 물다가 앞니가 부러진 적이 있어요.

김정운 　좋아요. 그렇다면, 앞니와 관련해서 무엇이 떠오르세요?

김갑수 　고등학교 때 〈이빨론〉이라는 시로 고교 문단에서 화제가 되었던 적이 있어요. 그게 떠오르는군요.

김정운 　시, 이빨론. 좋아요. 사과에 대해서 또 어떤 것이 떠오르죠?

김갑수 　사과의 산지, 대구.

김정운 　대구, 하면 떠오르는 것은?

김갑수 　제가 좋아하는 김모 여교수.

김정운   아, 여교수. 좋아요. 자, 이렇게 사과, 하면 다른 생각도 또 나오겠죠. 이런 생각들을 체계화하는 훈련입니다. 생각이 두서없이 막 날아다닐 때가 있죠. 그럴 때 '내가 왜 이런 생각을 하지?' 하고 그 생각의 꼬리에 꼬리를 물고 들어가면 최종적으로 최초에 어떤 생각에서 출발했는지를 알게 되죠. 정상과 정상 아닌 사람의 차이는 그 생각의 연계를 역추적할 수 있느냐, 없느냐는 데 있습니다. 생각의 연결이 어느 지점까지 흘러갔을 때 최초의 생각으로 다시 찾아가지 못하는 사람이 있어요.

김갑수   제가 바로 그런 경우인데요? 무슨 생각을 하고 있는데, 왜 그 생각을 하게 됐는지를 잊어버려요.

김정운   그런데 사실 정상과 비정상은 종이 한 장 차이거든요. 천재일수록 그 경계가 모호합니다. 그러니까, 아주 좋은 현상일 수도 있어요. 어쨌든, 날아다니는 여러 생각 가운데 이것저것이 연결되어 새로운 사고가 탄생합니다. 그러니까, 원래 모든 생각이 사과로부터 출발했지만, 사과와 전혀 관계없는 여교수가 나오는 겁니다. 이렇게 맥락이 완전히 달라지는 거예요. 이것을 '지식편집'이라고도 합니다. 정보들을 이런 식으로 편집하는 능력이 21세기 지식기반 사회의 핵심능력이라는 거죠.

제가 독일에서 목격한 일인데, 독일 학생들은 책을 보면서 항상 카드를 작성합니다, 예를 들면 X라는 학자, Y라는 학자, Z라는 학자의 책을 읽으면서 한도 끝도 없이 카드를 작성합니다. 그렇게 카드 작성이 완료되면 모두 펼쳐놓고 자기 관점에 따라서 그 카드들을 어떤 질서로 재구성합니다. 그러니까, 논문을 쓸 때 카드들을 어떤 기준에 따라 배열해서 A 파트를 만들고, 또 다른 기준으로 배열해서 B 파트를 만드는 식으로 구성하는 겁니다. 이것이 바로 정보를 재구조화하고 지식을 편집하는 능력입니다. 그런데 한국 학생들에게는 이런 능력이 없어요. 예를 들어 X라는 심리학자의 책은 우리나라 학생들이 훨씬 더 많이 읽습니다. 1,000장 분량의 카드를 만들어낼 수 있는 양의 독서를 합니다. 그렇게 X라는 학자의 인용문 1,000장, Y의 인용문 1,000장, Z의 인용문 1,000장 분량에 해당하는 엄청난 지식을 쌓아요. 심지어 독일의 역사나 문학에 대해서도 우리나라 학생들이 훨씬 더 많이 알아요. 그런데 독일 학생들은 불과 200장의 카드를 작성합니다. 그리고 그것을 조합해서 우리 학생들보다 더 창의적인 결과물을 만들어내죠. 정보를 재구조화하는 능력에서 그렇게 결정적인 차이가 나는 겁니다. 독일 학생들은 어렸을 때부터 지식을 자기 마음대로 조합하는 능력을 훈련합니다. 그래서 앞서 말한 대로 마인드맵을 그릴 때 정말 황당한 생각들을 연결해서 자기 이야기를 만들어내는 능력이 있어요. 그것은 심리학자 피아제도 그랬고, 정신분석학자 프로이트도 마찬가지였습니다. 어렸을 때

J. Piaget, 1896~1980

그들이 하는 황당한 이야기에 사회가 귀를 기울였던 것이 그들로 하여금 위대한 학자가 될 결정적인 계기를 마련해줬던 거죠. 그런데

한국에서는 학생들에게 X라는 학자의 1,000장 분량 글을 달달 외우게 합니다. 그것은 자기 생각이 아니라, X라는 학자의 생각일 따름입니다. Y라는 학자에 대한 전문가가 되어도 정작 자기 생각은 없는 거죠.

S. Freud, 1865~1939

김갑수 지식의 축적이 중요한 것이 아니라 각기 다른 지식의 연관 관계를 구조화하는 능력이 중요하다는 말씀이죠?

김정운 그것이 곧 앞서 말씀드린 낯설게 하기, 맥락 바꾸기와 마찬가지 기술이에요. A라는 맥락에 있던 정보를 B라는 맥락으로 옮겨가는 능력, 이것이 바로 창의성입니다. 왜 한국에서는 위대한 학자가 나오지 않느냐. 어렸을 때부터 이런 훈련을 한 번도 받아본 적이 없기 때문이죠.

휴테크가 필요하다

김갑수　네, 지금까지 일과 놀이와 재미의 의미, 창의성과 새로운 사고의 가
능성에 대해 전반적으로 살펴봤습니다. 이제 좀 큰 범주에서 우리
국민의 성공과 행복에 관한 이야기를 나눠보도록 하겠습니다.

잘 아시겠지만, 지금 우리가 사는 이 세상은 가히 성공 추구의 열풍
이 휩쓰는 시대라는 생각이 듭니다. 정말 온 세상이 오로지 성공하
기 위해 살아가는 사람들로 가득 찬 것처럼 보이는데, 그 성공이란
대개 유명해지고, 큰돈을 벌고, 높은 지위에 오르는 것을 말하는 것
같습니다. 사실 저도 직업상 소위 '성공한 사람들'을 접촉할 기회가
많은데, 아주 정직하게 말하자면 그 사람들이 그리 행복해 보이지
않아요. 주변에도 나름대로 성공했다는 사람들이 있는데, 행복하고
여유로워지고 평온해지기는커녕 오히려 더 우울해 보이는 것은 무
슨 까닭일까요?

김정운 실제로 미국에서 사회적으로 성공했다는 사람 4만 5천 명을 20년간 추적 조사한 적이 있습니다. 그런데 결론은 아주 충격적이었어요. 사회적으로 성공했다고 여겨지는 사람일수록 은퇴 후에 우울증에 걸릴 확률이 아홉 배가 더 높더라는 거죠. 심장질환으로 죽을 확률은 네 배가 더 높아요. 왜 이런 결과가 나왔을까요? 결국, 성공의 정의가 잘못된 거예요. 사회적 지위가 높아졌다고 해서 행복한 것은 아니거든요. 그것은 수단일 뿐이지, 그다음에 추구하는 내용이 무엇인가를 인식하고 살아야 하는데, 그게 없다는 거죠.

김갑수 지위를 통해서, 부를 통해서, 명예를 통해서 무언가를 추구해야 하는데, 수단을 목적으로 착각하니까 정작 목적을 상실한 성공한 삶이 되는 셈이군요.

김정운 그렇습니다. 성공했다고는 하는데, 추구하는 내용이 도대체 뭐냐는 거죠. 제가 그래서 '휴테크'란 단어를 만든 겁니다. 누구나 재테크에는 관심이 있죠. 그런데 재테크해서 돈 벌어서 뭐할 거냐 말이에요. 자, 여기서 제가 질문을 하나 던지겠습니다. 제가 마음대로 쓰시라고 돈 천만 원 드리면 어디에 쓰실 겁니까? 대부분 사람이 곧바로 대답하지 못합니다. 돈은 벌고 싶은데 정작 어디다 써야 할지 아무 생각 없이 돈을 벌고 싶은 거예요. 김갑수 선생님은 제가 천만 원 드리면 곧바로 음반 살 거죠?

김갑수 아, 저야 물론 엘피 사겠죠.

김정운   돈을 버는 목적이 분명하기 때문에 돈을 버는 수단도 행복한 과정
이 될 수 있는 겁니다. 그런데 목적이 없으면 수단이 고통스럽게 느
껴집니다. 그 괴로운 수단을 참고 노력했지만, 나중에 보니 정작 목
적은 상실된 겁니다. 그래서 저는 재테크를 말하기 전에 휴테크부터
말하자는 거예요. 도대체 무엇 때문에 돈을 버는지부터 생각해보자
는 거죠. 제가 사람들에게 천만 원 드릴 테니 쓰시라고 하면, 음… 저
금해야죠, 이래요. 죽을 때까지 저금만 할 건가요? 돈 버는 목적이 분
명하지 않으니까, 끊임없이 아파트 평수만 늘리다가 저세상으로 가
는 겁니다. 집이 100평 되면 행복해지나요? 100평 되면 150평이 눈에
보이고. 죽을 때까지 집만 넓히다 가는 사람이 대부분이란 말이죠.
그걸 '소외된 인생'이라고 부르는 겁니다.

또 사회적 지위를 좇으며 살면, 삶 자체가 참고 인내하는 삶이 되어
버립니다. 참고 인내하다 보면, 어떠한 창의력도 나오지 않습니다.
21세기에는 사는 게 재미있는 사람만이 창의력을 발휘할 수 있고, 재
미있는 사람에게만 전체 맥락을 바꿔서 볼 수 있는 총체적인 관점이
생기는데, 참고 인내하다 보면 직장에서도 오히려 일찍 잘립니다.
그래서 순서를 바꾸라는 겁니다. 재미있는 삶을 위해 성공하라는 거
죠. 재미있게 살다 보면 사회적 지위는 저절로 올라가게 되어 있어
요. 그리고 비록 자기가 기대했던 엄청난 지위는 아닐지라도, 자기
가 마음껏 즐길 수 있는 범위에서, 자기가 감당할 수 있는 범위에서
사회적 지위를 얻게 된다는 거죠. 그래서 지금 행복한 사람이 나중
에도 행복해지는 겁니다.

그동안 심리학자들이 행복에 대해 나름대로 엄청나게 많은 연구를

했습니다. 갈수록 행복의 내용이 복잡해지니까, 행복해지기가 점점 어려워진단 말이죠. 그래서 행복을 좀 간단히 정의하기로 했어요. 복잡하게 생각할 것 없이, 하루에 기분 좋은 시간이 얼마나 되는지 알아보자는 겁니다. 그것이 행복을 결정하는 요인이에요. 한번 생각해보세요. 내가 오늘 하루 몇 시간이나 행복했는지. 만약 온종일 기분 좋은 시간이 전혀 없었다면, 그것은 절대로 행복한 삶이 아니라는 거죠. 이건 돈으로 결정되는 문제가 아니에요. 그리고 하루 삶에서 기분 좋은 시간이 많아질수록 다른 사람들과 의사소통도 아주 잘될 수밖에 없고, 맥락을 바꾸고 재미있게 사는 기술은 저절로 터득될 수밖에 없다는 거죠. 그래서 이렇게 발상을 전환해서 현재를 재미있게 사는 것이 성공의 내용이라는 철학을 갖게 되면, 사회적 지위나 돈도 기본적으로 생긴다는 것이 제 생각입니다.

그리고 감당할 수 있는 범위에서 목적에 합당한 돈이 생겨야지, 필요 이상으로 돈이 생기는 것도 재앙이라고 생각해요. 내가 정말 돈을 어디다 쓸지 생각해보면 사실 그렇게 돈이 많이 필요하지는 않거든요. 그런데 감당할 수 없는 돈이 생기면 그때부터 인생이 망가지는 겁니다. 로또에 당첨된 사람들의 인생이 비참해지는 이유가 뭐겠어요?

쉬기와 놀기 사이

김갑수 일과 삶의 균형, 그 속에서 휴식의 중요성 등 여러 각도에서 큰 대목을 짚어주셨는데, 다시 한 번 정리해보면 어떨까요? 일과 삶의 조화가 중요한데, 그 조화를 찾으려면 무엇을 어떻게 해야 할까요?

김정운 저는 무엇보다도 쉬기와 놀기를 구별하라고 말하고 싶습니다. 쉬는 것과 노는 것을 헷갈리는 사람이 많습니다. 심리학에서는 우리가 수용할 수 있는 적정한 각성의 수준에 주목합니다. 사람마다 차이가 있겠지만, 어느 정도 각성 수준을 유지할 때 기분이 좋죠. 그런데 그 수준을 넘어서면 쉬어야 합니다. 감당할 수 있는 정보의 양을 넘어서면 피곤해지고 짜증이 나거든요. 그럴 때 가장 먼저 나타나는 증상이 혼잣말입니다. 사람은 힘들어지면 중얼거려요. 심리학적으로는 내 안에 내가 또 하나 있다고 하죠. 대화는 남과 하는 것인데, 왜 중얼거리느냐. 내 안의 나한테 말을 거는 겁니다. 그런데 원래는 이런 현상이 내면에서 일어나야 하는 거예요. 생각이란 내가 나와 이야기하는 것입니다. 이것은 간단한 실험으로 증명할 수 있어요. 자, 2 더하기 3은 얼마죠?

김갑수   5.

김정운   예, 바로 나옵니다. 그럼, 29 곱하기 8은 얼맙니까?

김갑수   그건 쉽지 않죠. 29 곱하기 8이라… 우선, 9 곱하기 8하면 72이고, 20 곱하기 8이 160이니까…

김정운   네, 이렇게 중얼거리기 시작합니다. 2 더하기 3은 5, 바로 답이 나옵니다. 그런데 29 곱하기 8이 얼마냐고 물으면, 29 곱하기 8? 음… 먼저 8 곱하기 9을 하자, 그러면 72에다가 20 곱하기 8를 하면 160이니까, 72에 180을 더하자… 방금 그렇게 하셨듯이 이런 식으로 중얼거립니다. 그런데 그 말은 누구한테 하는 거죠? 내 안에 있는 또 다른 나한테 하는 겁니다. 이것을 심리학에서는 '메타 커그니션(meta-cognition)'이라고 합니다. 생각하는 것에 대해 또 다른 생각을 말하는 겁니다. 내가 나 자신과 이야기하는 과정이죠. 사람은 누구나 자기가 받아들일 수 있는 수준보다 더 많은 정보가 밀려오면 중얼거리기 시작하죠. 이럴 때 쉬어야 한다는 겁니다. 쉬라는 말은 어디 가서 너 자신과 제발 얘기 좀 해보라는 거예요. 이 시기에도 쉬지 않으면 결국 중환자실에서 쉬게 됩니다. 정신병자들을 보면 대부분 혼잣말로 중얼거리고 다니는데, 자기 자신과 이야기할 시간을 놓쳤기 때문에 그런 증상이 나타나는 겁니다.

김갑수 미치기 전에 쉬라는 말씀은 조금 섬뜩하기도 합니다. 특히 한국에서는 40~50대가 가장 지치고 고단한 사람들이겠죠. 이들에게 조금 더 직접적으로 충고하신다면 뭐라고 말씀하시겠습니까?

김정운 쉴 때는 혼자 떠나라. 회사에서 임원이나 간부가 국외출장 갈 때 보면, 꼭 부하직원을 데리고 가잖아요. 그러지 말라는 겁니다.

김갑수 부하직원을 데려가는 이유는 귀찮은 일도 맡기고, 자신은 좀 편히 쉬겠다는 발상이 아니겠어요?

김정운 그게 아녜요. 혼자 있는 것이 두려워서 그러는 거예요. 현재 자신의 사회적 관계를 외국에 가서도 그대로 유지해서 삶의 맥락을 바꾸지 않으려는 태도입니다. 그런데 그렇게 되면 어떠한 창의적 아이디어도 나오지 않을뿐더러, 내 삶의 과도한 정보 스트레스에서 벗어날 수 없어요. 그래서 혼자 떠나라는 겁니다. 비행기 안에서 혼자만의 시간을 갖고, 혼자 밥 먹고, 혼자 커피 마시고, 혼자 거리를 걸어보라는 말입니다. 그러면 자연히 나에게 말을 걸게 되어 있습니다. 틈틈이 그런 시간을 가지지 않으면 삶이 참 힘들어져요.
그래서 저는 주위사람들에게 점심도 제발 떼로 몰려가서 먹지 말고, 혼자서 식당을 골라 찾아가서 좀 먹어보라고 권합니다. 저도 바쁘게

〈밤의 테라스 (Café Terrace: Place du Forum, Arles)〉, 반 고흐, 1888

삽니다만, 정기적으로 분위기 좋은 노천카페에 앉아서 지나가는 사람들을 멍하니 바라보고 있으면 그렇게 행복할 수가 없어요. 그러다 보면 어느 순간부터 저절로 나한테 말을 걸게 됩니다. 너 지금 뭐하고 있어? 행복해? 다 괜찮은 거야? 이런 질문에 익숙해질 필요가 있다는 거죠. 그래서 혼자 떠나라는 것은 자신에게 말을 걸고, 질문을 던져 보라는 거예요. 누구에게나 아무도 물을 수 없는 질문이 있으니까요. 그런 질문에 익숙해지면, 내가 행복해지는 방법에 대해서도 고민하게 되고, 결국 그걸 찾게 된다는 겁니다.

우리는 때로 평소에 유지하던 적정 각성 수준이 낮아지는 상태를 경험할 때가 있습니다. 환경이 자극을 주지 못하는 거죠. 다시 말해 일상이 바쁘기 때문에, 정보가 넘쳐서 힘든 것이 아니라는 겁니다. 마치 다람쥐 쳇바퀴 돌듯이, 어떠한 자극도 느끼지 못하는 시간이 많다는 거죠. 그럴 때는 놀아야 합니다. 논다는 것은 곧 나를 망각하는 경험입니다. 나를 망각하고 대상에 몰입하는 경험이에요. 정말 좋은 음악을 들으면 나를 완전히 망각하고 몰입하게 되잖아요? 그게 바로 노는 겁니다. 그렇게 나를 망각하는 것이 노는 것이고, 나와 대화하는 것은 쉬는 겁니다. 그래서 다람쥐 쳇바퀴 돌듯이 똑같은 자극만 반복되고 삶이 재미가 없을 때는 놀아야 합니다. 내가 정말 좋아하는 것을 찾아서 거기에 푹 빠져야 합니다. 그런데 문제는 뭐냐. 그렇게 푹 빠질 대상이 없는 겁니다.

문화적 다양성이 존재하는 사회

김정운 제가 재미있게 살아야 한다, 놀아야 한다고 말하면 사람들은 제게
묻습니다. 뭘 하면 재미있어요? 그럼, 제가 되묻습니다. 뭘 좋아하세
요? 그러면 대부분 제 질문에 대답하지 못합니다. 이게 결정적인 문
제라는 거죠. 우리가 자라면서 자기가 정말 좋아하는 것을 찾아내고
그걸 직업으로 삼고 즐기면서 살았어야 하는데, 그러지 못한 거죠.

김갑수 재미를 아는 사람에게는 재밋거리가 너무 많아요. 그런데 그 재미를
즐길 시간이 없고 여유가 없어요. 반면에 사는 게 재미없다는 사람
은 뭘 가져다줘도 지루하고 재미없다고 해요.

김정운 그렇죠. 그래서 자기가 정말 좋아하는 것, 재미를 느끼는 인생의 주
제를 발견하는 것. 그것이 바로 놀이의 기준이에요. 그리고 그것이

문화적 다양성과 연결됩니다. 사람들이 다양한 방식으로 삶을 즐길 수 있는 사회가 건강한 사회라는 거죠. 그런데 우리는 어떻습니까? 떼로 몰려가서 축구 응원하는 것만 재미있다고 생각합니다. 재미가 획일화된 거죠. 기성세대를 비판하는 젊은 사람들도 그런 문화를 똑같이 답습하고 있어요. 그 사람들이 즐기는 놀이나 유행을 가만히 들여다보면 오히려 기성세대보다 더 획일화되어 있습니다.

김갑수 저도 그런 현상을 목격합니다. 젊은이들을 보면 모두 똑같은 게임, 똑같은 음악, 똑같은 영화에 빠지는 것 같아요. 드라마나 영화에서 인기 연예인이 입고 나온 옷, 걸고 나온 액세서리가 젊은이들 사이에서 유행하고, 하다못해 그 배우의 특정한 말투까지 따라 합니다. 어느 사회에서나 이런 현상이 있겠지만, 우리 젊은이들의 문화는 특히 획일적인 것 같습니다.

올림머리 유행을 만들어낸 연예인들

인생을 축제로 만들어라

노는 것을 계획하는 사람은 행복하다.
이들은 일하는 것도 **행복하다.**

아저씨의 삶이 우울한 것은 축제가 사라졌기 때문이다.

동네 어귀 슈퍼 앞에서 무릎 부분이 늘어날 대로 늘어난 '트레이닝 바지'와 '슬리퍼' 차림으로 맥주잔을 기울이고 있는 아저씨에게는 어떠한 축제의 설렘도 발견할 수 없다.

하지만 이런 아저씨들도 '우리 기쁜 젊은 날에'는 작고 작은 축제가 끊임없었다.

지금의 젊은이들이 끊임없이 '빼빼로 데이', '발렌타인 데이', '짜장면 데이'와 같은 축제를 만들어 즐기는 것처럼, 작고 작은 축제가 계속되는 삶은 기쁘다.

너무 재미있어서 어쩔 줄 모른다.

축제와 기쁨, 재미가 반복되는 삶의 주인은 나다.

이들에게 시간은 흐르지 않고 반복되기 때문이다.

작은 축제를 끊임없이 만들어내는 이들에게 삶은 매년 새롭고 흥미진진할 수밖에 없다.

내 삶의 주인이 되는 기쁨은 축제가 있을 때만 가능하다.

헌데 당신이 기억하는 마지막 축제는 도대체 언제였는가?

김정운, 《노는 만큼 성공한다》 중에서

김정운 그것 역시 정말 나만의 것이 무엇인가를 성찰하지 못한 데서 생기는 현상인 것 같아요.

그래서 저는 쉬는 것과 노는 것을 구분하자고 주장합니다. 옛날 어른들이 '똥오줌 좀 구별하고 살아라' 하시잖아요. 저는 쉬는 것과 노는 것이 똥오줌 구별하는 것과 같은 이치라고 생각합니다. 똥과 오줌은 본질적으로 다른 겁니다. 똥은 양분이 빠진 음식물이 입에서 항문으로 연결된 관을 흘러서 나가는 찌꺼기입니다. 무슨 얘기냐면, 내 것이 아니라는 거예요. 그런데 오줌은 수분이 내 몸에 완전히 흡수되었다가 다시 모여서 나오는 거예요. 그러니까, 내 삶에서 정말 내 것이 무엇인지, 무엇을 귀하게 여기고 간직해야 하는지를 구별하는 것. 그것이 쉬는 것과 노는 것을 구별하는 일이고, 내 삶의 주인이 되는 길입니다.

김갑수 내 삶을 나의 것으로 만드는 것이 중요하다고 하셨는데, 정작 그 삶이 재미있고 행복해야 하지 않겠습니까? 그런데 선생님은 책에서 우리가 행복하고 재미있게 사는 비결을 하나 가르쳐주셨죠. 인생을 수많은 축제로 만들어라. 삶의 작은 축제들을 끊임없이 만들어내는 능력이 있다면, 삶 자체가 축제가 되지 않겠습니까?

김정운 젊은 사람들을 보면 만난 지 백 일, 이백 일, 삼백 일도 기념하고, 처음 사랑을 고백한 날, 처음 키스한 날 등 끊임없이 계기를 만들어 기념합니다. 젊음이 기쁘다는 것은 이처럼 축제를 끊임없이 만들어내기 때문인 것 같습니다. 나이가 들면 생일도 심드렁해지죠. 크리스

마스 때 부부가 둘이 앉아서 텔레비전 보다가 잡니다. 명절 때가 되면 짜증나죠… 무슨 삶이 이렇습니까? 나이가 들면서 점점 더 우울해지는 것은 축제를 잊어버리기 때문이에요. 그러면 이 우울함을 극복하는 기술은 뭐냐. 끊임없이 축제를 만들어내는 겁니다.

재미없는 삶은 삶이 아닙니다. 월파(月波) 김상용(金尙鎔, 1902~1930) 시인의 〈남(南)으로 창(窓)을 내겠소〉라는 시의 마지막 대목이 이렇게 끝납니다. "왜 사냐건 웃지요." 우리 삶의 목표는 가만히 있어도 웃음이 나올 정도로 재미있게 사는 겁니다. '재미'라는 가치를 삶에서 복원시키지 못한다면 그것은 진정한 내 삶이 아닙니다. 그래서 재미없는 삶은 삶이 아니라는 말씀을 드리고 싶습니다.

한국인, 상상력을 디자인하라

| 임헌우 |

"망설임에는 천 가지 변명과 만 가지 이유가 있다고 합니다. 그런데 무언가를 시작하는 데에는 딱 한 가지가 필요합니다. 바로 용기입니다. 그래서 꿈은 시작과 친구 사이입니다. 가만히 보면 꿈은 망설임과 친하지 않더군요. 그래서 용기 있게 시작한다면, 무언가를 저질러보고 무언가를 경험해본다면, 우리 길지 않은 삶이 좀 더 행복해지지 않을까 하는 생각이 들거든요. 아리스토텔레스가 이런 말을 했습니다. "행복이란 자신의 능력을 온전히 발휘하는 것이다." 내 능력을 온전히 발휘하려면, 뭔가 저질러야 하지 않겠습니까? 그 저지름을 통해 뭔가를 만들어내고, 그 도전과 부딪치는 과정을 통해 독자 여러분도 조금 더 행복해졌으면 좋겠습니다."

임헌우

계명대학교 시각디자인과 전임교수.
중앙대학교 대학원 졸업, 디자인학 박사.
(주)와이낫커뮤니케이츠 크리에이티브 디렉터, 대구 시각디자이너협회 부회장 역임.
7회의 개인전 및 다수 국내외 단체전 참여.
주요 저서 : 《상상력에 엔진을 달아라》, 《새로운 편집디자인》

상상력이란 무엇인가?

김갑수 노벨 문학상을 받은 일본 작가 오에 겐자부로(大江健三郎)는 대략 이
런 이야기를 했습니다. "나의 눈이 아닌 타자의 눈으로 나를 들여다
보는 시선을 상상력이라고 한다."

그의 말은 상상력이 막연한 공상이 아니라, 익숙한 대상을 전혀 다
른 시각으로 바라보는 힘이라는 뜻인 것 같습니다.

같은 맥락에서 디자인은 우리에게 익숙한 자연적인 현실을 새롭고
아름다운 방식으로 재구성하는 기술이 아닌가 하는데, 이처럼 시각
과 디자인의 특성을 전문적으로 다루는 사람이 바로 시각디자이너
일 겁니다.

임헌우 선생님은 시각디자이너로서 상상력의 문제를 가장 절실하
게 고민하고 계실 텐데, 우선 디자인이 어떤 정신의 지배를 받는지
궁금하군요. 여러 가지 정신이 개입하겠지만, 역시 인간 정신을 대
상으로 삼는 인문적 상상력이 가장 핵심적인 요소가 아닐까요? 더구

나 근래에 와서 상상력은 개인의 생산성뿐만 아니라 국가 경쟁력의 키워드가 될 정도로 중요시되고 있잖습니까?

임헌우 디자인에 있어서 중요한 요소 중의 하나가 바로 창조적 상상력입니다. 문제를 정의하고 문제를 해결하는 것이 디자인의 프로세스라면, 새로운 시각에서 문제의 솔루션을 찾는 것이 중요하고, 이 지점에서 상상력이 큰 역할을 한다고 생각합니다. 최근 사회적 혹은 문화적 현상들을 조금만 유심히 관찰해보더라도 상상력이 중요한 화두로 등장했다는 것을 발견할 수 있습니다. 일본의 컨설턴트 오마에 겐이치는 '지식근로자의 시대는 이미 지나갔다'고 얘기합니다. 지식은 인터넷 검색으로도 얼마든지 확보할 수 있는 시대이며 따라서 지식 자체로는 아무런 부가가치가 없다는 것이 그의 지론인 거죠. '우리에게 요구되는 것은 보이지 않는 것을 보는 능력, 즉 상상력이며, 앞으로는 이런 뛰어난 상상력을 가진 사람들이 세상을 이끌 것이다라고 그는 말합니다. 미래학자 앨빈 토플러도 《부의 미래》라는 저서에서 "기술적 발전이 한계에 직면할 미래 사회에서 새로운 가치는 '상상력'에 의해 창출될 것"이라고 예견했습니다. 토플러의 말처럼 성장 한계에 직면한 많은 기업들이 새로운 사업 모델을 만들어내기에 전력을 다합니다. 따라서 지금 주목받고 있는 상상력에 디자이너로서 관심을 갖는 것은 어찌 보면 당연한 일이라 생각합니다.

김갑수 선생님은 스스로 '상상력 공장장'이라고 부르시는데 언뜻 앤디 워홀의 '팩토리(factory)'가 떠오릅니다. 어떤 의미에서 '상상력 공장장'이라는 표현을 사용하셨나요?

임헌우   상상력은 추상적인 것을 구체화하는 능
력이라고 생각합니다. '상상(想像)'이라는
한자 단어에서 상(像)을 보면 사람 인(人)
변에 코끼리 상(象)이 들어 있습니다. 우
리는 이 한자에서 중국 사람이 코끼리를
머릿속에 떠올리는 모습을 연상해볼 수
있습니다. 상상력이란 단어는 영어로 '이
미지네이션(imagination)'입니다. 이미지
를 마음속에 그린다는 의미입니다.

A.Warhola, 1928~1987

어떻게 보면 상상력은 생각한 것을 머릿속에 그리는 드로잉(drawing)
이라고 정의할 수 있을 것 같습니다. 그래서 저는 이런 추상적인 상
상력을 구체적으로 보이게 하는 방법이 없을까 하고 고민했습니다.
많은 사람이 상상력을 정신적이고 추상적인 작용으로 생각하는데,
저는 그것을 조금 쉬운 차원에서 접근해보고 싶었습니다.

이매진(imagine)과 엔지니어(engineer)의 합성어로 '이미지니어
(imagineer)'라는 단어가 있습니다. 전혀 다른 생각, 즉 인문학적 관점
에서 이미지와 공학적인 관점에서 엔지니어가 결합하니까 새로운
것이 만들어지는 것 같아요. 그런 의미에서 이 두 가지가 만나서 재
미있는 충돌을 만들어내면 재미있겠다는 생각이 들었고, 그런 의미
에서 '상상력 공장장'이라는 이름을 붙여봤습니다.

상상력이 생산성을 주도한다

김갑수   한때 시대정신이 양적 성장에 있었지만, 이제는 질적 성장을 담보하는 상상력이나 창의력이 시대정신이 되었다는 생각이 들어요. 아마도 여러 가지 원인에서 그런 조류가 형성되었을 텐데, 선생님은 어떤 계기에서 상상력에 관심을 보이게 되었습니까?

임헌우   저는 우선 생산성의 변화 과정에 주목하게 되었습니다.
인류는 긴 진화의 과정을 거쳤는데 자세히 들여다보면 상당히 재미있는 사실을 발견하게 됩니다. 직립(直立)하기 이전 인간에게는 손이 없었습니다. 발로 모든 걸 해결했는데, 직립보행을 하면서부터 손이 자유로워졌죠. 자유로워진 손을 사용해서 도구를 사용하게 되었습니다. 그런데 손을 사용한다는 것은 섬세한 감각을 만들어내는 것과 같거든요. 섬세한 감각을 발전시킨다는 것은 우리 두뇌와 밀접하게 연결됩니다.

김갑수   손의 근육 운동이 뇌를 발전시킨다는 것이 정설로 되어 있죠.

임현우   그러니까, 거시적으로 보자면 생산수단의 변화가 발에서 시작해서 손으로, 손에서 다시 머리로 이어진다고 할 수 있겠죠.

영어에는 공장을 뜻하는 단어가 팩토리 말고도 매뉴팩처(manufacture)가 있습니다. 제조, 생산이라는 의미에서 출발한 단어인데, 'man-'이라는 접두사는 어원이 손을 의미하거든요.

산업시대와 그 이전에는 손으로 대표되는 신체를 움직여서 무언가를 만들어내는 것이 생산성이었다면 이제는 머리를 움직여서, 생각을 움직여서 무언가를 만들어내는 것이 생산성이 되었죠.

일찍이 라즐로 모홀리 나기는 "미래사회 문맹자는 이미지를 모르는 사람이다"라고 했습니다. 저는 그 말에서 힌트를 얻어 오늘날 문맹자는 어떤 사람일까, 이 시대에 소통의 수단을 이해하지 못하는 사람은 누구일까, 곰곰이 생각해보았습니다. 그리고 새로운 정의를 생각해보았습니다. '이 시대의 문맹자는 글을 읽

Moholy-Nagy, 1895~1946

지 못하는 사람도 아니고 이미지를 모르는 사람도 아니다. 그는 상상력을 알지 못하는 사람이다.' 왜냐면 오늘날 사회와 문화 전반에서 수많은 상상력의 발로를 보고 있거든요. 이제 상상력을 이해하지 못하는 것은 사회를 이해하지 못하는 것과 같습니다. 그런 의미에서 상상력의 중요성이 대두하고 있다고 생각합니다.

〈빛 공간 조절기〉, 라즐로 모홀리 나기, 1930.　　〈쌍둥이 무희 올리와 돌리〉, 라즐로 모홀리 나기, 1925.

브로도비치의 오프너

김갑수   오늘날 상상력의 위상을 설명하셨는데, 그렇다면 인간의 상상력은 어떻게 촉발될까요? 알렉세이 브로도비치는 학생들에게 "나는 너희 선생이 아니라 너희 머릿속의 잠재력을 분출시켜주는 병따개다"라고 했다는데 상상력은 지식처럼 머리에 주입하는 것이 아니라, 내면에 있는 잠재력을 끄집어내는 것이라는 의미겠죠?

알렉세이 브로도비치의 디자인

임헌우   알렉세이 브로도비치가 택한 '오프너 (opener)' 방식의 핵심은 자극이었습니다. 학생들한테 자극을 주고 열린 사고를 하게 하면 생각이 이쪽에서 이쪽으로 자연스럽게 흘러가고, 또 이러한 생각들이 만나고 충돌하고 통합되는 지점이 분명히 있을 겁니다. 그리고 이전에 하지 못했던 새로운 생각이 나올 수도 있겠

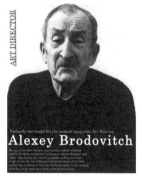

A. Brodovitch, 1898~1971

죠. 그렇게 브로도비치는 학생들을 계속 자극해서 무언가를 만들어내게 했습니다. 그는 수업 중에 학생들에게 자주 '나를 놀라게 하라(astonish me!)', '새롭게 만들어내라(make it new!)'고 주문합니다. 뭔가 새로운 것을 만들어내도록 학생들을 계속 자극하는 거죠.

그런데 우리 학생들은 정신적인 자극의 경험이 매우 취약합니다. 문제의 개념이 바뀌면 대응하지 못해요. 고등학교에서 학생들이 풀어야 할 문제는 question입니다. 정해진 문제에 정해진 답(answer)을 고르느라 여념이 없습니다. 그런데 대학교에 가면 문제의 개념이 problem으로 바뀝니다. 즉, 학생이 직접 해결해야 할 과제가 주어지는 거죠. 그러니까, problem에 대한 답은 해결방법(solution)인데 훈련이 되지 않은 학생들은 여전히 단답형의 answer를 찾는 겁니다.

어떤 문제에 대한 해결방법은 하나가 아니라, 여러 가지일 수 있잖아요. 그런 가능성을 열어두었을 때 학생들이 자기 고유의 생각을 정립해갈 수 있다는 점에서 저는 브로도비치의 오프너 개념이 상당히 매력적이라고 생각합니다.

파이(π)형 인간

김갑수   유능한 교사가 생각의 문을 열어주고, 학생은 자극을 받아 잠재력을
발현하는 과정에서 상상력을 극대화할 수 있다는 것은 매우 긍정적
인 해결책 같습니다. 그런데 선생님은 여기서 한 걸음 더 나가시죠.
파이(π)형 인간이 되어야 한다고 말씀하시는데, 지식과 사고의 경계
를 허물 능력이 있는 사람을 말씀하시는 거겠죠?

임헌우   생산성과 관련해서 요즘 산업사회와 지식기반사회를 자주 비교하
는데, 지식의 분화는 산업시대의 유물입니다. 산업시대에는 어느 한
분야의 전문성을 강조했습니다. 그러니까 자기가 맡은 분야에서 능
력을 발휘하면 분업을 통해서 많은 것을 만들어낼 수 있었습니다.
그래서 어느 한 방면에 정통하면 그 분야의 전문가가 됐죠. 그런데
한 분야에 대한 전문성은 역설적으로 다른 학문과의 사이에 담을 쌓
는 역할을 하게 됩니다. 그러다 보니 여러 분야를 통합적으로 조망

하지 못하는 사태가 벌어진 겁니다.

김갑수   그렇다면, 통합적 시각을 갖추려면 어떻게 해야 합니까?

임헌우   에드워드 드 보노는 수평적 사고를 강 조했습니다. 산업시대처럼 전문 지식의 깊이도 중요하지만, 지금 중요한 것은 이러한 여러 가지 전문 지식을 서로 연 결하는 것입니다. 그렇게, 기존에 서로 연결되지 않았던 지식이 수평적으로 서 로 관계를 맺기 시작하고, 그 경계에서 무언가가 만들어집니다. 사실, 모든 상 상력은 경계에서 나오거든요.

E. de Bono, 1933~

그래서 이전에는 정보를 소유한 사람이 헤게모니를 장악했지만, 지 금은 정보의 배치와 조합이 중요해진 시대입니다. 그렇게 많은 정보 를 새롭게 엮어내서 새로운 지평을 만들어내는 것이 상상력인데, 그 런 의미에서 이 시대에는 수평적 사고를 하는 사람이 필요하죠. 자 기 분야에 대한 전문적 지식과 경계를 허무는 수평적 사고를 하는 사람이 바로 지금 시대가 요구하는 파이형 인간일 것입니다. 파이형 인간은 최소한 두 개 이상의 영역에서 서로 통합적 사고를 할 수 있 는 사람일 것입니다. 이런 식으로 간다면 조만간 문어발형 인간이 나오지 말라는 법도 없을 것입니다.

Stay Hungry, Stay Foolish

김갑수 상상력과 수평적 사고를 언급하시니까, 저는 스티브 잡스가 떠오릅니다. 스탠퍼드 대학 졸업식에서 했던 그의 연설은 전 세계인을 감동시켰죠. Stay Hungry, Stay Foolish. 배고픈 채, 바보로 남아라. 선생님은 그의 이런 충고가 내포한 의미를 알고 계실 텐데 스티브 잡스가 어떤 존재고 우리가 거기서 어떤 영감을 받을 수 있는지 설명해주시죠.

임헌우 누구나 배부르게 살고 싶고, 똑똑해지고 싶은데 오히려 배고프고 바보 같아야 한다는 교훈은 이 시대의 정서와 전혀 안 맞는 것 같습니다. 그러나 스티브 잡스의 삶을 생각하면 그의 말이 일리가 있다는 생각이 듭니다.

그간 스티브 잡스를 다룬 책이 많이 나왔습니다만, 윌리엄 사이먼이 쓴 《iCon 스티브 잡스》에서는 우리가 흔히 아는 스티브 잡스와

스티브 잡스, 《iCon》

는 조금 다른 면을 소개합니다. 우리는 이제까지 그가 보보스[1]로 멋지고 쿨한 사람인 줄 알았는데, 그게 아니었거든요. 어떻게 보면 좀 산만한 성격이었죠. 심지어 애플 컴퓨터를 만들 때 제품이 나오기도 전에 선적 계획부터 세울 정도로 무모했습니다. 그런데 때가 되니까 제품이 나와서 무사히 선적했다고 합니다.

스티브 잡스가 췌장암에 걸렸던 사실은 잘 알려졌죠. 병원에서 처음 암이라는 진단을 받았을 때 그는 집에 가서 가족들과 작별인사를 나누라는 권고까지 받았다고 합니다. 결국, 암을 치료하고 소생한 그는 아침에 일어나면 이렇게 자신에게 물었다고 합니다. '오늘이 내 인생의 마지막 날이라면 나는 무엇을 할 것인가?' 그리고 이렇게 대답했다고 합니다. '오늘이 내 인생의 마지막 날이더라도 지금 내가 하는 일을 하고 있다면 나는 제대로 된 삶을 사는 것이다.' 저는 바로 그것이 Stay hungry, Stay foolish의 마음가짐이 아닌가 합니다.

예전에 제가 수도신부로 있는 친구를 찾아간 적이 있습니다. 한겨울

---

1) 미국의 저널리스트 데이비드 브룩스(David Brooks)가 자신의 저서인 《BOBOS in Paradise》에서 처음 사용한 용어. 미국의 새로운 상류 계급을 나타내는 용어로 부르주아(bourgeois)와 보헤미안(bohemian)의 합성어이다. 부르주아적 특성인 물질주의나 합리주의, 세련된 매너와 고상한 취향 등과 보헤미안적 특성인 예술주의, 비합리주의, 영적 기질, 모험정신, 자연스러운 매너 등을 함께 지닌 신흥계층을 말한다.

인데 집 안에 온기가 전혀 없이 두꺼운 파카를 입고 오들오들 떨고 있더라고요. 친구는 그것도 일종의 수행이라고 하더군요. 주변이 서늘해야 생각이 맑아지고 예리해진다는 겁니다. 스티브 잡스가 말한 배고픔은 육체적인 배고픔은 아닐 겁니다. 꿈에 굶주려야만 치열한 노력 또한 기울일 수 있다는 의미에서 이 두 문장이 주는 울림이 크다고 생각합니다.

김갑수   스티브 잡스가 인용했다는 그 멋진 표현은 그의 정신적인 자세를 보여주지만, 그가 오늘날과 같은 큰 인물이 된 배경에는 무엇보다도 상상력이 있었다고 생각합니다. 그렇다면, 우리는 어떻게 해야 스티브 잡스의 상상력과 같은 것을 갖출 수 있을까요? 많은 사람이 이 같은 질문에 봉착하죠. 나는 매일 똑같은 일상에 시달리고, 변화 없는 삶에 익숙한 채 하루하루를 살아가는데, 내게 어떤 상상력의 여지가 있을까요? 세상을 새로운 눈으로 바라본답시고 모든 것을 떨쳐버리고 무전여행이라도 떠나야 할까요?

생각의 관성에서 벗어나라

임헌우　저는 발은 여기 땅을 딛고 서 있는데, 시선은 하늘에 가 있는, 그런 상상력을 말하는 게 아닙니다. 상상은 견고한 현실의 토대 위에서 대상을 바라보는 것이지, 아무 뜻도 없는 허공을 바라보는 게 아닙니다. 제가 자주 반복하는 이야기지만, 상상력을 얻는 데 가장 필요한 것은 인생을 바라보는 긍정적인 태도입니다.

왜냐면 우리는 자신도 의식하지 못하는 사이에 생각의 통로가 이미 결정되어 있거든요. 예를 들어 선생님도 집에 가실 때 늘 다니시는 길이 있죠?

김갑수　그럼요. 길이 여럿 있어도 꼭 다니던 길로 가게 됩니다.

임헌우　그러다 보면 늘 익숙한 것을 보게 되고 새로운 생각이 떠오르지 않아요. 우리 생각의 경로도 마찬가지입니다. 지금까지 생각하던 대로 계속 생각하다보면, 같은 생각만 반복하게 됩니다. 그게 바로 생각의 관성입니다. 생각도 관성의 지배를 받기 때문에 자신을 벗어나서 이전과는 다른 시각에서 자신을 바라봐야 새로운 모습이 보입니다. 그래서 저는 특히 일상에서 구현되는 상상력을 강조합니다.

그러나 많은 분이 상상력은 자신과 거리가 멀다고 하시는데, 그럴 때 저는 미국의 유나이트 테크놀로지 사의 광고카피 하나를 소개합니다. 그 카피는 어떤 사람에 대해 이야기합니다. 그 사람은 정치, 경제, 경영, 재무, 회계, 교통, 가정의학, 소아의학, 노인의학, 관계학 등 거의 모든 분야를 감당할 수 있다고 합니다. 그러면 그런 이야기를 들은 사람들은 세상에 그런 인간이 어떻게 존재할 수 있느냐고 반박합니다. 하지만 그 사람은 분명히 존재합니다. 물론, 아주 특별한 사람임이 틀림없겠지요. 그 사람은 바로 가정주부입니다.

우리는 세상에서 가장 따분하고 지루한 일을 반복하는 직업이 주부라고 생각합니다. 그리고 주부한테 무슨 상상력이 필요하냐고 반문하는 사람도 있습니다. 제가 그럴 때마다 소개하는 사례가 있습니다. 이전에 서로 아무 상관없이 보이던 것들 사이에 어떤 연관성을 발견해서 사업에 성공한 어느 여성 CEO가 있습니다. 대걸레와 다리미 사이에 어떤 관련이 있겠습니까? 그런데 이분은 이 둘 사이의 공통점을 발견하고 서로 연결해서 스팀청소기를 개발해서 말 그대로 '대박'이 났습니다. 만약 주부가 하는 일이 세상에서 가장 따분한 일이라고 생각하고 가만히 있었다면 이분의 아이디어는 세상에서 빛을 보지 못했을 겁니다.

이처럼 조금만 다르게 생각해도 일상에서 상상력을 발휘할 수 있는 일은 분명히 있습니다. 상상력이 나와는 상관없는 영역이라고 생각하는 순간, 상상력은 휘발성이 강해서 금세 날아가 버립니다. 따라서 그런 것들을 놓치지 않으려면 자신의 의욕과 경험과 지식을 모두 통합하여 세상을 제대로 응시하는 현실적인 시선이 반드시 필요합니다.

생각의 가지를 쳐라

김갑수   그런데 상상력이 매우 중요하다고 느끼고, 스스로 상상력을 계발하려고 애써도 늘 방해하는 것이 있습니다. 바로 잡념입니다. 온갖 생각이 끊임없이 머릿속을 채우고 있는데, 선생님은 책에서 생각을 버릴 줄 알아야 한다고 여러 차례 강조하시더군요.

임헌우   생각에도 변비가 있습니다. 생각이 꽉 막힌 것이 생각의 변비인데, 그럴 때는 잘라내는 것이 참 중요합니다. 그래서 버리고, 버리고, 또 버려서 생각의 날을 날카롭게 세워야 합니다. 그래야만 그 칼로 무언가를 잘라낼 수 있습니다. 이런 말이 있습니다. simple is best. 그리고 이런 말도 있습니다. '단순한 것이 늘 좋은 것은 아니다. 그러나 최고는 늘 단순하다.'
최고는 늘 단순하다는 말은 우리가 아이디어를 내는 것도 중요하지만, 어느 순간에 그것을 버리는 것 역시 중요하다는 것을 의미합니다. 버린다는 것은 선택과 결정의 문제인데, 우리는 대체로 그런 일에 참 미숙하죠.

'결정하다', '결심하다'라는 동사는 영어로 'decide'라고 합니다. 그런데 cide의 어원적 의미는 to cut, '잘라내다'입니다. 다시 말해 내가 무언가를 선택하고 결정한다는 것은 생각의 가지를 친다는 뜻입니다. 이것도 해야 하고, 저것도 해야 하고, 갈팡질팡하다보면 아무것도 못합니다. 그러니까 생각의 가지를 잘라버리겠다는 결심이 서야만 제대로 버릴 수 있습니다.

옛 서양 미술작품을 보면 여러 요소를 너무 많이 배치했어요. 그래서 여백이 하나도 없습니다. 그런 현상을 '여백 공포(horror vacui)'라고 합니다.

〈유니콘의 집〉, 장 뒤베(Jean Duvet, 1485~1562)

그런데 그와는 정반대로 동양에서는 여백을 강조합니다. 여백은 단순히 비어 있는 공백과 다릅니다. 공백은 아직 디자인되지 않은 공간이지만, 여백은 디자인된 공간입니다. 대상을 바라보고 보이는 현상들을 걷어내야 그런 여백이 나오는 겁니다. 여백공포는 말 그대로 공포입니다. 버리는 것이 두려움이 될 수 있다는 겁니다. 그러니까, 그런 공포를 극복하려면 용기가 필요합니다. 용기 있게 버려야만 생각이 명쾌해집니다.

〈월하취생도(月下吹笙圖)〉, 김홍도

독창성은 어디서 오는가

김갑수   생각을 버리기도 어렵지만, 독창적인 생각을 한다는 것은 더 어려운 것 같습니다. 대부분 같은 내용의 교육을 받고, 같은 사회문화적 환경에서 살아가다 보면 각자의 상상력 또한 서로 비슷해지지 않겠습니까? 어떻게 하면 독창성, 독창적인 상상력을 발휘할 수 있을까요?

임헌우   예를 들어 의자를 디자인할 때 여러 가지 생각을 하죠. 먼저 기능적인 면을 생각합니다. 사람이 앉는 가구니까 인간의 여러 가지 상호 활동적(interactive) 측면을 고려해서 디자인이 완성됩니다. 그러다 보면 의자 본래의 아우라를 벗어나지 못하는 거예요. '형태는 기능을 따른다'는 말이 있듯이, 물론 의자의 기능성은 중요합니다. 제가 말씀드리는 것은 기능성을 무시하라는 얘기가 아닙니다. 의자의 개념부터 디자인의 영역에 포함시키면 더 재미있는 관계가 만들어질 수 있다는 것입니다.

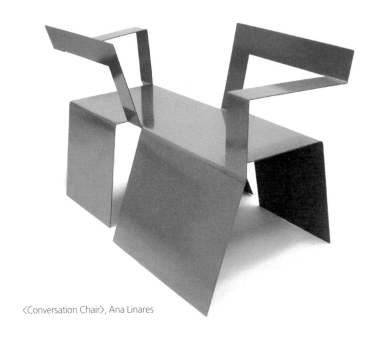

〈Conversation Chair〉, Ana Linares

'do create'라는 인터넷 사이트에는 재미있는 아이디어가 많은데 상품화한 아이디어도 있고, 그렇지 못한 것도 있습니다. 제가 거기서 아주 흥미로운 아이디어를 본 적이 있습니다. 금속 상자인데, 그 상자를 산 사람은 용도를 스스로 정해야 합니다. 책꽂이로 쓸 것인가? 의자로 쓸 것인가? 의자로 쓴다면 좌석의 깊이가 다르겠죠. 살짝 걸칠 것인가? 깊게 걸칠 것인가? 고민해야 합니다. 용도가 결정되면 커다란 망치를 가지고 두드려서 홈을 팝니다. 그렇게 의자를 만들면서 구매자가 직접 디자인에 참여한다는 개념이죠.

이보다 더 개념적인 의자도 있습니다. 의자를 주문하면 의자가 아니라 봉투 하나가 배달됩니다. 안에는 설명서와 잔디 씨앗이 들어 있습니다. 설명서는 대략 이런 내용을 담고 있습니다. 1) 잔디 씨앗이 든 봉투를 연다. 2) 밖으로 나간다. 3) 마당에 동그랗게 잔디를 모은다. 4) 씨앗을 뿌린다. 그리고 5번이 핵심입니다. 내년 봄까지 기다린다… 씨를 뿌리고 잔디가 자랄 때까지 기다리고, 잔디가 자라면 거기에 앉아서 책도 보고, 경치도 보라는 거죠. 구매자가 그 잔디 의자에서 책도 보고 경치도 보면서 무언가를 만들 수 있지 않겠느냐는 생각이 들어 있는 거죠. 이것이 바로 독창성입니다. 이것은 의자의 기능적 면만을 고려해서는 결코 나올 수 없는 디자인이고, 형태는 기능을 따른다는 디자인 원론적 관점에서도 나올 수 없는 디자인입니다. 하지만, 이런 생각들이 유통되고, 발전하고 또 다른 디자이너의 생각과 만나고 부딪치면서 또 다른 의자의 개념이 생성되는 겁니다.

감동하게 하라

김갑수 상상력을 통한 용도의 확장을 말씀하셨는데, 그중에서도 가장 큰 효
과를 발휘하는 사례는 역시 감동을 창출하는 경우가 아닌가 해요.
선생님이 예로 들었던 컬럼비아 스포츠웨어 광고를 보면 사냥할 때
쓰는 탄피가 어떻게 감동을 창출하는 도구로 변모되는지를 잘 보여
주는 것 같아요. 사냥은 남성만의 스포츠, 동물의 죽음이나 잔인성
같은 이미지를 떠오르게 하는데, 사랑과 감사를 표시하는 상징으로
변모하는 것 같거든요.

임헌우 사진을 보면 '나는 꽤 오랫동안 사냥을 나갔었다'라는 글이 보입니
다. 그러니까, 이 광고에 등장하는 인물은 지금 막 사냥에서 돌아왔
다는 것을 알 수 있어요. 왼손에 빨간색 탄피를 들고 있는데, 거기 들
꽃이 꽂혀 있어요. 집을 오래 비운 미안한 마음을 표시하는 꽃다발
이죠. 이런 선물을 받은 아내는 아무리 사냥 나간 남편을 기다리다

지쳐서 화가 났더라도 마음이 금세 밝아지겠죠. 사람의 마음을 움직이는 데에는 이 탄피 하나가 백 번의 사과보다 더 효과적이라는 사실을 이 광고는 가시적으로 보여줍니다.

사람의 마음을 끌어당기는 힘! 사람의 마음을 녹이는 옷!
세상에서 가장 아름다운 꽃다발은 '마음'입니다.

감동(感動)이라는 단어는 느낄 '감(感)' 자에 움직일 '동(動)' 자를 씁니다. 느껴서 움직이게 하는 것이 바로 감동입니다. 그런데 우리는 그런 감동을 주는 일에 상당히 인색한 것 같습니다. 예를 들어 명절이나 선거처럼 계기가 있을 때 휴대전화로 문자를 많이 받습니다. 저는 그런 단체문자를 아주 싫어합니다.

받자마자 지우기 바쁘거든요. 그런데 어느 통신사의 광고 카피가 상당히 인상이 깊었습니다. "문자 기능을 없애주세요. 더 많은 사람이 사랑하는 사람에게 긴 연애편지를 쓸 수 있도록." 저는 이것이 마음을 담는 방법이라고 생각합니다.

앞서 말한 컬럼비아 광고에서 미안한 마음, 감사, 사랑과 같은 기의(signifié)를 빨간 탄피라는 기표(signifiant)로 전하겠다고 생각할 때 상상력이 필요하거든요. 우리는 아주 작은 감동에도 마음이 움직입니다. 상상력도 결국 사람의 마음을 움직이는 겁니다. 사람들이 불편해하던 것을 개선해서 감동을 주고, 사람들이 안 될 거라고 믿고 있던 것을 가능하게 해주는 기능을 제공해서 감동을 주고, 사람들이 원하던 방식의 인터페이스가 작동되게 해서 감동을 줘야 합니다.

요즘 아이폰으로 대표되는 스마트폰이 주목받고 있지 않습니까? 그 인기의 비결은 단순히 콘텐츠가 아니라 전체를 엮는 인터페이스입니다. 내가 원하는 내용과 만나는 길이 열려 있다는 거죠. 인터페이스는 아주 어려운 용어 같지만, 집에서 어떻게 해야 수도꼭지에서 물이 나올지를 결정하는 것이 인터페이스입니다. 꼭지를 위로 올려야 할지, 아래로 내려야 할지, 여러 가지 방법이 있을 겁니다. 그런 것들을 개선하는 작업을 통해 사람들이 편리하게 생활하고 감동할 수 있다면 작은 노력으로도 큰 상상력을 발휘할 수 있겠죠.

발견과 발명 사이, 인류의 역사

김갑수   결국, 상상력은 근본적으로 우리가 어떻게 사고하느냐에 따라 결정
되는 것 같습니다. 수도꼭지 하나를 봐도, 단순히 내 일상에 편리한
도구로 바라보느냐, 아니면 거기서 어떤 다른 가능성을 보고 다른
사람들의 편이를 생각하느냐에 따라 상상력이 발현하는 방식 자체
가 달라질 테니까요. 사고에도 여러 가지 패턴이 있을 텐데, 선생님
은 상상력과 관련해서 사고의 패턴을 어떻게 보십니까?

임헌우   인류의 역사를 돌아보면 크게 발견의 역사와 발명의 역사로 요약할
수 있을 것 같습니다. 발견의 대표주자는 역시 뉴턴이죠. 뉴턴은 인
생을 해변을 거니는 일에 비유했습니다. 인간은 그렇게 바닷가를 거
닐다가 어느 순간 무언가가 떠밀려오면 그것을 발견할 뿐이라고 했
습니다. 그런데 어떤 생각을 품고 바닷가를 거닐지 않으면, 뭔가 떠
밀려와도 발견하지 못하거든요. 뉴턴이 만유인력을 발견하기 이전

에도 사과는 계속 떨어졌습니다. 그런데 뉴턴이 만유인력의 법칙을 발견하고 나자, 사과는 만유인력에 의해 떨어졌죠. 그래서 발견에는 기존에 있던 것 사이의 관계를 유심히 살펴보는 일이 필요합니다. 많은 분이 이것을 '뉴턴적 패러다임'이라고 부르는 이유가 거기에 있겠죠.

I. Newton, 1642~1727

반면에 에디슨적 패러다임은 필요에 의한 발명을 말합니다. 발명은 일상생활을 잘 관찰하고 사람들이 느끼는 불편을 개선하는 것들을 만들어내는 작업이거든요. 에디슨은 1,300건이 넘는 특허권을 가지고 있었습니다. 만약 에디슨이 주변 사물들을 유심히 관찰하지 않

T. Edison, 1847~1931

았다면, 뭔가를 발명하기 어려웠으리라고 생각합니다. 이러한 가치는 앞으로도 여전히 패러다임 시프트 역할을 할 것 같습니다.

패러다임의 변화를 읽어라

김갑수   미래를 설계하는 젊은이들은 발견과 발명이라는 말만 들어도 마음

설렐 것 같습니다. 그런데 상상력을 바탕으로 새로운 것을 발견하

고, 발명해서 사업으로 일궈낸 사람들이 현실적으로 반드시 성공하

는 것은 아니죠. 한국인이라면 모두 기억하듯이 70~80년대 벤처 열

풍이 불었지만, 대부분 도산하지 않았

습니다까? 그런데 자신의 상상력을 구현

한 사업을 성공으로 일구어낸 사람들이

있죠. 스티브 잡스가 그 대표적 인물이

지만, 조지 루카스 감독 역시 대표되는

인물인 것 같아요. 그의 성공 비결은 무

엇이었을까요?

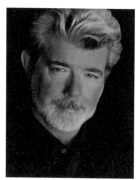

G. Lucas, 1944~

임헌우   우선, 모두가 불가능하다고 말할 때 가능성을 믿고 밀어붙이는 추

진력이 있어야겠죠. 그리고 조지 루카스 감독은 기존의 패러다임을 바꿔놓은 사람입니다. 그가 〈스타워즈〉를 만들 때 할리우드 액션영화의 패러다임은 서부극이었습니다. 그러니까, 그의 우주전쟁 이야기는 당연히 영화사에서 홀대받을 수밖에 없었죠. 결국, 20세기 폭스사가 제작을 지원했는데 비용도 많이 들고 제작기간도 길어지자, 중간에 지원을 중단했습니다. 그리고 영화가 완성되고 나서도 극장을 20개관밖에 잡아주지 않았습니다. 그런데 개봉일에 루카스가 극장에 갔을 때 놀랍게도 극장 앞에는 엄청난 인파가 몰려 있었습니다.

사실 〈스타워즈〉의 줄거리는 루카스의 대학 시절 노트에서 나온 겁니다. 그 오랜 꿈을 포기하지 않고, 실현하려는 노력이 오늘날과 같

〈스타워즈〉 에피소드 1

〈아바타〉

은 성공을 거두게 한 거죠.

김갑수   스타워즈에 버금가는 이벤트가 지난해 개봉한 아바타 아니겠습니까? 거기에도 어떤 패러다임의 변화가 있었다고 봐야 할 텐데요. 어떻게 생각하십니까?

임헌우   저는 〈아바타〉의 여러 장면을 보면서 어디선가 많이 본 것 같다는 느낌이 들었습니다.
물론, 아바타는 분명히 새로운 소재로 구성된 새로운 영화지만, 거기에 익숙한 요소들이 눈에 띕니다. 우선, 공중에 떠 있는 거대한 할렐

〈아바타〉의 할렐루야 산(좌)과 〈천공의 성 라퓨타〉의 산(우)

〈아바타〉의 새 토루크와 〈바람계곡의 나우시카〉의 비행기

루야 산은 〈천공의 성 라퓨타〉에 나오는 산과 거의 같습니다. 그리고 사람이 안에 들어가서 조종하는 로봇은 〈미래 소년 코난〉에 나오는 로봇과 동작이 거의 비슷합니다. 또 등장인물이 새를 타고 날아다니는 장면은 〈바람계곡의 나우시카〉의 여러 장면을 떠올리게 합니다. 게다가 짐승과 소통하는 대목도 거의 같고요. 결국, 새로운 이야기는 하나도 없어요. 그런데도 아주 새롭더라는 겁니다. 기존의 낡은 요소들을 재배치해서 제임스 카메론 감독만의 성역으로 발전시킨 거예요. 이런 것들은 모방이 아니라 새로운 도약이라고 불러야겠죠. 이처럼 맥락을 바꿔 여러 요소를

J. Cameron, 1954~

결합하고, 무언가를 만들어내는 것이 아주 중요하다고 생각합니다.

상상력의 기반, 열정 DNA

김갑수   누구나 어린 시절의 삶은 온갖 상상으로 충만합니다. 그런 상상을 조지 루카스나 제임스 카메론처럼 실제로 구현하는 사람은 참 드뭅니다. 대부분 한 시절의 몽상으로 끝나고 말죠. 그렇다면, 어떻게 해야 우리가 상상한 것들이, 우리가 꿈꾼 것들이 현실로 이루어질 수 있을까요?

자, 제가 시 한 구절을 읽어 보도록 하겠습니다.

푸른 바다에 고래가 없으면
푸른 바다가 아니지
마음속에 푸른 바다의
고래 한 마리 키우지 않으면
청년이 아니지

푸른 바다가 고래를 위하여
푸르다는 걸 아직 모르는 사람은
아직 사랑을 모르지

고래도 가끔 수평선 위로 치솟아올라
별을 바라본다
나도 가끔 내 마음속의 고래를 위하여

정호승 시인의 〈고래를 위하여〉라는 시입니다. 마음속에 푸른 바다
의 고래를 키우지 않으면 청년이 아니라는 것인데, 선생님이 좋아하
는 시라죠?

임헌우 청년의 기준을 무엇으로 삼아야 할까요? 우리가 흔히 나이는 숫자에
불과하다고 말하지만, 나이는 청년을 규정하는 기준은 아닌 것 같아
요. 저는 누군가를 '청년'이라고 부르는 기준은 '치열함'이라고 생각
합니다. 그리고 치열함이 없다면 젊음이 아니라고 생각합니다. 치열
함이 있는 사람만이, 가슴속에 치열함의 고래 한 마리를 키우는 사
람만이 청년이라고, 저는 생각합니다. 우리 몸은 24세를 기점으로
늙어갑니다. 마음도, 생각도 자라지 않은 채 몸만 늙어가는 사람은
25세에도 노인일 뿐, 청년이 아닙니다.

김갑수 청년을 규정하는 기준으로 치열함을 드셨는데, 치열함과 늘 붙어 다
니는 말이 바로 열정 아닌가 싶습니다. 우리가 열정적인 사람들을

보면 흔히 '열정 DNA'가 있다는 표현도 사용하는데, 김연아 선수의 모습을 보면서 우리는 모두 그 열정에 크게 감동합니다. 선생님은 'Impossible is nothing', 즉 불가능은 아무것도 아니라는 아주 강렬한 광고카피를 소개하신 적이 있는데, 이 문구가 전하는 메시지를 들려주시죠.

임헌우 스테시 코엇은 하키, 사이클, 스케이트보드 등 다양한 종목의 선수였습니다. 카레이서였던 아버지 영향을 받아 속도를 즐기는 스포츠를 아주 좋아했죠. 그런데 공중제비 돌기 시범을 보이다가

Stacy Kohut, 1970~

추락하여 스포츠 선수에게는 사형선고와 같은 '하반신 마비'라는 진단을 받습니다. 한참 시간이 흐른 뒤 그가 출연한 광고가 소개됩니다. 광고를 보면 '하프파이브(Half Five)'라는 반원형 구조에서 휠체어를 타고 아슬아슬하게 내려오려는 스테시 코엇의 모습이 보입니다. 많은 사람이 그의 시도가 무모하고 위험하다고 말하지만, 코엇의 생각은 다르더군요. 코엇은 자기에게 휠체어는 날개라고 말합니다. 저는 그 말에 깊은 인상을 받았습니다. 만약 코엇이 신체적 장애를 자기 삶의 장애로 여겼다면, 다시 도전할 용기를 내지 못했을 겁니다.

그런데 그는 장애를 장애로 보지 않고, 극복해야 할 대상으로 봤습니다. 그래서 결국 장애인 올림픽에 나가서 좌식스키 종목에서 금메달을 땁니다. 그 이후에도 여러 대회에서 여러 개의 메달을 받습니다. 저는 그런 것을 '열정 DNA'라는 말로 표현했습니다. 그런 열정 DNA가 있어야 자기가 하고 싶은 일을 끝까지 밀고 나갈 힘을 얻을 수 있을 것 같습니다.

김갑수   지금까지 소개한 여러 사례를 보면 열정의 크기, 생각의 크기, 상상의 크기, 가능성의 크기, 희망의 크기는 서로 순환한다는 생각이 듭니다. 그리고 그 크기만큼 우리가 받는 감동도 크겠죠. 선생님은 특히 광고에서 그런 감동을 읽어내시던데, 몇 가지 소개해주시죠.

생각의 크기

임현우 오스트레일리아 시드니에서 나오는 《Large Magazine》이라는 잡지
가 있습니다. 시드니 시내에서 무료 배포되는 street magazine이죠.
무가지(無價紙)니까, 저널리즘적 윤리의식 같은 것은 없으리라고 생
각했는데 오히려 윤리적 색채가 당당히 짙은 광고를 게재해서 저는
좀 놀랐습니다.

광고에는 이제 막 결혼식을 끝낸 신랑 신부의 모습이 보입니다. 평
범한 결혼식 사진입니다. 그런데 조금 자세히 들여다보면 신부의 등
뒤로 사람의 손이 아니라 의수로 사용하는 갈고리가 나와 있습니다.
양쪽 손 모두 갈고리입니다. 사연은 알 수 없지만, 신랑은 두 팔을
잃은 사람입니다. 두 팔을 잃은 신랑과 미모의 신부는 우리에게 많
은 생각을 불러일으킵니다. 신랑이 느꼈을 좌절감, 두 사람이 맞서
야 했을 반대와 갈등, 신부가 겪었을 고통 등 힘든 과정을 이겨내고
두 사람은 결혼을 했습니다. 환하게 웃고 있습니다. 그런데 그 밑에

카피가 한 줄 나와 있습니다. '자신의 존재보다 생각이 더 큰 사람들을 위하여 《Large Magazine》이 있다.' 이 카피를 통해 신문 제목의 'Large'는 이 문장의 'Large'로 인해 새로운 의미를 부여받게 되죠. 그리고 독자는 자신의 존재보다 생각이 더 클 수 있다는 깨달음, 생각하기에 따라서 더 큰 사람이 될 수 있음을 성찰하게 됩니다.

김갑수　누구나 자기 존재의 크기만큼만 생각한다면 삶은 참 초라해지겠죠. 가령, 내가 사회적으로 미미한 존재라도 그 미미한 만큼만 생각하고 살아야 할 이유는 없겠죠. 생각은 더 높은 하늘로 날아갈 수 있으니까요.

임헌우　또 다른 광고에는 거지가 거지에게 돈을 주는 장면이 나옵니다. 우리가 흔히 말하듯, 가난한 사람이 가난한 사람을 돕습니다. 왜냐면 스스로 가난을 겪고 상대가 처한 상황을 알기 때문이죠. 거지에게 돈을 주는 거지는 비록 거지지만 생각의 크기만큼은 거지가 아니라 황제라는 생각이 듭니다.

진정으로 원하면 이루어진다?

김갑수   남의 마음을 움직인다는 것은 정말 쉽지 않은 일인데, 자기 마음을 변화시키는 일 또한 쉽지 않은 것 같습니다. 열정 없이는 변화하기 어렵다는 것은 역사가 말해주지 않습니까?

열정을 영어로는 'passion'이라고 하죠. 어원적으로 이 말에는 고통을 뜻하는 'patos'가 들어 있는데, 열정은 사랑의 감정과는 달리, 우리가 마음대로 할 수 없는 어떤 운명적인 감정의 변화를 내포하고 있죠. 그래서 열정은 때로 고통스럽기도 합니다. 그 대표적인 사례를 피그말리온(Pigmalion)의 신화에서 찾아볼 수 있습니다. 신화의 내용은 대략 이런 겁니다.

키프로스의 여인들은 나그네를 박대하였다가 아프로디테의 저주를 받아 나그네에게 몸을 팔게 되었다고 하죠. 그래서 피그말리온은 여성에 대해 좋지 않은 감정을 품게 되었죠. 그래서 자신의 뛰어난 조각 솜씨를 발휘하여 상아로 아름다운 여인상을 만들었습니다. 피그

〈피그말리온〉, 장 제롬(J. Gérôme, 1824~1904)

말리온은 이 여인상에 '갈라테이아 (Galateia)'라는 이름을 붙여주고 그 조각상과 사랑에 빠졌는데, 아프로디테 축제일에 피그말리온은 이 조각상 같은 여인을 아내로 삼게 해달라고 기원했죠. 그의 마음을 헤아린 아프로디테는 조각상에 생명을 불어넣어 주었습니다. 피그말리온은 인간이 된 갈라테이아와 결혼했죠. 이 신화에서 영감을 얻은 많은 화가와 작가가 피그말리온을 주제로 한 그림과 작품을 남겼는데, 장 제롬의 그림은 보신 분이 많을 겁니다. 결국, 이 신화의 교훈은 열정적으로 꿈꾸면 이루어진다는 것 아니겠습니까?

임헌우 그렇습니다. 그래서 피그말리온은 소위 '자기계발서' 작가들에게 큰 영감을 준 인물이 되었죠. 그들이 말하는 피그말리온 효과는 무언가를 진정으로 원하고, 또 열심히 생각하면 그대로 이루어진다는 겁니다. 코엘료의 소설 《연금술사》도 같은 맥락의 메시지를 전합니다. '네가 무언가를 간절히 원한다면 주변 만물

Paulo Coelho, 1947~

이 너를 위해 도와줄 것이다'라는 거죠.

이처럼 무언가를 간절히 원하는 사람은 자신만의 갈라테이아를 만나야 하는데 많은 사람이 실제로 그러지 못하거든요. 저는 그 원인이 그들 믿음의 진정성과 관련이 있다고 봅니다.

왜냐면 많은 사람이 엉뚱한 자세로 소원을 빌거든요. 저는 노력하지 않고 소원을 비는 행동은 요행을 바라는 태도라고 생각합니다. 별다른 노력도 하지 않고 간절히 빌기만 한다면 소원은 절대로 이루어지지 않죠. 그리곤 간절히 노력해봤자 소용없다면서 믿음의 진정성을 훼손하기 시작하죠. 뭔가를 간절히 원한다면 원하는 것을 지킬 만큼의 행동 또한 필요하다고 생각합니다. 그 생각과 행동이 뭔가를 간절히 원하는 마음이 유지될 수 있게 해야 한다는 거죠.

또 하나 재미있는 사실은 우리 뇌가 실제 경험과 상상을 착각하는 경우가 흔하다는 겁니다. 예를 들어 실제로 스포츠를 하지 않고 상상만 해도 뇌의 스포츠 영역이 활성화한다는 연구결과가 있습니다. 그래서 그런 현상을 이용한 이미지 트레이닝이나 멘탈 트레이닝 방법이 운동선수 외에도 많은 이에게 적용되고 있습니다. 이것도 피그말리온 효과와 비슷한 결과를 불러오리라고 생각합니다.

상상력의 세 요소

김갑수 결국, 자신이 믿고 소망하는 것이 이루어지리라는 신뢰와 믿음도 아
주 중요한 역할을 하는군요. 우리가 상상력을 발휘하는 과정, 순서
나 흐름 같은 것이 있을 텐데, 어떻게 설명할 수 있을까요?

임헌우 앞에서도 말한 바 있지만 기본적으로 인생을 바라보는 긍정적인 태
도가 중요합니다. 부정적인 시각에서는 절대로 좋은 생각이 나올 수
가 없습니다. 생각의 가지들을 펼치고, 생각과 생각이 서로 만나 충
돌하며 앞으로 나아가는 상상력은 긍정적 태도가 없다면 절대로 발
휘될 수 없습니다.
일단, 그렇게 마음가짐이 준비되었다면, 상상력을 발현하는 과정으
로 세 가지가 중요합니다. 제가 이 세 가지의 첫 자를 따서 3관왕이
라고 이름 붙여봤습니다.
그것은 관심, 관찰, 그리고 관계의 발견입니다.

우선, 대상을 유심히 살펴보고, 거기서 다른 것을 볼 수 있는 눈이 필요합니다. 사진작가인 장-프랑수아 로베르(Jean-François Robert) 형제는 거리에서 사람이나 짐승의 얼굴처럼 보이는 것들을 카메라에 담습니다. 전화기에서도 사람의 얼굴이 보이고 가방에서도 사람의 얼굴이 보이고, 이제까지 무심코 지나쳤던 수많은 사물에서 얼굴이 보이는 겁니다. 작가가 그런 프레임을 설정하고 그런 걸 찾자고 의도적으로 관찰하니까 그런 이미지들을 얻게 되는 거죠.

이처럼, 관심을 품고 그 관심에 따라 관찰하고 관찰한 대상 사이에 존재하는 관계를 발견하는 것이 곧 상상력입니다. 관계의 발견에 대해 야곱 브로노프스키는 "이전에는 연관성이 없었던 것 사이에서 새로운 연관성을 발견해내는 것"이라고 했습니다.

앞서 말씀드렸듯이 상상력은 기존의 사실과 관념을 소재로 하여 새로운 사실과

J. Bronowski, 1908~1974

새로운 관념을 만드는 작용입니다. 서로 아무 관계없던 것들을 만나게 해서 그들 사이에 관계성을 부여하는 것, 저는 그것이 관계의 발견이라고 생각하거든요. 원래 용도에서 벗어나고 원래 생각들에서 벗어나고 원래 쓰임새에서 벗어나서 새로운 관계가 형성되고 거기에 새로운 생각이 흘러들어 갈 때, 놀라운 상상력을 발휘할 수 있다고 생각합니다.

김갑수 저는 늘 한 가지 궁금한 점이 있습니다. 청년 시절에 누구도 생각하지 못했던 작품을 만들어냈던 화가나 놀라운 영상을 만들어냈던 영화감독들이 나이가 들면서 상상력이 고갈되어 왕년의 명성조차 지키지 못하는 모습을 가끔 보게 됩니다. 그렇다면, 인간에게는 각자 한정된 상상력이 있어서 그것을 다 소진하고 나면 새로운 것을 만들어낼 수 없는 것이 아닌가 하는 생각마저 듭니다. 이처럼 육체적 조건과 상상력 사이에 어떤 상관관계가 있는 걸까요?

임헌우 심리학을 전공한 독일의 경제학자 한스-게오르크 호이젤(Hans-Georg Hausel)은 《뇌, 욕망의 비밀을 풀다(Brain View)》라는 책에서 뇌를 단층 촬영하여 상상력이 과연 어느 부위에 있는지를 실험한 결과를 소개합니다. 상상력은 자극시스템 가까운 곳에 있습니다. 그런데 아쉽게도 자극시스템은 나이가 들면 점점 더 균형 쪽으로 옮겨가기 때문에 나이 든 사람의 자극시스템은 취약해집니다. 그런데 자극시스템은 특히 새로운 것을 찾으려는 생각을 자극하거든요. 시쳇말로 '지름신'이 내리는 것은 예기치 않은 자극을 받아서 무언가를 충동적으로 구매하는 거잖아요. 그런데 나이가 들수록 그런 자극이 무뎌진다는 것이 과학적으로 밝혀진 거죠. 상상력 역시 자극 쪽에 가까워서 나이가 들면 둔해질 수밖에 없습니다. 그러니까, 의식적으로 대상에 관심을 두고 새롭게 관찰하고 새로운 관계를 발견하려는 노력을 늘 기울여야 상상력을 유지할 수 있다는 거죠.

인생은 저지르는 자의 것이다

김갑수   우리 상상력을 자극하는 것은 여러 가지가 있겠지만, 가히 상상력의 제왕이라고 할 수 있는 작가들을 보면 남의 책을 엄청나게 많이 읽습니다. 골똘히 사물을 관찰하고 사물 사이의 관계를 성찰하는 것 외에 끊임없이 책을 읽으면서 새로운 상상력이 분출하는 것 같아요. 선생님은 책과 상상력의 관계를 어떻게 보시는지요?

임헌우   중국 명나라 말기 문인이자 화가였던 동기창(董其昌, 1555~1636)은 이런 말을 했습니다. "만 권의 책을 읽고 만 리를 여행한 다음에 비로소 붓을 잡는다." 그저 예쁘게 그리고, 멋지게 쓰려고 붓을 잡는 게 아니라는 거죠. 책을 읽는 것도 뭔가 새로운 지식과 새로운 생각을 만들어내려는 노력일 겁니다.

그래서 저는 인문적 사고와 상상력은 마치 부부와 같다고 생각합니다. 부부 사이에는 촌수가 없습니다. 결혼이란 서로 모르는 관계에 있었던 두 사람이 만나 서로 관계를 맺고 완전한 하나로 다시 탄생하는 과정이잖아요. 이처럼 책을 읽는 것도 새로운 만남을 통해 자기 인생을 바라보고, 새로운 생각들을 연결할 근거를 마련하는 데 의미가 있다고 봅니다. 그래서 독서야말로 상상력에 매우 중요한 요소라고 생각합니다.

김갑수　오늘 상상력 공장장님과 대화하는 가운데 자주 등장했던 상상력이라는 단어를 들으면서 저는 지난 세월을 함께한 친구들의 모습이 떠올랐습니다. 행복한 친구들, 불행해진 친구들, 성공과 실패가 엇갈린 친구들이 있는데, 분명한 사실은 몸을 사리고, 가진 것만 지키고 그 안에서 안주하려는 친구들은 인생의 내용이 별로 알차지 못했다는 겁니다. 반면에 상상력으로 충만하고, 열정에 들떠서 뭔가 일을 저지른 친구들이 때로 쓰라린 찬바람도 맞고 때로 어마어마한 성공을 거뒀다는 거죠. 거기서 저는 선생님 책에 나오는 구절이 생각나더군요. '저지르는 자가 뭔가를 이룬다. 인생은 저지르는 자의 것이다….' 상상력 공장장으로서 마지막으로 독자들에게 권유하는 말씀을 들려주셨으면 합니다.

임현우　제가 책에서 '인생은 저지르는 자의 것이다'라고 했던 것은 조금 경박스럽게 들릴 수도 있을 겁니다. 그런데 제가 흔히 쓰는 말이어서 그대로 옮겨봤습니다. 그야말로 저지른 거죠.
망설임에는 천 가지 변명과 만 가지 이유가 있다고 합니다. 그런데 무언가를 시작하는 데에는 딱 한 가지가 필요합니다. 바로 용기입니다. 그래서 꿈은 시작과 친구 사이입니다. 가만히 보면 꿈은 망설임과 친하지 않더군요. 그래서 용기 있게 시작한다면, 무언가를 저질러보고 무언가를 경험해본다면, 우리 길지 않은 삶이 좀 더 행복해지지 않을까 하는 생각이 들거든요. 아리스토텔레스가 이런 말을 했습니다. "행복이란 자신의 능력을 온전히 발휘하는 것이다." 내 능력을 온전히 발휘하려면, 뭔가 저질러야 하지 않겠습니까? 그 저지름을 통해 뭔가를 새롭게 만들어내고, 그 도전과 부딪치는 과정을 통해 독자 여러분도 조금 더 행복해졌으면 좋겠습니다.

한국인의 도시 심리학

| 하지현 |

"우리는 대부분 현대의 도시에서 살고 있습니다. 도시가 아니라 어디에서 살든 오늘날 삶에서 우리는 결코 자유로울 수 없습니다.

현실에 부대끼고 상처도 받고 슬픔도 느끼지만, 모든 것을 던져버리고 부정하려고 들면 더 힘들어집니다. 내가 저야 할 짐, 내가 견뎌야 할 장애가 있다면 그것도 끌어안고 가겠다고 작정하면 삶이 훨씬 더 나아지거든요. 물에 빠졌을 때 허우적거리면 더 깊이 빠져들듯이, 도시에서 살아가면서 주체할 수 없이 빠른 속도로 끌려가고 있다는 느낌이 들 때 조금 더 주도적으로 내 속도에 맞춰서 내 삶을 내가 만들어가려는 노력을 기울인다면 오히려 그 속도감을 즐길 수도 있습니다."

하지현

건국대학교 신경정신과 교수.
서울대학교 의과대학 졸업, 동 대학원 박사.
한국정신신체의학회 학술이사, 한국정신분석학회 편집이사 및 기획이사.
주요 저서 : 《도시심리학》, 《소통의 기술》, 《관계의 재구성》

일상에서 만나는 심리학

김갑수   도시는 현대 한국인의 삶을 가장 잘 대표하는 공간일 겁니다. 국토가 전반적으로 도시화한 이래 대부분 사람이 도시에서 살기 시작하면서 한국인의 품성도 도시 특유의 성격을 띠게 되었죠. 이제 도시는 단순히 시골과 구분되는 물리적 공간이 아니라, 고유한 생활 양식과 습관을 형성하는 정신적 공간이 되었습니다. 그래서 도시 거주자의 심리에는 어떤 남다른 특징이 있을 텐데, 이 분야의 전문가인 하지현 교수의 이야기를 들어보겠습니다. 우선, 도시 심리학과 관련해서 선생님의 관심사가 어떤 것인지 궁금하군요.

하지현   네, 저는 '일상'이라는 문제에 관심이 많습니다. 우리 삶의 본질은 거창한 철학적 명제보다는 하루하루 살아가며 부딪치는 일상에서 찾을 수 있으리라는 생각이 들거든요. 예를 들어 〈해리포터〉를 보면, 마법의 세계로 들어가는 문이 환상적이고 초자연적인 산속에 있는

런던 시내 킹스 크로스 지하철역에서 출발하는 호그와트 급행열차

게 아니라, 런던 시내에 있는 지하철역의 플랫폼에 있지 않습니까? 그냥 밀고 들어가면 바로 마법의 세계가 펼쳐지는 거죠.

그처럼, 우리 무의식의 세계나 삶의 본질은 정신분석학자의 카우치에 누워서 몇 년을 분석해야 알 수 있는 게 아니라, 우리가 일상적으로 부딪치는 사람과 사물의 모습에서도 충분히 들여다볼 수 있다고 생각합니다. 그래서 우리 일상적인 공간인 도시에서 한국인이 살아가는 모습을 관찰하며 지내고 있습니다.

김갑수   정신과 의사는 우선 자신을 분석의 대상으로 삼는다고 하던데, 선생님도 도시인이니 도시인의 심리를 들여다보실 때 혹시 자신을 대상으로 삼기도 하나요?

하지현   물론이죠. 20년 전 제가 정신과를 전공하려고 과장님을 찾아갔을 때 정신과 의사는 상대의 마음을 읽을 수 있으니 제 치부가 다 드러나는 건 아닌가 해서 두려움이 앞서더군요. 그런데 꼭 그렇진 않더라고요. 어쨌든 숨겨졌던 자신이 드러날 때 느끼는 두려움은 누구에게나 참 큰 것 같습니다. 그런데 또 세상과 너무 거리를 두고 자신을 드러내지 않으려고 하면 재미가 없죠. 제가 글 읽기를 아주 좋아하는데, 필자가 자신을 드러내지 않는 글은 참 공허하다는 생각이 듭니다. 그래서 제가 글을 쓸 때도 조금씩 저를 드러내는데, 그게 한편으로는 저한테 치료의 의미가 있는 것 같습니다.

소통과 폐쇄 사이

김갑수 오늘날 한국에서 도시인 아닌 사람이 있는지 궁금합니다. 요즘은 농촌에 사시는 분들도 잠깐이면 차를 타고 가까운 도시로 나갈 수 있잖아요. 도시 공간과 도시가 아닌 공간이 명확하게 구분된다고 생각하시나요?

하지현 이제 구분이 없어졌다고 볼 수 있겠죠. 그러나 그 두 공간 사이에 속도의 차이는 있다고 봅니다. 쉴 새 없이 빠르게 바뀌는 대도시의 유행과 트렌드가 중소도시로 내려가고, 또 거기서 읍·면 단위까지 가는 데 2~3년이 걸린다고 하지요. 그렇게 서울을 정상으로 하는 중소도시와 농촌의 수직계열이 형성되어 있다고 봐야겠죠.
그 단계마다 삶의 속도가 서로 다른데, 그 속도에 대응하는 양태로 봐서 대략 세 가지 부류의 사람이 있는 것 같습니다. 우선, 속도에 몸을 싣고 그 속도감을 즐기는 사람이 있고, 속도에 적응하지 못해 어

지러워하는 사람, 그리고 속도에 몸을
맡길 엄두도 못 내고 가만히 선 채로 아
예 속도 자체를 부정하려는 사람이 있습
니다.

예를 들어 소통의 수단도 전화를 고집하
는 사람, 휴대전화 문자를 좋아하는 사
람, 트위터를 선호하는 사람 등 분명한
차이가 있죠. 트위터 사이트에 140자 이

트위터 연결망

내의 짧은 글을 실시간으로 올리며 움직이는 속도감은 이전에 경험
하지 못한 것이죠.

저는 예전에 학교에 다닐때 누구를 만나려면 학보 껍데기에 글을 써
서 보냈지요. 그러면 한 번 오고가는 데 일주일은 걸렸습니다. 그 시
절에는 휴대전화도 없었으니 누군가를 만나기로 해도 30분에서 1시
간 정도 늦게 나오는 것은 예사니까, 항상 책을 들고 가서 읽으며 기
다리곤 했습니다. 그런데 요즘은 이메일을 보내고 반나절, 하루 안
에 답장이 오지 않으면 뭔가 문제가 있다고 생각하죠. 문자를 보내
거나 전화를 했을 때, 전화는 한두 시간 안에 문자는 30분 안에 회신
이 오지 않으면 상당히 불편해집니다. 이처럼 도시의 삶에서 속도는
점점 빨라지고 우리를 조바심 나게 하죠.

프로이트는 '인간의 성숙은 만족을 지연시킬 줄 아는 데 있다'고 했
습니다. 인간의 본능은 늘 즉각적인 만족을 원하는데 그런 욕구의
만족을 지연시키는 것이 인간 성숙의 지표 가운데 하나라는 거죠.

김갑수   선생님은 지금 도시의 속도감과 관련해서 의사소통을 언급하셨는데, 소통의 방식은 상당히 다양해졌죠. 현대사회에서 소통 수단의 발전은 아주 중요한 요소인데 문제는 소통의 질인 것 같습니다. 선생님은 《도시심리학》에서 현대인들의 관계를 '역전(驛前)의 식당'에 비유하셨죠. 다시 올 가능성이 희박한 뜨내기들만 드나드는 역전 식당에서는 그저 목 좋은 곳에 자리 잡고 적당한 가격과 신속한 서비스만 제공하면 되듯이 현대인들의 관계도 그렇다는 거죠. 업무상 만남이든, 온라인상에서의 만남이든 이 사람 저 사람 관계는 많이 맺지만, 정작 인간관계라고 부를 수 있는 것은 점점 줄어들고 있다는 거잖아요. 다시 말해 소통의 수단이 다양하다고 해서 우리가 진정으로 남과 소통하고 있다고 말할 수는 없겠죠?

하지현   저도 그 부분이 참 중요하다고 생각합니다. 예를 들어 휴대전화에 400명의 전화번호가 저장되어 있고, 명함집에 수백 명의 명함이 들어 있고, 플래너에 빽빽하게 약속이 잡혀 있다고 해도 막상 외로움을 느낄 때, 남과 대화가 필요할 때 한밤중에 마음 편하게 전화하거나 만나자고 할 수 있는 사람이 몇이나 될까요? 이런 생각을 하면 갑자기 먹먹해지죠.
의사소통의 패턴은 아주 다양해졌죠. 옛날에는 그저 얼굴을 마주 보고 이야기하는 수밖에 없었는데 이제는 다양한 수단이 생겨서 양적으로는 아주 풍부해 보이지만, 그중 상당수는 어찌 보면 유사품이나 대용품 같은 느낌이 드는 것들입니다. 뭔가 진정성이 없는, 허상이라는 생각이 드는 거죠. 바로 그런 점이 오늘날 도시인들이 겪는 심리적인 어려움이라고 할 수 있겠죠.

그러다 보면 욕구는 더욱 강렬해지죠. 뭔가 진짜가 필요하고 진정한 의사소통이 간절하지만, 그러면서도 한편으로는 내 사적인 공간, 개인적인 면은 드러내고 싶지 않다는 욕망 역시 그만큼 강해집니다. 소통이 필요하면서도 개인의 닫힌 공간이 아주 중요해진 상태가 외로움을 더욱 깊게 하는, 그래서 소통과 폐쇄의 양극 사이를 오가는 거죠. 그렇게 어찌할 바를 모르고 부유하는 것이 오늘날 도시인의 모습이 아닌가 생각합니다.

술의 도시 심리학

김갑수 사회적 관계망이 확대되고 소통의 필요와 욕구는 늘어나지만, 그 안에서 오로지 자기만 들어갈 수 있는 '비밀의 정원'을 가꾸고 싶어하는 이중심리가, 오늘날 한국의 도시인에게 있다는 거죠. 그렇다면 이런 이중심리가 현실에서 어떻게 발현되는지 그 모습을 한번 살펴보죠. 우리가 흔히 볼 수 있는 술자리 문화를 조금 깊숙이 들여다보면 어떨까요? 예컨대 '폭탄주'의 논리는 술을 즐기기보다는 무조건 빨리 취하자는 데 있지 않습니까? 거기에는 분명히 집단적인 어떤 의도가 있을 것 같습니다.

하지현 정신분석가들은 '알코올이 초자아를 용해한다'고 말합니다. 초자아는 우리 내면의 금욕, 억제, 죄의식, 도덕관과 같은 기제를 총망라하는데, 이걸 녹여 없애버린다는 거죠. 예를 들어 사업상 관계를 맺을 때 함께 술을 진탕 마시고 나면 뭔가 서로 친해진 것 같은 느낌이 들죠. 사실 정작 중요한 사업 얘기는 식사하는 자리에서 대강 끝나거든요.

제가 언젠가 아주 비싼 술집에 가본 적이 있는데 실내 구조를 보고 깜짝 놀랐습니다. 좌석 배치를 보면 서로 대화할 수 있는 거리가 아니라 커다란 상을 가운데 두고 각자 뚝뚝 떨어져 앉게 되어 있습니다. 건너편 사람과 대화하기가 몹시 어려운 구조입니다. 왜 이럴까 하고 생각해봤더니, 술을 마시러 온 사람들의 숨겨진 심리 상태를 반영한 거예요. '나는 저 사람과 더는 이야기하고 싶지 않아. 그래도 친해져야 할 당위성은 있어. 그런데 사업 이야기는 이미 끝냈어. 하지만, 그냥 맨송맨송하게 헤어지는 건 마음에 걸려. 그러니 술에 취해서 잘 놀았다는 기억은 남겨야 해.' 그럴 때 가장 편리한 해결책이 바로 폭탄주죠. 그것이 세칭 고급술집 문화가 한국 사회에서 자리 잡게 된 원인이 아닐까요? 그러니까, 친해지고 싶지 않지만 친해져야 하는 당위성을 해결해주는 도구라고 할 수 있죠. '저 사람이 짧은 시간에 나를 위해 큰돈을 썼다. 내가 저 사람한테 신세를 좀 졌다'라는 심리적 부담감을 주고 생색을 낼 수 있다는 점에서 서로 만족하는 구석이 있다는 생각이 듭니다.

김갑수 조금 단순하게 이해하자면, 술자리나 폭탄주를 통해 형성되는 친밀감이 사실은 가짜 친밀감일 수 있다는 말씀이죠?

하지현 네. 의도적으로 가성 친밀감을 만들어내려는 욕구가 작동하는 것이 우리 술문화의 특징이라고 볼 수 있습니다.

솔로몬 애쉬의 실험

사회심리학자 솔로몬 애쉬의 고전적 실험이 있다.

일곱 명의 대학생을 실험실로 불러 표준이 되는 선과 동일한 길이의 선을 고르라고 했다. 주어진 보기는 세 개였고, 그중 표준이 되는 선과 같은 것은 B였다. 한 명을 제외한 나머지 사람들은 사전에 모의를 해서 모두 B가 아닌 C라고 대답하도록 했다.

실험 대상인 학생이 이때 B라고 꿋꿋이 말을 할 것인가, 아니면 집단의 압력에 굴복해서 '하늘이 파랗다' 수준의 명제가 아닌 답을 말할 것인가.

실험 결과 37%의 학생이 B라는 것을 알면서도 C라고 대답했다고 한다. 즉, 세 명 중 한 명은 자기가 '옳다'라고 여기는 것도 언제든지 집단이 아니라고 하면 '아니다'라고 말하게 된다는 것이다.

광장의 집단의식

김갑수 한국인의 특성을 묘사할 때 자주 집단의식을 말합니다. 그런 특성은
특히 도시 공간에서 더 두드러지게 나타납니다. 집단성, 집단주의,
소속감, 민족의식, 연고주의 등 다양한 형태로 나타나는데, 이런 집
단의식은 긍정적인 의미에서 개인 사이의 결속력을 보여준다기보
다는 때로 익명성 뒤에 숨은 무책임이라든가 다른 집단에 대한 배타
적인 태도를 의미하는 것 같습니다. 도시심리학적으로 보았을 때 우
리의 집단주의적 의식의 특징은 어떤 것입니까?

하지현 사실 집단의식은 어떻게 보면 인간의 본성이기도 합니다. 에릭슨은
인간의 정체성을 개인적 정체성과 사회적 정체성으로 나누면서 18
세까지는 개인의 정체성이 형성되는 시기이지만, 그 이후는 사회적
정체성을 만들어가는 과정이라고 말합니다. 사회에서 자기 존재를
확인하고, 사회적으로 성공하면서 자기 정체성을 형성해가는 과정

광화문 광장을 가득 메운 촛불 집회 인파, 2009. 5.

이 초기 성인기의 가장 중요한 과제 가운데 하나라는 거죠. 그런 사회적 정체성을 규정하는 데에는 어느 집단에 속해 있느냐는 사실이 무척 중요합니다. 그러나 나의 소속이 중요한 이유는 역설적으로 그만큼 나의 개인적 정체성에 확신이 없고 정체성이 확고하게 형성되지 않았기 때문이기도 합니다.

E. Erikson, 1902~1994

김갑수   자신감 부재가 집단에 귀속하려는 심리의 근원이군요.

하지현   그것이 첫째 원인이고, 둘째로는 내가 집단에서 배제되었을 때 나는 사회에서 혼자 생존하지 못하리라는 불안감이 있겠죠. 그래서 누군가를 만났을 때 상대와 나를 '우리'라는 개념으로 포섭하려는 노력을 기울입니다. 아마도 한국 사람들이 가장 좋아하는 말이 '우리'가 아닐까 해요.

타인을 '우리'라는 관계망으로 끌어들임으로써 나와 너는 적이 아니라는 합의가 성립되거든요. 그래서 어떡하든 '나와 너'가 아닌 '우리'로 만들려는 노력이 치열하게 전개되는 거죠. 그런데 우리는 집단화만이 아니라 개인화도 원하거든요. 그런 이중적인 욕구가 구현되는 곳이 바로 광장입니다. 그래서 서울시청 광장이나 광화문 광장은 매우 흥미로운 관찰의 대상입니다.

저는 오래전에 정자 문화와 광장 문화의 차이를 살펴본 적이 있었는데, 시골 마을 정자에서는 마을 사람들이 모여 한가한 시간을 보내죠. 그분들이 두런두런 이런저런 이야기를 하고 있으면, 누군가 와서 인사를 하면서 슬쩍 끼어들죠. 그리고 소소한 잡담을 함께 나누다가 '이제 그만 가보겠습니다' 하고 정자에서 나가죠. 즉, 누가 들어오는지, 누가 나가는지 출입이 점검되고, 대화도 서로 공유하는 내용을 담고 있습니다.

그러나 광장에서는 누기 오든 가든 아무도 상관하지 않죠. 자신만의 공간에 갇혀 있던 사람들이 어느 순간, 자신이 어딘가에 속해 있고, 다른 사람들과 같은 생각을 하고 있다는 사실을 확인하고 싶은 욕구가 강해지면 그 욕구를 잠시나마 해소하는 장소가 도시의 광장입니다.

광장에서 사람들은 토론하지 않아요. 단지, 목적이 같은 사람들이 이토록 많고, 나만 혼자서 이상한 생각을 하고 있는 게 아니라는 사실을 확인하고, 위안을 얻는 거죠. 그렇게 광장은 사람들이 각자 자신의 정체성을 강화하는 데 영향을 준다고 생각합니다. 그래서 광장 문화가 활성화하면 도시의 삶을 좀 더 건강하고 윤택하게 하는 데 도움이 된다고 믿습니다.

유령 위장

김갑수   자신을 집단에 귀속시키려는 심리의 원천은 자신감 부재나 불안감
때문이 아니겠습니까? 이런 심리는 열등감과도 관련이 있을 텐데,
열등감이 개인에게 어떤 영향을 미치는지도 궁금하군요. 열등감은
사람은 온순하게 할 것 같지만, 오히려 강력한 공격성으로 표출될
수도 있지 않겠습니까?

하지현   심리학자 아들러는 인간의 동력을 열등
감에서 찾았습니다. 열등감의 부정적인
측면보다는 긍정적인 측면을 부각하여
승화한 셈이죠. 그런데 문제는 열등감
이 무조건 좋거나 나쁜 것이 아니라, 일
종의 압력밥솥 같은 게 될 수 있다는 데
있습니다. 내면에 차곡차곡 쌓인 열등

A. Adler, 1870~1937

감은 어느 순간 폭발할 수밖에 없는데, 그게 좋은 방향으로 분출해서 자신을 견인하는 동력이 되면 좋은데, 대개 약한 사람이 강한 모습을 보이려는 형태로 나타납니다. 이런 현상을 조금 확대해서 해석하자면, 열등감이 잘못 발현될 때 우리 사회의 소수자들, 여성이나 노약자, 외국인 근로자 등에 대한 공격성으로 나타날 위험이 있다는 거죠.

김갑수　도시 생활은 열등감을 포함해서 사람들 마음에 복잡하고 혼란스러운 온갖 찌꺼기를 만들어내죠. 백화점에 진열된 호화로운 상품들, 멋진 레스토랑에서 맛보는 고급스러운 음식들, 날로 늘어나는 외제차들을 보면 한국인의 삶이 언제부터 이토록 풍요로워졌는지 놀라곤 합니다. 하지만, 사실 도시처럼 사람들이 허기에 시달리는 공간이 또 있을까요? 풍요로워질수록 도시인은 정신적, 육체적 허기에 시달리는데 그 원인이 무엇인지 궁금합니다.

하지현　네. 저는 그런 현상을 묘사할 때 '정서적 허기'라는 표현을 자주 사용하는데, 많은 분이 밤만 되면 헛헛하다, 배가 고프다고 호소합니다. 그래서 폭식을 하지만, 허기는 사라지지 않습니다. 이것은 우리가 '야간폭식증후군'이라고 부르는 정신질환의 하나인데, 이런 증세에 시달리는 분은 대부분 외롭게 삽니다. 그래서 몸 안의 정서 중추에서 뭔가가 필요하다고 절실하게 외치는 거예요.
정신분석학적으로 사람의 가장 어린 시절을 구순기(口脣期)라고 하죠. 그다음에 항문기를 거쳐 성기기로 넘어가는데, 구순기에는 뭔가 입에 넣고 씹거나 삼켜야 해요. 아기가 모유를 먹을 때 두 가지 기제가 함께 작용합니다. 한편으로는 엄마의 젖을 씹어버리고 싶은 공격성을 느끼고, 다른 한편으로는 목 안으로 따뜻한 것이 넘어갈 때 즐거움을 느낍니다. 그런데 이 구강적 욕구는 타인에 대한 의존욕구와 깊은 연관이 있어요. 그래서 아이가 자라 어른이 되었을 때 대인관계 등 심리적 문제에 부딪히면 어딘가에 의존하고 싶거나 누군가와 연결되고 싶다는 욕망이 생기는데 그럴 때 상대를 찾지 못하면 어떻게 해야 할까요? 가능한 해결 방법은 내가 통제할 수 있는 대상을 찾는 것인데, 그게 바로 먹는 거거든요. 즉, 물리적으로 뭔가를 먹음으로써 잠시나마 심리적 의존이나 심리적 연결에 대한 욕구를 충족할 수 있죠. 그래서 허기를 충족할 수 있다고 여겨서 뭔가를 집어넣는데 안타깝게도 그건 유령 위장이라는 거죠.

김갑수 '유령 위장'이 뭡니까?

하지현 미국 학자 로저 굴드는 우리가 기분이 좋지 않거나 외로울 때, 후회스러운 기억이 떠오를 때 배가 고프고, 그와 반대로 누군가와 친밀한 감정을 느끼거나 믿음이 생겼을 때는 공복감이 사라진다고 했습니다. 그의 말에 따르면 인간에게는 몸 안의 위장 말고 정서와 관련한 '유령 위장'이 따로 있다고 합니다.

R. Gould, 1935~

원래 위장이 비었을 때 배고픈 신호가 와야 하는데 이 유령 위장이 가짜 신호를 보내서 뇌에서 '배가 고프다'라고 인식하게 한다는 거죠. 그래서 자꾸 뭔가를 먹게 하는데 몸의 위장은 채워져도 유령 위장은 만족이 안 되니 계속해서 허기를 느끼게 된다는 겁니다. 결국, 중요한 것은 살아가면서 정서적 만족을 얻을 수 없는 상태에 있을 때 뭐라도 입에 넣어 그 허기를 채우려는 부질없는 노력을 하는 메커니즘이 작동한다는 사실입니다. 그래서 술을 마시면서 떠들고 재미있는 얘기를 나누지만 헤어지고 나면 도리어 외롭고 헛헛해서 공복감을 느끼게 되죠. 정작 비어 있는 것은 위가 아니라 마음인데도 뇌에서는 '배가 고프다'라는 신호를 보내 음식을 찾게 하는 겁니다.

그것은 아마도 실제로 외롭다는 감정을 인식하는 게 불편하니 우리 심리가 즉물적이고 해결 가능한 쪽으로 문제를 왜곡하는 방어적 전략을 구사하는 거겠죠. 그래서 술을 마셔도 배가 고프고, 라면을 먹어도 잠깐 기분이 좋아질 뿐 궁극적인 해결책은 되지 못하는 안타까운 악순환에 빠지는 겁니다. 혼자 지내는 여성들이 야식의 유혹에 굴복하게 되는 것도 비슷한 이치죠. 허기는 절대 채워지지 않고 그냥 헛헛하고 살만 찌고, 게다가 죄의식까지 생깁니다. 특히 현대사회에서는 몸매가 경쟁력인데 상황은 절망적이죠.

어떡하든 문제를 혼자 해결해야겠다, 남에게 폐 끼치고 싶지 않다는, 소위 '쿨한' 삶의 기조가 결국 유령 위장과 정서적 허기를 만들어내는 메커니즘이라고 볼 수 있습니다.

인지부조화

김갑수   허기를 채우려고 유령 위장에 음식물을 끊임없이 채우기도 하지만, 한시도 가만히 있지 못하고 뭔가를 끊임없이 도모해야 하는 상태에 있는 사람도 종종 보게 됩니다. 한동안 정치적인 의미에서 '인지부조화'라는 용어가 유행한 적이 있죠? 그런 상태는 도시적 삶의 행태에서도 극명하게 드러난다고 하는데, 우선 인지부조화가 무엇인지 설명해주시겠습니까?

하지현   인지부조화는 '내가 받아들일 수 없다면 생각을 바꿔라'라는 명제로 설명할 수 있을 것 같습니다. 이런 실험이 있었죠. 두 그룹의 학생들에게 인형에 눈을 붙이는 것처럼 몹시 지루하고 의미 없는 일을 시켰습니다. 첫 번째 그룹의 학생들에게는 적당한 시급을 줬고, 다른 그룹에는 거의 돈을 주지 않았습니다. 일이 끝난 다음에 두 그룹의 학생들에게 재미있었느냐고 물어봤더니 오히려 보수를 받지 못한 학생들이 더 재미있었다고 대답했다는 겁니다. 그러니까, 성과가 있었지만 보상이 없으니까 '아주 재미있는 일을 했다'라는 식으로 생각을 바꿈으로써 스스로 보상을 만들고 그 일을 계속했던 거죠.

이처럼 우리가 살아가는 과정에서 부딪치는 불합리하고 부조리한 일에 대한 평가를 스스로 바꿔버리는 현상이 벌어지는 겁니다. 내가 생각을 바꿈으로써 몹시 괴로운 일, 받아들이기 어려운 일을 마치 괜찮은 일, 필요한 일처럼 여기고 그것을 견디게 하는 동기를 만드는 거죠. 어떻게 보면 우리가 살아남으려고 뇌와 마음이 채택한 책략, 생존전략이라고 할 수 있겠습니다.

김갑수 인지부조화에 나름대로 순기능도 있군요. 예컨대 한국 사회에서만 볼 수 있는 현상으로 '기러기 아빠'라는 게 있잖아요. 자녀를 외국으로 보내서 공부시키겠다고 가족이 뿔뿔이 흩어지고 아버지만 남아 돈을 벌어 송금하는 그런 사례 말입니다. 이것도 인지부조화 현상으로 설명할 수 있을 것 같은데요.

하지현 홀로 남은 아버지는 스스로 당위성을 만들어내죠. 과거 학창시절에 자신이 겪었던 폭압적인 교육이나 극심했던 경쟁을 떠올리면서 최소한 자기 자녀는 그런 고통을 받지 않게 하겠다는 생각을 강화합니다. 자신은 비록 싸구려 월세방에서 라면으로 끼니를 때워도 자식만은 좋은 환경에서 뛰어놀고 좋은 교육을 받으며 사회에서 성공할 가능성이 커진다고 믿는 거예요. 그런 과정을 통해 자신은 자녀를 위해 온갖 노력을 기울인 좋은 아버지라고 확신하며 모든 괴로움을 잊는 거죠.

그런데 여유자금도 없는 상태에서 그러다 보니 생활은 비참해지고, 무엇보다도 자녀가 자라는 모습을 지켜볼 수 없으니 인생에서 가장 중요한 행복의 하나를 잃어버리는 거예요. 그런 사실을 인지부조화 적 관점에서 합리화한다는 게 어떻게 보면 순기능일 수도 있지만, 참 불행한 일이라고 생각합니다.

김갑수   선생님은 한국 도시인의 독특한 행태인 대리운전도 인지부조화의 관점에서 설명하시더군요.

하지현   맞습니다. 대리운전을 이용하는 사람을 보면 처음 만난 기사한테 휴 대전화 번호도 알려주고, 바로 집 앞까지 차를 몰고 가게 하고, 무방 비 상태로 잠들어버리죠. 막말로 잠든 사이에 끔찍한 일이 벌어질 수도 있잖아요. 이런 현상도 인지부조화 이론으로 설명할 수 있죠.

김갑수   어떤 의미에서 인지부조화는 자기기만이군요. 필요에 따라 자신을 속이는 행동을 하는 거니까요. 그러고 보면 대의를 위해 스스로 자 신을 희생한다고 정당화하는 많은 일이 사실은 인지부조화일 수 있 다는 거군요.

원두커피와 커피믹스 사이

김갑수 우리가 지금 한국인의 도시적 삶의 특성을 이모저모 살펴보고 있는
데, 결국 가장 핵심적인 문제는 자아정체성과 욕망이 도시인의 심리
와 삶에 어떻게 영향을 미치느냐는 데 있는 것 같습니다. 그런 모습
은 지극히 사소한 일상에서도 드러나는데, 하 선생님은 원두커피점
에서도 도시인의 독특한 심리를 읽어내셨죠?

하지현 저는 커피를 즐기는 편인데, 커피전문점에 갈 때마다 황당한 느낌을
받곤 합니다. 웬만한 점심값보다 비싼 커피 한 잔을 마시려고 줄을
서서 기다렸다가 자기 손으로 받아서 다 마시고 나면 뒤처리까지 해
야 하잖아요. 이처럼 커피숍에서 강제한 규칙에 불평 한마디 못하고
따라야 하는 것도 거북하지만, 무엇보다도 불편한 것은 커피를 주문
하려고 기다릴 때 대단한 인내심을 발휘해야 한다는 점입니다. 예를
들어 앞에서 네 명의 젊은 여성이 주문할 때는 보통 사람 예닐곱 명

이 주문할 때보다 시간이 더 많이 걸립니다. 각자 요구하는 게 상당히 복잡합니다. 뭐는 넣고, 뭐는 빼고, 뭐는 뭣으로 해달라면서 각자 자기 할인카드 내고 각자 계산하고… 간단치 않습니다. 남자끼리 가면 '아메리카노 네 잔이요' 하고 누군가 '내가 살게' 하면 끝납니다. 그런데 커피 선택에 그렇게 까다로운 여성들이 꼭 그런 커피만 마시느냐. 그렇지도 않거든요. 회사에서 회의할 때 '커피믹스 마실 사람 손 들어' 하면 그냥 다 손 들고 마시거든요. 어떻게 보면 이 두 가지 심리가 도시에 사는 사람들의 독특한 특성을 구성하고 있다는 생각이 듭니다. 즉, 커피 전문점에서는 자신만의 레시피를 요구하면서 자신의 정체성을 확인하고 주장하지만, 회사에서는 커피믹스로 상징되는 균일하고 몰개성한 익명성을 수용하죠. 그렇게 우리는 집단 안에서 '튀지 않는' 무난한 삶을 살다가, 혼자가 되면 까다로울 정도로 자기 개별성을 강조합니다. 저는 거기에 도시의 문화와 우리 현대적 삶이 투영되어 있다고 봅니다. 한쪽에서는 이런 커피전문점이 우후죽순처럼 생기고 각자의 커피 세계가 형성되고, 다른 한쪽에서는 여전히 커피믹스가 일반화하고 있다는 거죠. 도시의 삶을 규정하는 이 두 가지 심리는 서로 길항하는 게 아니라 상호 보완한다고 생각합니다.

김갑수　그러니까, 직장에서 제복을 입었던 사람이 퇴근 후에는 아주 개성적인 옷차림을 하듯이, 커피믹스를 마시는 사람과 나만의 원두커피를 즐기는 사람이 서로 다른 부류가 아니라, 같은 사람의 두 가지 모습이라는 말씀이군요.

양극화하는 노인 계층

김갑수 도시에는 여러 계층이 살고 있죠. 그중에서도 노인들은 요즘 각별한 관심의 대상이 되는 것 같습니다. 노동과 생산의 공간인 도시에서 생산력을 상실한 노인의 삶은 더없이 외롭고 고독하죠. 그렇다고 해서 도시에서 먼 산속 양로원에서 지내기는 더 괴롭다고 하잖아요. 어떡하든 사람들과 섞여 살고 싶어하니까요. 그런데 2009년 통계를 보니 우리나라 사람 평균 수명이 남자 75.74세, 여자 82.36세더군요. 조기 은퇴가 일반화한 요즘 현실에서 20~30년을 생산과 소득 없이 도시에서 살아가야 하는 노인들의 심리는 어떤 것일까요?

하지현 노인의 삶은 양극화가 심화하고 있다는 생각이 듭니다. 요즘 불편한 몸을 이끌고 길에서 폐지를 모으는 노인들을 흔히 볼 수 있는데, 그분들만이 아니라 생존하려고 몸부림치시는 노인들이 한국 사회에는 아직 많이 계십니다.

러그낵 섬의 스트럴드브러그

J. Swift, 1667~1745

모든 사람은 오래 살기를 갈망하지만, 늙기를 원하는 사람은 아무도 없다.

외과 의사였다가 선장이 된 걸리버는 먼 여행을 떠나 해괴한 사람들이 사는 여러 나라를 돌아다닌다. 그러다가 암스테르담을 거쳐 영국으로 오기 전 마지막으로 도착한 나라, 러그낵(Luggnag) 섬. 일본 옆에 있는 이 섬에서는 매우 드물지만 왼쪽 눈썹 위에 빨간 반점이 있는 아이가 태어난다. 그것이 불사(不死)의 표시라는 것을 알게 된 걸리버는 무척 부러워한다. 그러나 사람들이 스트럴드브러그라고 부르는 이 불멸의 존재에게 삶은 고통과 저주일 뿐이다. 영생을 얻었기에 주위에 사랑하는 사람들이 모두 늙어 죽어가는 모습을 속수무책으로 바라볼 수밖에 없다. 게다가 80세가 되면 모든 재산과 법적 권리를 빼앗겨 유령과 같은 삶을 살아가야 한다. 불멸의 삶은 행복한 삶이 아니라, 치욕적이며 누추한 생명의 연장일 뿐이었다.

《걸리버 여행기》의 작가 조너선 스위프트는 이 모순적인 인물을 통해 과학이 언젠가는 죽음을 정복하리라 희망하는 사람들에게 엄중한 경고를 보낸다. 그러나 오늘날 우리는 늙지도, 죽지도 않는 삶을 원하고 있는 것은 아닐까?

핵가족화, 부족한 사회안전망 등으로 생존의 위협을 받는 노인들이 점차 늘고 있다.

그런가 하면 부유한 신흥 노인계층도 형성되기 시작했죠. 자식에게 재산도 물려주지 않고, 손자도 돌봐주지 않으며 오직 자신에게만 모든 것을 투자하시는 분들, 은퇴 후에 새로운 삶을 시작하려고 제2의 인생을 설계하시는 노인층이 등장하기 시작했거든요.

70년대 초에 대학에 다니던 분들이 은퇴하면서 우리나라에도 고학력 노인층이 하나의 문화세력을 이루고 있는데 이분들은 10~20년 연상의 노인들과는 생각도, 여생의 설계도 매우 다릅니다.

그러니까, 생존의 위협을 받는 일군의 노인과 생활이 윤택한 노인 그룹이 병존하는 겁니다. 사회가 지속적으로 노령화하고 있으니, 이들 그룹은 점차 비대해지고 오늘날 도시 문제의 중요한 부분을 차지하겠죠.

자살률 1위, 대한민국

김갑수   통계청 자료를 보면 지난해 우리나라에서는 하루 평균 42명이 자살 했습니다. OECD 회원국 중에서 자살률 1위의 국가라는 사실은 이미 잘 알려졌죠. 전체 사망 인구 중에서 원인으로 보면 자살은 암, 뇌혈관 질환, 심장 질환 다음으로 많은 사람의 목숨을 앗아갔습니다. 자살자 수를 보면 15,413명으로 2008년보다 2,555명이나 늘었어요. 19.9퍼센트나 증가한 거죠. 하루 평균 42.2명, 평균 34분마다 1명이 스스로 목숨을 끊은 겁니다.

그런데 문제는 자살률이 계속 높아지고 있다는 겁니다. 2008년보다 남자 자살률은 19.7퍼센트, 여자 자살률은 18.5퍼센트 증가했습니다. 그리고 10대의 자살률 증가는 40.7퍼센트로 30대 26.9퍼센트, 50대 24.9퍼센트보다 훨씬 높습니다. 그리고 특히 주목할 점은 남자 자살률이 여자보다 1.81배 더 높다는 점입니다. 1999년을 기준으로 삼을 때 2009년의 자살률은 무려 107.5퍼센트나 늘어서 이제 자살이 심각한 사회문제라는 사실을 부정할 사람은 없습니다. 어찌 보면 도시화와 자살률은 비례하는 것처럼 보이기도 하는데 혹시, 도시화한 삶이 자살률 증가와 관계가 있는 것은 아닐까요?

하지현　물론입니다. 도시인은 상당히 고립된 삶을 살기 때문에 자살 충동에 쉽게 노출되죠.

누구에게나 힘든 일을 겪는 시기가 찾아옵니다. 어찌 보면 며칠 슬퍼하고 괴로워하다가 '내가 더 잘 사는 게 세상에 복수하는 거야' 이렇게 생각하고 홀홀 털어내면 끝날 문제인데 아예 인생이 끝났다고 절망하는 경우를 흔히 보게 됩니다. 이럴 때 '자기애적 분노의 자살'을 시도합니다. 이런 거죠. 누군가 자존심을 긁거나 상처를 줘서 내 자기애를 훼손했어요. 어떻게 네가 감히 나를 미워해? 어떻게 네가 나를 그만 만나자고 해? 어떻게 네가 나를 배반해? 그럴 때 내 자기애를 훼손한 상대를 반격하는 게 아니라, 자해를 합니다. 자신을 파괴하는 거죠. 왜 그러느냐? 그래야 상대가 죄의식을 느낄 테니까.

김갑수　상대를 공격하는 유일한 방법이 자해라는 거죠?

하지현　그렇죠. 마치 폭력배들이 자해를 통해 자신의 담력을 과시하듯이, 자기 파괴적인 방법으로 자신이 얼마나 괴롭고 힘든지, 그래서 상대가 얼마나 큰 해를 입혔는지를 보여주려는 거죠. 하지만, 그보다 어리석은 짓은 없거든요. 가해자는 기대한 만큼 고통을 받지도 않을뿐더러, 망각의 동물인 인간은 모든 걸 금세 잊어버립니다.

김갑수　게다가 요즘 동반자살 사건도 심심찮게 보도가 되잖아요? 동반자살
　　　　을 계획하는 사람들의 심리는 어떤 것인가요?

하지현　저는 동반자살은 정말 위험한 일이라고 생각합니다. 왜냐면, 자살
　　　　기도가 실현될 확률이 매우 높거든요. 예를 들어 자살을 생각하는
　　　　사람이 100명이라면 실제로 자살을 시도하는 사람은 20명 정도라
　　　　고 봅니다. 그중에서 정말 목숨을 잃는 사람은 한두 명이거든요. 다
　　　　시 말해 자살을 생각했어도 포기하는 사람이 훨씬 많다는 거죠.
　　　　그런데 동반자살은 상황이 다릅니다. 인터넷 자살 사이트에는 주동
　　　　적인 사람이 있어요. 그 사람이 계획을 세워서 대여섯 명이 어느 펜
　　　　션에 가서 마지막 밤을 보내기로 합니다. 만약 혼자서 자살을 기도
　　　　했다면 자살 장소에 가다가도 중간에 돌아올 계기가 많거든요. 기차

동반자살 유행병 안죽었나

하루새 화성서 5명, 춘천서 3명 숨진채 발견

인터넷 자살사이트에서 만난 것으로 보이는 남녀 5명이 차량에서 연탄불을 피워놓고 동반 자살했다. 12일 오후 1시 10분경 경기 화성시 서신면 장외리 장외공업단지 앞 도로에 서 있던 카렌스 차 안에서 남녀 5명이 숨진 채 발견됐다. 숨진 5명 가운데 남성은 강모 씨(22·경남 진해시) 1명이고 전모 씨(31·충남 천안시), 피모 씨(22·경기 평택시), 김모 씨(22·경기 의정부시), 황모 씨(31·서울 은평구)는 여성이다.

차량 내부 뒤편에는 불에 타다 남은 번개탄과 화덕이 놓여 있었다. 운전석 부근에 설치된 내비게이션 옆에서는 '경찰, 구급대 아저씨 시체 치우게 해드려서 너무 죄송합니다. 지문으로 신분확인 안 되면 제 바지 주머니에 주민등록증 있습니다'라고 적힌 A4용지 1장이 발견됐다. 경찰 조사 결과 피 씨가 인터넷 메신저를 이용해 함께 자살할 사람을 모집한 것으로 드러났다.

강원 춘천시에서도 동반자살로 추정되는 사건이 발생했다. 이날 오후 5시 반경 춘천시 남산면 강촌리 모 민박집 2층 객실에서 박모 씨(27·경기 안양시), 한모 씨(28·인천 옹진군), 방모 씨(21·부산 사하구) 등 20대 남성 3명이 숨져 있는 것을 민박집 주인 서모 씨(47)가 발견해 경찰에 신고했다. 발견 당시 객실 안에는 타다 만 연탄 2장이 있었다. 경찰은 객실 안에서 "부모님께 죄송하다. 취업 준비에 어려움이 있다"는 내용의 유서가 발견됨에 따라 이들이 처지를 비관해 동반자살한 것으로 추정하고 있다.

화성=이성호 기자 starsky@donga.com
춘천=이인모 기자 imlee@donga.com

〈동아일보〉 2010. 5. 13.

를 타려다가도 '엄마 아빠가 집에서 기다리는데, 돌아가야지. 내가 이럴 필요까진 없어' 하는 생각이 들기도 하고… 그렇게 중간에 망설이는 대여섯 단계가 있는데, 여러 명이 함께 가다가 생각을 바꾸면 배신자가 되거든요. 그리고 나머지 사람들에게 좋지 않은 영향을 미친다는 집단의식 같은 것이 형성됩니다. 그래서 결국은 그중에서 자살 의지가 가장 강한 사람의 말을 따르는 형국이 되어버립니다. 그래서 아주 쉽게 삶을 포기하죠. 책을 읽을 때 처음 열댓 쪽 읽다가 '에이, 재미없어' 하고 던져버리듯이 삶을 포기하는 겁니다. 사실 진짜 재미있는 내용은 뒤에 나올 수도 있는데. 인생이 한 권의 책이라고 한다면, 겨우 앞의 몇 쪽을 읽고 재미없다고 덮어버릴 순 없지 않겠어요? 뒤에서 얼마나 놀라운 내용이 전개될지는 아무도 모르죠.

성형 열풍 불다

김갑수   네. 자살이라는 무거운 주제도 있지만, 성형 열풍도 도시적 삶에서 간과할 수 없는 하나의 단면인 것 같습니다. 이제 성형은 특히 젊은 세대에서는 일반적인 현상이 되었더군요. 선생님은 이 성형 열풍을 어떻게 바라보십니까?

하지현   어떻게 보면 성형에 대한 집착은 현대적 삶이 강요한 측면도 있습니다.

농경사회나 소규모 공동체에서는 구성원들이 서로 잘 알고 지내죠. 상대의 장점과 단점, 내력과 특성을 잘 알고 있으니 인간관계나 일에 대한 제안도 자유롭게 이루어집니다.

그러나 현대의 삶에서는 수많은 사람이 찰나적으로 만나고 헤어집니다. 그래서 아주 짧은 시간에 내가 가진 모든 것을 보여줘야 하죠. 그럴 때 순간적으로 나에 대한 좋은 인상을 남기는 것이 매우 중요

합니다. 옛날에는 옷
차림이나 머리 모양,
화장을 통해 남에게
더 좋은 인상을 남길
수 있었죠. 그런데 이
제는 더욱 근본적인
변화가 가능해졌어요.
외과적 수술로 외모의
결함을 해결하고 더
큰 경쟁력을 갖추게
된 거죠. 요즘은 심지
어 복근 성형까지 한
다고 하더군요.

성형외과가 밀집한 서울 압구정동

우리는 낯선 사람을
만날 때 0.013초의 아주 짧은 시간에 직관적으로 상대를 판단합니다.
그 짧은 시간에 나를 보여주고 내가 선택되려면 가장 먼저 직접적으
로 지각되는 외모를 최적화하는 것이 절대적으로 필요하죠.

그리고 우리가 외모에 집착하는 또 다른 이유는 학력이나 성격, 인
품 같은 것을 바꾸기에는 시간이 너무 오래 걸립니다. 하지만, 외모
는 성형을 통해 짧은 시간에 해결할 수 있거든요. 이처럼, 즉각적인
만족을 줄 수 있다는 점에서는 성형을 선택하는 성향이 보편화한 것
같습니다.

자신의 페이스를 유지하라

김갑수 자신의 삶을 규정하는 도시의 빠른 속도에 적응하고, 또 고립되지
       않고 살아남으려다 보니 온갖 행태가 벌어지는 거겠죠.
       그렇다면, 그런 삶에 대한 반동도 있지 않겠습니까? 예컨대 속도를
       거부하는 삶, 슬로우 라이프에 대한 지향도 도시적 삶의 한 유형으
       로 볼 수 있을 것 같습니다. 요즘 '느리게 살기'도 중요한 시대적 화두
       가 된 것 같은데, 도시인의 이런 슬로우 라이프에 대한 열망을 어떻
       게 생각하시는지요?

하지현 도시의 속성상 모든 사람이 슬로우 라이프를 지향하기는 어려울 것
       같습니다. 하지만 슬로우 라이프가 하나의 모델은 될 수 있겠죠.
       반면에 저는 다른 대안을 제안합니다. '페이스 다운(pace down)'하라
       는 겁니다. 호랑이 등에 올라타고 호랑이를 조종할 수 있겠습니까?
       그러나 내가 내 페이스를 알고 있느냐 모르고 있느냐는 매우 중요합

니다. 빠르게 살 수도 있고, 좀 불편해도 느리게 살 수도 있죠. 중요한 것은, 빠르게 돌아가는 도시의 삶에서도 내 속도를 정확하게 알고 있으면 되거든요. 그런데 도시에 사는 사람은 대부분 자기가 지금 어떤 속도로 가고 있는지를 몰라요. 그저 다른 사람들을 보고, 그 사람들 속도에 맞춰서 계속 쫓아가거든요.

그렇듯이, 도시의 삶에서도 슬로우 라이프를 실현할 수 있다는 사실을 아는 것은 중요하지만, 모든 사람이 그것을 전범으로 삼아 따를 필요는 없다고 생각합니다. 무엇보다 중요한 것은 내 속도로 내 페이스를 일정하게 유지하는 겁니다. 안정된 페이스가 갖는 힘은 대단합니다. 도시에 살면서 내가 다른 사람들을 쫓아가다 보면 내 페이스를 잃어버리고 휘말려서 내가 원하는 속도대로 가지 못하고, 쉬어야 할 때 쉬지 못하면 스트레스를 받고 이내 지쳐버리거든요. 자신의 속도감을 유지하는 것만으로도 도시 생활에서는 상당한 도움이 되리라고 봅니다.

내 욕망을 부끄러워하지 말자

김갑수   선생님은 책에서 오늘날 도시인의 모습을 기러기 떼에 비유하셨는데, 거기에 어떤 뜻이 숨어 있습니까?

하지현   우리는 기러기 떼가 왜 겨울과 봄에 왔다 갔다 하는지 알고 있죠. 그처럼 사회학적 방법론이나 통계적 수치로 우리 사회의 커다란 흐름을 이야기할 수 있을 것입니다. 그러나 우리가 더욱 중요하게 생각해야 하는 것은 그 사회에서 사는 한 사람 한 사람의 일상을 구성하는 생각과 동기와 희망과 고통과 같은 것들이 아닐까, 그래서 그런 것들을 찬찬히 들여다볼 필요가 있지 않겠는가 하는 겁니다.

김갑수   한마디로 정리하기는 어렵겠습니다만, 원했건 원하지 않았건 도시에서 빠른 속도를 감당하며 살아가는 사람들에게 지금보다 더 나은 삶을 위해 어떤 충고를 하시겠습니까?

도시 심리학

북쪽으로 날아가는 기러기 떼가 삼각형의
대열을 유지하는 이유도 알고, 그것이 그들
의 본성이라는 것도 우리는 이제 안다.
그러나 맨 앞에 날아가는 기러기의 고독,
중간에 쳐져서 허덕이는 기러기의 우울함,
다른 곳으로 가고 싶어 전전긍긍하는 젊은
기러기의 충동성은 망원경으로 파헤치기
어렵다.
그렇듯 하나하나의 마음 안을 돋보기로 샅
샅이 뒤져봐야 도시에 살고 있는 나의 속내를 비로소 알 수 있다.

하지현, 《도시심리학》 중에서

하지현 우리는 대부분 현대의 도시에서 살고 있습니다. 도시가 아니라 어디에서 살든 오늘날 삶에서 우리는 결코 자유로울 수 없습니다.

현실에 부대끼고 상처도 받고 슬픔도 느끼지만, 모든 것을 던져버리고 부정하려고 들면 더 힘들어집니다. 내가 져야 할 짐, 내가 견뎌야 할 장애가 있다면 그것도 끌어안고 가겠다고 작정하면 삶이 훨씬 더 나아지거든요. 물에 빠졌을 때 허우적거리면 더 깊이 빠져들듯이, 도시에서 살아가면서 주체할 수 없이 빠른 속도로 끌려가고 있다는 느낌이 들 때 조금 더 주도적으로 내 속도에 맞춰서 내 삶을 내가 만들어가려는 노력을 기울인다면 오히려 그 속도감을 즐길 수도 있습니다.

그리고 마지막으로 드리고 싶은 말씀은 내 욕망을 부끄럽게 생각하지 말라는 것입니다. 나는 항상 내 욕망의 주체로서 존재해왔고, 내가 속한 집단과 환경은 늘 내게 영향을 미쳐왔다는 것 또한 잊지 말자는 것입니다.

한국의 과학교육을 위하여

| 박이문 |

"과학을 기술이나 실용의 차원에서만 접근할 것이 아니라, 그 지적인 가치에 주목하고 그 가치의 고귀함을 인식해야 합니다. 그러한 인식을 강조하는 것은 우리의 감성이나 인간적 정서를 버리라는 뜻이 아니라, 그것을 더 정화하고 굳건하게 하는 틀이 될 수 있다는 뜻입니다. 그래서 과학교육이 필요합니다. 과학교육은 기술을 가르치는 교육이 아니라, 과학이 무엇인가를 근원적인 차원에서 이해할 수 있게 하는 교육이 되어야 합니다. 그래서 여전히 한편에 깔려 있는 반과학적인 사고에서 벗어나야 한다고 생각합니다."

박이문

연세대학교 특별초빙교수.
서울대학교 불문학과 졸업, 동 대학원 석사, 파리 소르본대학교 불문학박사, 서던캘리포니아대학교 철학박사.
미국 시몬스대학교 명예교수, 고려대학교 대학원 초빙교수, 포항공과대학교 명예교수 역임.
주요 저서 : 《과학, 축복인가 재앙인가》, 《과학의 도전, 철학의 응전》, 《과학철학이란 무엇인가》

과학문명에 대한 철학적 성찰

김갑수   한때 과학은 기적을 이루는 경이의 대상이었습니다. 그러나 이제 사람들은 과학문명에 두려움을 느끼고, 새로운 과학기술은 경이가 아니라 경악의 대상이 된 느낌마저 듭니다. 아무래도 과학문명의 이면에는 환경파괴와 생태계의 혼란, 핵무기 위협과 인류 절멸의 위험이 도사리고 있기 때문이겠죠. 이 시점에서 과학문명의 실체는 무엇인지, 과학 앞에서 인간의 모습은 어떤 것인지, 또 과학교육은 어떤 것이 되어야 하는지, 성찰할 필요가 있다고 봅니다.

한국 지성사에 우뚝한 학자, 박이문 선생님에게 과연 한국인은 과학문명의 흐름에서 어떻게 정체성을 찾고, 미래를 조망해야 할지 여쭤보겠습니다. 선생님은 긴 세월 미국 대학 강단에 계셨는데, 우선 오랜만에 보신 한국 사회를 어떻게 평가하시는지 궁금합니다.

박이문   저는 오늘날 한국의 발전한 모습을 보고 정말 놀랐습니다. 좋은 의

미의 놀람이든, 조금 회의적인 놀람이든 그간에 일어난 한국의 큰 변화를, 저는 전체적으로 긍정적인 시선으로 바라봅니다.

김갑수 　선생님이 여러 저작을 통해 강조하신 말씀을 자기 삶의 지표로 삼는다는 분이 많은데, 그 내용을 보면 지적인 투명성, 감성적 열정, 그리고 도덕적 진실성으로 요약할 수 있을 것 같습니다.

박이문 　글쎄요, 저는 그런 것들을 지표로 삼아 살아가려고 했는데 그것이 그간 제가 의식적으로 혹은 무의식적으로 했던 행동을 조절했던 것 같습니다. 사람은 늘 기로에 서게 되고 무언가를 선택해야 하지 않습니까? 그런데 그 선택은 어떤 가치에 의해서 결정되는데, 제게는 그 가치가 바로 지금 말씀하신 그 세 가지였던 것 같습니다.

김갑수 　선생님은 대학에서 불문학을 전공하셨다가 나중에 철학으로 옮기셔서 철학과 교수가 되셨는데, 어떤 전환의 계기가 있었나요?

박이문 　물리학에서 그런 얘기를 합니다만, '모든 것을 알고 싶다'는 집념에서 비롯한 것 같습니다. 그러다 보니까 제가 추구했던 문제, 해결하려고 했던 문제가 철학적인 문제였다는 것을 알게 되었습니다. 그래서 생업과는 상관없이 오직 열정 하나로 철학을 공부했습니다. 프랑

S. Mallarmé, 1842~1898

스에 갔을 때 말라르메라는 시인에 대해 학위논문을 썼는데, 그 과정에서도 철학적인 문제에 관심을 두었고, 미국에 가서 프랑스 철학자 메를로 퐁티에 대한 논문을 썼는데, 그런 과정을 보면 저의 관심 대상이나 지적인 활동에 모든 것을 포괄적으로 알고 싶고 통합적  으로 설명하고 싶은 욕구가 있었던 것

Merleau-Ponty, 1908~1961

같습니다. 요즘 흔히 통섭이라는 말을 하지 않습니까? 학문의 모든 분야에 대해 그런 태도가 있었던 것 같습니다.

세계관으로 과학을 만나다

김갑수 선생님은 《과학, 축복인가 재앙인가》라는 직설적인 제목의 저술까지 내셨는데, 과학 분야에 적극적 관심을 보이게 된 계기가 있습니까?

박이문 철학적인 계기죠. '모든 것을 설명하고 싶다'고 할 때 과학은 세계를 설명하는 하나의 커다란 틀, 종교를 제외한다면 어쩌면 유일한 틀이기 때문입니다. 세계를 지배한 그런 철학적 조류를 '분석철학'이라고 합니다. 분석철학의 핵심 과제는 논리적인 사고를 통해 모든 경험을 분석, 해석, 해명하는 데 있습니다. 그리고 특히 과학적 모델을 철학의 중요한 방법, 혹은 양식으로 받아들입니다.

과학의 힘은 인간 삶의 양식을 바꿔놓고, 인간의 문명을 진보하게 하는데, 그 과학적 사고가 어떤 것인지를 밝혀내는 작업이 미국에서 진행되었습니다. 그런데 과학적 인식이나 활동이 어떤 성격의 것

한국의 과학교육

현재 한국의 과학교육 수준은 어느 나라에도 뒤지지 않는다.

선진사회를 추월하기 위한 핵심적인 절대적 조건의 하나로 질 높은 과학교육이 여러 차원에서 국가적 목표의 하나로 추진되어 왔다.

인문사회학계의 소외, 불만, '인문학의 위기'라는 경종이나 사회적 불화 및 갈등을 무릅쓰고 과학교육, 연구 및 기술 개발을 위해서 상대적으로 막대한 지원과 투자가 이루어지고 있다.

이와 같은 정책과 사회적 흐름에는 '학문으로서의 과학'에 대한 인식과 과학의 확고한 '가치'에 대한 판단이 전제되어 있어야 한다.

박이문, 《과학, 축복인가 재앙인가》 중에서

이고, 종교적 주장이나 정치적 이념 등과 어떻게 다른지를 규명하는 작업이 바로 철학적 사유의 대상입니다. 무엇이 진리인가를 근본적으로 밝혀내는 일이 철학의 과제라면 오늘날 철학자는 과학적 인식의 의미를 몰라서는 안 된다고 생각합니다.

김갑수   선생님은 세계를 인식하는 양식이며, 근대 문명의 견인차 구실을 했던 과학의 중요성에 주목하고 과학교육의 중요성을 강조하십니다. 그런데 우리 과학교육에는 근본적인 문제가 있다고 하셨죠. 과학을 실용기술과 구분하지 못하고, 과학교육이 단지 물질적 가치와 부를 생산하는 데 너무 치중한다고 문제를 제기하셨습니다.

박이문   그렇습니다. 제가 생각하기에는 문제가 분명한 것 같습니다. 오로지 돈과 생산성의 관점에서 과학교육 정책이 수립될 뿐, 앎의 대상으로서 세계나 인간의 근본적인 실체나 원리를 객관적으로 밝히는 작업이나 과학적 사유의 방식을 찾는 교육은 이루어지지 않고 있다는 점이 심각한 문제라고 봅니다.

김갑수   과학도 진리를 추구하지만, 종교 역시 진리를 표방하지 않습니까? 그런데 선생님은 종교가 진리탐구의 대상이 아니라고 명백하게 밝히십니다. 과학과 종교는 어떤 관계에 있습니까?

박이문   과학에서 말하는 진리는 사실에 대한 객관적 근거가 있는 믿음에서 비롯합니다. 믿음이나 신념에는 어떤 사실이 옳다는 판단이 전제되

〈Puck Magazine〉에 실린 삽화, 〈미래의 일반적인 교회〉. 기둥 아치론을 주장한 찰스 다윈의 초상이 보인다. (1883. 1. 10)

지만, 그런 신념을 부정하는 여러 가지 구체적인 사례가 드러나서 그것을 인정할 수밖에 없다면, 이전에 어떤 사실을 진리라고 믿었던 신념을 버리고, 새로운 신념을 가져야겠죠. 이것이 바로 과학에서 말하는 진리입니다. 이처럼 과학적 진리는 닫히지 않고 열려 있고, 언제든지 바뀔 수 있습니다. 그리고 바로 그런 과정을 통해 과학은 발전해 왔죠. 어떤 사실이 합리적으로 증명되었다고 해서 그것이 절대적으로 옳다고 주장하는 게 아니라, 상대적으로 여러 가지 신념 가운데 가장 합리적인 신념을 선택하는 겁니다. 이것이 진리에 대한 과학의 입장입니다.

그런데 종교적 신념은 곧 도그마입니다. 회의하지도 않고, 부정하지도 않는 절대적 믿음입니다. 요한복음 14장 6절을 보면 예수께서는 '나는 길이요, 진리요, 생명이다'라고 말씀하셨는데. 거기서 말하는 진리는 비유적 의미에서의 진리입니다. 누군가가 말하고, 주장하고, 믿는 어떤 명제는 진리일 수 있지만, 누군가의 인격 자체가 진리가 될 수는 없잖아요. 사람이 진리가 될 수는 없죠. 무엇에 대한 명제, 무엇에 대한 믿음이 참이거나 거짓일 뿐이죠.

김갑수 그런데 과학적 세계관은 아주 냉정합니다. 유물론적인 사고라든지, 인과를 논리적으로만 추론하는 사고를 보면 과학적 세계관은 인간을 정서적 존재로 간주하기보다는 뭔가 비인간적이고, 기계적인 방식으로 이해한다는 생각이 들지 않습니까?

박이문 생각만 그런 게 아니라 사실이 그렇습니다. 감정을 배제하고 세계를 있는 그대로 바라보는 훈련을 함으로써 비로소 과학이라는 학문의 인식 양식이 생겼고, 우리가 과학을 중요시하는 것도 그런 인식의 적합성 때문입니다. 그런 의미에서 과학적 믿음에 근거하고 과학적 양식에 따라 행동하고 세계를 이해하는 것이 중요하다는 거죠.

과학과 감성

김갑수   네. 과학과 종교의 믿음이 어떻게 다른지 설명해주셨는데, 이번에는 과학과 예술의 관계가 궁금합니다. 과학이 고도화하면서 이전에는 과학과는 전혀 무관하다고 여겼던 분야와 결합하는 현상을 보입니다. 그 대표적인 사례가 과학과 예술의 만남인데, 선생님은 저서에서 백남준의 작품을 예로 들기도 하셨습니다. 이처럼 과학이 변신하고, 그에 따라 사람들이 과학을 대하는 태도도 달라지는데, 이전과 비교할 때 오늘날 과학에 대한 인식이 달라지고 있는 걸까요?

白南準, 1932~2006

박이문   그러나 과학 자체가 변하는 것은 아니죠. 단지 과학적 성과가 예술 활동에 보탬이 되고, 창조를 풍요롭게 한다는 증거는 될 수 있겠죠.

〈거북이〉, 백남준, 1993.

그렇다고 해서 과학이 곧 예술이다, 예술이 과학이다, 이렇게는 말할 수는 없습니다.

김갑수　과학기술 분야에서 산업 용어를 빌리자면 요즘 흔히 하이테크에서 하이터치로 옮겨간다는 말을 하지 않습니까? 전자제품에도 감성적 요소를 강조해서 소비자의 머리가 아니라 마음에 호소하는 사례를 흔히 볼 수 있습니다. 이것은 어찌 보면 막스 베버가 말했던 근대의 탈마법화(disenchantment)에 역행하는 것은 아닌지요? 베버가 근대화의 특징을 탈마법화로 규정한 것은 나약했던 인간이 거대한 세계 앞에서 스스로 설명할 수 없는 모든 것을 초월적인 것을 통해 설명하려고 할 때, 바로 과학적 합리주의가 근대 이전 인간의 이러한 무지의 베일을 벗겨준 현상을 지목한 것이라고 볼 수 있는데, 오늘날 우리는 과학적 합리주의보다는 감성의 힘에 매료되고 비이성적인 것

감성적 전자앨범

들의 주술에 걸리기 시작한 것은 아니냐는 거죠.

박이문   프랑스 사회학자 마페졸리는 오늘날 세계가 재마법화(réenchantement)하고 있다고 말합니다. 베버가 말했듯이 19세기에는 세계를 바라보는 양식, 혹은 세계관이 과학정신을 통해 탈마법화(désenchantement)를 지향하고 있었는데, 지금은 오히려 마법화하고 있다는 거예요. 그러니까, 너무 비인간화한 과

M. Maffesoli, 1944~

학적 사고에 실망해서 뭔가 따뜻하고 자발적이고 감성적인 분위기, 인간적 가치의 중요성을 재인식하게 되었고, 그것이 지배적인 흐름이 되었다는 겁니다.

김갑수   근대 이전에는 과학보다 종교가 인간의 사고체계를 지배했겠죠. 앞서 말씀드렸듯이 종교적 세계관을 벗어나 과학적 세계관으로 전이한 과정을 막스 베버는 탈마법화로 보았는데, 이제 현대인들은 다시 마법화를 원한다는 거군요. 예술에 과학이 기여하는 현상이나 차가운 기계에 인간적 정서를 부여하는 하이터치 등도 재마법화 현상이라고 말할 수 있겠죠.

과학이 불러온 문명의 위기

과학적 자연관과 그 산물인 과학 기술 또한 상반되는 양면을 갖고 있다.
오늘날 과학적 자연관과 과학기술은 자신의 극한적 한계를 넘어 다시 돌이
킬 수 없는 절망 상태에 이른 것은 아닌가 하는 의문이 제기된다.
그렇다면 이 같은 문명의 위기는 어떻게 극복할 수 있는가?
우리가 지금 해야 할 과제는, 우리가 직면한 문제를 회피하자는 것이 아니
라 냉정하게 분석하고 모든 지혜를 동원해서 합리적인 대답을 강구하는 작
업이다.

박이문, 《과학, 축복인가 재앙인가》 중에서

과학, 어디로 가고 있는가

김갑수 과학기술의 발달로 농산물의 품종개량이나 생산성은 유전자 조작 등으로 놀라운 수준에 도달했습니다. 그러나 곡물의 생산량은 전 세계 인구를 대상으로 계산할 때 일인당 필요량을 엄청나게 초과하지만, 지구 인구의 반은 굶주리거나 죽어가고 있습니다. 이제는 이런 현실 역시 과학이 고민해야 할 문제가 아니겠습니까?

박이문 가치 선택을 잘 해야 합니다. 가치 선택에 따라 파괴적인 것을 만들 수도 있고, 긍정적인 것, 창조적인 것을 만들 수도 있습니다. 그러니까 문제는 과학기술의 가능성이나 지식 자체가 아니라, 그 지식을 잘못된 계획에 따라 사용하는 데 있습니다. 잘못된 계획을 세우는 이유는 개인적으로나 사회적으로 너무 근시안적으로 세계를 바라보고 그런 틀에서 사고하기 때문입니다.

김갑수   그런데 가치선택을 잘 한다는 것은 참 어려운 일입니다. 예컨대, 개인적으로는 합리적으로 행동했지만 전체적으로 보면 아주 어리석은 결과를 낳는 수가 있습니다. 이런 사례가 있죠. 어느 나라에서 국민의 행복을 위해 도시를 건설하고 공장도 짓고 토지를 개간하는 등 노력을 기울였는데, 그 결과로 남극과 북극의 빙하가 녹아내리고 있습니다. 국가로서는 가치선택에 충실했지만, 전 지구적으로는 재앙을 불러온 겁니다. 이런 문제는 인간 중심적 사고방식 때문이 아니겠습니까? 이런 인간중심적 세계관에서 벗어나야 생태주의적 세계관으로 옮겨가고, 인간이 아니라 모든 생명이 공존하는 가치를 정립할 수 있지 않겠습니까?

지구온난화로 사라진 빙하

박이문　그 말에 완전히 공감합니다. 저는 생태주의자고 반인간중심주의자
입니다. 사실, 인간은 인식론적으로 인간중심적일 수밖에 없습니다.
우리는 인간의 처지에서 인간의 눈으로 세계를 바라볼 뿐, 거기서
벗어날 수 없으니까요. 아무리 높은 차원에서 더 크게, 더 넓게 보더
라도 그것 역시 인간의 시선입니다.

그러나 존재론적으로는 우주적인 관점에서 모든 생명에 동일한 가
치를 부여할 수 있습니다. 사람은 사람대로, 개는 개대로, 벌레는 벌
레대로 이 우주 안에서 농일한 생명의 가치를 지니고 있음을 인정하
는 사고가 가능합니다. '이 우주의 모든 생물 가운데 인간이 가장 중
요하다, 인간이 우주의 중심이 되어야 한다, 가장 중요한 것은 인간
의 행복이다'라는 생각은 잘못되었다는 거죠.

김갑수　그 문제를 두고 자본주의자와 생태주의자는 대립할 수밖에 없지 않
겠습니까? 그런데 이전에는 그린피스와 같은 환경보존주의자들의
국제적 기업이나 각국의 정부에 대항하면서까지 활동했지만, 이제
는 각국 정상들이 모여서 환경보존주의자들이 주장했던 내용을 토
론하고 있지 않습니까?

이제 인류의 미래에 대한 성찰이 필요한 시점인데, 한편에는 낙관주
의자들이 있습니다. 핵문제만 해도 국제협약을 통해 핵무기를 폐기
하고 개발을 제한하는 등 자정의 노력을 해서 인류가 과학기술 문명
이 야기하는 재앙을 슬기롭게 모면할 수 있다고 믿는 사람들이죠.
그러나 다른 한편에는 인간이 이룩한 과학문명은 스스로 절멸을 향
해서 가고 있고, 어느 것도 이 흐름을 막을 수 없다는 비관주의자들

이 있습니다. 선생님의 견해는 어떻습니까?

박이문   안타깝고 괴롭지만, 제 생각은 후자에 가깝습니다. 이런 말을 직설
적으로 하기 어렵지만, 모든 정황을 봐서 비관적으로 전망할 수밖
에 없습니다. 저는 우리 문명이 처한 상황을 타이타닉호에 비유합니
다. 우리는 지금 타이타닉호에서 춤추고 노래하고 연희를 즐기는 셈
입니다. 언제 빙하에 부딪혀 난파할지 모르는 배를 타고 마치 그 배
가 영속할 것처럼 하루하루를 살아가는 겁니다. 불과 20~30년 전만
해도 이런 위기의식은 별로 없었어요. 그런데 그 짧은 시간에 북극
의 빙하가 녹아서 곳곳에 홍수가 일어나고, 얼마 후에는 농사를 지
을 물도, 마실 물도 없다는 말이 나올 상황입니다. 설령 위기를 느끼

목축을 위해 훼손한 산림을 촬영한 항공사진. 지구 곳곳에 이런 상황이 벌어지고 있다.

고 뭔가 달라져야 한다고 생각하면서도 과거 습관 때문에 여전히 끌려가는 상황이 아닌가 합니다. 이런 흐름을 중단시킬 제동이 있어야할 텐데 그 제동이란 것이 한두 사람, 한두 국가의 노력으로 되는 일이 아니잖습니까? 전 세계 모든 사람이 동시에 구체적으로 이 위기를 벗어날 행동을 해야 하는데, 그러기에 우리는 너무 많이 먹고, 너무 많이 소비하고, 너무 풍요롭게 살고 있죠.

김갑수   오늘날 우리가 누리는 삶은 프랑스의 절대군주 루이 14세가 누리던 삶보다 더 사치스럽다고 하죠.

박이문   우리는 과거 어느 황제가 살던 궁전보다도 더 편리하고 더 깨끗하고 더 기능적인 아파트에서 더 많은 것을 쓰고 더 많은 것을 먹고 더 많은 에너지를 소비하며 살고 있습니다.

김갑수   닭고기 1킬로그램을 생산하는 데 곡식이 2킬로그램, 돼지고기 1킬로그램에는 4킬로그램의 곡식이, 쇠고기 1킬로그램에는 무려 7킬로그램의 곡식이 소비된다고 합니다. 이런 통계를 보면 전 세계적으로 곡식의 생산량이 증가해도 왜 아프리카 사람 절반이 굶주리는지 알 것 같습니다. 우리나라 젊은이들이 좋아하는 햄버거 하나를 만드는 데 아마존에서는 1.5평 숲이 사라진다고 하죠. 이런 현실을 뻔히 알면서도 유명 고기집 앞에 줄을 서고 햄버거는 꾸준히 인기품목인 것이 바로 앞서 선생님께서 말씀하신 대로 우리가 버리지 못하는 습관의 결과겠죠.

침묵의 봄

김갑수   선생님이 미국에서 활동하실 때 레이첼 카슨은 1962년 《침묵의 봄(Silent Spring)》을 출간했죠. 세계의 역사를 바꾼 100명의 위인을 선정할 때 카슨 여사는 늘 목록에 들어 있었던 것으로 기억합니다. 역설적으로 말하자면, 지구환경에 대한 인식의 역사가 이토록 짧다는 사실이 놀랍기도 합니다.

R. Carson, 1907~1964

박이문   맞습니다. 그전까지는 별로 의식이 없었습니다. 카슨 박사가 《침묵의 봄》을 쓸 당시, 환경보호, 자연보호 등의 표현은 아주 생소한 것이었습니다. 자연과 인간의 행복은 불가분의 관계이고, 인간은 자연의 일부인데, 인간이 자연에 군림하고 있으니 봄은 왔으나 말이 없는 '침묵의 봄'이 왔다며 카슨 박사는 우리에게 곧 닥쳐올 재앙을 경고한 겁니다.

김갑수 제가 카슨 박사의 책에서 한 구절을 읽어보겠습니다.
"미국의 어느 거리, 아름다운 자연에 둘러싸인 이 거리에는 봄이 되면 새들이 찾아온다.
초록빛으로 물든 초원에는 꽃들이 어우러져 피어난다. 그런데 어느해 이상한 일이 일어났다. 새들도 나타나지 않았고, 사과나무 꽃으로 모여들던 꿀벌의 모습도 찾아볼 수 없었다. 마치 모든 것이 죽어 없어진 것과 같은 알 수 없는 두려움이 말없이 다가섰다."
어느 날 갑자기 소리가 사라진 들판, 숲, 늪을 상상하면 무서운 느낌이 드는군요.

박이문 카슨 박사의 저서는 많은 사람에게 생태중심주의적 세계관의 중요성을 일깨워주었습니다. 중병을 앓고 있는 지구의 상태에 대해 객관적이고 냉철한, 과학적 진단이 먼저 필요할 겁니다. 그리고 과학교육 역시 바로 그러한 세계관을 기초로 이루어져야 한다는 것이 저의 생각입니다.

김갑수 카슨 박사의 저술 외에도 선생님께서 적극적으로 권하는 저작물 가운데 하나가 자크 모노의 《우연과 필연(Le Hasard et la Nécessité)》이 아닙니까?

박이문　네. 저는 그 책을 읽고 큰 감명을 받았어
요. 그 책은 과학서이면서 과학철학서
이고, 과학을 인식론, 존재론적으로 접
근한 일종의 형이상학서입니다.
지향하는 바가 철저하게 유물론적이고
기계론적이지만, 철학적으로도 매우 설
득력 있는 책입니다. 물질에서 생물이
태어나고, 그 생물로부터 인류가 탄생

J. Monod, 1910~1976

한 것도, 그리고 인류가 이 놀라운 기계문명을 발전시킨 것도 모두
우연의 산물이라는 것이 그의 주장입니다. 조물주가 결정한 게 아니
라 우연의 산물이라는 거예요. 이것은 애니미즘, 모든 형태의 신비
화, 마법적 세계관에 대한 철저한 비판이에요.
모노도 인류의 멸망 가능성을 예견하면서 마지막으로 생태학적인
문제, 환경의 문제를 거론합니다. 그렇다면, 인류의 운명은 어떻게
될 것인가. 모노는 인류의 운명이 예정된 것이 아니라, 전적으로 인
간의 선택에 달렸다고 합니다. 제게는 그것이 상당히 아름답고 인상
적인 이야기였어요. 모노는 이렇게 말합니다. '우주 어디를 봐도 인
간에게 어떻게 하라는 명령을 내리거나 지시를 내리는 존재는 없고
오로지 인간 스스로 아무 도움 없이 혼자 생각하고 선택해서 결정해
야 한다.'

김갑수　실존철학의 영향도 느껴지는군요.

박이문 그렇죠. 하지만 그는 철저한 유물론자입니다. 그래서 마법적인 세계관을 부정합니다. 신비주의 철학, 마르크스주의도 부정합니다. 헤겔, 베르그송, 화이트헤드와 같은 철학자에게도 모두 목적론적인 세계관이 있는데, 그것은 의인적인 세계관, 애니미즘, 물활론적인 세계관이라는 겁니다. 마르크스도 역시 저변에는 마법적인 세계관이 있다고 비판하죠. 유치하다는 겁니다. 왜냐? 역사가 어떤 목적을 향해서 진보한다는 설정 자체가 난센스라는 거죠.

인간의 살아 있는 의식은 모든 것의 원천이며, 또한 바로 그런 점에서 생명의 토양인 자연 및 문화적 생태·환경의 위기를 극복하고 마지막 순간까지 보존해야 한다.
내일 우주가 자신의 무대의 막을 내리고 내일은 해가 뜨지 않는다 해도 오늘 사과나무를 심어야 한다는 것이며, 인간이 눈을 뜨고 있는 한 우리의 시곗바늘은 아직도 25시를 가리키지 않는다는 것이다.
희망은 아직도 있다.

박이문, 《과학, 축복인가 재앙인가》 중에서

지구종말시계(doomsday clock)

핵전쟁의 위기를 상징적으로 알려주는 시계. 운명의 날 시계라고도 한다. 〈불리틴(The Bulletin of the Atomic Scientists)〉은 1947년 미국의 핵무기 개발 계획에 참여했던 아인슈타인을 비롯한 시카고대학의 과학자들이 만들어 격월로 발행하는 잡지이다. 이 잡지의 운영이사회는 핵전쟁으로 인류가 사라지는 시점이 시계의 자정을 나타내는 시계를 만들어 잡지의 표지에 실었다. 그리고 잡지를 발행할 때마다 지구 곳곳에서 진행 중인 핵실험이나 핵무기 보유국들의 동향과 감축 상황을 살펴 분침을 조정한다.

이 시계를 관리하는 미국 핵과학자회(BAS) 과학자들은 처음에 자정의 7분 전에 맞춰놓았다가, 1953년 미국이 수소폭탄 실험을 했을 때 2분 전으로 자정에 가장 가깝게 조정했다. 1991년 미국과 러시아가 전략무기감축협상에 서명하고 핵무기 보유국들 사이에 화해의 분위기가 무르익을 당시에는 17분 전으로 조정되어 가장 안전한 때였다. 그러나 1995년 시계는 14분 전으로 조정되었고, 1998년 6월 인도와 파키스탄이 핵실험을 실시하고 핵무기 보유국들이 핵 감축에 노력을 기울이지 않게 되면서 다시 9분 전으로 조정되었다.

2010년 1월 14일 핵무기와 기후변화 등 2개 위협에 대한 상황이 '더욱 희망적인 상황이 되었다'는 평가를 바탕으로 2007년 11시55분으로 맞춰졌던 시계의 분침을 1분 늦춰서 11시 54분으로 맞췄다고 발표했다.

참, 어려운 얘기가 되겠는데. 언제가 될지는 모르지만, 인류에게 종말이 찾아오겠죠. 물리학이나 천문학에서도 우주가 어느 순간 폭발하여 사라진다고 하지 않습니까? 그 전에 문명이 몰락하고 인류가 멸종할지도 모르죠. 그런데 그 궁극적인 의미가 뭔지는 모르겠지만, 인류가 추구하는 선, 지성, 도덕과 같은 가치가 귀중하고, 그 가치의 원천은 인간의 의식이니까, 그러한 의식이 있는 인간이 사라지기보다는 영원히 남아야 하지 않겠냐는 겁니다.

사실 저는 근원적인 차원에서 인간과 벌레 사이에 차이가 없다고 생각해요. 그러나 인간의 의식을 생각한다면 벌레와의 사이에는 무한에 가까운 차이가 있죠. 인간의 능력이나 여러 가지 속성은 매우 귀중하고, 이보다 더 귀중한 것을 아직까지는 발견할 수 없었습니다. 따라서 이것을 보존하고, 비극이 오는 것을 막기 위해 최선을 다해야 한다고 생각합니다.

김갑수 이제 과학기술의 발달은 누구도 제어할 수 없는 상태에 이르렀죠. 오래전에 하이데거가 예견했듯이, 기술은 이제 무엇인가를 생산하는 수단이 아니라 목적 자체가 되어 마치 경사를 구르는 바퀴처럼 인간이 통제할 수 없는 상황에서 끊임없이 발전하고 있습니다. 따라서 과학기술 문명은 인간이 그 성과를 누리고 혜택을 보는 대상이 아니라, 늘 경계하고 관찰해야 할 대상이 되었습니다.

이제 우리가 과학을 어떤 자세로 대해야 할지, 특히 과학교육은 어떤 것이 되어야 할지, 인문학자로서 한 말씀 부탁합니다.

박이문   과학을 기술이나 실용의 차원에서만 접근할 것이 아니라, 그 지적인 가치에 주목하고 그 가치의 고귀함을 인식해야 합니다. 그러한 인식을 강조하는 것은 우리의 감성이나 인간적 정서를 버리라는 뜻이 아니라, 그것을 더 정화하고 굳건하게 하는 틀이 될 수 있다는 뜻입니다. 그래서 과학교육이 필요합니다. 과학교육은 기술을 가르치는 교육이 아니라, 과학이 무엇인가를 근원적인 차원에서 이해할 수 있게 하는 교육이 되어야 합니다. 그래서 여전히 한편에 깔려 있는 반과학적인 사고에서 벗어나야 한다고 생각합니다. 아울러 그 반과학적인 사고가 불러올 수 있는 재앙에 대해 경고하고 싶습니다.

제2부
한국인, 어디서 왔나

임돈희 한국인의 조상

"이처럼 조상제례라는 것은 물론 조상의 덕을 기리는 뜻도 있지만, 지극히 사회적인 행위입니다."

이종철 한국인의 명절

"저는 그 달력의 숫자에 불과한 전통축제의 시간이 우리의 시간이 아니라, 신이 인간에게 준 축복의 시간이라고 생각합니다."

장윤선 한국인의 귀신이야기

"인간의 삶과 죽음의 비밀을 풀지 못하는 한, 귀신의 존재는 앞으로도 꾸준히 거론되리라 봅니다."

오세정 한국인의 신화적 상상력

"엄밀하게 말해서 신화는 문학적 상상력(fiction)보다는 문화적 상상력의 산물이라고 할 수 있겠죠."

조용진 한국 미인

"과거에는 외모보다 정신적 가치를 더 중요시했고 특히 여성에게는 덕(德)이 중요한 가치로 요구되었습니다."

한국인의 조상

| 임돈희 |

"우리가 다문화 사회가 되었고, 많은 외국인이 우리나라에서 살고, 또 우리나라 사람들이 외국으로 나가고 있는데, 우리는 그동안 너무 단일민족 이데올로기를 강조하고 그것을 긍정적으로만 생각한 것 같습니다. 물론, 식민시대를 경험하고 우리끼리 살아가는 폐쇄적인 공간에서는 단일민족의 신화가 긍정적으로 작용했던 것은 분명한 사실입니다.

그러나 이제 국제화 시대에서 배타적 민족주의는 약점으로 작용한다고 생각합니다. 또 앞으로는 군사력, 경제력이 선진국의 관건이 아니라, 나와 다른 문화 집단을 이해하는 능력, 제가 '문화력'이라고 부르는 능력이 있는 나라가 강대국이 되지 않을까 생각합니다."

임돈희

동국대학교 석좌교수(민속학·인류학 전공), 문화재위원회 부위원장.
서울대학교 인류학과 졸업, 미국 펜실베니아대학교 대학원 민속학 박사.
미국 인디아나대학교 초빙교수, 프랑스 파리국립고등사회과학대학원 초빙교수,
유네스코 무형문화유산선정국제심사위원, 한국문화인류학회장, 한국민속학회장 역임.
주요 저서 : 《조상제례》, 《조상의례와 한국사회》(공저), 《Making Capitalism》(공저)

어떤 민속학인가?

김갑수 누구에게나 기원이 있고 조상이 있죠. 나라에서도 조상은 수호신과 같은 존재여서 조선시대 왕들에게 종묘제례는 매우 중요한 국가의 대사였습니다. 우리도 명절이 되면 어른들을 찾아뵙고, 조상의 묘를 찾아 제를 올리느라 그야말로 민족의 대이동이 시작되지 않습니까? 우리는 분에 넘치는 행복한 일이 생기면 조상님 덕으로 알고 고마워합니다. 집안에 불행한 일이 생기거나 자녀에게 변고가 생기면 혹시 조상의 묘를 잘못 써서 그런 것은 아닌지 의심하죠. 이처럼, 한국인에게 조상은 신적인 존재라고 해도 과언이 아닌 것 같습니다.

이 모든 것이 우리 민속의 한 부분을 이루고 있는데, 민속학자인 임돈희 교수님은 이런 풍습 뒤에 숨은 정서를 잘 알고 계시리라 믿습니다. 그런데 죄송한 말씀입니다만, '민속학'이라는 말의 어감에서 뭔가 고리타분한 느낌을 받습니다. 현재의 삶과 직접적인 연관이 없어서 그런지, 민속이 뭔지 잘 몰라도 먹고사는 데 지장 없는 학문처럼 여겨지거든요. 민속학이라는 것이 대체 어떤 학문인지, 우리가 어떻게 이해해야 할지 궁금합니다.

임돈희 민속학에는 두 가지 측면이 있어요. 하나는 옛날 것, 사라져가는 것을 연구하는 분야라는 측면이고, 다른 하나는 자기 민족의 고유한 문화를 연구한다는 측면이죠.

민속학은 19세기 서구에서 탄생했는데, 나라마다 관점이 다릅니다. 당시 영국과 같은 선진국에서 민속은 지나간 옛 모습을 살펴보는 분야였기에 대부분 과거의 상태를 잘 보존하고 있는 계층인 농민을 연구대상으로 삼았죠. 그런데 독일에서는 지배계층이 외래문화에 젖어 있었기에 순수한 독일 문화를 잘 보존한 계층을 찾다 보니 농민계층을 연구대상으로 삼게 되었습니다. 그러니까, 연구대상은 같아도 어디에 중점을 두느냐에 따라 접근방식이 달라졌던 거죠. 그래서 독일식 민속학을 '민족주의 민속학'이라고 부르는 겁니다.

김갑수 사실, 독일은 민속학이 일반에게 부정적인 선입견을 주게 된 전형적인 사례가 아닌가 싶어요. 특히, 제국주의 역사를 돌아볼 때 민족주의는 다른 민족이나 국가와 대립, 분열, 갈등의 원천이 되지 않았습니까? 예를 들어 나치의 민족주의나 인종차별주의는 민속학과 결합하면서 전 인류에 악영향을 미쳤는데, 이것 역시 민속학 연구의 한 유산이라고 봐야 하지 않을까요?

임돈희 그렇죠. 그런데 이 '민족주의'라는 용어 역시 두 가지 측면이 있어요.

1936년 베를린 하계올림픽 경기장에 히틀러가 등장하자 열렬히 환호하는 독일 국민

민족주의를 영어로 '내셔널리즘(nationalism)'이라고 번역하는데, 민족주의 자체가 좋거나 나쁜 것이 아니라, 그 이념이 현실화하는 상황에 따라서 평가가 달라지거든요.

문제의 핵심은 민족주의가 민족의 단결성을 강조하는 이데올로기라는 데 있습니다. 단결해서 무엇을 하겠다는 것이냐. 이게 문제란 말이죠. 단결해서 독일처럼 인종적 순수성을 지킨다는 명목으로 유대인을 학살할 것이냐. 그리고 거기에 독일 민족성을 강조하고 정체성을 고양하는 데 고유의 민속을 동원할 것이냐. 서구에서는 역사적으로 민족주의와 관련된 인종청소의 비극적 경험을 했기 때문에 내셔널리즘을 몹시 부정적으로 시선으로 바라보게 된 겁니다.

그런데 우리나라에서는 민족주의를 거의 정반대되는 개념으로 인식합니다. 왜냐면 역사적 경험이 완전히 다르거든요. 우리는 일본에 강점당해서 식민시기를 경험했기 때문에 민족이 국민을 한데 모으는 구심점 역할을 했습니다. 물론, 여기에도 민속이 동원되죠. 그러나 이것은 일종의 방어적이고 저항적인 민족주의일 뿐, 독일에서와 같은 부정적인 경험은 없습니다. 어떻게 보면 민족주의를 너무 긍정적으로만 인식했던 것이 문제죠.

그러니까, 나라마다 시대마다 민족주의가 무엇과 결합하여 어떤 결과를 가져오느냐에 따라 그에 대한 경험도 달라지는 겁니다. 이제 세계화 시대에 우리는 이런 서구의 경험을 알아야 합니다. 우리처럼 긍정적 개념의 민족주의만 주장했다가는 큰 오해를 낳을 수도 있죠.

세계에서 평가받는 한국의 무형문화재

김갑수 　선생님께서는 유네스코 무형문화유산 선정 국제심사위원도 역임하

셨는데, 우리가 지금 민족주의 공과를 논하기보다는 우리 한국인의

정체성과 문화가 어떤 것이고, 오늘날 그것에 어떤 의미가 있는지를

살펴보는 일이 중요하지 않겠습니까? 세계화가 진전될수록, 지역의

특성이 더욱 강화될 텐데, 그런 맥락에서 보자면 민속학적 연구에

큰 의미가 부여될 것 같은데요.

임돈희 　그렇죠. 지금까지 유네스코의 세계유산 정책은 건물이나 유적과 같

은 유형적인 유산에 국한되어 있었어요. 그리고 이런 정책의 주도권

은 서구가 쥐고 있었죠. 보존의 논리나 기술, 방향성 등을 모두 서구

가 주도적으로 결정했고, 또 세계 유산의 55퍼센트 이상이 서구를 중

심으로 지정되었습니다.

반면에 무형문화유산은 그동안 거의 주목받지 못했어요. 그래서 유

네스코 회원국들이 춤이나 노래처럼 사라져가는 무형문화유산을 보존하자는 의견을 냈지만, 문제는 보존의 방법을 모른다는 데 있어요. 그런데 그런 경험이 있는 나라는 일본과 한국밖에 없거든요. 특히, 우리나라의 인간문화재 제도는 아주 높이 평가받는 제도 가운데 하나입니다. 지금 유네스코 홈페이지에 접속하셔서 무형문화유산 메뉴를 보시면 'living human treasures'라고 나와 있는데 이것이 '인간문화재'라는 우리말을 영어로 번역한 겁니다.

김갑수   유네스코가 지정한 무형문화유산은 세계적으로 어떻게 분포되어 있습니까?

임돈희   2005년까지 지정된 90가지 유산 중에서 스물여덟 가지가 아태지역에 있고, 서구에는 다섯 가지밖에 없습니다. 그런데 우리나라에서만 세 가지가 지정되었어요. 종묘제례 및 종묘제례악(2001), 판소리(2003), 강릉단오제(2005)입니다. 그 후 2009년에 강강술래, 남사당놀이, 부산 영산재, 제주 칠머리당영등굿, 처용무가 지정되어 총 여덟 가지입니다.

앞으로 유네스코가 무형문화유산을 지정하는 과제는 우리나라 인간문화재처럼 모델을 발굴해서 후세에 전승하고 배울 수 있게 하는 데 있습니다. 그런 점에서 한국의 잠재력이 가장 큽니다. 중국은 의욕은 대단하지만, 경험이 별로 없어요. 일본은 경험은 있지만, 융통성이 별로 없고 역동적이지 못해요. 그래서 저는 앞으로 한국이 세계 무형문화유산의 중심지가 되지 않을까 생각합니다.

종묘제례악, 처용무, 영산재, 남사당놀이(왼쪽 위부터 시계방향으로)

종묘제례. 준소상 앞에 도열한 제관들

한국인 가문의 형성

김갑수   자, 이제 한국인의 정체성에 대해 이야기를 나눠볼까요?
우선, 선생님이 로저 자넬리(Roger L. Janelli) 미국 인디애나대 교수와
공저로 출간하신 《조상의례와 한국사회》에 대해 소개해주세요.

임돈희   네, 이 책의 원본은 1982년에 《Ancestor
worship and Korean society》라는 제목으
로 스탠퍼드대학에서 출간했습니다. 스
탠퍼드대는 인류학 관계 책을 출판하는
것으로 명성있는 대학출판사입니다. 그
런데 중국, 일본 사회에 관한 책은 그간
많이 출간되었는데 한국에 관한 책은 이
책이 처음입니다. 그래서 한국 사회를
서구학계에 소개했다는 의미가 있죠.

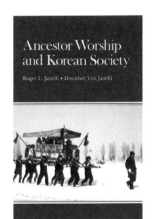

《Ancestor worship and
Korean society》

그리고 그보다 더 중요한 의미는 동아시아를 연구하려면 반드시 한국을 알아야 한다는 점을 학계에서 인식하게 했다는 데 있습니다.

김갑수   제가 이 책의 서문 일부를 읽어보겠습니다.
"이 책은 아름다운 사람들과의 만남의 결과이다. 시작은 내아리(가명) 주민들과의 만남이었다. 지금부터 27년 전인 1973년 9월 가을 햇살이 유난히 눈부신 어느 날, 우리는 빨간 고추가 널려 있는 조용하고 한적한 내아리 마을로 이사하였다."
무려 35년 전에 경기도에 있는 내아리 주민을 표본집단으로 삼아 연구를 시작하신 거군요.

임돈희   네, 그렇습니다. 내아리는 지금도 제게는 마음의 고향입니다. 마치 어제 일 같은데, 그 글을 다시 대하니 감회가 새롭고, 마치 오래된 사진을 들여다보는 것처럼 아름다운 장면이 머릿속에 그려지는군요.

김갑수   어떤 계기로 내아리에 가시게 되었나요?

임돈희   그 지역을 연구대상으로 삼았기 때문이죠. 인류학자들은 연구대상 지역에 가서 주민과 1년을 함께 살면서 현지조사를 합니다. 최소한 사계절을 함께 살아야 그들의 주기적인 삶을 이해할 수 있으니까요. 그렇게 그곳 주민과 똑같이 각종 제사나 굿에도 참여하고, 마을을 지켜주는 마을신에 기원하는 동제(洞祭)도 지내면서 관찰하고, 기록하고, 연구하는 거죠.

김갑수　그처럼 전통이 잘 보존된 마을에서 생활하시면서 그곳 문중의 의례
　　　　도 관찰하셨을 텐데, 한국인의 가문, 집안은 어떻게 형성됩니까?

임돈희　시골 마을에 가보면 예를 들어 70호 가운데 50호가 같은 성씨 사람
　　　　들입니다. 이처럼 동성동본끼리 모여 사는 마을을 문중마을, 종족마
　　　　을, 씨족마을 등 여러 가지 이름으로 부르는데, 형성과정이 대략 이
　　　　렇습니다.
　　　　내아리를 예로 들자면, 1973년에 56호 가운데 33호가 진해 김씨(가명)
　　　　입니다. 어느 주민의 아버지, 또 그 아버지의 아버지가 어떤 분인지
　　　　를 계속 추적해서 조사해보니, 1400년경에 조상 한 분이 개성에서 용
　　　　인으로 오셔서 정착하셨어요. 그런 분을 '입향시조(入鄕始祖)'라고 하
　　　　죠. 그런데 이분의 자식들이 있지 않습니까? 예를 들어 첫째 아들은
　　　　수원 어느 마을에서 파(派)를 형성해서 살고, 둘째 아들은 인근에 다
　　　　른 마을을 형성해서 산다는 등, 내아리 마을 경우에는 용인 근방 다
　　　　섯 지역에서 파를 이루고 살아요. 이것을 모두 '지역문중'이라고 합
　　　　니다. 그분들은 모두 1400년경에 용인으로 이주하신 입향시조의 공
　　　　동자손이라고 생각하죠. 그래서 그분을 위해 제사를 지냅니다. 그리
　　　　고 지역은 지역대로 중시조들이 있어서 그분들을 위한 제사를 지내
　　　　죠. 이렇게 문중이 형성됩니다.

김갑수　저는 본이 안산인데 해남에서 시향제를 올려요. 알아보니까 고려조
　　　　에 몰락해서 해남에 정착한 선조에서 파가 갈리면서 집안이 그렇게
　　　　형성되었더군요. 종중이라는 것이 결국 어떤 특정인에서 출발하여

번성한 것으로, 추적해 보면 그 과정을 알 수 있겠군요.

임돈희   그게 가능해야죠. 그럴 수 없다면, 그건 문제입니다. 그래서 묘가 있는 거예요.

예를 들어 1973년에 내아리에서 김 아무개라는 사람을 만났는데, 그 분 아버지의 묘는 어디 있는지, 또 그 아버지의 아버지 묘는 어디 있는지, 이렇게 쭉 따라가서 1400년 전에 처음 그곳에 오신 분을 추적하게 된 거예요. 그럴 때 묘나 족보가 반드시 필요하죠. 이게 제대로 되지 않는 사람은 한국 사회에서 뿌리가 의심스럽다고 보는 겁니다. 족보나 묘는 한국의 전통사회에서 주민등록증과 같은 것입니다. 내가 누구냐, 나를 보증할 사람이 누구냐, 내가 지금 서울 노량진에서 자전거포를 운영하고 있지만, 내아리에 가면 나의 존재를 보증할 사람이 적어도 몇 백 명이 있다… 그뿐만 아니라, 내아리 출신 김 아무개라는 사람은 경기도 오산 일대에서 '내아리 김씨'로 통합니다. 그리고 이 사람들이 수백 년 동안 그 지역에서 어떤 평판을 받아왔는지도 알 수 있어요.

김갑수   그 사람을 증명하는 것은 문서가 아니라 평판이라는 말씀이죠.

임돈희   그렇습니다. 평판이 아주 중요합니다. 그것이 없는 사람은 소위 말해서 떠돌이죠. 우리나라에서 고향의 의미는 단순히 향수(鄕愁)와 같은 감성적인 대상이 아니에요. 아주 엄격한 기준, 사회적 신분을 증명하는 기준입니다. 고향을 대지 못하는 사람은 신뢰할 수 없는 사람이죠. 그래서 요즘 말로 하자면 이런 사람은 주민등록증도 없는 사회적 신용불량자입니다.

예를 들어 내아리 어느 주민이 남에게 진 빚을 갚지 못하면 아들 대에서 갚아요. 그런데 떠돌이는 그게 안 되잖아요. 그래서 전통사회에서 문중은 양반을 뜻하고, 어떤 집안의 사람이라는 신분증이기 때문에 죽기 살기로 조상과 자신과의 관계를 수백 년을 넘어서도 꾸준히 유지하는 거죠.

김갑수 조상을 섬기는 것은 유교적 규범에 따른 의무일 뿐만 아니라, 현재 자신의 평판과 신용을 유지하는 중요한 수단이라는 말씀이군요.

임돈희 그래서 조상이 훌륭하면 자신의 자격도 그만큼 올라가죠. 그래서 자신을 소개할 때도 '나는 아무개입니다'라고 하지 않고, 자기 조상 중에서 가장 성공하고 유명한 분을 들어서 '나는 아무개의 4대손입니다' 이렇게 말하죠.

이처럼 조상제례라는 것은 물론 조상의 덕을 기리는 뜻도 있지만, 지극히 사회적인 행위입니다.

전통사회 가족관계

김갑수 자, 이제 집안 내부의 문화를 들여다보도록 하지요.

어느 집에서나 공통으로 발견할 수 있는 역학관계가 있죠. 가장 대표적인 것이 며느리와 시어머니의 관계인데, 이와 관련된 수많은 민담과 속설이 있지 않습니까? 그리고 전통 사회에서 아버지와 아들의 관계도 쉽지만은 않았던 것 같은데, 민속학적 관점에서는 어떻게 해석합니까?

임돈희 우리 전통사회의 가족관계는 부계, 직계가족이 특징입니다. 우선, 부자관계를 보면 특히 장남은 평생 부모와 함께 삽니다. 며느리도 시댁 부모가 돌아가실 때까지 모시죠. 돌아가시고 나면 제사를 모셔야 하죠. 그래서 아버지는 자신을 희생하면서 자식을 키우고, 자식은 그 은혜를 효도를 통해 갚습니다. 이렇게 부자간에는 상부상조하는 상호의존적인 관계가 형성되어 있습니다.

고부간 갈등은 TV 드라마의 단골 소재인데, 사랑하는 아들, 사랑하는 남편을 두고 두 여자가 감정싸움을 하는 것처럼 그려집니다. 물론, 그런 측면도 있습니다. 그렇지만, 현실적으로는 그런 감정적인 문제만이 아니라 재산처분권, 재산관리권의 싸움이기도 해요. 재산을 두고 벌이는 갈등은 가족이라는 단위에 대한 개념의 문제에서 비롯합니다. 저는 그것을 '자궁가족'이라고 부르는데, 시어머니는 재산을 자기가 낳은 자식한테 주고 싶죠. 둘째 아들이 사업하고 싶다고 하면 도와주고 싶고, 시집간 딸의 살림이 어려우면 거기도 좀 도와주고 싶은 게 어머니 마음입니다. 그런데 며느리에게는 시누이나 시동생이 자기 자궁가족이 아니거든요. 그냥 남이에요. 그러니까 그들에게 재산을 주고 싶지 않죠. 거기서 갈등이 생기는 겁니다. 시어머니도 며느리도 각자 자기 자식에게만 재산을 주고 싶어하는 데서 생기는 갈등이 결국 고부관계를 어렵게 만드는 거죠.

김갑수 그러나 부모의 재산은 대부분 장남이 승계하지 않았습니까? 그러니 재산처분권도 당연히 장남에게 있었을 텐데요.

임돈희 재산의 소유권도 중요한 문제이지만, 관리의 문제가 있습니다. 누가 재산을 관리하느냐. 예를 들어 우리나라에서는 땅이 누구 이름으로 되어 있느냐가 별로 중요하지 않아요. 누구에게 관리권이 있느냐가 중요하죠. 예를 들어 아버지 나이가 서른 살이고 아들이 다섯 살이면 재산권은 완전히 아버지한테 있죠. 그런데 아버지가 예순 살이고 아들이 서른 살이라면, 동네 사람이 그 집 땅을 살 때 과연 누구와 상의할까요? 이런 상황에서 부자가 팽팽하게 맞서는 거예요.

여기서 갈등이 시작되는 거죠. 왜냐면 아버지는 자기가 재산을 더 잘 관리한다고 생각하고, 아들은 아버지가 시류를 모른다고 생각하죠. 그러다가 아버지가 여든 살쯤 되면, 관리권은 전적으로 아들에게 있지요. 아버지 허락 없이 땅을 팔아도 아버지는 그저 따를 수밖에 없어요. 아버지가 반대한다고 해서 아들이 말을 듣지도 않죠.

집안의 재산 문제만이 아니라, 권력관계는 가족이 주거하는 방의 구조만 봐도 알 수 있어요. 우리나라 전통 집에는 안방이 있고, 건넌방이 있고, 마루가 있고 또 사랑방이 있잖습니까? 자식은 자신의 인생을 건넌방에서 시작합니다. 결혼하면 아들 내외가 건넌방에서 살고, 안방에는 부모가 살죠. 그러다가 부모가 늙으면 사랑방으로 옮기고, 아들이 안방으로 옮깁니다. 부모는 사랑방에서 살다가 세월이 흐르면 묘지로 가는 거죠. 그러니까, 결국 안방에 있는 사람이 그 집안의 권한을 손에 쥐는 겁니다.

고부갈등을 보여준 TV 드라마 〈겨울새〉의 한 장면

한국인에게 조상은 어떤 존재인가?

김갑수　이제 한국인의 조상에 대해 이야기를 나눠보도록 하죠. 한국인에게 조상이 얼마나 중요한지는 앞서 말씀해주셨습니다만, 과거와 비교할 때 조상의 존재감이 많이 희미해진 것이 사실입니다. 한국 사람들에게 조상은 어떤 의미의 존재일까요?

임돈희　한국 사람은 조상을 이상형으로 삼습니다. 그런데 실제로 그런 이상적인 존재가 되기는 쉽지 않아요.

예전에는 유아사망률도 높았지만, 결혼하기 전에 자식이 죽으면 묘도 쓰지 않았습니다. 마치 이 세상에 존재하지 않은 것처럼, 그냥 가져다 버립니다. 족보에도 올리지 않아요. 그러니까, 태어난 아이를 언제부터 하나의 완성된 인간으로 보느냐면 결혼한 다음부터입니다. 왜냐. 결혼하면 자식을 낳을 자격이 생기기 때문이죠. 결혼했다고 해서 조상이 되는 것은 아닙니다. 후손을 봐야죠. 그런데 낳은 자식이 일찍 죽으면, 역시 조상으로서 섬김을 받지 못해요. 그래서 환갑이 아주 중요한 겁니다. 사람이 환갑의 나이에 이르렀다는 것은 죽지 않고 살아남아서 나의 환갑을 치러줄 장성한 자식이 있다는 것을 뜻하거든요.

그런데 환갑만으로는 모자라죠. 제사가 있습니다. 죽은 다음에 집안에서 제사를 대략 백 년간 지내주는데, 후손이 계속 이어져야 제사를 받지, 중간에 절손이 되면 조상이 되다가 마는 거죠. 대가 끊이지 않고 수십 대를 내려가야 시제를 받을 수 있어요. 그래서 한국의 조상은 죽지 않고 영원히 사는 겁니다.

그렇게 자손에게 영원히 기억되는 존재로서의 조상을 한국인은 이상형으로 본 것 같아요.

김갑수　요즘도 출세한 사람들이 조상의 묘를 명당으로 이장하고, 조상 덕을 보려고 안달하는 모습을 흔히 보게 되는데, 그렇게 이상화한 선조가 현재 자신의 삶에도 영향을 미친다고 믿기 때문이겠죠?

임돈희　예전에는 훌륭한 조상이 있으면 현실적으로도 큰 덕을 봤죠. 예를 들어 고려시대부터 음관(蔭官) 제도가 있어서 국가에 공을 세운 조상이 있는 사람은 쉽사리 관직에 올랐고, 또 조선시대에는 대를 이어 음직(蔭職)을 물려줄 수도 있었으니까요.

그리고 대단한 집안 자손이면 어디를 가나 대접을 받았으니 요즘으로 치자면 학위를 가진 것과 다름없었습니다. 그러니, 후손이 조상 덕을 본 것은 분명합니다.

김갑수 반면에 무명으로 살다 갔다든지, 일찍이 세상을 떠나서 후손의 섬김을 받지 못하는 조상이 더 많지 않겠습니까? 그런 분들에 대해서 후손은 어떻게 반응하나요?

임돈희 제가 말씀드렸듯이 제사의 대상이 되는 조상은 정말 대단히 출세한 분들이에요. 세속적으로 출세했다는 뜻이 아니라, 후손이 계속 이어져서 '조상'이라는 존재로 기억되는 사람들인데, 실제로 그런 자리에 도달하지 못한 사람이 아주 많거든요. 예를 들어 장가도 못 가고 죽은 사람, 처녀로 죽은 사람, 애를 낳다가 죽은 사람, 제명에 죽지 못한 사람 등 소위 '팔자 센' 사람들이 많죠. 우리나라에서 팔자가 좋다는 것은 성공한 사람을 말하는 게 아니라, 편안하게 살다가 자식 낳고 자기 집에서 수명이 다해 죽은 사람을 말하거든요.

그런데 그렇지 못한 사람들은 조상이 되기가 몹시 어려워요. 그럼, 이 사람들은 누가 어떻게 돌보느냐. 유교에는 거기에 대해 일언반구 없어요. 아주 냉정하죠.

김갑수 그냥 버려지고 잊히는 존재군요.

조상 제사에서 민속의 역할

임돈희   저는 그런 사람을 '문제조상'이라고 이름 붙였어요.

이 문제조상을 어떻게 하느냐. 우리 무속에 '조상거리'라는 게 있어요. 보통, 무당이 굿을 할 때 열두거리를 하는데, 쉽게 말해서 열두 신을 불러서 각각 기쁘게 해주는 과정이죠. 그중에 반드시 조상거리가 들어가요. 그 집의 조상을 불러다 모시는 거죠. 이런 점에서 무속은 유교와 전혀 다르죠. 무속에서는 유교에서 대접받지 못하는 문제를 조상을 모셔서 달래죠.

김갑수   그러면 한이 맺힌 조상이 모두 찾아오겠군요.

임돈희   그렇죠. 억울한 사연이 있는 영혼들이 찾아와서 불평을 늘어놓는 거예요. '왜 나를 구박했느냐, 나는 불행하게 살았다, 불구자로 살았다, 비명횡사했다…'

제가 직접 관찰한 어느 굿에서는 그 집 둘째 아들 영혼이 찾아왔어
요. 중풍으로 죽은 것 같은데 영매가 된 무당이 그 사람의 형수에게
먹을 것도 제대로 주지 않고 구박했다며 하소연하더군요. 그 집에서
는 집안일도 잘 안 되고, 그 형수라는 사람의 자식이 자꾸 아프니까,
조상이 화가 나서 그러는 것으로 판단해서 맺힌 것을 풀어주려고 음
식을 차려놓고 대접하며 굿을 했던 거죠.

김갑수   그러니까, 굿은 어떤 면에서 산 자와 죽은 자가 서로 화해하는 일종
의 해한(解恨) 의식이군요.

임돈희   무속에서 조상과의 화해는 긍정적인 측면이 많습니다. 죽은 사람이

그렇게 죽을 줄 알았더라면 서로 좋게 헤어졌을 텐데 대개 죽음이란 것이 갑자기 찾아오지 않습니까? 거기서 오는 죄의식을 품고 살아야 하는데, 우리 무속의 조상거리에서는 죽은 사람이 찾아와서 산 사람과 대화하고 한을 풉니다. 해원(解冤)을 하죠.

저는 이게 정신건강에 참 좋다고 생각합니다. 제가 미국에서 강의할 때 이 조상거리를 학생들한테 보여줬더니 아주 부러워하는 거예요. 자기네도 그런 계기가 있었으면 좋겠다고 해요. 미국 같은 데서는 누군가 죽으면 죽은 사람과 어떻게 소통할 방법이 없다는 거죠. 그래서 평생 죄의식을 안고 살아야 하는데, 우리 무속의 조상거리는 얼마나 건강한 해소법이냐는 거예요. 가해자든 피해자든 죽은 사람만 한이 맺힌 게 아니라, 살아 있는 사람도 마찬가지거든요. 그래서 둘이 화해하고, 서로 원하는 것을 들어주었다는 만족감을 공유하는 우리의 굿거리를 외국 사람들은 아주 부러워해요.

김갑수 그러니까, 유교 사회에서 무속이 일종의 보완적인 기능을 했군요. 사회가 강자, 지배자 중심으로 돌아가니까, 사회적 약자, 소수자, 사회에 적응하지 못한 사람들을 무속에서 다루었던 것이군요. 특히, 남성 중심의 가부장적 전통사회에서 여성의 삶은 몹시 고달팠을 텐데, 무속에서는 여성의 처지도 많이 반영되었겠군요.

임돈희 그렇죠. 유교식 제사를 누가 지냅니까? 남자들이 지내잖아요. 자기 아버지, 할아버지, 자기 조상이니까. 남자에게 조상은 매우 긍정적인 존재죠. 재산도, 신분도 모두 조상에게서 물려받았으니 그 덕을

전통 유교식 장례의 상제

기리는 것은 당연한 일이죠. 그러나 시집 온 여자는 성씨도 다르고, 재산을 받은 것도 아니고. 권리가 생긴 것도 아니고, 오로지 봉사하고 희생하는 짐만 얻어진 셈이죠.

그래서 조상에 대한 개념이 남자와 여자 사이에서도 달라요. 남자는 조상에 대해 긍정적이니까 유교식 제례로 나타나고, 여자는 굿을 많이 하지 않습니까? 굿을 할 때 나타나는 영혼은 대부분 가족 중에서 짐이 된 사람들이죠. 그리고 여성 영혼은 하소연이 많죠. 받은 것은 없이 짐만 잔뜩 졌으니까요.

한국식 입양과 재산분배

김갑수   대를 잇는 것이 중요했던 만큼, 여성이 아들을 낳지 못하는 것을 칠 거지악(七去之惡)의 하나로 삼지 않았습니까? 그것 역시 여성의 삶을 몹시 힘들게 한 원인이 되었을 텐데요. 그래서 전통사회에서는 자식 이 없으면 입양하는 사례도 많았죠? 후손이 없는 종손 집에 자기 아 이를 보낸다든지, 업둥이를 키운다든지, 여러 형태의 입양이 있었던 것 같은데, 그렇게 집안의 일원이 되는 과정에 문제는 없었나요?

임돈희   부인이 후사를 보지 못하면 입양을 해서 대를 이어야 했죠. 제사는 반드시 받아야 하니까. 그런데 문제가 그리 단순하지 않습니다. 왜 냐면 업둥이나 씨받이는 문중의 정식 일원이 될 수 없어요. 업둥이 는 자기 핏줄이 아니고 씨받이나 첩의 소생은 신분이 낮기 때문에 대를 이을 자격이 없지요. 입양이 최선의 선택이죠. 그러나 거기에 도 엄격한 절차와 법칙이 있습니다. 예를 들어 형님 댁에 아이가 없

입양

양자 많지, 양자를 했는데 양아버지 제사를 이렇게 지내잖어.

이제 양아버지 밥을 두 그릇을 떠다 놓고 그러니께, 이렇게 딴 사람 보는 사람

이 어떻게 있었더래요.

근데 저 있는데 양아버지를 제쳐놓고 생아버지가 들어와서 운감을 허더래요.

생아버지, 그래 양자는 다 소용없다 그러는 거요. 시방 그랬는데…

질경이 뿌리를 캐다가, 뭐 세 갈래의 증거래나. 이렇게 불을 켜놓고 보면 혼신

이 뵌데여. 이전의 얘기, 이전 노인네들의 얘기에 그렇대.

그런데 생아버지는 들어와서 상에 앉아 있구, 양아버지는 이 상 밑창에 앉아

서 운감(殞感)을 하더래.

그러니께 조상은 있는 거지 뭐요. 혼신은 반드시 있는 거지…

— 어린 시절 양자로 입양되었던 사람의 구두진술 녹음 중에서

으면 남자 동생이 자기 큰아들을 보냅니다. 꼭 그렇게 해야만 사촌 간에 위계질서가 유지되니까요. 그런데 동생의 아들이 하나면 형님에게 보낼 수 없어요. 자기 집안의 대를 이어야 하니까요. 그리고 동생에게 후손이 없을 때에는 형이 자기 둘째 아들을 동생에게 보냅니다. 이렇게 규칙에 따라 입양하는 것이지, 아무나 데려다 키우는 게 아닙니다.

김갑수   어느 집인에 양자로 들어온 분의 증언에서도 나타나지만, 입양에 관한 이야기는 무수히 많으리라 봅니다. 입양 풍습 역시 한 나라의 고유한 역사적 산물이고 제도가 아니겠습니까? 한국, 일본, 중국의 입양 제도며 방식도 각기 다르다고 들었습니다. 어떻게 다른지 설명해주시겠습니까?

임돈희   앞서 말씀드렸듯이, 동아시아 사회를 이해하려면 반드시 한국을 이해해야 하는데, 그 구체적인 예를 한두 가지만 들겠습니다.
우선, 재산을 상속할 때 한국에서는 큰아들에게 가장 많이 주고, 나머지 자식들은 똑같이 나눠줍니다. 예를 들어 논이 마흔 마지기가 있다면 큰아들한테 스무 마지기를 주고, 둘째, 셋째 아들에게는 각각 열 마지기씩 나눠주고. 그것이 공평하다고 생각합니다. 그런데 중국에서는 장남, 차남 가리지 않고 아들 셋이 똑같이 나눠 갖습니다. 일본에서는 집안을 이어가는 아들한테만 단독적으로 상속합니다. 다른 아들에게는 아무것도 주지 않아요.
이처럼 재산 상속은 제사의 책임과 직접적인 관계가 있어요. 우리나라에서는 반드시 큰아들이 제사를 지내는데, 둘째 아들, 셋째 아들도 재산을 받았으니 모른 척할 수 없어서 술병도 들고 오고 일도 거들죠. 중국은 세 아들이 제사 비용을 똑같이 나눠서 냅니다. 그런데 일본은 단독 상속이니까, 한 사람에게만 책임이 있어요. 그러니까, 유산을 받지 않은 둘째 아들은 제사에 참석하지 않아도 괜찮습니다. 우리나라에서는 딸이 그렇죠. 이처럼, 부모에게서 받은 만큼 제사의 의무가 생깁니다. 그런데 만약 한국의 사례를 살펴보지 않고 중국과 일본의 사례만 보았다면 유산과 제사 사이의 관계를 이해하거나, 그 관계가 세 나라에서 각기 다르다는 사실을 알 수 없죠.

그리고 입양의 풍습도 세 나라가 매우 다릅니다. 우리나라는 앞서 말했듯이 부계의 혈연이 중심이 됩니다. 그런데 일본은 집이 중심이기 때문에 반드시 큰아들이 대를 이을 필요가 없어요. 큰아들이 좀 신통치 않다 싶으면 둘째나 셋째 아들이 대를 이어도 됩니다. 아니면 사위가 성을 바꿔서 대를 잇기도 하죠. 만약 사위도 신통치 않으면 집에서 부리던 고용인이 대를 이을 수도 있어요. 아주 개방적인 체제죠.

중국도 매우 개방적입니다. 형제의 자식을 입양하는 사례도 있지만, 아이를 사와서 자기 성을 사용하게 하는 경우도 있습니다. 또 사위에게 아들이 둘 있을 때 한 명은 사위의 성을 따르지만, 다른 한 명은 외할아버지 성을 따르게 하는 사례도 있어요.

우리나라만 꼭 집안에서 대를 잇게 하려고 하는데, 요즘 우리나라 재벌들도 어떡하든지 모든 걸 아들에게 주려는 성향이 몹시 두드러지지 않습니까? 그것도 우리 전통의 혈연중심적인 사고를 반영하는

조상의례와 한국사회

한국 사회는 불과 한 세대 만에 농경사회에서 산업화, 그리고 정보화 사회로 급변했다.

다른 많은 사회도 농경에서 산업으로의 변화가 있었지만, 그들의 변화는 완만했던 것이 대부분인데 비해 한국 사회는 불과 수십 년 만에 이런 변화가 일어난 보기 드문 예이다.

우리가 연구하였던 내아리 역시 이제는 옛 모습을 찾기 힘들다.

한적하고 조용했던 마을에 아파트와 공장이 들어서고, 가게 하나 없던 마을이 지금은 노래방, 비디오 가게, 식당들이 들어서 전형적인 도시 근교의 모습을 보여주고 있다.

우물물을 길어 먹던 마을에 수돗물이 나오고, 심지어 오염을 걱정하여 정수기로 물을 길어 먹는 집이 늘어가고 있다.

초상이 나도 이제는 더 이상 온 마을 사람들의 일이 아니다.

상여 대신 영구차가 오고 산역도 마을 사람들이 아니라 포크레인이 한다.

집집마다 지내던 고사도 이제는 불과 몇 집에서만 지내는 형편이다.

임돈희·로저 자넬리, 《조상의례와 한국사회》 중에서

세태 같습니다.

김갑수   사실 제가 바로 그 질문을 드리려고 했어요. 우리나라 대기업을 보면 대부분 소유구조나 경영권을 한 집안에서 대를 이어 독점하고 있는데, 중국이나 일본의 사례는 어떤지 궁금합니다.

임돈희   일본에서는 대부분 기업에 들어가 열심히 일하고 좋은 실적을 올린 사람이 최고경영자가 되죠. 중국에서는 식당을 창업하더라도 삼촌, 조카, 친지 등 여러 사람이 모여 자기 지분을 보유하고, 또 이익이 나면 분배하거든요. 그런데 우리나라는 지극히 혈연 위주의 사회여서 집안사람이 아니면 경영에 참여하기가 참 어렵죠.

김갑수   중국에서는 장남이 아니라 그 집안에서 가장 유능하다고 인정받은 사람이 기업을 승계한다고 하더군요.

임돈희   중국인들의 사고에는 아주 상업적이고, 자본주의적인 특성이 있어요. 문중 시제를 지낼 때에도 중국에서는 문중원을 다 모아놓고 경매에 부쳐서 제일 낮은 가격을 제시한 사람이 맡아서 합니다. 반드시 큰집에서 종손이 지내야 한다고 생각하는 우리와는 참 다르죠.

우리가 풀어야 할 단일민족 사회의 과제

김갑수   전 세계적으로 우리나라처럼 짧은 기간에 개발과 발전에 성공한 나라도 드물다고 하죠. 그러나 모든 긍정적인 변화에는 늘 역기능이 따르게 마련입니다. 도시화, 산업화가 전통적인 삶의 방식을 해체하고 공동체의 결속력을 약화한 것이 오늘날 현실인데, 게다가 이제 우리는 다문화시대, 다인종시대로 접어들지 않았습니까? 이런 급격한 변화의 맥락에서 선생님은 민속학자로서 우리 사회의 미래를 어떻게 전망하시는지요?

임돈희   제가 책에서도 이야기했지만, 한국 사회의 변화는 다른 나라에서 유사한 예를 볼 수 없이, 한 세대 안에 농경사회, 산업사회, 정보화사회를 경험하게 되었습니다. 학자로서 저는 이것이 어떻게 보면 대단한 행운이라고 생각합니다. 남다른 경험을 하고, 또 그것을 연구의 대상으로 삼을 수 있으니까요.

70년대에 저는 농경사회였던 한국 사회를 연구했고, 80년대에는 재벌회사를 연구해서 《Making Capitalsm》(공저)이라는 책을 펴냈습니다. 요즘은 인터넷 세대를 연구하고 있습니다. 이처럼 한국은 매우 역동적인 사회입니다. 유럽이나 일본은 늙은 나라입니다. 변화의 속도도 느리고, 국민의 의지에도 역동성이 떨어집니다. 중국은 급속도로 변화하고 의욕에 넘치지만, 우리만큼의 경험은 없는 것 같습니다. 그래서 어떻게 보면, 우리는 의욕도 넘치고 경험도 쌓은 나라가 아닌가 하는 생각이 들어요. 지금 전 세계적으로 구조조정이 일어나고 있는데, 우리가 역동적인 힘을 잘 발휘하면 매우 긍정적인 결과를 낳으리라고 믿습니다.

그런데 우리가 세계의 리더가 되는 데에는 치명적인 약점이 있습니다. 방금 선생님이 말씀하신 것처럼, 우리가 다문화 사회가 되었고, 많은 외국인이 우리나라에서 살고, 또 우리나라 사람들이 외국으로 나가고 있는데, 우리는 그동안 너무 단일민족 이데올로기를 강조하고 그것을 긍정적으로만 생각한 것 같습니다. 물론, 식민시대를 경험하고 우리끼리 살아가는 폐쇄적인 공간에서는 단일민족의 신화가 긍정적으로 작용했던 것은 분명한 사실입니다.

그러나 이제 국제화 시대에서 배타적 민족주의는 약점으로 작용한다고 생각합니다. 또 앞으로는 군사력, 경제력이 선진국의 관건이 아니라, 나와 다른 문화 집단을 이해하는 능력, 제가 '문화력'이라고 부르는 능력이 있는 나라가 강대국이 되지 않을까 생각합니다.

그런 면에서 볼 때 전 세계적으로 우리처럼 단일민족이 모여 사는 나라는 극소수입니다. 대부분 나라는 다민족과 공존한 경험이 있고,

더군다나 미국과 중국이 강대국이 될 수 있었던 것도 다른 민족을 관리하는 기술을 개발한 덕분이라고 생각합니다.

그런데 우리는 이런 경험이 부족하기 때문에 세계화 시대에 자칫하면 인종차별적 태도를 보이기 쉽습니다. 그래서 우리가 빨리 문화력을 기르고, 다른 민족과 공존하는 방식을 내재화하지 않으면 세계의 리더가 되기는 어렵다고 생각합니다. 우리가 자질은 충분한데, 거기에 다민족에 관한 관용과 법률적인 제도를 겸비해야만 세계화한 지구에서 주도적인 구실을 할 수 있다고, 저는 생각합니다.

한국인의 명절

| 이종철 |

"도시가 온통 빌딩숲으로 변하고 있습니다. 농촌에서도 이제 아이 울음소리가 들리지 않습니다. 노인네들뿐이죠.

우리가 신앙처럼 받들었던 전통 민속도, 축제도, 명절도 모두 잊혀가고 있습니다. 이제 우리는 이 모든 것을 생활의 지침서로, 교과서로, 또 예의의 전범으로 다시 찾아야 하는 절박한 시점에 와 있다고 생각합니다.

충청남도 청양에 가면 '애기풍장'이라고 해서 아이들이 풍물굿을 칩니다. 그러면 동네 어른들이 돈을 주는데, 그 아이들이 모은 돈을 가지고 무엇을 할 것 같습니까? 저도 깜짝 놀랐습니다. 그 돈을 마을에서 생계가 어려운 노인들에게 몰래 가져다줍니다. 그런 어린이가 대한민국의 지도자가 되었을 때, 그 나라는 얼마나 아름답겠습니까? 이처럼 우리 전통에는 정말 아름다운 풍습이 많이 있습니다."

이종철

민속학자. 서울시 한성백제박물관건립추진단장.
서울대학교 고고인류학과 졸업, 영남대학교 대학원 문화인류학 석사 및 박사.
문화재청 문화재위원, 유네스코 문화자문위원, 국립민속박물관장, 국립한국전통문화학교 총장 역임.
주요 저서 : 《인간의 달력, 신의 축제》, 《문화의 옛길을 걸으며》, 《우리 민속 도감》

한국인의 명절

김갑수 매일 비슷비슷한 일상이 반복되는 것 같지만, 해마다 명절과 절기가 있습니다.

그런데 바쁘게 살다 보면 흔히 그 의미를 잘 헤아리지 못한 채 지나치기 십상입니다. 발렌타인데이니, 화이트데이니, 빼빼로데이니, 상인들이 상품구매를 부추기는 기념일은 잘도 기억하면서 정작 우리 명절을 제대로 기억하는 사람은 드문 것 같습니다.

사실, 요즘 사람들 탓만 할 일도 아니죠. 일제강점기에 우리 민속은 많이 훼손당했고, 그 과정에서 여러 명절이 사라져서 이제는 설날, 한식, 단오, 추석 등 몇몇 명절만 이어져 오고 있으니까요.

이제라도 우리 명절을 되찾아 거기에 숨겨진 의미를 되새긴다면, 그간 잃어버리고 살았던 조상의 지혜를 다시 찾을 수 있지 않겠습니까?

이종철 선생님은 우리 민속과 명절에 대한 관심이 지대하신데 민족마다 명절이 있겠지만, 우리 명절은 어떻게 정해졌나요?

이종철   우리는 부족국가시대부터 농사와 더불어 살아왔습니다. 농사는 농민의 마음이 그대로 드러나는 일이어서 진실하게 땀 흘려 일하지 않으면 좋은 결실을 얻을 수 없죠.

그렇게 농사를 지어 수확의 결과에 자만하지 않고, 신과 조상에게 감사하면서 의례를 지내는 좋은 풍습이 있었습니다. 다시 말해 이런 세시풍습은 농업 생산의 중요한 체계였고, 축제였고, 종교였고, 신앙이었죠. 이런 명절 신앙이 있었기에 삶의 악센트와 리듬을 찾을 수 있었던 겁니다. 그래서 우리 조상은 민속명질과 축제를 결합하여 생산도 장려하고 휴식의 지혜도 전승했습니다.

우리 조상이 명절을 정하는 데에는 나름대로 원칙이 있었습니다. 우선, 길일(吉日)을 명절로 정했는데, 특히 양(陽)의 기운이 있는 홀수가 겹친 날로 1월 1일 설날, 3월 3일 삼짇날, 5월 5일 단오, 7월 7일 칠석, 9월 9일 중양절(重陽節)과 같은 절일이 있습니다.

그리고 보름을 명절로 삼았는데, 정월 대보름(上元), 백중날인 7월 보름(中元), 8월 추석(秋夕), 그리고 10월 보름(下元) 등이 있죠.

이 밖에 '작은 설'이라는 동지절(冬至節), 동지절에서부터 105일 후에 맞는 한식(寒食), 그리고 2월 초하룻날인 중화절(中和節)도 명절에 들었죠.

김갑수   우리가 명절이라고 부르는 계기를 모두 짚어보면 얼마나 되나요?

이종철   언뜻 짚어보니 41가지 정도 되는 것 같군요. 평균 9일이나 10일에 한 번씩 감사와 휴식과 나눔의 시간을 가졌던 셈이죠.

김갑수 우리가 보통 4대 명절이라면 설날과 한식, 단오 그리고 추석을 들지 않습니까? 모두 잘 아는 명절이긴 하지만, 설날 명절의 의미는 어떤 것입니까?

이종철 설은 고대 농경민족의 축제입니다. 이때부터 보름까지를 '정월명절'이라 부르죠. 설은 원래 '조심하다'라는 뜻을 담고 있어요. 정월명절은 조상님에 대한 제사, 웃어른에 대한 세배, 음식과 덕담의 교환, 가족과 공동체의 어울림이면서 농사준비와 미래설계를 준비하는 기간입니다. 다들 아시겠지만, 설의 하루 전날인 '까치설날' 밤이 지나고 새해 첫날이 되면 조상님께 차례를 지낸 후, 떡국을 먹고, 세뱃돈도 주고받고, 덕담도 나누죠. 아버지는 자녀에게 좋은 이야기를 많이 듣고 그대로 실천하라는 뜻에서 귀밝이술도 주시고, 어머니는 복조리를 부엌 앞이나 문지방에 걸어두고 가족의 무병장수를 빌죠. 또 할머니께서 머리를 빗으실 때 빠진 머리카락을 모아두셨다가 그믐날 밤에 문 밖에서 태우셔서 재액을 물리치시는 풍습도 있어요.
처녀들은 마당에서 널도 뛰고, 가족이 모여 윷놀이도 하고, 토정비결도 보고, 또 아이들은 천변에 나가 연도 날리죠. 정월 대보름 때 연을 불에 태워서 액운을 쫓기도 합니다.
그리고 설날 기운이 무르익으면 액을 쫓고 행복과 무병장수를 비는 뜻으로 마을마다 매구굿을 칩니다. 이때는 부잣집, 가난한 집 없이 모두 대문을 활짝 열어놓고 무사태평을 빌어요. 그리고 지신밟기 때 가가호호 추렴한 쌀과 돈으로 마을의 공동시설을 개축하거나 복지사업에 씁니다. 한마디로 설날과 정월명절은 대동이 함께 즐기는 아

풍물굿은 매구굿, 징물, 풍장이라고도 부르며 정초에 의례적인 풍물굿은 '지신밟기', '걸립'이라고 한다.

주 큰 신앙축제였습니다.

김갑수   그렇게 설이 지나면 정월대보름이 오는데, 이 명절은 삼국시대에 시작되었다고 하죠?

이종철   그렇습니다. 상원에 연등회가 열렸는데 《고려사》나 《고려사절요》를 보면 왕궁과 민간에서 연등을 설행했다는 기록이 있습니다. 상원 연등회는 신라 경문왕 6년(866), 왕이 정월 보름 황룡사에 행차해서 간등했다는 기사가 있는 것으로 봐서 삼국시대에 중국에서 수입된 것으로 보입니다. 그리고 고려 태조는 이것을 대표적인 불교행사로 지정해서 법제화했죠.

정월대보름에도 설날부터 시작된 정월 명절 풍속을 그대로 볼 수 있는데, 대보름날 아이들은 새벽 일찍 일어나서 상대의 이름을 불러서 "내 더위 사가라" 하고 더위를 팔죠. 그러면 그해 여름에 더위를 먹지 않는다고 믿는 거죠. 청년들은 마을 앞 냇가에 징검다리를 놓아서 사람들이 내를 편하게 건너게 하는 '노둣돌' 덕행도 쌓고, 높은 언덕이나 강변에서 나무를 높이 쌓고 '달맞이 불'을 놓아 달집을 태우며 소원도 빕니다. 아이들은 논둑, 밭둑에서 쥐불을 놓죠. 주민이 모여 마을제를 지내고, 제가 끝나면 남녀노소 모두 절구통 춤을 추며 그간 쌓였던 갈등이나 불화의 벽을 허물고 새로운 한해를 새로운 기분으로 맞이했습니다.

김갑수　네. 그리고 우리 4대 명절 가운데 하나인 한식(寒食)에 대해 이야기해 볼까요? 한식은 동지로부터 105일째 되는 날이라고 하죠. 대개 4월 5일 식목일과 겹치는 경우가 흔해서 그간 소원했던 식구들이 모여 부모와 조상의 산소를 찾아가 벌초도 하고 제사도 지내고 또 나무도 심죠. 한식은 어디서 유래한 명절입니까?

이종철　한식은 불을 사용하지 않고, 찬 음식을 먹는 날인데, 춘추시대 진(晉)나라 사람 개자추(介子推)와 관련된 고사가 있습니다. 춘추전국시대 진나라 충신이었던 개자추는 나라가 어려워졌을 때 임금인 문공(文公)과 함께 국외로 망명하여 오랜 방랑생활을 했습니다. 문공이 굶어 죽을 지경에 이르렀을 때 개자추는 자신의 넓적다리 살을 베어 먹여 살리기도 했죠. 그런데 문공은 나라를 다시 찾게 되자, 개자추를 거들떠보지도 않았고, 정치를 어지럽게 했습니다. 그래서 개자추는 늙은 어머니를 모시고 면산(緜山)에 숨어버렸죠. 문공은 뒤늦게 자신의 잘못을 뉘우치고 개자추를 찾았지만, 끝내 산에서 나오지 않았습니다. 문공은 개차추를 산에서 나오게 하려고 불을 질렀는데, 개자추는 어머니와 함께 나무를 껴안고 불에 타 죽고 말았습니다. 그래서 이 사실을 알게 된 문공은 개자추의 죽음을 애도하는 뜻에서 그가 불타 죽은 3월 5일에는 일절 불을 피우지 못하게 하고 찬 음식을 먹게 했다는 일화가 전해집니다.

조선시대에는 한식일에 병조(兵曹)에서 느릅나무와 버드나무를 태운 불씨를 임금에게 올리면 임금은 그 불씨를 관청과 대신에게 나눠주었습니다. 소중한 불씨의 관리에 주의를 환기하는 교훈적인 지혜였죠. 그리고 왕조에서 종묘와 능원에 제사를 지냈고, 민간에서는 성묘도 하고 봉분을 개수하고, 산소도 이때 이장(移葬)했습니다. 특히 이 날은 땅 위의 모든 신이 하늘로 올라가 어떤 일을 해도 동티가 나지 않는다는 속설도 있죠.

한식은 우리 선조가 제사와 예를 얼마나 중요시했는지, 그리고 가문의 긍지와 명예를 지키려는 마음이 얼마나 절실했는지 알 수 있는 명절입니다.

김갑수 단오 역시 우리의 4대 명절 가운데 하나인데, 단오는 어떤 명절이고 그 배경에는 어떤 의미가 있나요?

이종철   음력 5월 5일 단오는 '수릿날' 혹은 '천중절(天中節)'이라 하는데, '수리'
란 말은 상(上)·고(高)·신(神) 등을 의미하여 수릿날은 신일(神日) 혹
은 상일(上日)이란 뜻을 지닙니다. 양반집에서는 단오에 차례를 올리
고 대문에 붉은색으로 쓴 천중적부(天中赤符)를 붙여 액을 쫓았습니
다. 여자들은 '단오비음(端午庇蔭)'이라고 해서 나쁜 귀신을 쫓는다는
뜻으로 창포 삶은 물로 머리도 감고 얼굴도 씻고, 또 창포뿌리를 깎
아 붉은 물을 들인 비녀를 머리에 꽂았습니다. 남자들은 창포뿌리를
허리춤에 차고 다녔는데 이것 또한 액을 물리치는 방편이었죠. 그리
고 단옷날 오시(午時)에 목욕을 하면 병이 없다고 해서 '단오물맞이'
를 하고 모래찜도 했습니다. 5월은 비가 많이 오는 계절로 접어드는
시기여서 이처럼 질병이나 액을 예방하는 여러 가지 풍습이 생긴 것

길쌈놀이

같습니다.

이처럼 단오 명절 풍습에는 조상의 지혜가 곳곳에 숨어 있는데, 요즘 보면 지방자치단체에서 수박 아가씨, 고추 아가씨 선발대회 같은 것을 열고, 또 텔레비전에서는 에어로빅 축제니 매스게임 같은 것이나 방영하고 있는데, 단오 명절이 축제의 의미를 되새기는 계기가 되기보다는 그저 상업적인 이벤트로 전락하는 게 아닌가 하는 생각에 씁쓸한 심정이 되곤 합니다.

김갑수 그래서 더욱 명절의 의미를 새겨보는 일이 중요하지 않겠습니까? 우리 민족의 가장 큰 명절은 역시 추석인데, 한가위, 중추절 등 부르는 이름도 다양한 것 같습니다. 그런 이름에는 모두 유래가 있겠죠?

이종철 네, 그렇습니다. 추석이라면 가장 먼저 휘영청 떠오른 밝고 큰 달을 연상합니다.

고대에서는 추석을 한가위, '가배(嘉俳)'라고 했죠. '한'은 크다는 뜻이고, 가위는 '가운데'라는 뜻의 옛말인데, 이두문에서는 가위를 '가배'라고 했습니다. 다시 말해 가배는 '가부·가뷔'의 음역(音譯)으로 '가운데'라는 뜻입니다.

가위는 신라 때 길쌈놀이인 가배에서 유래했다는 설이 있습니다. 길쌈은 실을 짜는 일을 말하죠. 유리왕(瑠璃王) 때 한가위 한 달 전에 여자들이 궁궐에 모여 둘로 편을 가릅니다. 그리고 베를 짜서 한가윗날 더 많이 짠 편에게 진 편이 잔치와 춤으로 갚은 데에서 '가배'라는 말이 나왔는데, 그것이 나중에 '가위'로 변했다고 하지요.

그러나 무엇보다도 추석은 중추(中秋), 곧 축복받은 계절의 한가운데, 가을의 으뜸, 가을의 가장 의미 있는 시작을 의미했습니다. 그래서 추석이면 조상에 제사 지내고, 또 그동안 헤어졌던 가족이 서로 만나고, 햇곡으로 쌀을 빚어서 신주(神酒)를 담고, 송편과 과일을 올려서 신과 인간이 함께 즐기는 축제가 열렸던 것입니다.

한국인의 명절 놀이

김갑수   앞서 말씀하셨지만, 명절에는 축제의 성격이 있지 않습니까? 축제
에는 즐겁게 놀아야죠. 우리 조상이 명절에 즐겼던 민속놀이가 대략
120가지 정도가 있다고 들었는데, 대부분 설이나 정월 대보름, 단오,
한가위 등 4대 명절에 집중된 세시놀이라고 하더군요.
특히, 추석에 했다는 강강수월래 놀이는 우리나라 중요무형문화재
인데 유네스코에 세계무형유산으로도 등재되었다고 하죠. 이 놀이
의 유래는 무엇이고, 어떻게 하는 겁니까?

이종철   강강수월래의 유래를 보면, 임진왜란 때 이순신 장군이 해남의 우수
영에서 왜군과 대치하면서 조선 수병들이 아주 많은 것처럼 보이게
하려고 부녀자들로 하여금 남장을 하고 옥매산(玉埋山) 허리를 빙빙
돌게 해서 적들이 지레 겁을 먹고 달아나 버렸다는 일화가 전해집니
다. 싸움이 끝나고 나서 마을 부녀자들이 이 일을 기념하려고 '강강

수월래'라는 노래를 부르며 즐기던 것이 오늘날까지 남아 있다는 것이죠.

어떤 사람은 '강강'의 강은 '주위·원(圓)'이란 뜻의 전라도 사투리이고, 수월래, 술래는 한자어 순라(巡羅)에서 비롯된 말로서 '주위를 경계하라'는 구호라고 해석하기도 합니다. 그래서 강강수월래(强羌水越來)는 '강한 오랑캐가 물을 건너온다'라는 뜻이라는 거죠.

강강수월래의 노래 가사에는 선소리, 뒷소리가 있어요.

달도 밝다 달도 밝다, 강강수월래,
앞집 처녀 얼굴도 이쁘고 강강수월래,
뒷집 총각 나무도 잘하고 강강수월래…

강강수월래

이렇게 여자들이 선창과 후렴을 하면서 둥근 원을 그리며 군무(群舞)를 합니다. 이것은 어찌 보면 오늘날 디스코텍과 같은 의미가 있습니다. 당시 여인은 뛰지 않고 참하게 걷는 것이 부도(婦道)였지만, 그 날만은 예외적으로 마음껏 뛰어놀며 즐겁게 지냈죠.

김갑수　봉건시대 여성들을 위한 디스코텍이었다… 재밌네요. 그리고 축제에는 음식이 빠질 수 없는데, 저만 해도 어린 시절에 추석날에는 집에서 햅쌀로 송편을 빚어 먹었거든요. 요즘 2, 30대 가장이 있는 집에서는 송편 빚는 모습을 보기 어렵죠. 추석엔 어떤 음식을 먹었습니까?

이종철　추석에는 그동안 정성 들여 농사지은 햅쌀이 나오죠. '쌀 미(米)' 자를 잘 보시면 '여덟 팔(八)' 자를 거꾸로 두 번 써놓았어요. 땀을 흘리며 88번 손이 가야 쌀이 된다는 거죠. 그렇게 정성 들인 쌀로 신에게 제사를 지내고, 또 제사를 지낸 벼를 '올게심니'라고 해서 기둥에 걸어두었다가 다음해에 종자로 삼았죠. 그리고 햅쌀로 떡을 해서 대동이 나눠 먹습니다.
지금은 햅쌀이 흔하지만, 당시는 아주 귀했습니다. 그 햅쌀로 송편을 만들고 술을 담가서 제사에 올리고 자손들은 '음복(飮福)'이라고 해서 같이 마시면서 자신이 신의 아들이며, 가족의 일원임을 확인했죠. 그리고 추석 전후해서 아주 맛있는 송이버섯이 나오는데, 그것도 제사에 올렸죠.

김갑수　우리나라에서는 추석이 되면 그야말로 민족 대이동이 시작되지 않

일본의 오봉 오도리 축제

습니까? 다른 나라에도 이런 사례가 있는지요?

이종철 일본에도 우리 8월 한가위 비슷한 오봉(お盆)이라는 명절이 있습니다. 시기는 대개 7월이나 8월인데, 선조의 영을 기리는 제도 올리고 성묘도 합니다. 우리처럼 음식도 만들어 먹고, 봉오도리(盆踊り) 축제에 참가해서 춤도 추죠. 이날은 모든 거리가 차로 메워지고 전 국민의 70~80퍼센트가 이동합니다.

중국의 중추절(仲秋節)은 우리처럼 음력 8월 15일인데 온 가족이 모여 앉아 달을 감상하며 월병(月餠)을 먹고, 저녁이면 등롱(燈籠)을 구경하는 풍속이 있죠. 이날 중국 사람들도 고향으로 가느라고 천하가 북새통을 이룹니다.

이런 것을 보면 우리는 유목 민족과는 달리, 땅을 중심으로 지연공동체를 이뤄왔고, 가족·친족의 혈연공동체의 뿌리인 고향을 찾아가는 것은 동아시아 공통의 문화적 현상인 것 같습니다.

김갑수 세시풍속은 우리 실생활에서 상당히 멀어진 것 같아요. 그저, 달력에 표시된 숫자가 되어버린 것 같은데, 어쩔 수 없죠. 삶이 변하고, 시대가 변하고, 사람들이 지향하는 가치가 변하니까요. 그런데 무엇보다 아쉬운 점은 자연과의 교감, 과거에 이 땅에서 살았던 조상과의 교감이 점점 사라지는 것이 아닌가 하는 아쉬움이 들거든요.

이종철 저는 그 달력의 숫자에 불과한 전통축제의 시간이 우리의 시간이 아니라, 신이 인간에게 준 축복의 시간이라고 생각합니다. 그래서 그 시간의 의미를 다시 한 번 돌아보고, 무엇을 위해 그 시간을 아름답게 쓸 것인지 고민해야 한다고 믿습니다.

민속 명절이 사라져가는 것은 물론 아쉬운 일이지만, 가족과 친지가 서로 만나서 기쁨을 느끼고, 소통하고, 나누고, 미래를 준비하는 조상의 지혜를 되찾는다면, 그것이 바로 인간의 달력에서 신의 축복을 제대로 받는 일이 아닌가 생각합니다.

기후, 토질, 강우량 등 모든 생산체계를 자연력에 의존했던 고대전통사회와는 달리 현재는 자연력에 도전하여 온갖 과학 지식과 첨단장비, 온실, 비닐하우스, 스프링클러 체계 등으로 무장된 첨단 과학사회이다.

오늘날의 세시명절은 축제가 표시된 달력 속에서나 볼 수 있는 숫자에 불과한 기호일 뿐이다.

한겨울에 수박과 참외를 먹고, 유전자 조작을 통한 감자와 고구마의 다량생산, 쌀 의존도의 대폭 감소, 무엇보다도 농촌 문화를 운반 전승할 농민의 단절은 농촌문화, 한국문화의 인멸을 가져왔다.

한국 농촌의 전통 문화적 의례는 짧으면 20년, 길면 40년 후에 소멸하리라는 비극적 예견을 방정맞게 하고 있는지 모른다.

이종철, 《인간의 달력, 신의 축제》 중에서

한국인의 24절기

김갑수   1년에는 사계절이 있고, 또 이것이 세분화되어서 24절기가 있죠. 우
　　　　리 조상은 명절과 절기에 따라 삶을 조절하고 농사도 지었잖아요.
　　　　절기란 어떤 것입니까?

이종철   예부터 우리 조상들은 일반적으로 명절, 생일, 제삿날 등에 음력을
　　　　사용했습니다. 음력은 달의 움직임을 기준으로 한 달을 약 30일로
　　　　정했기 때문에 약 365일인 태양의 공전주기와 차이가 생기게 되어
　　　　계절의 변화를 정확히 반영하지 못했죠.
　　　　농경사회에서는 한 해의 농사에 기온, 일조량, 강수량 등이 수확에
　　　　중요한 변수로 작용하기 때문에 계절의 변화에 민감할 수밖에 없었
　　　　습니다. 이에 계절의 변화와 어긋나는 음력을 보완하여 태양의 움직
　　　　임을 표시해주는 24절기를 만들어 쓰게 된 것입니다.
　　　　24절기는 태양의 황도(黃道)상 위치에 따라 계절적으로 구분하기 위

해 만든 것으로, 황도에서 0°인 춘분점을 기점으로 동쪽으로 15° 간격으로 점을 찍어 모두 24개의 절기로 나타낸 것입니다. 24절기는 대체로 15일을 주기로 오는데, 그 15일을 5일씩 나누어 초후, 중후, 말후 3후(三候)를 두어 1년을 72후로 세분했죠. 각각의 절기는 농사에서 해야 할 시기를 알려주는 중요한 기준이 되기 때문에 농사짓는 사람들은 이를 바탕으로 씨를 뿌리고, 농작물을 가꾸고, 수확할 때를 미리 알고 준비하는 겁니다.

김갑수 청년기에는 청년이 할 일이 있고, 장년기에는 장년이 해야 할 일이 있듯이, 각각의 절기마다 해야 할 일이 있다는 것은 마치 우리 인생과 같군요.

이종철 그렇죠. 봄, 여름, 가을, 겨울, 춘하추동은 인생의 사계와 같고, 각각의 절기에는 그에 해당하는 기후와 풍습과 농사일이 각기 다릅니다. 24절기의 내용을 모두 설명할 순 없지만, 대표적인 절기를 한번 살펴보겠습니다.

입춘(立春), 2월 4~5일경 – 봄의 시작

24절기 중에 첫 절기인 입춘에는 겨우내 얼었던 땅이 녹고 동면하던 벌레가 기어 다니기 시작합니다. 그러나 봄을 기다리기엔 너무 춥죠. 입춘에 특징적인 민속으로는 '아홉 자리'라는 게 있어요. 각자 맡은 일을 아홉 번 하는 겁니다. 공부하는 사람은 천자문을 아홉 번 읽고, 나무하는 사람은 나뭇짐을 아홉 번 나르고, 밥도 아홉 번 먹고, 빨래도 아홉 번 하고, 모두 아홉 번 하죠. 그만큼 모든 일에 공을 들이라는 의미가 아니겠습니까? 그리고 다리 밑 거지에게 밥 한 솥 해주고, 행려병자에게 약탕을 끓여주는 등 적선공덕(積善功德)의 이웃사랑도 실천합니다.

우수(雨水), 2월 18~19일경

그리고 '우수, 경칩에 대동강 얼음 풀린다'는 그 우수가 찾아옵니다. 우수는 눈이 녹아서 비가 된다는 말로서 이제 바야흐로 추운 겨울이 지나가고 따뜻한 봄기운이 돌게 된다는 뜻이죠.

경칩(驚蟄), 3월 5일경

경칩은 초목에 새싹이 돋아나고, 겨우내 동면하던 벌레들도 땅속에서 나오며 만물이 생동하는 시기죠. 농기구를 정비하면서 본격적인 농사를 준비하는 중요한 절기입니다. 이때 보리 싹의 상태를 보고 1년의 풍흉을 점치기도 합니다. 고로쇠를 마시는 것도 이 무렵이죠.

춘분(春分), 3월 20~21일경

그리고 춘분이 오면 밤낮의 길이가 같아지고, 이때를 전후해서 화단의 흙을 일궈서 화초 씨앗을 뿌립니다. 사람들은 추운 겨울에 갇혀 있다가 해방의 기쁨을 누리면서 슬슬 농사준비를 시작하죠. 종가의 주부들은 이때 꽃전을 지져 조상에 제사를 올립니다.

청명(淸明), 4월 4~5일경

청명에는 벚꽃이 피고 봄기운이 완연하죠. 청명은 중국 황하의 물이 맑아진다는 날로, 농가에서는 봄갈이를 시작합니다. 이즈음 논과 밭 둑을 손질하고 가래질도 하고, 논농사 준비와 못자리판도 만들어야 합니다. 이때 농가에서는 일꾼 구하기가 하늘에 별 따기죠. 청명은 한식과 같은 날에 들거나 하루 전입니다. 그래서 '청명에 죽으나 한식에 죽으나'라는 속담도 생겼죠.

곡우(穀雨), 4월 20~21일경

곡우는 봄비가 내려 백곡이 윤택해진다는 날입니다. 본격적인 농사가 시작되죠. 그런데 곡우에 비가 오는 날이 흔치 않으니, 농부들은 근심이 대단하죠. 이 무렵에 농가에서는 못자리를 하기 위해 볍씨를 담가서 싹을 틔우는데, 볍씨를 담가 두었던 가마니를 솔가지로 덮어 두는 풍습이 있어요. 솔잎은 동쪽을 상징하는 방위색이어서 길상(吉祥)과 양기(陽氣)를 뜻하기 때문이죠. 이때 혹시 밖에서 부정한 것을 본 사람은 자기 집이라도 불쑥 대문을 열고 들어가면 안 됩니다. 그러면 부정한 것이 따라와 볍씨에 옮아간다고 믿기 때문이죠. 그래서 집 앞에 불을 놓아 악귀를 몰아낸 다음에 집안에 들어오고, 들어와서도 볍씨를 보지 말아야 합니다. 부정한 사람이 볍씨를 보면 싹이 잘 트지 않고, 농사를 망친다는 믿음에서 그러는 것인데, 농부들에게 농사는 그만큼 성스러운 일이었습니다.

입하(立夏), 5월 5~6일경 – 여름의 시작

'여름(夏)을 세운다(立)'는 입하는 대개 5월 5~6일 전후인데 곡우에 뿌려둔 볍씨의 씨눈 수염에서 뿌리가 나와 물못자리의 모도 새 풀잎처럼 자리를 잡습니다. 이 즈음이면 잡초들도 웃자라서 농부들의 일손이 바빠지죠. 농부는 본격적인 논농사로 바쁘고, 과수밭 과일나무 가지도 쳐줘야 합니다. 농부의 아내는 보리밭매기에다 무명, 모시 짜기에 누에씨까지 손봐야 하니 정신이 없죠.

소만(小滿), 5월 21~22일경

그러다가 만물이 점차 성장하여 '조금씩(小) 가득찬다(滿)'는 소만이 됩니다. 예전에는 모판을 만들고 모내기까지 대략 45~50일이 걸렸는데, 요즘은 비닐 모판에 볍씨를 내고 40일 이내면 벼가 충분히 자랍니다. 소만 무렵에는 개구리들이 짝짓기에 바쁜 탓에 그 울음소리가 온 세상을 뒤덮을 만큼 요란하죠. 농부들도 이른 모내기, 보리 베기, 밭작물 김매기에 눈코 뜰 새 없이 바쁩니다.

망종(芒種), 6월 5~6일경

망종은 단오 축제와 같은 시기에 있습니다. 망종이란 벼, 보리 등 수염이 있는 까끄라기(芒) 곡식 종자를 뿌려야 할 적당한 시기라는 뜻입니다. 이 시기는 모내기와 보리 베기에 알맞은 때입니다. '보리는 망종 전에 베어라'는 속담이 있듯이, 망종까지는 보리를 모두 베어야 논에 벼도 심고 밭갈이도 할 수 있죠.

하지(夏至), 6월 21~22일경

하지는 1년 중 태양의 높이가 가장 높고 낮의 길이가 가장 긴 시기입니다. 남부지방에서는 단오를 전후해서 시작된 모심기가 하지 이전에 끝나고, 장마가 시작되죠. 옛날에는 농촌에서 하지가 끝날 때까지 비가 오지 않으면 동네 이장(里長)이 제관이 되어 개, 돼지, 소를 잡아 머리만 물속에 넣어 제물로 제사 지내고 나머지 고기는 참석한 사람이 모두 나눠 먹었어요.

소서(小暑), 7월 7~8일경

소서는 글자 그대로 '작은 더위'를 뜻합니다. 소서는 모내기한 지 20일쯤 지난 후여서 농부는 논에 들어가 웃자란 잡풀과 피를 뽑아냅니다. 소서 이후 본격적인 더위가 시작되므로 온갖 과일과 소채가 풍성해지고 밀과 보리도 먹게 됩니다. 그리고 17일경 초복에는 여름 보양에 좋다고 하여 개고기 수육과 보신탕을 먹죠. 한(漢)나라 고조(高祖) 유방(劉邦)도 천하를 얻는 보양제로 개고기를 먹고 기초체력을 다졌다고 하죠?

대서(大暑), 7월 22~23일경

말 그대로 '큰 더위'인 대서는 소서와 입추 사이에 있는데, 1년 중 더위가 가장 기승을 부리는 시기이고, 중복이 바로 이 기간에 듭니다. 논밭에서는 초벌, 두벌 김매기가 한창이어서 농부의 일손이 엄청나게 바쁘죠. 전에는 어린이들도 이 시기에 논밭에 나가 새를 쫓으며 부모의 일을 도왔죠.

입추(立秋), 8월 7~8일 - 가을의 시작

입추가 되면 낮에는 늦더위가 있지만, 밤이면 벌써 청량한 바람이 붑니다. 벼가 한창 익어가는 계절인데, 비가 오면 안 되겠죠. 옛날에는 비가 닷새만 계속 내려도 조정이나 고을에서 비를 멎게 해달라는 기청제(祈晴祭)를 올렸어요. 이 기간에는 성 안으로 통하는 수로(水路)를 막고, 모든 샘물을 덮었으며 성 안 사람들은 물을 쓰면 안 되었습니다. 심지어 소변을 봐서도 안 되었고, 부부간 방사(房事)까지도 비를 부른다고 해서 금지했죠. 이 시기에는 또한 김장용 무와 배추를 심어서 배추는 9~10월 서리 내리기 전에 거뒀습니다.

처서(處暑), 8월 23~24일경

가을로 들어간다는 처서는 '땅에서 귀뚜라미 등에 업혀 온다', '하늘에서 뭉게구름 타고 온다'고 하죠. 처서가 지나면 따가운 햇살이 누그러져 풀이 더는 자라지 않기 때문에 농부는 논두렁이나 산소의 풀을 깎는 벌초를 합니다. 선비와 아낙들은 이 무렵에 여름 장마에 젖은 책이나 옷을 음지에서 말리는 음건(陰乾), 햇볕에 말리는 포쇄(曝曬)도 합니다. 농가에서는 이른벼(早稻)를 수확해서 조상 사당에 올려 풍년 농사에 대한 고마운 마음을 표시하죠.

백로(白露), 9월 7~8일경

백로는 늦더위가 계속되지만, 초가을 빛이 완연하고, 밤에는 기온이 내려가서 대기 중의 수증기가 엉켜 풀잎에 '흰 이슬'이 맺힌다고 해서 붙여진 이름입니다. 백로에 내린 콩잎의 이슬을 새벽에 손으로 훑어 먹으면 속병이 낫는다고 하지요. 이 시기는 만곡이 무르익고, 코스모스가 아름답게 피는 계절이지만, 간혹 남쪽에서 불어오는 태풍이 곡식을 넘어뜨리고 해일이 피해를 주기도 합니다.

'참외는 중복까지 맛있고, 수박은 말복까지 맛있고, 처서에는 복숭아가 맛있다'고 하듯이 백로는 포도 철입니다. 맏며느리는 첫 포도를 따면 사당에 먼저 고한 다음에 통째로 먹어야 알이 주렁주렁 달린 포도처럼 자식을 많이 낳는다고 믿었죠. 백로 무렵이면 여름농사를 다 짓고 추석까지 잠시 일손을 쉴 때입니다. 부녀자들은 술과 떡과 고기 등을 차려 친정 어버이를 찾아뵙는 근친(覲親) 가기를 허락받고, 친정이 너무 멀 때는 중도에서 만나는 '반보기'를 했습니다.

추분(秋分), 9월 23~24일경

낮과 밤의 길이가 똑같은 날인 추분은 백로와 한로 사이에 들어 있습니다. 이 시기는 버섯이 가장 맛있는 철입니다. 추분 즈음에는 논밭의 곡식을 거둬들이고, 목화를 따고, 고추도 따서 말리는 등 가을걷이 일이 많죠.

가을을 뜻하는 추(秋)는 벼 '화(禾)' 변에 불 '화(火)'로 이루어진 글자입니다. 농부가 불볕 아래서 땀 흘려 일해서 벼가 불 속에서 익어가는 계절이라는 의미입니다. 분(分)은 '나누다, 가리다'라는 뜻으로 추분은 가을의 수확과 기쁨을 가족, 이웃 등 모두 함께 나눈다는 희망의 절기입니다.

한로(寒露), 10월 8~9일경

24절기의 열일곱 번째인 한로에는 공기가 차가워지면서 찬이슬이 산하를 덮고, 이슬은 서리로 변하기 직전입니다. 오곡백과를 수확하는 이 시기에 농촌에서는 타작이 한창이죠. 세시명절인 중양절(음력 9월 9일)과 같은 절기에 해당합니다. 이 무렵 높은 산에 올라가 머리에 수유를 꽂으면 잡귀를 쫓는다고 해요. 수유 열매가 붉은 자줏빛으로 양(陽)의 생기와 벽사력(辟邪力)이 있다고 믿기 때문이랍니다.

상강(霜降), 10월 23~24일경

상강은 밤 서리가 내리는 늦은 저녁까지 추수에 바쁜 시기입니다. 이 계절은 맑고 상쾌한 날씨가 계속되고 밤에는 기온이 뚝 떨어져 지표에 수증기가 엉겨 첫 서리가 내리기 시작하고 첫 얼음이 어는 늦가을입니다. 9월 들어 시작한 추수는 상강 무렵이면 마무리되고 다음 농사에 대비하는 잔손질만 남습니다.

입동(立冬), 11월 7~8일경 – 겨울의 시작

겨울(冬)이 들어선다(立)는 뜻의 입동을 절일(節日)로 여기지는 않지만, 겨울채비와 상당히 밀접한 관계가 있죠. 입동 전후 일주일간 김장을 담그는데, 이 시기를 놓치면 김치의 상큼한 맛이 줄어듭니다. 입동이 지나면 배추가 얼어버려 싱싱한 재료가 없고, 또 추워서 일하기도 어려워지니까요. 이 시기에는 햇곡식으로 시루떡을 쪄서 고사를 지낸 다음, 이웃과 나눠먹는 풍습이 있습니다. 또한 옛날 향약(鄕約)을 보면 봄가을로 경로잔치를 베풀었는데, 특히 입동에 노인들에게 '치계미(稚鷄米)'라 하여 선물을 드리는 관례가 있었습니다.

소설(小雪), 11월 22~23일경

살얼음이 잡히고 땅이 얼고, 눈이 내리기 시작하는 시기에 있는 소설은 양력 11월 22~23일경입니다. 이때 심한 바람이 불면서 날이 갑자기 추워지기 때문에 겨울채비를 하죠.

대설(大雪), 12월 7~8일경

대설은 눈이 많이 내린다는 뜻에서 그렇게 부르지만, 사실 이것은 중국 화북 지방의 기상을 기준으로 삼은 것이기에 우리나라의 경우 이때 반드시 적설량이 많은 것은 아닙니다. 대설에 눈이 많이 오면 다음해에 풍년이 들며, 겨울을 따뜻하게 날 수 있다는 말도 있죠.

동지(冬至), 12월 22~23일경

동지를 '작은 설(亞歲)'이라고 부르는 이유는 이 날을 계기로 낮이 다시 길어지기 시작하여 마침내 새해가 시작되는 것을 알리기 때문입니다. 사람들은 이날을 태양이 죽음으로부터 부활하는 날로 생각하고 경사스럽게 여겨 속절(俗節)로 삼았습니다. 이것은 동지를 신년으로 생각하던 고대의 유풍에서 비롯한 것으로 예전에는 동지를 설 다음가는 경사스러운 날로 여겼습니다. 동지에는 팥죽을 쑤어 먹는데, 팥은 붉은색으로 양(陽)을 상징하고, 역귀나 잡귀는 음(陰)의 존재로 여겨져서 경상도 지방에서는 동지팥죽을 쑤어 사방에 뿌렸습니다. 또 경기도 지방에서도 팥죽으로 사당에 차례를 지내고 나서 집안 여러 곳에 팥죽을 한 그릇씩 떠놓기도 했지요.

입동에서 경칩까지는 농가에서 한가한 시기인데, 이때 농부들은 겨울나기에 필요한 땔감 준비, 퇴비 마련, 새끼 꼬기, 가마니 짜기 등으로 시간을 보내고, 아낙들은 메주를 쑤어 간장, 된장, 고추장을 만들어 새해를 준비했습니다.

소한(小寒), 1월 5~6일경

'작은 추위'라는 뜻의 절기인 소한은 해가 양력으로 바뀐 후 처음 맞는 절기입니다. '소한 얼음 대한에 녹는다'는 비유처럼 겨울 중에 가장 추운 때입니다. 농가에서는 소한부터 입춘까지 혹한에 대비해 땔감과 먹을거리를 집안에 충분히 마련해두기도 하는 시기이죠.

대한(大寒), 1월 20~21일경

대한은 1월 20일 전후인데 24절기의 마지막이죠. 이 무렵이면 벌써 추운 겨울을 보내고 희망을 부르는 입춘을 꿈꾸기 시작합니다. 그렇게 입춘이 오면 또 1년 24절기가 새롭게 시작되는 거죠.

김갑수   절기에 대해 아주 긴 설명을 해주셨는데, 계절마다 절기가 있어서 농부가 농사를 짓듯이 우리에게도 인생의 고비마다 해야 할 일, 베풀어야 할 일, 즐겨야 할 일들이 각각 정해져 있다는 생각이 듭니다. 요즘이야 뭐 한겨울에도 여름 과일을 먹는 세상이 되었으니 그게 다 옛날이야기 아니겠느냐고 하시는 분도 계실 것 같은데, 그런 분은 오랜 세월 전해진 지혜의 큰 부분을 모르고 살아가는 셈이 되겠죠.

이종철 그동안 우리는 허겁지겁 서두르며 근대화하느라고 우리 것은 모두 쓸데없고, 고리타분하고, 미신이라고까지 폄하하지 않았습니까? 저도 어린 시절에 어른들이 매년 같은 절기에 같은 일을 반복하시는 걸 아무 생각 없이 바라만 보았습니다만, 나이가 들면서 '아! 여기에 조상의 엄청난 지식과 지혜가 담겨 있구나!' 하고 깨닫게 되었습니다.

제가 인류학을 공부했습니다만, 대부분 서구 이론을 적용하여 한국 사회를 분석하지 않습니까? 그런데 요즘 다시 공부해보면, 한국 사회를 서구이론으로 포장한 것에 지나지 않으며, 서구 이론의 핵심도 우리 조상이 모두 이야기했던 내용입니다.

저는 근대화라는 것을 다시 돌아보고 철저한 자기반성이 있어야 한다고 생각합니다. 그리고 한국학에 대해 조금 더 관심을 보이고, 우리가 지금 이 사회에서 풀지 못하는 여러 가지 문제, 예를 들어 효도라든가, 예절이라든가, 충성이라든가, 나눔이라든가, 더 나아가서 공동체의 소통 문제에 대한 해답을 조상의 지혜에서 찾고, 법고창신(法古創新) 하기를 간절히 바랍니다.

24절기와 풍속

계절	절기	황경 (도)	날짜	풍속
봄	입춘 (立春)	315	2월 4일경	봄으로 접어드는 절후. 가정에서 대문, 기둥, 대들보, 천장 등에 좋은 뜻의 글귀 첩(立春帖)을 써 붙인다.
	우수 (雨水)	330	2월 18일경	중국에서는 우수 입기일(入氣日) 이후 15일을 삼후(三候)로 닷새씩 나눠 그 특ᆞ 나타냈다. 첫 5일은 수달이 물고기를 잡아다 늘어놓고, 다음 5일은 기러기가 북ᆞ 로 날아가며, 마지막 5일은 초목의 싹이 튼다고 한다.
	경칩 (驚蟄)	345	3월 5일경	동면하던 동물이 깨어나는 무렵. 흙일을 하면 탈이 없다고 해서 벽을 바르거나ᆞ 쌓기도 한다. 위장병 등에 효과가 있다는 고로쇠나무 수액을 마시기도 한다. 보ᆞ 리를 뽑아보고 흉풍을 가리는 농사점을 본다.
	춘분 (春分)	0	3월 20일경	낮과 밤의 길이가 같다. 농가에서는 농사 준비에 바쁘다. 바람이 많이 불고 추ᆞ 풍신(風神)이 꽃이 피는 것을 시샘하기 때문이라고 한다. 거기서 '꽃샘추위'라ᆞ 이 유래했다.
	청명 (淸明)	15	4월 5일경	한식 하루 전날이거나 한식과 같은 날. 대개 식목일과 겹친다. 농가에서는 논빝ᆞ 준비한다. 곡우 무렵에 못자리판도 만들어야 하기에 일이 많으면 서둘러 일꾼을ᆞ 기도 한다.
	곡우 (穀雨)	30	4월 20일경	농사가 본격적으로 시작되며 못자리를 하기 위해 볍씨를 담근다. 이 무렵 봄비ᆞ 이 내리는데, 곡우에 가물면 그해 농사를 망친다는 말이 있다. 나무에 물이 많ᆞ 때로 명산에 곡우물을 먹으러 가기도 한다.
여름	입하 (立夏)	45	5월 5일경	여름의 시초를 알리는 절기. 농작물도 자라지만 잡초도 자라고 해충도 많아지ᆞ 을 없애는 작업으로 분주하다. 세시 행사로 이무렵 쑥버무리를 절식(節食)으로ᆞ 한다.
	소만 (小滿)	60	5월 21일경	모내기로 바빠진다. 소만 입기일부터 망종까지 다시 닷새씩 삼후로 나눠 초후에ᆞ 귀가 뻗어 오르고, 중후에는 냉이가 누렇게 죽어가며, 말후에는 보리가 익는다ᆞ 다. 이 무렵 비가 적어 물 가두기를 한다.
	망종 (芒種)	75	6월 5일경	망종이란 '벼, 보리 등 수염이 있는 곡식의 종자를 뿌리는 시기'라는 뜻이다. 오ᆞ 비닐 모판이 있어서 소만 무렵에 모내기를 하지만 과거에는 모내기와 보리 베기ᆞ 맞은 시기였다.
	하지 (夏至)	90	6월 21일경	낮이 14시간 35분으로 연중 가장 길다. 북극에서는 해가 지지 않으며, 남극에서ᆞ 가 나타나지 않는다. 남부 지방에서는 모심기가 끝난다. 옛날에는 하지가 지나ᆞ 물면 기우제를 지냈다.
	소서 (小暑)	105	7월 7일경	본격적으로 더위가 시작되고 장마철로 접어든다. 이때 퇴비를 장만하고 논두렁ᆞ 초를 깎기도 한다. 민어가 제철이며 단오를 전후해 시절식으로 즐기는 밀가루 음ᆞ 이때 맛이 제일 좋다.
	대서 (大暑)	120	7월 23일경	대개 중복 때로 큰 장마가 겹친다. 옛날 중국에서는 대서 입기일부터 입추까지ᆞ 씩 삼후로 구분했다. 초후에는 썩은 풀이 반딧불이가 되고, 중후에는 흙이 습하ᆞ 후에는 큰비가 내린다고 한다.

절기	황경(도)	날짜	풍속
입추 (立秋)	135	8월 7일경	가을에 접어드는 시기, 칠월칠석 전후로 밤에 서늘한 바람이 불기 시작한다. 김장용 무,배추를 심는다. 김매기가 끝나 농촌도 한가하다.
처서 (處暑)	150	8월 23일경	더위가 가신다는 뜻에서 붙인 이름. 볕이 누그러져 풀이 더 자라지 않는다. 모기의 극성도 풀이 죽고 백중의 호미 씻기도 끝나는 무렵이다. 이때 비가 오면 흉작이 되기 쉽다.
백로 (白露)	165	9월 7일경	풀잎에 이슬이 맺히며 가을 기운이 완연하다. 백로부터 추분까지 닷새씩 삼후로 나눠 초후에는 기러기가 날아오고, 중후에는 제비가 강남으로 돌아가며, 말후에는 새들이 먹이를 비축한다고 한다.
추분 (秋分)	180	9월 23일경	낮과 밤의 길이가 같다. 추분점은 태양이 북에서 남으로 적도를 통과하는 지점으로 황경은 180도, 황위는 0도이다. 버섯요리가 대표적인 시절 음식이고 목화와 고추 등의 가을걷이가 있다.
한로 (寒露)	195	10월 8일경	문자 그대로 찬이슬이 맺히는 때다. 국화주를 담근다. 이 무렵 높은 산에 올라가 수유 열매를 머리에 꽂으면 잡귀를 쫓을 수 있다는 속설이 있다. 농촌은 타작이 한창인 시기이다.
상강 (霜降)	210	10월 23일경	서리가 내린다. 상강부터 입동까지 삼후로 나눠 초후에는 승냥이가 산짐승을 잡고, 중후에는 초목이 누렇게 떨어지며, 말후에는 겨울잠을 자는 벌레가 땅에 숨는다고 한다. 추수가 마무리된다.
입동 (立冬)	225	11월 7일경	겨울이 드는 때로 이 시기를 전후하여 김장을 해야 제맛이 난다. 입동 날씨가 따뜻하지 않으면 그해 바람이 독하다고 한다.
소설 (小雪)	240	11월 22일경	살얼음이 얼기 시작한다. 소설부터 대설까지 삼후로 나눠 초후에는 무지개가 걷혀서 나타나지 않고, 중후에는 천기가 올라가고 지기가 내리며, 말후에는 생기가 막혀 겨울이 된다고 한다.
대설 (大雪)	255	12월 7일경	문자 그대로 눈이 많이 내린다. 대설부터 동지까지 삼후로 나눠 초후에는 산박쥐가 울지 않고, 중후에는 범이 새끼를 치며, 말후에는 여지(박과의 1년생 덩굴풀)가 돋아난다고 한다. 이날 눈이 많이 오면 겨울이 춥지 않고 다음해 풍년이 든다고 한다.
동지 (冬至)	270	12월 22일경	밤이 가장 길다. 고대인은 태양이 부활하는 날로 생각해 태양신에게 제를 올렸다. 《동국세시기》에 동짓날을 '작은설'이라 했고. 지금도 동지팥죽을 먹어야 나이를 한 살 더 먹는다고 한다.
소한 (小寒)	285	1월 6일경	옛날 중국에서는 소한부터 대한까지 삼후로 나눠 초후에는 기러기가 북으로 돌아가고, 중후에는 까치가 집을 지으며, 말후에는 꿩이 운다고 한다.
대한 (大寒)	300	1월 20일경	이름으로 보면 가장 추운 절기지만 소한이 더 춥다. 그래서 '대한이 소한 집에 놀러 갔다가 얼어 죽었다'는 속담이 나왔다.

한국인의 놀이

김갑수   호서지방 대표적인 놀이로 소놀이 혹은 소멕이놀이가 있다고 합니다. 신분의 고하를 막론하고 서로 어울려 춤도 추고, 함께 음식도 나누고, 신명나게 노는 축제라죠?

이종철   그렇습니다. 양주 별산대 놀이로 유명한 별내면에 가면 소놀이굿이 있습니다. 마을 청년 두 사람이 덕석이나 멍석을 뒤집어쓰고 소 흉내를 내면 소 주인 역할을 하는 사람이 이 소를 끌고 다닙니다. 그렇게 농악 마당놀이처럼 집집마다 돌아다니며 곡식을 염출하고, 성금도 얻으면서 문화마당을 여는 거죠. 그리고 모은 쌀과 성금을 마을의 공동시설을 보수하거나 어려운 이웃을 돕는 데 씁니다. 참 아름다운 사회 규율체계죠. 이것은 놀이이면서 교육이고, 나눔의 실천이라고 봐야겠죠.

지역에 따라 여러 가지 놀이가 있는데 소멕이놀이와 비슷한 거북놀

이도 있고, 또 전라남도 진도에는 추석 전날 어린아이들이 발가벗고 밭고랑을 기는 놀이도 있습니다. 서당놀이에서는 가마싸움도 하는데, 아이들이 평소에 쌓인 스트레스를 이웃 마을 아이들과 가마를 부딪치며 푸는 거죠. 이처럼 다양한 사회적 기제가 숨어 있는 놀이에는 우리 조상의 만남과 소통, 긴장해소의 지혜가 깃들어 있다고 봐야겠죠.

김갑수   전통적인 삶의 방식에 대해서는 학자마다 조금씩 생각이 다른 것 같습니다. 전통을 철저히 복원해서 원형 그대로 보존해야 한다고 주장하시는 분이 계신가 하면, 삶이란 끊임없이 변하는 것이니 전통을 현대의 삶에 맞게 변형하고 그런 변화를 수용해야 한다고 주장하시

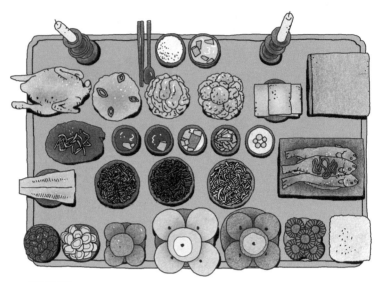

전통 차례상

는 분도 계신 것 같습니다. 그러나 어떤 주장을 하시든 간에, 적어도 수백 수천 년간 유지된 근본적인 틀이 훼손되는 일은 막아야 한다는 데에는 모두 생각이 같을 겁니다.

예컨대 이런 겁니다. 명절 때 차례상을 차리지 않습니까? 예전에는 늘 제사를 지내니까 하던 대로 차리면 되는 겁니다. 그런데 요즘 차례상을 차려본 적이 없는 사람은 명절 차례상 차리기가 아득하단 말이죠. 그러다 보니, 제사상을 대신 차려주는 업체가 성업 중입니다. 전화 한 통이면 해결되죠. 그래서 이런 차례가 도대체 무슨 의미가 있느냐고 말씀하시는 분도 계시고, 반면에 그렇게 해서라도 차례를 유지해야 한다고 주장하시는 분도 계십니다. 선생님은 요즘 세태를 어떻게 보십니까?

이종철   형식도 중요하고 내용도 중요합니다만, 그 내용에 어떤 가치를 담고 그 형식에 어떤 교육을 담느냐가 더 중요하다고 생각합니다.

예전에는 명절이면 가족이 모두 모여 전도 부치고, 송편도 빚고, 떡국도 끓이고, 그 바쁜 와중에도 얼마나 많은 이야기를 나누었습니까? 그 소중한 시간에 가치가 전해지고, 교육이 이루어지는 겁니다. 또 자식들이 도시에서 눈코 뜰 새 없이 바쁘게 직장생활을 하다가도, 명절이면 시간을 내서 부모와 조부모라는 공통분모를 찾아 함께 모이잖습니까? 그리고 그간 괴로웠던 일, 기뻤던 일, 풀리지 않는 일을 서로 이야기하면서 해답을 찾아가지 않습니까? 이처럼 전통의 형식이나 내용 그 자체보다도 우리 의식에 남아 있는 참 가치를 찾는 일이 더 중요하고 의미 있다고 생각합니다.

김갑수   그러니까, 제사상이 중요한 게 아니라, 가족이라는 가치를 확인하는 과정이 더 중요하다는 말씀으로 새겨듣겠습니다.

그간 우리는 전통적 가치와 단절된 삶을 살아왔습니다. 그러다가 생활수준이 높아지고 여유가 생기면서 이제야 과거의 것들을 재발견하고 새삼 그 의미를 찾는 과정에 있는 것 같습니다. 분명히 삶의 방식은 과거와 많이 달라졌는데, 어떻게 오늘날에도 전통이 뿌리내린 삶을 살아갈 수 있을지 말씀해주셨으면 합니다.

이종철   도시가 온통 빌딩숲으로 변하고 있습니다. 농촌에서도 이제 아이 울음소리가 들리지 않습니다. 노인네들뿐이죠.

우리가 신앙처럼 받들었던 전통 민속도, 축제도, 명절도 모두 잊혀

가고 있습니다. 이제 우리는 이 모든 것을 생활의 지침서로, 교과서로, 또 예의의 전범으로 다시 찾아야 하는 절박한 시점에 와 있다고 생각합니다.

충청남도 청양에 가면 '애기풍장'이라고 해서 아이들이 풍물굿을 칩니다. 그러면 동네 어른들이 돈을 주는데, 그 아이들이 모은 돈을 가지고 무엇을 할 것 같습니까? 저도 깜짝 놀랐습니다. 그 돈을 마을에서 생계가 어려운 노인들에게 몰래 가져다줍니다. 그런 어린이가 대한민국의 지도자가 되었을 때, 그 나라는 얼마나 아름답겠습니까? 이처럼 우리 전통에는 정말 아름다운 풍습이 많이 있습니다.

그런가 하면, 가슴 아픈 모습도 흔히 볼 수 있습니다. 저희가 연구목적으로 시골에 현지조사를 하러 간 적이 있는데, 다음날은 그 마을에 청년 풍물이 있는 날이었습니다. 그날에는 그동안 마을을 떠나 살고 있던 젊은이가 모두 돌아옵니다. 그런데 자식이 돌아오지 않으면, 전날까지 그토록 자식 자랑을 하던 분들이 풍물 현장에 나타나지 않습니다. 그 마음이 어떻겠습니까?

그래서 저는 돌아가신 조상도 중요하지만, 살아 있는 조상을 섬기고 이웃을 챙기는 것이 아주 중요한 규율체계라고 생각합니다. 이웃사랑, 참사랑, 더불어 살기가 바로 그런 체계의 근간이 되어야 한다고 생각합니다.

한국은 지금 빛의 속도로 변하고 있습니다. 이제 아무도 편지를 쓰지 않죠. 전화로 이야기하거나 컴퓨터와 휴대전화로 이메일을 보냅니다. 사람을 직접 만나서 대화하기보다는 인터넷으로 자료를 보내고, 손자를 보고 싶어하는 할아버지 할머니에게는 휴대전화로 아이들 사진을 전송합니다. 대부분 명절이 연휴이다 보니 여행지 콘도에서 차례음식을 주문해서 간단히 제사를 끝내는 사람들도 있습니다.

그렇게 서둘러 앞만 보고 달려가고, 오로지 돈을 벌고 성공하고자 이전 세대의 아름다운 가치들을 다 버렸습니다. 농부의 성실함은 아둔함으로 비치고, 이웃 간의 우애와 배려, 사람 사이의 예의와 양보심은 약점이 되어버렸습니다.

이제는 정신적인 가치, 사회적이고 도덕적인 가치를 회복해야 할 때라고 생각합니다. 환경과 인간성을 파괴하는 경쟁체제, 1등 한 사람이 나머지를 모두 패배자로 만들어버리는 이기적인 체제에서 지구적인 체제, 상생의 체제로 나아가는 정신적 각성이 필요할 때라고 생각합니다.

그래서 우리 조상님들이 그랬듯이, 소유의 삶만이 진정한 목표가 아니라, 비움과 나눔의 삶, 무소유의 삶을 통해 모두 더불어 살기를 희망하는, 마음이 부자인 나라가 됐으면 합니다.

민속문화의 역할

기찻길처럼 쭉 뻗은 고속도로, 여인의 가르마 같은 농촌길 위에 귀성의 설렘
이 달려간다.

물질적 창고의 광은 금은보화로 가득 차 있는데 마음이 텅 비고 철학이 빈곤
한 국민이 되어서는 안 되겠다.

고난과 역경을 딛고 이 나라와 조국을 지키는 데 작지만 큰 몫을 한 깨어 있는
공직가족 모두는 올바른 가치관, 윤리 도덕, 성취 욕구를 바탕으로 바른 삶이
실종된 이 사회를 구해야 한다.

이러한 시급한 국가위기의 치유는 다시 말하건대 선택된 소수 공직자의 가정
과 사회, 직장에서부터 들불처럼 번져가야 한다.

그리고 이러한 정신혁명과 가치관 정립을 위해서는 국방, 과학기술, 경제무역
진흥도 중요하지만 교육과 문화의 올곧은 자리매김이 더욱 소중하며, 이는 민
족 동질성의 뿌리인 민속문화의 보존전승운동에서 찾아야 한다.

해마다 오는 추석은 인정 넘치는 풍속이 무르익는 가족문화, 바람직한 민속부
흥 운동을 점검해 보는 성찰의 시간, 겨레의 현재와 미래를 재조명하기 위한
확인의 기회가 되었으면 한다.

이종철, 《인간의 달력, 신의 축제》 중에서

한국인의 귀신이야기

| 장윤선 |

"귀신담 연구는 옛 문헌에 나오는 죽은 이야기가 아니라 현대에서도 활발하게 창작되는, 살아 있는 이야기입니다. 그리고 요즘처럼 영상과 미디어가 발전한 사회에서 귀신이야기는 문화 콘텐츠로서도 가치가 있다고 생각합니다. 요즘 크게 인기를 끄는 〈트와일라잇〉이나 〈해리포터〉 시리즈는 귀신, 요정, 마녀, 악마, 뱀파이어 등 인간의 범주를 뛰어넘는 존재들을 끌어들여 매력적인 캐릭터로 창작한 것들이죠. 이렇게 창작의 세계에서 귀신은 얼마든지 새롭게 재탄생될 수 있을 것입니다. 그리고 사회가 더욱 세분화하고 조직화해서 개인의 사적 영역이 줄어들수록, 과학과 합리성이 인간 사고의 영역을 장악하면 할수록, 귀신의 이야기는 더 큰 창의력을 발휘하면서 전개될 것으로 보입니다. 또 한편으로는 인간의 영원한 숙제, 죽음과 그 이후에 대한 해답을 궁금해하는 사람들에게도 끝나지 않는 이야기로 남아 있겠죠. 그래서 귀신이야기는 현대를 살아가는 사람들의 삶을 담은 기록으로 연구되고 탐구되어야 한다고 생각합니다."

장윤선

작가.
서강대학교 국문과 대학원 석사, 박사.
서강대학교 국어 강사.
주요 저서 : 《조선의 선비, 귀신과 통하다》

왜 귀신인가?

김갑수 사회 분위기가 흉흉할 때면 예외 없이 귀신이야기가 유행합니다. 한 동안 서울의 자유로 귀신이야기가 유행한 적이 있었죠. 엘리베이터 귀신이야기, 학교 귀신이야기, 목 없는 소녀 이야기 등 귀신은 여전히 우리 곁에서 때가 되면 전설로, 우스개로, TV드라마로 그 모습을 드러내곤 합니다.

그런데 잘 살펴보면, 귀신은 소통하기 어려운 인간에게 뭔가 메시지를 전하는 것 같습니다. 여고괴담의 배경에는 학교교육의 문제점이 숨어 있고, 엘리베이터 귀신은 고달픈 사교육에 시달리는 청소년의 현실을 호소하고, 목 없는 소녀는 당시 엽기적으로 일어났던 어린이 성추행 사건을 떠올리게 합니다.

그러나 우리는 귀신이야기를 진지하게 생각하지 않죠. 합리주의, 과학주의가 지배적 이데올로기가 된 근현대 사회적 삶에서 비이성적이고 몽매한 귀신이야기가 우리 의식에 진지한 것으로 받아들여질리 없습니다. 그래서 귀신담은 여름철 더위나 식혀주는 오락물 정도로 간주하곤 하는데, 이것을 학문적으로 탐구한 분이 계십니다.

바로 장윤선 박사인데, 우선 이런 질문부터 해야겠습니다. '귀신담과 귀신론을 연구하는 학자라고 하면 왜 하필이면 그런 주제에 천착하느냐고 묻는 사람이 많았을 텐데요, 왜 귀신을 연구대상으로 삼았는지 궁금하군요.

장윤선   귀신이야기는 누구나 흥미를 느끼면서도 가까이하기에는 조금 꺼려지는 주제인 것이 분명합니다. 제가 귀신을 연구한다고 했을 때, 저희 어머니도 아주 싫어하셨어요. 그 이유는 아마도 귀신이 실제 존재할 수도 있다는 가능성이 전제되어 있어 그런 것이 아닌가 합니다. 귀신을 연구하다가 혹시 귀신과 마주치면 어쩌나, 하는 두려움

인터넷에 떠돌던 목 없는 아이 사진

때문이겠지요. 그만큼, 귀신은 현대를 사는 우리에게도 두려움을 주는 신비스러운 존재입니다. 현대의 과학기술이나 지식으로도 귀신이 있다, 없다고 함부로 말할 수 없지 않습니까? 그것이 제가 처음에 연구를 시작하게 된 계기라고 할 수 있겠습니다. 아주 오래전부터 지금까지, 풀리지 않는 존재에 대한 이야기가 남아 있다는 것은 정말 흥미로우니까요.

김갑수   그렇다면, 장 선생님은 귀신의 존재를 믿으시나요?

장윤선　　글쎄요, 잘 모르겠습니다. 정확한 대답은 유보하지요. 하지만, 분명
한 사실은 귀신에 대한 호기심의 뿌리에는 인간의 가장 근원적 문
제, 즉 생명과 죽음의 문제와 밀접한 관련이 있다는 점입니다. 조선
시대 성리학자들이 귀신에 관심을 보였던 것도 결국 인간과 우주라
는 가장 근본적인 연구 대상과 직결되어 있었기 때문이 아닐까요?

귀신의 개념과 유교적 귀신관

김갑수   장 선생님은 귀신의 문제가 오래전부터 지금까지 내려오는, 그러나 풀리지 않는 문제라고 하셨지요. 그렇다면 이런 문제에 대해 오래전 부터 고민하고 연구해온 사례들이 있을 것 같군요. 이전에는 귀신을 어떤 존재로 여겼나요?

장윤선   '귀신(鬼神)'이라는 글자는 고대 문헌에서도 발견됩니다. 《삼국지위 지동이(三國志魏志東夷傳)》을 보면, 고구려 사람들이 귀신을 좋아하 고 숭배했다는 말이 나옵니다. 또 《삼국 유사(三國遺事)》나 《삼국사기(三國史記)》 같은 문헌에도 귀신이야기를 흔히 볼 수 있어요. 그 이전까지 올라가 보면, 갑골문 자에서도 '귀(鬼)'라는 글자가 발견됩니다. 중국 쪽의 문헌에는 이 글자가 애초부터

갑골문

영혼을 지목한 것은 아니었고, 뭔가 기괴한 괴물을 뜻했던 것 같습니다. 혹은 아주 두려운 적(敵)을 그렇게 불렀던 것 같기도 합니다.

김갑수   그렇다면, 오늘날 우리가 아는 귀신의 개념과는 어떤 차이가 있을까요?

장윤선   지금의 귀신은 말하자면 아주 하급의 악귀(惡鬼) 정도로 통용됩니다. 물론 다른 개념도 있지요. 예를 들어 조상 귀신은 아주 좋은 귀신입니다. 하지만 대다수 사람이 귀신을 두려워하는 것은, 귀신이 어떤 원한을 품고 죽은, 잘못된 영혼이라고 생각하기 때문이지요. 그런 현대의 귀신관과 비교하면, 고대의 귀신은 비록 두려운 존재였지만, 지금처럼 공포와 회피의 대상만은 아니었던 것이 확실합니다. 적어도 삼국시대까지 귀신은 숭배의 대상이었고, 왕은 무당과 동일시되었으니까요. 《삼국유사(三國遺事)》에는 왕이 곧 무당이라는 말이 분명히 나와 있습니다.

김갑수   그렇다면, 왜 귀신이 요즘처럼 원혼을 뜻하게 되었을까요? 삼국시대 이후로 귀신을 바라보는 시각에 어떤 변화가 있었나요?

장윤선   아주 큰 변화가 고려말, 조선초에 있었습니다. 귀신과 관련된 모든 이야기는 이 시기에 중요한 전환점을 맞이하게 됩니다. 한마디로, 귀신이 유교적으로 정의되기 시작했거든요. 그전까지 귀신은 그저 전통적 신앙의 대상으로만 여겨졌습니다. '혼령에 대한 숭배'라는 매우 보편적인 현상의 하나였죠. 그런데 유교에서는 귀신을 삶과 죽음의 차원에서 이론적으로 접근하기 시작했어요. 그래서 소위 '귀신론(鬼神論)'이라는 것이 나옵니다. 아주 흥미로운 담론이죠.

귀신은 《논어(論語)》나 《중용(中庸)》에도 언급되지만, 가장 방대한 텍스트는 역시 주희(朱熹)의 말을 모아놓은 《주자어류(朱子語類)》입니다. 〈귀신장(鬼神章)〉을 보면 주희는 제자들과 귀신의 유무나 존재 이유, 존재 형태에 대해 많은 담론을 주고받습니다. 사실, 조선 시대에 들어 귀신론을 편 유학자들은 모두 이 〈귀신장〉의 영향을 받았다고 할 수 있습니다.

김갑수   그러면 〈귀신장〉을 비롯해서 조선조 귀신론까지 귀신을 정의한 핵심 내용을 짚어보면 유교의 귀신론에 대해 대충 알게 되겠군요. 먼저, 유교적 관점에서 바라보는 귀신은 어떤 존재입니까?

장윤선   간단히 말하면 기(氣)의 흐름에 따른 음양(陰陽)의 변화 양상입니다. 신(新)유학은 이전 유학의 예학(禮學)에서 벗어나서 우주의 원리를 유교적 틀로 설명하려고 했잖습니까? 그중 한 갈래가 바로 음양론을 통해 생명과 죽음의 현상을 설명하려는 시도입니다. 이 세상 만물은 음양의 작용으로 생겨난다는 겁니다. 온 우주에 흩어져 있는 '음'과 '양'이라는 두 가지 기운(氣運)이 조화롭게 작용하면 생명이 탄생하고 유지되지만, 그 기운이 쇠퇴하고 멸하면 생명현상은 끝납니다. 이렇게 소멸하는 생명의 기는 다시 흩어져 원래의 자연상태로 돌아가게 된다는 것이죠. 그러나 간혹 그 기운이 다해도 흩어지지 않고 잠시 남아 있는 상태, 그것을 바로 귀신이라고 보는 거죠.

김갑수   그럼, 귀신이 있긴 있다고 본 것인가요?

장윤선   물론이죠. 유학자들의 견해에 따르면, 귀신은 분명히 있습니다. 다
만, 그 존재가 영원하지 않다고 생각한 것뿐입니다. 시간이 흐르면
귀신을 이루었던 음양의 기는 흩어질 수밖에 없다고 본 거죠. 그러
니 유교에는 사후세계라는 것이 없어요. 유교를 '종교'라고 규정할
수 없는 가장 큰 이유 중의 하나가 바로 그것이죠. 그런데 중요한 것
은, 이렇게 귀신이 있긴 있지만, 유교적 틀 안에서 긍정하는 귀신과
부정하는 귀신이 있다는 점입니다.

있어야 할 귀신, 없어야 할 귀신

김갑수　유교에서는 어떤 기준으로 좋은 귀신, 나쁜 귀신을 가른 거죠? 당대
　　　　사회적 통념에 따른 건가요?

장윤선　앞서도 말씀드렸다시피 인간의 생명은 그 기운이 다하면 흩어져 사
　　　　라집니다. 인간의 생명뿐만 아니라, 온 우주의 생명체가 다 그렇다
　　　　고 봅니다. 다시 말해 천지 만물이 음양의 굴신(屈伸), 즉 음양의 조화
　　　　와 부조화의 문제일 따름이라는 거죠. 이런 관점에서 유학자들은 '천
　　　　지 만물이 모두 귀신이다'라고 하면서 귀신의 개념을 전면적으로 확
　　　　대했습니다. 이것은 유교적 체제에서 공인된 귀신관입니다.

김갑수　좀 생소하네요. 지금 우리가 일반적으로 생각하는 귀신과는 다른 개
　　　　념이군요.

장윤선　그렇습니다. 하지만, 그것이 전부는 아니고, 그다음으로 말한 것이
바로 '인간 귀신'입니다. 그중에서도 조상신은 아주 중요하죠. 제사
를 지내야 하니까요. 그런 점에서 유교의 종교성이 드러나는데, 아
주 분명한 조상숭배 사상을 보여주거든요. 이때 설정되는 이론이 바
로 '동기감응설(同氣感應說)'입니다. 조상과 자손이 같은 기를 지녔으
니, 조상의 영혼은 자손의 정성을 통해 일정 기간 다시 뭉쳐서 나타
날 수 있다는 주장이죠. 그리고 우리가 아는 '원혼(冤魂)'의 개념이 있
습니다.

김갑수　원혼이란 원한을 품은 귀신을 말하는 거죠?

장윤선　앞서 말한 두 귀신, 즉 천지 만물이 귀신이라고 할 때 그 범신적 귀신
과 조상의 영혼은 조선조의 유교적 관념에서도 인정한 존재였습니
다. 그러나 원혼은 다릅니다. 원혼은 인간이 무엇인가 비정상적인
상황에서 죽었기 때문에 기가 흩어지지 못하고 울결(鬱結)되어 있는
잘못된 영혼의 형태를 말합니다. 이는 분명하게 배척의 대상이 되
었고, 이러한 귀신을 숭배하는 것은 이단이 되었죠. 조선조의 선비
들이 무속의 배척에 왜 그리 열을 올렸는지 생각해보시면 아실 겁니
다. 원혼은 제도권 밖의 존재, 즉 소외된 존재이고 없어져야 할 존재
였으니까요.

김갑수　결국, 원혼은 뭔가 문제가 있는 상황에서 죽은 사람의 영혼이군요.
조선조에서는 이러한 원혼의 문제를 어떻게 해결하려고 했나요?

일단, 원혼의 존재를 인정했다면, 그 해결책도 제시되지 않았겠습니까?

장윤선 그렇습니다. 원혼은 문제적 상황에서 나타나고, 원혼이 많이 활동한다는 것은 그만큼 사회 문제가 심각하다는 뜻이겠죠. 오늘날 사회적으로 문제가 있는 구조에서 귀신이야기가 파생되는 것과 같은 맥락입니다. 앞서 말씀하신 학교 괴담이나 목 없는 아이 귀신이야기는 왜곡된 사회구조에서 희생된 계층을 대변하잖아요? 그처럼, 조선조에 처녀귀신 이야기가 자주 회자되던 것도 당시 왜곡되었던 사회구조의 일면을 드러내는 겁니다. 그래서 조선시대에는 특히 전염병이 돌거나 전쟁을 치르고 나서는 국가가 주관해서 원혼을 달래는 제사를 더욱 자주 지내기도 했습니다. 그리고 음양의 조화를 꾀해야 하니까, 백성 중에서 혼인하지 않은 자들을 서둘러 혼인시킨 사례도 있어요. 하지만 원혼이 출현하고, 원혼의 피해를 보는 문제를 궁극적으로 모두 해결할 수는 없었죠. 저는 그런 문제점들, 체제의 모순과 불안이 결국 귀신이야기 탄생의 계기가 되었다고 봅니다.

원혼, 소외된 자들의 이야기

김갑수   자, 이제 귀신이야기로 넘어왔습니다. 앞서 말씀하신 귀신론은 주로
성리학자들 사이에서 전개되던 귀신에 대한 이론이고, 귀신이야기
는 민간에 전해지는 전설이나 설화인데, 이 둘의 관계를 어떻게 설
명해야 하나요?

장윤선   귀신론이 유교적 시각에서 귀신의 존재 방식과 존재 이유를 설명했
다면, 귀신이야기는 그보다 더 다양한 귀신과 인간의 경험을 담고
있다고 봐야겠죠. 유교에서 원혼은 비정상적 귀신이고 배척의 대상
이지만, 민간의 귀신이야기에서는 오히려 원혼이 백성의 목소리를
전달하는 중요한 역할을 하거든요.
그래서 대부분 원혼 이야기의 주인공이 여자라는 점에 주목해야 합
니다. 남자의 원혼도 있긴 하지만, 전해지는 이야기의 수가 적어서
거의 찾아보기 어렵습니다. 반면에 여성 원혼의 이야기는 전국적으

로 아주 광범위하게 전해집니다. 원혼 이야기는 당대 사회에서 억압받던 사람의 이야기, 사회적 모순으로 억압당하고, 심지어 죽임을 당한 사람들의 이야기인데, 바로 여성들이 그 주인공이라는 겁니다. 가장 널리 알려진 이야기가 바로 아랑 이야기죠.

김갑수   아랑의 전설은 소설이나 영화로도 여러 차례 재창작되지 않았습니까? 남성 중심 사회에서 약자인 여성이 유린당하고 희생되어서 원귀로 변하고, 부임하는 신임 사또들을 차례로 죽게 한다는 줄거리인데, 그런 설정은 피해자인 여성의 관점에서 사건을 바라보았다는 점에서 의미가 있겠죠? 특히, 주인공도 남성이 아니라, 희생자인 여성이니까요.

영화 〈아랑〉

장윤선   하지만 저는 오히려 이 이야기가 가부장적인 세계관을 담고 있다고 봅니다. 아랑 이야기는 우리나라의 3대 설화에 속할 정도로 유명한 이야기죠. 언뜻 보면 정절을 지키려고 목숨을 버린 아랑의 원혼을 위무하기 위한 이야기지만, 속내를 짚어보면 더 많은 함의가 있습니다. 아랑은 '성폭행'이라는 문제와 긴밀히 연관되어 있는데, 이건 범

상치 않은 일입니다. 많은 여성 원혼 이야기가 성문제와 연관되어 있어요. 아랑도 그랬지만, 대부분 여성이 저항하다가 목숨을 잃습니다. 아랑은 그러한 '저항'의 상징이자, 당대 사회의 여성 전형이죠. 그런데 아랑은 자신의 힘으로 자신의 문제를 해결하지 못합니다. 귀신이 되었으면서도 괴력을 발휘해서 원흉에게 복수하지도 못하고, 썩어가는 자신의 시신을 스스로 수습할 수도 없어요. 결국, 아랑은 범인을 사또에게 알리고 사또로 하여금 문제를 해결하게 하지요. 다시 말해서 '관료'인 '남성'이 나서서 문제를 해결합니다. 즉, 당시 지배적인 권력을 지닌 계층이 여전히 약자인 '여성'이자 '귀신'의 원한을 풀어준다는 겁니다. 따라서 아랑이 귀신이 되어 나타나고 여러 관리가 목숨을 잃었지만, 문제의 해결은 당시 권력이 위탁자인 남성 관리의 몫이었다는 거죠. 게다가 아랑은 사당에 모셔져서 목숨을 버리면서까지 정절을 지키려던 '선행'을 후대가 기리게 하는데, 이것 역시 여성의 성을 통제하던 당시 사회의 지배 이데올로기를 반영한다고 볼 수 있어요. 역설적으로 남성의 정절을 기리는 설화도 사당도 찾아볼 수 없잖습니까?

밀양 영남루 아랑사에 있는 아랑 영정

신부

서정주

신부는 초록 저고리와 다홍치마로 겨우 귀밑머리만 풀리운 채
신랑하고 첫날밤을 아직 앉아 있었었는데,
신랑이 그만 오줌이 급해져서 냉큼 일어나 달려가는 바람에
옷자락이 문 돌쩌귀에 걸렸습니다.
그것을 신랑은 생각이 또 급해서
제 신부가 음탕해서 그새를 못 참아서
뒤에서 손으로 잡아당기는 거라고,
그렇게만 알고 뒤도 안 돌아보고 나가 버렸습니다.
문 돌쩌귀에 걸린 옷자락이 찢어진 채로
오줌 누곤 못 쓰겠다며 달아나 버렸습니다.

그러고 나서 40년인가 50년이 지나간 뒤에
뜻밖에 딴 볼 일이 생겨
이 신부네 집 옆을 지나가다가
그래도 잠시 궁금해서 신부방 문을 열고 들여다보니
신부는 귀밑머리만 풀린 첫날밤 모양 그대로
초록 저고리 다홍 치마로
아직도 고스란히 앉아 있었습니다.
안쓰러운 생각이 들어 그 어깨를 가서
어루만지니 그때서야 매운 재가 되어
폭삭 내려앉아 버렸습니다.
초록 재와 다홍 재로 내려앉아 버렸습니다.

김갑수　　신부 원혼 이야기는 어떻습니까? 이 설화도 널리 알려졌는데, 대표적으로 서정주의 시 〈신부〉도 이 일화를 소재로 삼지 않았습니까?

장윤선　　네, 이것도 사실은 여성의 성과 사랑과 관련된 이야기라고 봅니다. 첫날밤 남편에게 훼절의 혐의를 받아 소박을 맞은 여성이 그 한으로 원혼이 되는 이야기지요. 이와 유사한 이야기가 전국적으로 여럿 전해지고 있습니다. 실제로 여러 자료를 보면, 1960년대에도 여성이 남편으로부터 소박을 맞는 경우가 흔했다고 합니다. 아무래도 가부장제에서 철저히 중매로 결혼하다 보니 생겨난 현상이겠지요. 이 이야기에서도 해원자(解寃者)로서 남성의 역할이 중요합니다. 남성이 여성의 정절을 인정해야만 여성이 원을 풀 수 있으니까요. 그만큼 조선시대 여성 원혼의 이야기는 정절의 문제와 깊이 연관되어 있고, 그것은 곧 당대 여성의 삶에서 성의 문제가 얼마나 중요한 비중을 차지했는지를 말해주는 사례이기도 합니다.

귀신이야기의 비공식적 세계관

김갑수 하지만 귀신 중에는 원혼만 있는 것은 아니잖습니까? 다른 귀신들 이야기도 들려주시죠.

장윤선 사실 조선조 귀신이야기 중에서 가장 편수가 많은 것은 조상 귀신 이야깁니다. 지금도 '납량특집' TV 드라마 같은 것을 보면, 원혼의 이야기 못지않게 조상혼 이야기를 흔히 볼 수 있어요. 조상 귀신이야기는 조상 숭배가 중요했던 조선조에서 당연히 유통될 수밖에 없었죠. 원혼이 음지의 어두운 귀신이라면, 조상신은 양지의 밝은 신입니다. 그리고 조상신은 후

TV드라마 〈전설의 고향〉

손을 돕고, 후손의 잘못된 행동을 바로잡는 역할을 합니다. 한마디로 '질서유지'에 이바지하죠. 유교적 귀신론의 관점에도 딱 들어맞는 신입니다.

김갑수 그러면 조금 방향을 바꾸어서 귀신이야기와 함께 귀신을 퇴치하는 퇴마사의 이야기 같은 것도 있겠지요. 그런 소재는 요즘 판타지 소설이나 게임에서도 많이 활용되는 것 같던데요.

장윤선 그렇습니다. 성현(成俔, 1439~1504)의 《용재총화(慵齋叢話)》에 나오는 안공 (安公)의 이야기가 대표적이죠. 안공은 안향의 후손이라고 소개됩니다. 공교롭게도 안향은 유교적 사고로 무장하고 무당들과 대결해서 무속 귀신을 쫓아내는 데 혁혁한 공을 세운 인물이기도 하죠. 안공은 다른 사람이 보지 못하는 귀

安珦, 1243~1306

신을 보는 능력을 지녔을 뿐 아니라, 직접 귀신을 퇴치하기도 해요. 일제시대에 채록한 자료를 보면 농촌에서 귀신을 내쫓는다고 복숭아 나뭇가지로 귀신들린 사람을 때려서 죽인 이야기가 자주 나옵니다. 안공도 복숭아 나뭇가지로 귀신들린 소년을 치유하고, 우물 속에 사는 마을 귀신을 내쫓지요. 한마디로 사대부이면서도 무당의 자질을 가진 인물이죠.

김갑수   그러면 안공 같은 인물은 유교적 사회에서 공식적으로 수용되기 어려운 인물이 아닙니까?

장윤선   맞습니다. 그래서 《용재총화》 같은 개인 문집에서나 이런 이야기를 소개하는 것 같습니다. 거기 등장하는 인물은 공식적인 유교적 세계관과 대척점에 있다고 할 수 있어요. 《구비문학대계(口碑文學大系)》에 나오는 김판서도 그런 경우인데요. 판서라는 높은 직함을 가졌지만, 사실은 귀신을 나루는 사람이고, 냉정하며 잔인한 면이 있어요. 그는 이웃집의 귀신들린 도령을 치유하지만, 자신의 정체가 드러나자 떠나버립니다. 그리고 떠나면서 자신의 비밀을 누설한 하인을 처참하게 죽이고 가죠.

또 기생 귀신에게 홀려 매일 밤 귀신에게 정기를 빼앗기다가 결국 귀신을 속이고 탈출한 수령의 이야기도 있습니다. 이런 인물들은 모두 명분과 체면을 중시하던 사대부의 숨겨진 이면을 보여줍니다. 다시 말해 귀신이야기에는 '비공식적'인 세계관이 드러나 있어요. 이 세계에는 비합리적이고 비이성적인 인물이 등장하여 자신의 은밀한 욕망을 표출합니다. 귀신론이 공식적이고 합리적인 이론체계를 통해 귀신세세의 질서를 세우려고 했다면, 귀신이야기는 혼란스럽고 무질서한, 그리고 욕망이 꿈틀거리는 세계를 보여줍니다.

김갑수   그렇다면 당시 성리학으로 무장했던 엄격한 지배세력이 보기에 민간에 유통되던 귀신이야기는 사회질서 유지를 위해 경계해야 할 대상이 아니었습니까?

장윤선 　그렇습니다. 사실 그것이 매우 중요한 문제라고 봅니다. 조선 개국 당시부터 정도전을 중심으로 유교와 불교의 이데올로기 전쟁이 대단했죠. 아울러 그 싸움은 비(非)유교적인 존재와의 싸움이기도 했습니다. 유교의 틀 안에서 설명될 수 없는 영적 존재들은 모두 거부되었으니까요. 그런 상황에서 가장 큰 피해

鄭道傳, 1342~1398

를 본 쪽은 불교와 무속이었죠. 특히, 무속의 신들은 공적 세계에서 완전히 추방되기 이르렀고, 조선시대 내내 사대부들의 공격 대상이 되었습니다. 게다가 원혼의 존재는 곧 그 사회의 문제점을 암시하는 징후였기 때문에 더욱 배격의 대상이 되었던 듯합니다. 실제로 관에서는 걸핏하면 무당들을 성 밖으로 내쫓고, 무속 사당을 파괴했거든요. 이처럼, 귀신에 대한 논쟁은 곧 통치의 문제와 연관될 수밖에 없었습니다.

귀신, 현재와 과거의 접점

김갑수 그렇다면, 지금까지 말씀하신 조선조의 '귀신문화'는 오늘날에도 유지되고 있나요? 현대 사회에서 귀신은 어떤 형태로 나타납니까? 처음에 연구를 시작할 때부터 이 문제에 관심이 있었다고 하셨죠?

장윤선 그렇습니다. 귀신이 현대 사회에서 그토록 맹위를 떨치지 않는다면 굳이 연구할 필요를 느끼지 못했을 겁니다. 사실, 귀신은 우리 문화, 특히 서민 문화의 기층을 형성한다고 볼 수 있습니다. 집 밖으로 나가서 아무 방향으로나 십 분만 걸어보세요. 장죽에 깃발이 걸린 점집, 무당집을 어렵지 않게 발견할 수 있을 겁니다. 공적인 삶에서는 완전히 가려져 그 존재조차 부정하고 있지만, 귀신은 언제나 우리 곁에 있었고, 지금도 있습니다. 이런 현상을 뭐라고 설명해야 좋을지 모르겠지만, 어려운 일을 당하거나 꼭 바라는 일이 있으면, 사람들은 여전히 점집을 찾고, 특히 신 내린 용한 점쟁이가 있는 집을 찾

한숨을 웃음으로 바꾸는 능력
칼같은 예언과 소름끼친 공수

돈 문제, 관재, 병고치기, 남녀 애정운, 가정고민, 취직, 매매, 첩떼기 최고전문가

"현미야, 난 조선 팔도의 무당을 다 만나 봤지만 그렇게 용한 점괘를 뽑는 무당은 첨 봤어. 한번 만나봐. 십년 묵은 체증이 쑥 내려간다니까."

"남편 바람기와 자식들 땜에 속이 상한다고? 그래, 성불사가 그것 전문이야. 거기 가서 답이 안 나오면 내 손에 장을 지질게. 알았지?"

"부동산이 안 팔리고 돈줄이 막혔어? 그

▲불사복을 입고 내리는 공수를 들으면 오금이 저리고 머리털이 곤두서는 짜릿짜릿한 경험을 하게 된다. 이 공수를 들으려고 열차와 비행기를 타고 성불사를 찾아온다.

잡지에 실린 무속인 광고

아갑니다. 여성지, 주간지 광고면을 보시면 미래를 예언하는 신내린 무당, 무속인들의 광고로 도배된 것을 쉽사리 확인할 수 있어요. 다만, 공식적 언어로 점잖은 자리에서 말하지 않을 뿐이죠. 게다가 이제 귀신은 문화적 아이콘으로까지 활용되고 있습니다. 영화나 드라마 같은 영상문화에서는 물론이고, 소설이나 게임, 문구 캐릭터 등 사용되지 않는 영역이 거의 없다고 할 정도입니다.

종교 영역에서도 여전히 문제시되는 존재가 바로 귀신입니다. 현대 한국 사회의 거대 종교인 기독교에서도 귀신을 자주 언급하죠. 불교나 무속에서도 여전히 귀신, 혹은 영가(靈駕)의 문제가 중요합니다. 이것은 죽음의 영역에 대해 현대인이 어떠한 해답도 찾지 못하고 있다는 증거입니다. 인간의 삶과 죽음의 비밀을 풀지 못하는 한, 귀신의 존재는 앞으로도 꾸준히 거론되리라 봅니다.

김갑수　현대의 귀신은 어떤 모습으로 존재할까요? 유교에서 정의되었던 귀
　　　　신관과 어떤 점에서 유사하거나 다르다고 할 수 있을까요?

장윤선　음양의 조화로 귀신을 설명하려는 의식은 아직도 많은 사람에게 크
　　　　게 영향을 끼치고 있다고 생각합니다. 전통 동양철학에서 여전히 활
　　　　발하게 살아 움직이는 것이 아마도 음양의 개념이 아닐까 해요. 그런
　　　　점에서 귀신은 전통적 이데올로기를 현대에 구현하는 존재라고도
　　　　할 수 있죠. 물론, 천지 만물을 음양의 작용으로 설명하는 공식적 언
　　　　어는 이제 찾아보기 어렵지만, 여전히 많은 사람이 제사를 지내고 있
　　　　고, 또 원혼의 이야기가 심심찮게 들려오는 것을 보면, 유교적 관점
　　　　에서 정의된 귀신의 존재에 대해서 아직도 많은 사람이 공감한다고
　　　　봅니다.

김갑수　그렇다면, 원혼이 사회의 문제의식을 드러낸다든가, 원혼의 문제가
　　　　사회질서와 연관된다는 지적은 어떤 현상에서 확인할 수 있습니까?

장윤선　원혼은 문제적 존재이기 때문에, 현대 사회에서도 원혼의 등장은 사
　　　　회의 문제를 대변하는 현상입니다. 여성 원혼이 오늘날 대다수 귀신
　　　　이야기에 등장하는 현상 역시 같은 맥락에 있다고 봅니다. 여전히
　　　　여성의 문제가 풀리지 않기 때문이지요.
　　　　또 한 가지 주목할 만한 현상은, 현대의 과학적 세계관과 초월적 세

계관의 대결입니다. 몇 년 전 지상파에서 방영되었던 귀신 관련 프로그램이 '황당하고, 비과학적이고, 비교육적'이라는 비판을 받아서 도중하차했던 적이 있습니다. 흔히 볼 수 있는 현상이죠. 현대 사회에서 귀신은 과학적 세계를 부정하는 관념이고, 혼란을 가중하는 존재로 인식되기 때문입니다. 귀신과 관련된 이야기는 여전히 공적 세계에서 진지하게 다루어지지 않습니다. 사적 영역에서 귀신은 분명히 '있는' 존재지만, 공적 영역에서 '없는' 존재입니다. 그런 점에서 귀신에 대한 조선조나 현대 사회의 반응은 같다고 말할 수 있겠죠.

김갑수　　그렇군요. 이제 마지막으로 귀신담 연구가 앞으로 어떤 방향으로 전개될지, 전문가로서 한 말씀 부탁합니다.

장윤선　　귀신담 연구는 옛 문헌에 나오는 죽은 이야기가 아니라 현대에서도 활발하게 창작되는, 살아 있는 이야기입니다. 그리고 요즘처럼 영상과 미디어가 발전한 사회에서 귀신이야기는 문화 콘텐츠로서도 가치가 있다고 생각합니다. 요즘 크게 인기를 끄는 〈트와일라잇〉이나 〈해리포터〉 시리즈는 귀신, 요정, 마녀, 악마, 뱀파이어 등 인간의 범주를 뛰어넘는 존재들을 끌어들여 매력적인 캐릭터로 창작한 것들이죠.

영화 〈트와일라잇〉

이렇게 창작의 세계에서 귀신은 얼마든지 새롭게 재탄생될 수 있을 것입니다. 그리고 사회가 더욱 세분화하고 조직화해서 개인의 사적 영역이 줄어들수록, 과학과 합리성이 인간 사고의 영역을 장악하면 할수록, 귀신의 이야기는 더 큰 창의력을 발휘하면서 전개될 것으로 보입니다. 또 한편으로는 인간의 영원한 숙제, 죽음과 그 이후에 대한 해답을 궁금해하는 사람들에게도 끝나지 않는 이야기로 남아 있겠죠. 그래서 귀신이야기는 현대를 살아가는 사람들의 삶을 담은 기록으로 연구되고 탐구되어야 한다고 생각합니다.

한국인의 신화적 상상력

| 오세정 |

"우리 삶에 얽힌 이야기들은 신화나 전설이나 민담 곳곳에 배어 있습니다. 그리고 그것은 단지 옛날이야기가 아니라, 현재 우리의 모습을 비춰주는 거울이기도 합니다.

세월이 흐르면 지금 우리의 이야기 역시 설화가 되어서 전해질 겁니다. 우리의 모습을 잘 들여다볼 수 있는 것이 사실은 가까이 있는데, 어찌 보면 우리는 먼 곳에서 그것을 찾고 있었는지도 모릅니다. 앞으로는 입에서 입으로 전해지던 그런 이야기에 더 관심을 보여야 할 것입니다. 왜냐면 그것이 우리가 잊어버린 채 살아가는 우리의 자화상을 다시 한 번 들여다보는 계기가 될 수 있기 때문입니다."

오세정

한양대학교 학부대학 교수.
서강대학교 국어국문학과 졸업, 동 대학원 석사, 박사.
한국학중앙연구원 연구교수 역임.
주요 저서 : 《한국신화의 생성과 소통 원리》, 《신화, 제의, 문학》, 《설화와 상상력》, 《고전, 대중문화를 엿보다》

신화란 무엇인가

김갑수　우리나라 사람 중에 '춘향전'을 모르는 사람은 거의 없을 겁니다. 판소리로 들은 분, 책으로 읽은 분, 만화로 보신 분, 영화나 드라마로 관람하신 분도 계실 겁니다. 영화만 해도, 1923년 일본인 하야카와 고슈(早川孤舟) 감독이 만든 〈춘향전〉에서부터 임권택 감독의 〈춘향뎐〉(1999), 최근 엉뚱한 상상력으로 인기를 끈 〈방자전〉까지 춘향전을 모태로 한 작품은 수십 편이 제작되었죠. 그런데 기본적인 골격은 똑같습니다. 다만, 줄거리가 전개되는 방식이나 스타일, 표현하는 매체가 각기 다를 뿐이죠. 그런 점에서 춘향전의 줄거리 자체는 일종의 원형(原形)이라고 불러도 될 것 같습니다.

임권택 감독의 영화 〈춘향뎐〉

신화(神話)도 이와 같습니다. 수천 년 전부터 전해오는 신화는 오늘날에도 무수히 많은 형태로 계속 새롭게 변형되고 재생산되고 있습니다. 그처럼 수천 년을 지속하는 신화라면, 그 원형(原形)에 우리가 살펴봐야 할 만한 내용이 담겨 있겠지요. 오세정 교수는 특히 한국의 신화가 어떻게 형성되었고, 어떻게 퍼졌으며 그 의미는 무엇이고 그 배경이 된 상상력은 어떤 것인지를 연구한 학자인데, 어떤 계기로 한국 신화를 연구하게 되었나요?

오세정   '신화'라고 하면 그리스·로마 신화를 떠올리고, 한국 신화에 대해서는 잘 모르는 분이 많은 것 같습니다. 그러나 한국 신화에는 서양 신화 못지않게 다양한 세계가 있는데, 그것을 좀 깊이 있게 연구해보자는 생각에서 한국 신화와 관련된 주제들에 천착하게 되었습니다.

김갑수   우선, 신화나 전설, 설화 등의 개념부터 정리해보면 어떨까요?

오세정   문학이 어떻게 전해지느냐에 따라 글로 전승되는 기록문학과 말로 전해지는 구비문학으로 나눠서 이야기합니다. 구비전승에도 노래, 이야기, 연행(극)과 같이 여러 갈래가 있습니다. 구비전승되는 이야기 갈래를 통틀어서 '설화(說話)'라고 부릅니다.
그리고 설화에는 신들의 이야기를 다룬 신화, 지역적인 소재를 통해 전해지는 전설, 그리고 신화의 신성성이나 전설의 사실성과 달리 흥미 위주의 이야기인 민담이 있습니다. 이들이 모두 말로 전해지는 이야기의 갈래라고 보시면 될 것 같습니다.

김갑수　앞서 제가 신화의 원형을 언급했는데, 그 원형이라는 것을 어떻게 정의할 수 있을까요?

오세정　원형이란 참 매력적이면서도 어려운 말입니다. 앞서 말씀하신 것처럼, 오랜 세월이 흐르면 많은 것이 변하게 마련이지만, 변함없이 전해지는 것도 있을 겁니다. 뭔가가 사라지지 않고 그토록 오랜 세월에 걸쳐 전해지고 있다면, 거기에는 그럴 만한 이유가 있겠죠. 그것이 그 이야기를 전승해온 집단 내면에 있는 심리적인 것이든, 혹은 우리 일상생활과 밀접한 관계가 있는 의례적인 것이든 바로 그것이 오늘날 회자되는 이야기에서 찾을 수 있는 원형이 아닌가 싶습니다.

김갑수　어떤 사람은 원형을 근거로 하여 신화를 바라볼 때 모든 시대가 신화시대이며, 단지 그 시점에 걸맞은 변형이 있을 뿐이라고 말합니다. 따라서 우리는 오늘날에도 신화시대를 살고 있다고 주장합니다. 또 어떤 사람은 신화시대란 인간의 이성이 싹트기 이전의 선사시대를 말한다고 정의합니다. 어떤 주장이 옳은 겁니까?

오세정　어떤 시대가 신화시대라는 말에는 동의하기 어렵습니다. 예를 들어 주몽이 활동했던 시기를 신화시대라고 한다면 어폐가 있겠죠. 그 시대 사람들에게는 그 시대의 삶이 현실이었고 그것이 곧 역사니까요. 그리고 지금도 신화가 계속된다는 말에는 동의할 수 있지만, 신화시대가 있었고 그 다음에 이성의 시대가 있었다는 말에는 동의할 수 없군요. 왜냐면 역사시대와 선사시대를 구분하면 마치 선사시대가 신화시대인 것처럼 착각하기 쉬운데, 그런 것은 아닙니다. 실제로 예전에 사람들이 살았고, 그들은 자신의 삶을 이야기로 전했습니다. 그것은 '역사'라는 이름으로 기술되기도 했고, 문학과 같은 형태로 전해지기도 했습니다. 신화는 그런 역사나 문학이 분화하기 이전에 있었던 것입니다. 그것을 오늘날 우리 시각으로 편의상 그렇게 구분하는 것뿐이지, 그 시절을 신화시대라고 하여 원시시대나 이성이 발달하기 이전의 시대라고 규정하는 것은 동의하기 어렵습니다.

한국인의 창세신화

김갑수   이제 우리 신화의 세계로 들어가보도록 하지요. 우선, 세상이 만들어지는 이야기, 창세신화를 살펴봤으면 합니다. 우리 한반도에는 어떤 창세신화가 있습니까?

오세정   네, 많지는 않지만 몇 가지 창세신화가 전해집니다. 대표적인 것이 〈창세가〉라고 해서 한반도 북부지역, 특히 함경도 지역에서 전해지는 이야기가 있고, 또 제주도에는 〈천지왕본풀이〉라는 이야기가 있는데 내용은 비슷합니다. 그리고 조금 재미있는 설화로 일제시대 때 채록된 〈나무도령 이야기〉라는 것이 있습니다. 세상이 홍수로 멸망하고 나서 나무에서 태어난 남자 아이가 새로운 인류의 시조가 되었다는 이야기입니다.

김갑수   우리 창세신화에는 후천개벽 후에 미륵이 나타나서 세상을 재창조하고 구원한다는 미륵설화가 많지 않습니까? 그것은 창세신화하고 관계가 없는 겁니까?

오세정　물론, 관계가 있습니다. 〈창세가〉의 내용을 보면 하나였던 하늘과 땅이 쪼개지면서 탄생한 신이 미륵인데, 이 미륵이 인간을 만들고 별자리도 만들고 천지 만물을 정리합니다. 그러다가 미륵이 다스리는 세계에 새로운 존재, 도전자가 나타납니다. 그가 바로 석가인데, 미륵과 싸워 이기고 인간세계를 다스리게 됩니다.

이 설화에서는 미륵이 더 훌륭하고 능력이 뛰어난 신이지만, 속임수를 쓴 석가에게 패배하는 것으로 묘사됩니다. 그래서 석가라는 나쁜 존재가 인간 세계를 다스리기 때문에 이 모양 이 꼴로 타락하고 몰락할 수밖에 없다고, 신화는 전합니다.

김갑수　불교계에서는 별로 좋아하지 않겠는데요.

오세정　글쎄요. 현실 종교가 신화적 서사에 대해 불만을 토로할 필요는 없겠죠. 게다가 미륵신앙은 한국에 불교가 유입되었던 시기부터 꾸준히 유지되면서 이상세계를 꿈꾸는 불교적인 사회관을 표현했습니다. 특히, 소외된 민중이 사회 모순을 해결하는 구세주로서 미륵의 도래를 희구한 사례는 흔히 볼 수 있습니다. 그래서 미륵은 사회개혁의 이념적 상징이기도 했고, 특히 말세론이 유포되는 시기에 흔히 등장하지요. 그래서 지도자들은 민중의 지지를 얻으려고 미륵을 정치적으로 이용하기도 합니다. 백제의 무왕은 익산에 당시 동양 최대

규모의 미륵사를 창건하고 천도할 계획을 세우기도 했고, 신라에서는 화랑을 이끄는 국선(國仙)을 미륵의 현신으로 간주하기도 했습니다. 후삼국시대 궁예는 스스로 미륵을 자칭해서 대중의 지지를 얻었잖습니까?

결국, 현재의 이 세상이 좋지 않으니 새로운 구세주가 와서 세상을 바꿔야 한다는 소망을 표현한 것인데, 그런 맥락에서 미륵사상은 〈창세가〉에 나오는 이야기와 아주 밀접한 관계가 있다고 봅니다.

> 너 세월이 될나치면, 쩍이마다 솟대 서고,
> 너 세월이 될나치면, 가문마다 기생나고,
> 가문마다 과부나고, 가문마다 무당나고,
> 가문마다 역적나고, 가문마다 백정나고
> 너 세월이 될나치면, 합둘이 치둘이 나고
> 너 세월이 될나치면, 삼천중에 일천거사 나너리라
>
> 〈창세가〉 중에서

경기도 파주시 광탄면 용미리에 있는 쌍미륵불상. 보물 93호

김갑수   미륵의 저주가 사실은 우리 인간이 현실에서 끊임없이 겪는 고통을
          집약한 것일 수도 있겠네요.

오세정   네. 유토피아를 향한 열망은 현실세계에 대한 부정이 심해질수록 더
          욱 강렬해지니까요.

김갑수   그런 유토피아니즘이 창세신화의 한 특징이라면 모든 창세신화에
          그런 현세 부정적 요소가 공통으로 들어 있습니까?

오세정   네. 흥미롭게도 우리나라 창세신화에서는 그 같은 흔적을 자주 발견
          할 수 있습니다. 제주도에 가면 무당들이 들려주는 창세신화가 있

는데요, 그게 바로 〈천지왕본풀이〉입니다. 그 내용은 앞서 말씀드린 〈창세가〉와 아주 유사한데, '천지왕'이라는 절대 신이 있고, 아들이 둘 있습니다. 하나가 대별왕이고 하나가 소별왕인데, 이 두 왕자가 인간 세상을 차지하려고 서로 싸웁니다. 그래서 내기를 하는데 그 내용이 미륵과 석가의 내기와 비슷합니다. 그런데 능력이 모자란 소별왕은 속임수를 써서 대별왕에게 돌아가야 할 인간세상을 자기가 차지합니다. 대별왕은 치졸한 짓을 한 동생에게 인간세상을 줘버리고 자기는 저승을 다스리러 갑니다. 그래서 결국 소별왕이 인간세상을 다스리게 되는데. 소별왕은 원래 능력도 없고 속임수를 써야만 형을 이길 수 있는, 그런 존재이기 때문에 인간사회에는 늘 문제가 생긴다는 겁니다.

그리고 앞서 말한 〈나무도령 이야기〉에도 속임수가 나옵니다. 선녀와 지상에 있는 나무가 결합해서 멋진 아들을 하나를 낳는데, 선녀가 떠나고 나서 세상은 홍수로 물에 잠깁니다, 아들은 아버지 나무를 타고 세상을 떠돌게 되죠. 그런데 나무 도령은 물에 빠진 한 아이를 발견하자, 아버지 나무의 반대를 무릅쓰고 구해줍니다. 그 아이는 속임수를 써서 나무 도령을 위태롭게 만듭니다. 결국, 이 두 사람이 인류의 새로운 시조가 되는데, 이들 창세신화의 공통점은 인간세

계에서 좋지 않은 존재, 부정적인 존재, 몰락의 징표가 있는 존재가 우리 조상이었거나 우리를 다스리는 존재였다는 겁니다. 이것은 우리 신화에 공통으로 등장하는 원형에 가깝다고 볼 수 있겠습니다.

김갑수   지금 말씀하신 창조신화의 이런 요소는 한반도에 국한된 것입니까? 이곳 삶의 환경이 척박했기에 그런 요소가 신화에 공통으로 나타나는 것인가요?

오세정   꼭 그런 것은 아닌 것 같습니다. 서구 신화에서도 인간사회는 부정적으로 그려지니까요. 우선, 인류의 시조인 아담과 이브는 원죄를 짓고 후손을 낳지 않습니까? 오이디푸스는 타고난 운명대로 죄를 짓지요. 서구 신화의 신들이 바라보는 인간세상은 전쟁과 살인과 증오와 대립으로 가득 찬 세상입니다. 그래서 신화는 말합니다. 돌아가라. 태초의 세계로, 에덴동산으로, 죄 없는 세상으로 돌아가라. 그러나 인간은 스스로 죄를 지었기에 그런 세상으로 돌아갈 수 없습니다. 아담과 이브가 신의 명령을 어기는 잘못을 저질렀지, 신이 잘못을 저지른 것은 아니거든요. 신은 좋은 세상을 만들어줬는데 인간이 망쳐버린 거죠.

그런데 우리 신화는 다릅니다. 잘못을 저지른 존재는 인간이 아니라 신입니다. 석가의 잘못이고 미륵의 잘못이고, 대별왕, 소별왕의 잘못이거든요. 그런 점에서 보자면, 우리 신화가 훨씬 더 인간적입니다. 서구에서는 인간이 아니라 신을 탓하는 상황은 있을 수 없습니다. 기독교 전통에서 어떻게 감히 신을 원망할 수 있겠습니까?

〈스핑크스의 수수께끼를 푸는 오이디푸스〉, 장 오귀스트 도미니크 앵그르, 1808.

김갑수   신화에서는 상징물의 역할이 아주 중요한 것 같아요. 왜냐하면 신화
         적 인식이나 상상력이 그런 상징물을 통해서 표출되니까요. 창세신
         화에서 석가가 미륵과 대결하여 이겼을 때 석가가 지배하는 세상의
         질서를 거부한 두 승려가 있었다죠? 그들이 죽어서 바위가 되고 소나
         무가 되었다고 하는데, 그 이야기가 우리 애국가에도 나온다면서요.

오세정 　미륵이 세상을 다스릴 때 인간 남녀를 한 쌍만 만듭니다. 어떻게 만드느냐면 하늘에서 애벌레를 금쟁반과 은쟁반에 받아다가 남녀 한 쌍의 인간으로 탄생시킵니다, 그렇게 살다가 석가가 인간세상을 차지한 다음에는 한꺼번에 수천 명의 무리를 만들어냅니다. 미륵이 창조한 것이 초기 형태의 소수 집단이라면, 석가는 인간사회가 발달하는 과정에서 개체가 증가한 집단을 상징한다고 볼 수 있어요. 그런데 흥미롭게도 미륵은 생식(生食)을 하고 석가는 화식(火食)을 합니다. 석가는 음식을 불에 익혀 먹는 모습을 자기 무리에게 보여주는데, 두 사람의 중이 화식을 거부하고 굶어 죽습니다.

이 일화는 신화적으로 볼 때 중요한 의미가 있습니다. 미륵의 집단은 초기 문화를 의미하고 석가의 집단은 후기 문화를 의미하는데, 후기 문화에서는 개체가 갈수록 증가합니다. 그런데 개체가 갑자기 늘어나면 다른 자연물이나 다른 개체를 소진하게 되겠죠. 따라서 그에 걸맞은 음식문화 패턴이 필요한데, 생식으로는 불가능했을 겁니다. 그러니까 화식이 나왔겠죠. 그 말은 결국, 인간이 자연에 속한 여러 개체 가운데 하나가 아니라, 자연을 지배하는 존재로서 생태계가 수용할 수 없을 만큼 수가 늘어나고 자연을 변형시켜서 생존하게 되었다는 것을 의미합니다. 다시 말해 자연적인 상태, 조화와 영속의 자연에 대항하는 인위적인 문화가 시작되었다고 볼 수 있는 거지요. 결국, 인간 존재의 유한성과 개체를 늘리기 위해서 다른 자연물을 소진해야 하는 인간 문화에 대한 자기 부정이 자연의 세계에서 영원한 것으로 표상되는 바위와 소나무로 표현되었다고 볼 수 있겠습니다.

김갑수   자연과 인간, 생식 집단과 화식 집단… 문명사적 이해에서 문화인류학 범주로 확대되는군요.

오세정   그렇습니다. 신화가 어려우면서 재미있는 것이 바로 신화가 가지는 복합적인 성격 때문일 겁니다. 문학을 전공한 제가 예전에 신화에 관한 책을 썼는데, 이 책이 도서분류표상 문학이 아니라 사회과학으로 분류되어 있더군요. 방금 말씀하신 것처럼 신화에는 인류학, 문화

C. Lévi-Strauss, 1908~2009

인류학, 민속학, 문학, 역사, 종교, 철학이 모두 포함되어 있습니다. 신화를 단순히 문학 갈래라고 말할 수 없는 이유죠. 예를 들어 신화연구자의 대명사인 레비스트로스는 20세기의 대표적 인류학자이지 않습니까?

김갑수   신화는 문학적 상상력이 만들어낸 결과물이 아니라는 거군요.

오세정   엄밀하게 말해서 신화는 문학적 상상력(fiction)보다는 문화적 상상력의 산물이라고 할 수 있겠죠.

건국신화, 무속신화

김갑수 　그렇군요. 자, 다시 신화 이야기로 돌아옵시다. 미륵이나 석가는 신적인 존재인데, 신이라면 초월적 능력이 있는 절대자가 아니겠습니까? 그런데 우리 신화의 신들에게서는 서구의 유일신 신앙에서 볼 수 있는 절대성이나 그리스·로마 신화의 신들이 지닌 초월적인 능력이 미약한 것 같습니다. 우리 신화에서 신성은 어떻게 구현됩니까?

오세정 　실제로 우리 신화에서는 전지전능한 신을 찾아보기 어렵습니다. 우리 신화에서 대표적인 신이라면 해모수나 환웅을 들 수 있겠는데, 그 외에 신이나 그의 후손은 지극히 인간적인 모습으로 나타납니다. 건국신화에서 나라를 세운 시조의 이야기에는 그나마 권능을 보여주는 사례가 있지만, 서구의 신들과 비교할 정도는 아닙니다. 우리 신화가 서구나 다른 집단의 신화와 다른 점이 있다면 신이 하늘에서 지상으로 내려오는 것이 아니라, 지상의 존재가 신이 되는 이야기가 많다는 것입니다. 그 같은 경우는 아주 인간적입니다. 인간이 감당할 수 없는 고통을 극복함으로써 신이 되기 때문이죠. 이것은 우리 문화의 특징이라고도 볼 수 있습니다. 왜냐면 우리는 신을 숭배하기는 하지만 신과 함께 어울린다는 개념이 있거든요.

김갑수　그리고 신은 어디에나 있고요.

오세정　네. 부엌에도, 마을에도, 뒷동산에도 있지요.

김갑수　신화의 유형에는 건국신화와 무속신화가 있다고 하는데, 우리 전통 신화들은 어디에 어떻게 속하는지요?

오세정　우리나라에 전해지는 신화들은 크게 건국신화와 무속신화로 나눌 수 있습니다. 건국신화는 고대국가 탄생과 관련해서 주로 역사서와 같은 공식문서에 기록되어 전해집니다. 반면 무속신화는 민간신앙으로 변한 무속(巫俗)에서 무당들이 입에서 입으로 전승되어 전해졌습니다. 우리나라 고대국가 초대 왕들은 모두 건국신화의 주인공입니다. 고조선의 단군신화, 고구려의 주몽신화, 신라의 혁거세신화, 가야의 수로신화 등이 대표적인 예입니다. 반면에 무속신화는 민간에서 숭배되는 신들의 내력담으로 민간신앙 속 다양한 신들이 주인공으로 등장합니다. 망자를 천도하는 신, 생명을 점지하는 신, 마을을 수호하는 신, 농사를 장려하는 신, 집을 수호하는 신, 부엌 신 등이 있습니다. 처음에는 건국신화와 무속신화가 분리되지 않았을 것으

탈해(脫解)의 출현

포구에 한 늙은 할멈이 있어 이름을 아진의선(阿珍義先)이라 하였는데, 이가 바로 혁거세왕(赫居世王)의 고기잡이 할멈이었다.

그는 이 배를 바라보고 말했다.

"이 바다에는 본래 바위가 없는데 무슨 까닭으로 까치들이 모여들어서 우는가."

배를 끌어당겨 찾아보니 까치들이 배 위에 모여들었다. 그 배 안에는 궤 하나가 있었다. 그 배를 끌어다가 나무 숲 밑에 매어두었다. 그러나 이것이 흉(凶)한 것인지 길(吉)한 것인지 몰라서 하늘을 향해 고했다. 이윽고 궤를 열어 보니 단정히 생긴 사내아이가 하나 있고 아울러 칠보(七寶)의 노비(奴婢)가 가득 차 있었다. 그들을 7일 동안 잘 대접했더니 사내아이는 그제야 말을 했다.

"나는 본래 용성국(龍城國) 사람이오. 우리나라에는 원래 스물여덟 용왕이 있어서 그들은 모두 사람의 태에서 났으며 나이 5, 6세부터 왕위에 올라 만민을 가르쳐 성명(性命)을 바르게 했소. 팔품(八品)의 성골(姓骨)이 있는데 그들은 고르는 일이 없이 모두 왕위에 올랐소. 그때 부왕 함달파(含達婆)가 적녀국(積女國)의 왕녀를 맞아 왕비로 삼았소. 오래되어도 아들이 없자 기도를 드려 아들 낳기를 구하여 7년 만에 커다란 알(卵) 한 개를 낳았소. 이에 대왕은 모든 신하를 모아 묻기를, '사람으로서 알을 낳았으니 고금(古今)에 없는 일이다. 이것은 아마 좋은 일이 아닐 것이다' 하고, 궤를 만들어 나를 그 속에 넣고 칠보와 노비들을 함께 배 안에 실은 뒤 바다에 띄우면서 빌기를, '아무쪼록 인연 있는 곳에 닿아 나라를 세우고 한 길을 이루도록 해주시오' 했소. 빌기를 마치자 갑자기 붉은 용이 나타나더니 배를 호위해서 지금 여기에 도착한 것이오."

《삼국유사》 중에서

로 봅니다. 제정일치 사회에서 종교와 정치가 분리되고, 신화 속 인물들이나 그들의 이야기가 통용되는 영역이 구별되면서 한국에는 두 신화 체계가 형성되었다고 볼 수 있습니다.

김갑수 무속에서는 흔히 신이한 현상이나 괴이한 현상을 말하는데, 그 함의(含意)를 보면 부정적인 것도 있고, 긍정적인 것도 있는 것 같습니다. 우리 신화의 신성에는 어떤 함의가 있습니까?

오세정 예를 들어 어떤 존재가 알에서 나왔다고 하면 사람들은 그것을 신성한 징표로 보았습니다. 혁거세나 수로가 그랬죠. 그런데 주몽도 알로 태어났지만, 설화에서 보면 그의 탄생은 괴이한 일로 여겨집니다. 똑같은 난생(卵生)인데, 하나는 신성의 자질로 보고, 다른 하나는 인간 세상에서 받아들이기 싫은 징표로 보는 거죠.

여기서 중요한 것은 수용자들입니다. 사람들이 그 현상을 어떻게 받아들이느냐가 중요한 거죠. 예를 들어 《삼국유사》를 보면 연오랑·세오녀 부부의 이야기가 나옵니다. 이 이야기는 우리나라에서는 쉽게 찾아보기 힘든 태양신(太陽神) 신화로 볼 수 있는데, 신이한 사건이 일어났을 때 그 의미를 사건의 주인공이 아니라, 수용자가 결정한다는 점에서 살펴볼 만한 이야기입니다.

연오랑 세오녀는 신라 아달라왕(阿達羅) 때 동해 바닷가에 살던 부부인데, 어느 날 남편 연오랑은 미역을 따러 바닷가에 나갑니다. 그런데 올라섰던 바위가 갑자기 움직여서 일본의 한 섬에 도착합니다. 집으로 돌아오지 않는 남편을 찾아 나섰던 세오녀도 바위에 실려서 연오랑이 있는 섬에 도착합니다. 바다에서 바위를 타고 나타난 연오랑을 보고 섬 사람들은 신이한 인물로 받아들여 왕으로 삼습니다. 연오랑의 부인인 세오녀가 등장하자 당연히 왕후로 삼았구요. 그런데 문제는 이 두 사람이 신라를 떠나 일본으로 가버리자 신라의 해와 달이 빛을 잃어버린 것이죠. 다시 말해 연오랑과 세오녀는 해와 달의 정령이라고 볼 수 있습니다. 이들을 수용하고 신성시 여긴 일본의 섬 사람들은 그들을 일종의 해와 달의 신으로 여겼다라고 볼 수 있겠죠. 그들의 신이한 능력은 그것이 필요한 수혜자가 있기에 발휘되었다는 점에서 신화 수용자의 역할이 중요하다는 사실을 상징적으로 시사하는 사례라고 말할 수 있겠습니다.

신화적 인물의 공간이동과 그 의미

김갑수   신화를 문학 연구의 대상으로 삼을 때 여러 가지 주제를 발견할 수 있을 겁니다. 그중에서 '장소 이동'이라는 주제의 관점에서 살펴볼 때 연구자들은 바리데기 공주의 설화를 흔히 이야기합니다. 지옥까지 다녀온 바리데기의 여정은 공간이동의 측면에서 매우 흥미로운 주제인데, 거기에는 어떤 의미가 있을까요?

오세정   우리 신화에 등장하는 주인공들의 공통적인 특징 가운데 계속 재생 반복되는 대표적인 원형이 바로 공간이동입니다. 신화의 인물은 그가 속한 현실적 공간, 이 세계에서 다른 세계로 여행하는 과정을 반드시 거칩니다. 예를 들어 주몽도 자기가 태어난 부여에서 강을 건너 졸본지역으로 이동했죠. 환웅과 마찬가지로 혁거세나 수로는 하늘에서 지상으로 내려왔고, 탈해도 바다를 건너왔습니다. 이런 주제가 가장 잘 드러나는 신화가 바로 〈바리공주〉입니다. 인간세상에

태어났다가, 강물에 버려졌다가, 그
녀의 처지를 불쌍히 여긴 신성한 존
재들이 거둬서 함께 살다가, 다시 아
버지를 살리려고 약수를 구하러 저
승으로 가는데, 그 과정에서 지옥을
통과합니다. 이처럼 바리공주의 이
야기는 처음부터 끝까지 여행이야기
그 자체입니다.

주인공이 다른 세계로 간다는 것은
새로운 문화적 경험을 의미하고, 그

바리공주 초상

여행을 끝내고 전에 있던 공간으로 돌아온다는 것은 그가 속한 집단
의 문화적 가치가 증대된다는 것을 의미합니다. 그런 측면에서 여행
은 개인이나 집단의 성장이나 성숙, 보다 나은 세계로의 발전을 의
미하는 대표적인 장치라고 볼 수 있습니다.

김갑수   그 여행의 의미는 어떤 것입니까?

오세정   대부분 위대한 종교지도자는 자기 고향에서는 환영받지 못하지 않
습니까? 그래서 반드시 핍박을 피해 다른 지역으로 옮겨가게 됩니
다. 새로운 가치나 질서를 수립한다는 것은 그만큼 어렵고 힘든 일
이죠. 구질서 속에서 태어난 인물이 새로운 가치를 생성시키기 위해
서는 무언가를 습득하는 과정이 반드시 필요합니다. 이 같은 사유의
전형을 옛이야기에서 발견할 수 있습니다. 동서양을 막론하고 옛이

야기의 어린 주인공들은 집을 나가면서부터 이야기가 시작됩니다. 새로운 가치의 발견, 성숙을 위한 일종의 통과의례와 같은 것이라고 할 수 있죠. 더 많은 것을 배우고 더 큰 세계를 경험하고 돌아오기 위한 과정 말입니다.

김갑수   영웅의 이야기를 보면 고귀한 신분이지만 비천하게 살고 고난의 길을 걷다가 어떤 계기에 놀라운 업적을 이룬다는 전형적인 구조가 있습니다. 그런데 지금 말씀하시는 것처럼, 자기 땅에서 환대받지 못한 주인공이 고난의 과정을 겪는다는 것은 신화의 세계에서도 반복되는 패턴이라고 할 수 있겠군요.

오세정   네. 제우스처럼 절대권능을 가진 신이라면 그렇지 않겠죠. 제우스에게 문제가 있다면 어떻게 헤라의 눈을 피해서 바람을 피우냐는 정도입니다. 물론 제우스도 처음 탄생 과정에서는 아버지 크로노스의 위험을 피해야 하는 시련을 겪지만, 그렇다고 여행을 떠나지는 않습니다. 그런데 아킬레우스나 헤라클레스처럼 절대권능의 신도 아니고 보통 인간도 아닌 반신반인은 반드시 시련과 더불어 험난한 여행길에 오릅니다. 당대 최고의 괴력의 소유자, 어떤 칼과 창에 찔려도 죽지 않는 영웅들이 결국 죽음을 맞이하죠. 어떻게 보면 삶에서 죽음으로 가는 과정 역시 하나의 여행이라고 볼 수 있습니다. 그들의 그런 점이 일반 독자나 전승 집단에는 아주 매력적으로 비치죠. 그런 캐릭터가 영웅의 전범이 되었다고 보는데, 우리 신화에서 비슷한 사례를 들자면 주몽이나 탈해와 같은 인물이 되겠죠.

신들의 변신

김갑수   건국신화의 주인공인 석탈해뿐만 아니라 주몽도 죽음 이후의 행적
이 신비스럽게 그려집니다. 단군은 산신이 되었다고 하지요. 이처럼
신화에 등장하는 인물의 변신 혹은 변이에는 어떤 의미가 있는지요?

오세정   오비디우스는 그리스·로마 신화를
묶어서 책으로 내면서 제목을 《변신
이야기》라고 붙였습니다. 우리 신화
에서도 신들의 변신이 아주 중요한
특징이라고 봅니다. 태어날 때도 그
렇고 죽고 나서도 그렇습니다. 말씀
하셨다시피 단군은 인간 왕(人君)으
로서의 삶을 마감하고 산신이 되고,
주몽은 천마를 타고 하늘로 승천합

Ovidius, BC 43~AD 17

니다. 이렇듯 인간세계에서 초대 왕을 하던 신화의 주인공들은 새로운 존재, 신으로 변신하는 거죠. 태어날 때에도 우리의 주인공들은 변신의 의미를 강렬하게 표출합니다. 가령, 탈해가 알로 태어난 것도 두 차례의 탄생을 의미합니다. 한 번은 어미 뱃속에서 나오고, 또 한 번은 알을 깨고 나오죠. 그리고 그는 죽음 이후에도 새로운 존재로 변신합니다. 그러니까, 변신에는 재생, 갱신, 부활의 의미가 있다고 볼 수 있습니다.

김갑수   그리고 우리 신화에서는 인간이었다가 신이 되고, 신이었다가 인간이 되는 존재의 변화를 자주 볼 수 있지 않습니까?

탈해의 죽음

탈해는 재위 23년 만인 건초(建初) 4년 기묘(己卯)에 죽어서 소천구(疏川丘) 속에 장사지냈다. 그런데 뒤에 신(神)이 명령하기를 "조심해서 내 뼈를 묻으라"고 했다.

그 두골(頭骨)의 둘레는 석 자 두 치, 신골(身骨)의 길이는 아홉 자 일곱 치나 되었다. 이[齒]는 서로 엉기어 하나가 된 듯도 하고 뼈마디는 연결되어 있었다. 이것은 이른바 천하에 짝이 없는 역사(力士)의 골격이었다. 이것을 부수고 소상(塑像)을 만들어 대궐 안에 모셔두었다. 그랬더니 신이 또 말하기를 "내 뼈를 동악(東岳)에 안치해두어라" 했다. 그래서 거기에 봉안케 했던 것이다.

어떤 사람은 말하기를, 탈해가 죽은 뒤 문호왕(文虎王) 때 조로(調露) 2년 경진(庚辰) 3월 15일 신유(辛酉) 밤 태종(太宗)의 꿈에 몹시 사나운 모습을 한 노인이 나타나 말하였다. "내가 탈해이다. 내 뼈를 소천구에서 파내다가 소상을 만들어 토함산에 안치하라." 왕은 그 말을 좇았다. 그런 까닭에 지금까지 제사를 끊이지 않고 지내니 이를 동악신(東岳神)이라고 한다.

오세정 네. 인간보다 우월한 존재인 신이 인간으로 바뀌는 것은 그리 의미 있는 변신은 아닙니다. 그러나 왕이 되는 것은 대단한 일이지요. 현실적으로 한 개인이 왕이 될 수 있는 조건은 하나밖에 없습니다. 아버지가 왕이어야 하지요. 지금도 마찬가지입니다. 그 외에는 역성혁명(易姓革命)의 경우밖에 없죠.

그런데 신화에 등장하는 초대 왕들은 대부분 아버지가 없어요. 스스로 왕권을 창출했기에 아버지 없이 태어난 것으로 받아들여져야 했기 때문이었죠. 그래서 건국신화에는 초대 왕이 하늘에서 알의 형태로 떨어졌다거나, 알을 깨고 나왔다는 서사가 흔한 겁니다.

김갑수 설령, 생부가 있어도 자신의 신격화를 위해 밝힐 수 없었겠군요.

오세정 아버지의 존재를 아예 지워버리는 거죠. 환웅이나 해모수는 막강한 힘을 가진 성인(成人)의 형태로 인간세상에 출현해서 스스로 왕이 되었지만, 주몽은 지상에 태어났을 때 이미 금와라는 강한 군주가 존재했기 때문에 나중에 왕이 되기까지 엄청난 시련을 겪어야 했죠. 처음에는 해모수가 아버지라고 했지만, 실제 태어난 곳은 금와의 부어궁입니다. 그리고 고구려를 세우고 나서 자신의 성을 '고'씨로 바꾸어버립니다.

김갑수 반면에 환웅이나 해모수는 신이었다가 인간이 되었는데, 앞서 그것은 그리 대단한 일이 아니라고 하셨잖아요? 왜 그렇죠?

오세정 　인간은 누구나 변신을 꿈꾸지 않습니까? 오늘보다 나은 내일, 지금의 나보다 나은 내 모습을 꿈꾸게 되는데, 신이 인간으로 변신하는 것은 충분히 가능한 일이죠. 높은 단계에서 낮은 단계로 내려오는 것이니까요. 중요한 것은 낮은 단계에서 높은 단계로의 변신인데, 환웅은 지상에 내려와서 다스리다가 웅녀가 결혼하고 싶어하자 잠시 인간으로 변신해서 결혼하고 단군을 잉태하게 해줍니다. 이건 어려운 일이 아니거든요. 뛰어난 존재가 낮은 존재로 변신하는 것이니까요. 그런데 신이 인간세계의 왕이 되는 것은 단순히 신에서 인간으로 변신했다고 할 수는 없습니다. 아까도 말했다시피 지상에서의 왕은 제일의 지존을 의미하는 것이고 특히 초대 왕은 인간으로서 감히 할 수 없는 지상최대의 과업이기 때문입니다. 따라서 왕으로의 변신은 신이라 하더라도 결코 쉽게 할 수 있는 과제는 아니라고 봐야죠.

설화와 상상력

사람들은 이야기하기를 좋아하며 이야기 듣기를 좋아한다.

이야기를 통해서 사람들은 세상을 인식하고 소통하고 자신들의 삶을 특정한 틀 속에서 형상화하고 간직해왔다.

오랜 세월 많은 사람들이 공유하고 전승해 온 이야기야말로 인간의 역사와 문화를 이해하는 데에 있어서 더없이 중요한 자료가 된다.

특히 입으로 전해지는 이야기, 설화는 기록 문학과는 달리 전승집단의 실생활과 보다 강하게 밀착되어 있으며 여기에는 사람들의 삶의 모습, 사유와 표현이 고스란히 녹아 있다.

오세정, 《설화와 상상력》 중에서

신화는 우리 자신의 이야기다

김갑수   신화에서 변신이라는 주제는 매우 흥미롭습니다. 그것은 아마도 힘 겹고 고통스러운 현실에서 벗어나고 싶다는 민중의 열망이 투영된 것이 아닌가 합니다. '스토리텔링'이라고 하나요? 신화적 소재를 이 야기 구조로 삼아서 다양한 형태로 재창조하는 작업에 관심을 보이 시겠죠?

오세정   네. 우리가 유적지를 방문하면 건축물 자체의 아름다움에 감탄하지만, 사실은 그 건축물에 얽힌 이야기를 들었을 때 더 오래 기억하고, 감동도 큽니다. 아무 리 하찮은 사물이라도 거기에 아름다운 사연이 깃들어 있으면 사람들은 그걸 기억하거든요. 미래학자 롤프 옌센은

R. Jensen, 1942~

"미래 세계에는 상품이 아니라 이야기를 팔고 감성을 팔 것이다"라고 했습니다. 방금 말씀드린 유적에 얽힌 이야기처럼, 우리 삶에 얽힌 이야기들은 신화나 전설이나 민담 곳곳에 배어 있습니다. 그리고 그것은 단지 옛날이야기가 아니라, 현재 우리의 모습을 비춰주는 거울이기도 합니다. 어린이들도 아는 나무꾼과 선녀 이야기만 놓고 보더라도, 천상과 지상의 관계, 결혼생활에서 여성의 정체성 상실, 아내와 어머니 사이에서 갈등을 겪는 남자 등 오늘날 우리 사회가 겪는 보편적인 사건들이 고스란히 담겨 있습니다. 그것을 우리가 얼마나 잘 활용하느냐에 따라 아주 좋은 문화상품이 될 수 있으리라 믿습니다.

김갑수　신화는 예나 지금이나 변함없이 우리 곁에 있지만, 그 원형적인 이야기를 바탕으로 해서 일반의 호기심을 자아내는 새로운 이야기들을 끊임없이 개발하고 창작해야 할 것 같습니다. 신화 연구가로서 우리 신화의 중요성을 잘 알고 계시겠지만, 신화에 의미를 부여하고 늘 새롭게 개발해야 할 이유에 대해 한 말씀 부탁하겠습니다.

오세정　설화는 원래 말을 모르는 사람들의 기억, 기록되지 않은 역사입니다. 여기에는 단순히 역사적 사건만 존재하는 것이 아니라, 그 사람들의 오랜 삶과 가치관, 세상과 대면하면서 느꼈던 행불행, 그리고 거기서 벗어나고 싶은 욕망, 이런 모든 것이 들어 있습니다. 그래서 옛날이야기가 단순히 옛날의 이야기가 아니라 지금까지 살아남은 것이고, 오늘날 우리의 모습을 오히려 더 잘 반영하고 있습니다.

세월이 흐르면 지금 우리의 이야기 역시 설화가 되어서 전해질 겁니다. 우리의 모습을 잘 들여다볼 수 있는 것이 사실은 가까이 있는데, 어찌 보면 우리는 먼 곳에서 그것을 찾고 있었는지도 모릅니다. 앞으로는 입에서 입으로 전해지던 그런 이야기에 더 관심을 보여야 할 것입니다. 왜냐면 그것이 우리가 잊어버린 채 살아가는 우리의 자화상을 다시 한 번 들여다보는 계기가 될 수 있기 때문입니다.

한국 미인

| 조용진 |

"오늘날 외모지상주의나 외모에 대한 지나친 집착은 우리가 전통적 사고에서 너무 빨리 벗어나면서 생긴 현상이 아닐까요? 바쁘게 돌아가는 현대 사회에서 자신의 인격이나 소양, 도덕성과 같은 정신적 가치를 남에게 보여주기란 쉬운 일이 아닙니다. 그런 가치는 시간이 흐르면서 자연스럽게 드러나는 법인데, 그러기에는 요즘 같은 대인 관계에서 시간이 절대적으로 모자라죠. 그러나 외모는 순식간에 상대가 호불호를 결정하게 하고, 외모가 뛰어날 수록 상대에게 선택될 확률은 그만큼 높아집니다. 그러나 뭐든지 지나치면 부정적인 요소가 그만큼 많이 생기게 마련입니다. 저는 이런 풍조가 우리 사회의 특성을 형성한 것은 틀림없지만, 이처럼 본연의 인간을 소외시키는 말초적인 욕구를 조금 자제하고 우리 조상이 중요시하던 정신적 가치를 돌아보는 것이 좋지 않을까, 생각합니다. 그것이 돌이킬 수 없이 추락하는 인간의 존엄성을 회복하는 길이기도 하니까요."

조용진

한남대학교 미술대학 교수.
홍익대학교 동양화과 졸업, 동 대학원 석사, 도쿄예술대학 대학원 미술해부학 박사.
서울교육대학교 미술대학 교수 역임, 한국 뇌 학회 이사, 얼굴연구소 소장.
주요 저서 : 《얼굴, 한국인의 낯》, 《우리 몸과 미술》, 《미인》

미인의 기준은 변한다

김갑수 '한 번 보고 두 번 보고 자꾸만 보고 싶네, 모두 좋아하네, 모두 사랑하네…'

신중현 씨의 유명한 가요 〈미인〉의 한 대목입니다.

생각해보면, 미인은 정형적으로 정해져 있다기보다는 시대와 유행에 따라 그 정의가 달라지는 것 같습니다. 그런데 외모가 요즘처럼 중요한 때가 또 있었나 싶습니다. 외모가 입사시험에서 당락을 결정하고, 남녀관계에서도 아주 중요한 요소로 작용하지요. 특히, 여성의 외모에 대해서는 아직도 우리 사회의 선입관이나 편견이 심각한 것 같습니다.

조용진 교수께서는 미모를 역사적으로, 사회학적으로 연구하시는 분인데, 조금 생소하게 들리는 '얼굴학'이란 무엇을 연구하는 분야인지 설명해주시겠습니까?

조용진 얼굴학은 말 그대로 얼굴의 문화적 의미를 살펴보는 분야입니다. 자연과학자가 자연현상을 연구대상으로 설정하듯이 사람의 얼굴을 연구하여 그 결과를 토대로 공학적인 응용방법을 모색하는 거지요. 그리고 얼굴과 관련된 문화현상을 연구합니다. 조선시대에는 어떤 유형의 얼굴을 아름답다고 느꼈는데, 오늘날에는 왜 그렇게 느끼지 않는지, 아름다움에 대한 한국인의 인식이 왜 변했는지, 그것이 긍정적인 변화인지, 이런 문제들을 살펴보는 겁니다. 그러니까, 얼굴과 관련해서 한국인이 추구하는 미적 가치의 소재를 파악하는 거죠.

김갑수 그렇군요. 옛날 자료를 보면 여자의 얼굴은 둥글납작하고, 앵두 같은 입술에 초승달 같은 눈썹, 외꺼풀 긴 눈에 백옥 같은 하얀 피부를 가져야 미인이라고 했는데, 대표적으로 신윤복(申潤福, 1758~?)의 〈미인도(美人圖)〉를 보면 어떤 모습인지 상상할 수 있습니다. 그런데 이제는 갸름하고 작은 얼굴에 쌍꺼풀진 큰 눈이 미인의 조건이라고 하여 성형의사들이 성업하고 있지 않습니까?

조용진 네. 그렇게 변했습니다. 얼굴의 500개 지점을 계측해서 그 수치를 바탕으로 최근 20년간 한국인 얼굴의 변화를 살펴보니까, 요즘 우리가 미인으로 여기는 모습으로 변화하는 것이 사실입니다. 또 한 가지 흥미로운 점은 어느 사회에서나 미인으로 통용되는 얼굴이 결혼에서 우위를 차지한다는 것입니다. 그래서 미인은 보통 사람보다 자녀를 16.5퍼센트 더 많이 낳습니다. 결과적으로 그 사회가 지향하는 얼굴의 인구가 조금씩 늘어나는 거죠.

〈미인도〉, 신윤복

민족의 특징적 얼굴의 형성

김갑수 　동북아시아에서 한국·중국·일본을 자주 비교하는데, 통계적인 연구를 바탕으로 중국인, 일본인과 다른 한국인 고유의 얼굴을 찾을 수도 있겠군요.

조용진 　그렇습니다. 사람의 얼굴은 민족적·지역적으로 고유한 형태로 형성됩니다. 왜 그런 얼굴이 생기느냐. 사람도 포유동물이기 때문에 다른 동물처럼 4킬로미터 이내에 거주하는 이성과 결합하는 확률이 매우 높습니다.

결혼은 남자와 여자가 만나야 성립되잖습니까? 그런데 두 사람 사이의 물리적 거리가 4킬로미터를 넘어가면 만나기 어렵습니다. 이동 거리가 너무 먼 거죠. 반면에 4킬로미터 이내에서는 만날 확률도 높아지고, 만나는 빈도도 높아집니다. 만나다 보면 서로 잘 이해하게 되고, 그러다 보면 정도 들고, 결혼에 골인하는 거죠.

또 생물학적 요인도 있습니다. 여성의 성 페로몬(pheromone)이 반경 4킬로미터까지 풍깁니다. 그래서 한 여자의 동물적 매력이 4킬로미터 이내에 있는 남성에게 영향력을 발휘하는 겁니다. 남성에게는 코의 입구에 페르몬을 감지하는 '서비후각계'라는 전용 회로가 있습니다. 그래서 인접한 남녀는 서로 잘 찾고 잘 만나게 되어 있는 거죠.

그렇게 남녀가 만나서 결혼하게 되는데, 여기서 주목할 점은 외모가 비슷한 사람끼리 결혼하게 된다는 겁니다. 예를 들어 눈썹 흐린 남자는 눈썹 흐린 여자를 만날 가능성이 큽니다. 그런 현상은 인구 이동과 직접적인 관련이 있습니다. 눈썹 흐린 남자와 눈썹 흐린 여자가 결혼하면 눈썹 흐린 자식들을 낳게 되죠. 그래서 그 지역에는 눈썹 흐린 사람이 많아집니다.

이런 원리로, 중국에서는 중국 사람끼리 결혼하고, 한국에서는 한국 사람끼리 결혼하고, 이렇게 오천 년, 만 년 계속하다 보면 중국 사람과 한국 사람의 용모가 달라집니다.

게다가 얼굴의 특징을 결정하는 유전자의 수는 아주 적습니다. 그래서 사라지지 않고 자손에게 잘 전해지기 때문에 지역마다 특징적인 용모가 생기는 거지요. 그래서 같은 동양인이라도 중국인, 일본인, 한국인의 용모가 다르고, 그 특징이 점점 강화됩니다.

미인과 감성

아름다움이란 무엇인가?

인간의 이성, 감성, 야성 가운데 아름다움은 특히 감성에 호소한다.

미모를 가꾼다는 것은 감성적 쾌감을 이용하여 사회적 이점을 추구하려는 행
위이다.

특히 사람들은 이성보다는 감성에 훨씬 더 강하게, 직접적으로 지배당하는 것
이 사실이다.

세상을 보라. 감성적 이미지와 감성적 언어들이 세상 곳곳을 배회하며 매력을
발산한다.

큐피드의 화살은 이성을 상징하는 책이나 야성을 상징하는 헤라클레스의 몽
둥이보다 훨씬 더 빨리 우리를 지배한다.

미인의 지닌 감성의 힘은 큐피드의 화살이 되어 우리의 이성을 마비시키고
야성을 충동질한다.

미인의 평가에 작용하는 가치 개념

김갑수　지리적 여건이 한국인의 외형적 정체성 형성에 큰 역할을 하는군요.
오늘 이야기의 주제이기도 합니다만, 지리적인 여건과 관련해서 미
인에 대한 인식은 어떻게 달라지나요? 선생님은 저서에서 '미인은
상대에게 쾌감을 느끼게 함으로써 감성적인 힘을 발휘한다'고 하셨
는데, 그 쾌감의 성격도 시간과 공간에 따라 변하지 않을까요? 아름
다움은 보는 이의 주관에 따라 달라질 수도 있고, 또 시대에 따라 미
의 기준도 변하지 않습니까? 신윤복의 〈미인도〉에 등장하는 인물
을 보고 현대인도 미인이라고 할까요?

조용진　앞서 말씀드렸듯이, 조선시대에도 오랜 세월 같은 지역에서 비슷한
사람끼리 모여 살다 보니 조선인의 전형적인 얼굴이 형성되었습니
다. 말하자면, 가장 조선인다운 얼굴은 가장 익숙한 얼굴이고, 그런
얼굴이 미인으로 인식되었던 거죠. 그래서 신윤복의 〈미인도〉에 나

오는 인물은 당시 우리 한국 사람의 가장 특징적이고 원형적인 얼굴을 보여줍니다.

요즘은 눈·코·입이 작고, 눈썹이 희미하고 짧고, 동글납작한 얼굴을 보면 그냥 '미인'이라고 하지 않고, '고전미인'이라고 하지요. 그러나 조선시대에는 그런 얼굴이 전형적인 미인이었던 거죠.

인간은 가치를 추구하는 존재인데, 가치판단에는 이성이 작용하지 않습니까? 그런데 아름다움을 인식하는 감성적 영역에 바로 이 가치 개념이 개입하는 현상을 확인하게 됩니다.

예를 들어 해방 이후 한국에 들어온 서양인들을 긍정적으로 평가하게 되면서 한국인의 가치관에도 변화가 생깁니다. 긍정적인 가치를 부여한 서양인에 대해 감정적으로 미의식이 작동하죠. 서양인의 얼굴을 미인으로 인식하는 감정적 간섭이 일어나는 겁니다. 그래서 한국인 중에서도 서양인을 닮은 얼굴, 윤곽이 뚜렷하고 이목구비가 분명한 사람을 미인으로 인식하는 현상이 생긴 거예요.

서구적 인상의 한국 배우

김갑수 요즘도 우리나라에서 유명 서양 배우들의 인기가 높은 것을 보면 해방 이후 오랜 세월이 흘렀지만, 사정은 마찬가지인 것 같습니다. 그런데 선생님이 말씀하셨듯이 서양인들에게 '긍정적 가치'를 부여한다는 것은 무엇일까요? 옳고 그름을 가리는 도덕적 가치는 아닌 것 같습니다. 그보다는 더 부유하고, 더 강하고, 더 압도적이라는 우월성, 혹은 유용성을 말하는 것이 아닐까요?

조용진　네. 결국은 살아가는 데 유용한 것, 유리한 것이기 때문에 그것을 아름답다고 보는 겁니다. 이처럼 미(美)에는 유용성의 개념이 포함되어 있어요.

김갑수　그럼, 미의 기준에도 어떤 것이 더 바람직하다는 방향성이 있겠네요. 그렇다면, 요즘 젊은 층은 전통 미인보다는 서구화한 얼굴형을 좋아하는데. 그것이 올바른 방향이라고 봐야 하는 겁니까?

조용진　그러니까, 우리는 과거의 역사에서 배우고, 지혜를 얻어야 하지 않습니까? 어떤 사회가 융성하고 발전할 때는 턱이 큰 얼굴을 미인으로 인식했습니다.
그리스 초기, 기원전 7~6세기 아르카익(archaic) 시대 조각들의 얼굴을 측정해보면, 이마보다 코가 길고, 코보다 턱이

아르카익 시대 조각상

깁니다. 길이만 긴 게 아니라 옆도 큽니다. 하관(下觀)이 큰 얼굴을 미인으로 봤던 겁니다.

그러다가 기원전 5~4세기 고전시대(classic era)에는 이마, 코, 턱의 비율이 정확하게 1 : 1 : 1인 얼굴을 미인으로 간주합니다. 대표적으로 프락시텔레스가 제작한 비너스의 두상을 보면 알 수 있죠. 그러나 기원전 3~1세기 헬레니즘 시대가 되면 턱이 작은 얼굴이 미인으로 인식되죠. 남자나 여자나 마찬가지입니다. 유럽 회화의 흐름에서도 이런 경향을 찾아볼 수 있습니다. 프랑스에서는 바로크 예술의 절정을 이루었던 태양왕 루이 14세가 죽자, 중앙의 절대권력이 약해지면서 귀족들의 밝고 유쾌하고 선정적인 향락문화가 성행합니다. 소위 로코코라고 부르는 것이죠. 이 시기 회화의 주제를 보면 육체적 쾌락이나 우아함, 남녀간의 가벼운 사랑이 대세를 이룹니다. 당시 북미에서 식민지를 독점하고 세력을 확장하던 영국 같은 나라와 비교하면 프랑스는 국력이 쇠퇴한 시기라고 볼 수 있어요. 이 시기에 나온 회화의 인물은 대부분 섬세하고, 연약하고 턱이 작습니다. 그런 인물을 미인이라고 본 거죠. 프라고나르(J. Fragonard 1732~1806)나 부셰(F. Boucher, 1703~1770)의 그림에 등장하는 인물을 보시면 이해가 가실 겁니다.
루이 16세는 이 퇴폐한 분위기를 일신하려고 프랑스 아카데미를 설립하고 국가적으로 화가를 양성하면서 애국적인 분위기를 조성합니다.

프락시텔레스의 비너스상, 기원전 4세기

그렇게 신고전주의가 탄생하는데, 이때 회화에 등장하는 인물들을 보면 턱이 크고 강하게 묘사됩니다. 신고전주의 화가 다비드(J. David, 1748~1825)나 그의 제자였던 앵그르(D. Ingres, 1780~1867)의 그림을 보시면 쉽게 확인할 수 있어요.

김갑수   당대 사람들의 얼굴이 그렇게 하루아침에 달라지지 않았을 텐데, 화가가 대상을 바라보는 시각이나 표현하고 싶은 대상을 선별하는 의식에 변화가 생겼다고 봐야겠군요. 그리고 집단적인 의식이 일정한 방향으로 변해가면 현실에서도 점차 그런 얼굴을 가진 인물이 늘어나겠죠?

조용진   그렇습니다. 우리나라에서도 조선시대 초기에는 '맏며느리 형'이라고 부르는 큰 얼굴을 미인이라고 했어요. 요즘도 얼굴이 넙적하고, 통통하고, 후덕하게 생긴 처녀를 보면 '부잣집 맏며느리감'이다, 그러잖아요. 구한말 채용신(蔡龍臣, 1850~1941)이 서양화법을 이용하여 그린 〈운낭자상(雲娘子像)〉에서 그런 유형을 확인할 수 있습니다.

밀로에서 발견된 비너스상 기원전 2~1세기

〈비너스의 탄생〉, 프랑수아 부세(François Boucher, 1703~1770)

〈그랑드 오달리스크〉, 장 도미니크 앵그르(Jean Auguste Dominique Ingres, 1780~1867)

운낭자는 평안도 가산(嘉山) 군수 정시(鄭蓍)의 소실입니다. 실제 이름은 최연홍(崔蓮紅, 1785~1846)이죠. 운낭자가 27세 때인 순조 11년(1811)에 홍경래의 난이 일어나 남편과 시아버지가 적들에게 맞아 죽는 일이 벌어집니다. 운낭자는 이들 시신을 거둬서 장사지내고, 죽어가는 시동생을 집에 숨겨두고 정성껏 간호해서 살려냅니다. 난이 평정되고 나서 조정에서는 위기의 순간에 의열(義烈)을 보인 이 여인의 행적을 가상히 여겨서 기적(妓籍)에서 제외시키고 전답(田畓)까지 하사했다고 하죠. 그리고 운낭자의 초상화를 임란 때 의기인 계월향(桂月香, ?~1592)의 초상화와 함께 평양의 의열사(義烈祠)에 배향했다고 해요. 이 일화 역시 당시 미인의 기준이 단순히 외모의 아름다움이 아니라, 행실의 아름다움을 중요시했다는 것을 알려주는데, 채용신도 그림에서 운낭자가 아기를 품은 모습으로 묘사해서 미모보다는 모성애와 같은 심성을 더욱 강조했죠.

이 작품을 〈운낭자 이십칠세상(二十七歲像)〉으로 부르기도 하는데, 사실 채용신은 최연홍이 죽고 나서 2년 후에 태어났으니 실물을 본 적도 없습니다. 오로지 상상으로만 이 여인의 27세 때 모습을 그린 거죠. 최연홍은 조선 후기 여인입니다만 조선 초기에 사람들이 미인형으로 여겼던 맏며느리 형 얼굴을 잘 보여

〈운낭자상〉, 채용신, 1914.

줍니다.

채용신이 운낭자의 모습을 그릴 때 바로 그런 후덕한 맏며느리 형 얼굴, 넙적하고 턱이 큰 모습을 상상해서 그리지 않았나 합니다.

그러나 조선 중기에 오면 이마, 코, 턱의 비율이 1 : 1 : 1인 얼굴을 미인으로 보는 경향이 두드러집니다. 그러다가 신윤복이 〈미인도〉를 그리는 시점에는 턱이 작고 앳된 얼굴을 미인으로 인식하게 됩니다. 앞서 17~18세기 유럽 예술의 변화를 말씀드리면서, 왕권이 가장 강성했던 프랑스의 절대군주 루이 14세 시절 정점에 달했던 바로크 예술이 점차 사회가 타락하고 국력이 쇠퇴하면서 로코코 양식에 자리를 내주었고, 이후에 루이 16세가 프랑스 예술의 부흥을 꾀하고자 했을 때 신고전주의 경향이 나타났다는 말씀을 드렸잖습니까? 그와 마찬가지로 조선의 역사를 봐도 섬세하고, 가냘프고, 하관이 작은 얼굴을 미인으로 간주한 시대에는 국운이 쇠퇴했음을 알 수 있습니다.

신윤복이 활동하던 시절에는 안동 김씨 세도정치가 시작되면서 정치 기강이 흔들리고 매관·매직 등 온갖 비리가 만연했으니까요. 전정(田政)·군정(軍政)·환정(還政)이 모두 문란해지고 농민들은 탐관오리의 수탈로 유랑민이 되거나 화전민이 되었다죠. 그래서 간도나 연해주로 이주한 조선 사람이 많았다고 해요. 게다가 자연재해도 잦았고 흉작에 전염병까지 돌았으니, 견디다 못한 백성이 봉기하게 되었던 거죠.

반면에 사회 전반적으로 크고 강한 턱의 남성적인 얼굴이 미인으로 인식된다는 것은 그 사회가 그만큼 진취적이고 적극적이며 강한 요소를 긍정적으로 본다는 뜻이 되겠죠.

지역과 성에 따른 미인의 기준

김갑수   그렇다면, 남성이 여성화하는 경향은 사회의 미래를 위해서 그리 바람직하지 않다고 볼 수 있겠군요. 한 가지 궁금한 점이 있습니다. 오래전부터 전해지는 '남남북녀'라는 말이 있잖습니까? 한반도처럼 작은 땅덩어리에서도 남북 간에 외모의 차이가 있다는 겁니까?

조용진   그렇죠. 남남북녀라고 할 때, 북녀의 산지는 내륙지방인 평양과 강계입니다. 이곳에 북방계 사람들이 내려와서 자리를 잡고 있었던 거죠. 남방계도 있었지만, 북방계 인구가 훨씬 많았습니다. 그래서 북방계가 사회의 주도권을 잡고 있던 시절에는 북방계 특징을 가진 사람들이 긍정적으로 보였던 겁니다. 예를 들어 요즘은 이마가 높은 사람을 못생겼다고 하는데, 북방계는 대부분 이마가 높습니다. 그래서 그런 여성을 미인으로 보았던 거죠. 심지어 조선시대에는 그런 외모를 가진 사람들이 사회적으로 높은 자리에 있으니까 이마가 높

북방계 박문수(좌)와 남방계 이항복(우)

아야 관운이 있다는 말까지 생겼죠.

반면에 남방계형 남자는 눈이 크고 우락부락하고, 눈썹도 진하고, 넓적한 주먹코에 수염도 많습니다. 대부분 키는 작지만, 체구가 다부져 보이죠. 남성미를 긍정적으로 여기는 사회에서 그런 유형은 아주 남자답게 보이기 때문에 역시 긍정적인 가치를 부여했던 겁니다. 그렇게 '남남북녀'라는 말이 생긴 거죠.

그리고 앞서 말씀드린 것처럼, 같은 지역 사람끼리 결혼할 확률이 매우 높기 때문에 그 지역 고유의 특징적인 얼굴이 형성됩니다. 그래서 강계에는 강계 미인, 평양에는 평양 미인의 유형이 생기죠. 특히, 조선시대 진주 미인은 북방계형에 남방계형이 가미된 미인이었습니다. 이렇게 지역에 따라 미인도 유형이 달라지죠.

김갑수   앞서 선생님은 사회가 긍정적인 가치를 부여하는 특징을 지닌 사람

북방계 미인형(좌)과 남방계 미인형(우)

을 미인으로 간주한다고 하셨는데, 미인의 기준은 어떻게 형성되고, 또 그 기준은 시대에 따라 어떻게 변해가는지 궁금하군요.

조용진   네. 미인에 대한 인식은 세 가지 요소를 기준으로 결정되는 것 같습니다. 시각적인 익숙함, 그 시대와 사회가 추구하는 가치, 그리고 성적인 매력에 대한 평가가 그것입니다. 그런데 이 성적 매력에 관한 인식은 시대에 따라 큰 폭으로 변하는 것 같습니다. 예를 들어 조선시대에는 성적 매력을 풍기는 여성을 천시하지 않았습니까? 그런데 요즘은 오히려 긍정적인 시선으로 바라보죠. 요즘 한국 사회에서는 '아름답다'와 '섹시하다'가 동의어가 되었습니다.

김갑수   아름다움에도 여성미, 남성미가 있지 않습니까? 이런 구분에도 시대나 사회에 따라 변화가 있을 텐데요.

조용진 그렇습니다. 아름다움이란 것이 객관적으로, 물리적으로 존재하는 게 아니라 우리 인식이 결정하는 것이죠. 거친 것, 강한 것, 차가운 것을 아름다움으로 보는 관점과 부드러운 것, 연약한 것, 따뜻한 것을 아름다움으로 보는 관점이 서로 교차하면서 미의 역사가 지속하고 있지 않습니까? 이처럼 남성적인 것을 추구하는 사회는 진취적이지만, 아무래도 강퍅합니다. 그래서 사회가 발전하고, 성장하고, 성과에 대한 보람도 있지만, 개인이 느끼는 인간적인 즐거움은 아무래도 적습니다.

그러나 즐거움만 추구하다 보면 인간의 동물적 본성이 작동하면서 사회는 퇴폐적으로 흐르게 마련이죠. 그래서 중용을 찾는 것이 중요합니다. 그게 바로 미술사적으로 말하는 고전적 경향이 아니겠습니까? 결국, 양극단 사이 중간의 가장 조화로운 상태가 가장 바람직하고, 미의식 역시 그렇다고 봅니다.

김갑수 옷차림도 시대의 성격을 반영한다고 볼 수 있겠죠?

조용진 그렇습니다. 실용성만을 고려한 옷차림은 미술사적인 맥락에서 보자면 남성적인 미의식의 발로라고 볼 수 있습니다. 반면에 장식적 요소가 강조된 옷차림은 헬레니즘적인 미의식이 반영되었다고 볼 수 있겠죠. 결국, 복식사도 남성미와 여성미라는 두 개의 축을 중심으로 전개되는데, 저는 고전적인 인상의 얼굴에 지나치게 실용적이지도 않고 지나치게 장식적이지도 않은 중간 유형의 옷차림을 갖춘다면 이상적인 미인이 되지 않을까 생각합니다. 물론, 우리 마음도

〈그랑드자트 섬의 일요일 오후〉, 쇠라, 1885.

그런 중용의 상태를 지향해야 하지 않을까요? 그래야 그런 중간적인 아름다움을 알아볼 안목도 생길 테니까요.

김갑수   남자와 여자의 전형적인 옷차림도 신체 구조의 특성을 반영한 것이 군요. 가령 와이셔츠 단추를 끝까지 다 채우고 넥타이 매는 남자의 옷차림도 그렇고, 쇠라(Georges Seurat, 1859~1891)의 그림에서 센 강변을 산책하는 여자의 뒷모습이 꼬리가 달린 것처럼 강조된 옷차림도 그렇고, 모두 원인이 있는 거군요.

조용진   모두 신체 특징을 강조한 거죠. 여성은 남성보다 엉치뼈 각도가 큽니다. 남성의 엉치뼈는 길고, 폭이 좁고, 만곡이 심하지만, 여성의 엉치뼈는 비교적 짧고 폭이 넓고, 만곡이 작습니다. 이것은 여성이 아기를 낳을 때 산도(産道)를 넓게 확보하도록 고안된 장치인데, 신체 구조가 그렇기에 여자는 걸음을 걸을 때 엉덩이를 더 흔들게 됩니다. 남자나 여자나 걸을 때 똑같이 엉덩이를 좌우로 12도 각도로 흔드는데, 여성 엉치뼈의 각도가 남자보다 더 커서 이동 거리도 길어서 그렇게 되는 거죠. 그 작은 차이를 의상을 통해 강조하면 더욱 여성적으로 보이죠.

김갑수 신체나 의상이나 남녀의 아름다움에는 각기 고유한 성격이 있는데, 요즘은 그런 구분이 많이 사라진 것 같습니다 포스트모던의 영향인지는 모르겠지만, 여성은 점차 남성화하고, 남성은 점차 여성화하는데, 이런 현상을 어떻게 보십니까?

조용진 사실, 여성을 더욱 여성스럽게, 남성을 더욱 남성스럽게 하는 사회는 가치판단의 기준이 분명한 사회이기 때문에 긍정적인 면이 많습니다. 그런데 오늘날 우리는 '유니섹스(unisex) 모드'라고 해서 옷도, 헤어스타일도, 장신구도 남녀 구별이 모호해지지 않았습니까? 또, TV나 라디오 아나운서들의 언어사용도 남녀구별이 많이 줄어들었습니다. 여자 아나운서는 남성적인 화법을 사용하고, 남자 아나운서는 상냥하고 다정한 말투를 구사하죠. 좋게 말하면 이런 현상은 다양한 가치를 용인하는 사회라는 방증도 되겠지만, 부정적인 면에서는 가치가 분명하지 않은 사회의 특징이라고도 할 수 있죠.
북방계 유형을 미인으로 간주하던 조선시대의 기준은 500년을 유지하지 않았습니까? 그만큼 사회의 가치가 분명했던 겁니다. 그런데 요즘은 미인의 기준도 매우 불분명해졌습니다. 그런 사실은 미인의 수가 많이 늘어난 현상에서도 확인할 수 있습니다. 예를 들어 TV에 미인이 출연하는 빈도를 조사해보면, 20년 전에 14.8퍼센트였던 것이 요즘은 23퍼센트가 되었습니다. 물론, 성형술이나 미용술이 발달했다는 원인도 있겠지만, 미인의 범주가 넓어진 만큼 기준도 불분명해졌다고 말할 수 있죠.

이런 현상은 앞으로 더욱 심화하겠지만, 미의 기준이 모호해질수록 사회가 추구하는 정신적 가치도 희미해집니다. 이런 현상에는 장단점이 있으니, 장점을 취하고 약점을 보완하려는 노력이 필요하겠죠.

남자와 여자를 구분하여 옷을 디자인하는 것은 어떤 이유에서인가.

그것은 남녀가 태어날 때부터 다른 신체적 형태 때문이다.

신체 구조상 남자는 목이 짧아 보이고 여자는 목이 길어 보인다.

그러나 실제로 골상학적 구조상 남녀의 목의 길이는 같다.

목뼈가 남녀 똑같이 일곱 개다. 하지만 해부학적 구조상 남자는 흉곽이 들어올려져 있고 여자는 내리눌려져 있기 때문에 남자는 목이 짧아 보이고 여자는 길게 보이는 것이다.

여기에 턱이 작은 여자는 들어올려진 턱 때문에 상대적으로 목의 앞 길이가 많이 노출된다.

이 차이를 용케도 잘 기억하고 고정관념화한 것이다.

조용진, 《우리 몸과 미술》 중에서

진정한 미인

김갑수   황현의 《매천야록(梅泉野錄)》을 보면 진주 의기(義妓) 산홍(山紅, ?~1906)의 이 야기가 나옵니다. 이름도 참 예쁘죠. 산 홍은 진달래꽃이라는 뜻입니다. 그런데 용모와 이름만큼이나 마음도 아름다웠 던 것 같습니다. 을사오적(乙巳五賊)의 하나인 이지용이 진주에 왔다가 산홍의 미모에 반해서 첩으로 삼으려고 했는데,

黃玹, 1855~1910

의연하게 거절했다지요. 내무대신 이지용은 당시에 날아가는 새도 떨어뜨리는 권세를 누리던 인물인데, 관기인 산홍이 청을 거절하자 그에 대한 보복으로 매질을 했다고 하죠.

그 밖에도 임진왜란 때 왜장을 껴안고 남강에 떨어져 죽은 논개(論 介, ?~1593)라든가, 뛰어난 문인이었던 평안도 기생 황진이(黃眞伊),

예술적 재능으로 이름이 높았던 전라도 부안 명기(名妓) 매창(梅窓, 1573~1610), 제주 관기였다가 양인으로 풀려나 모았던 큰 재산을 가난한 사람들에게 모두 나누어주었던 만덕(金萬德, 1739~1812) 같은 인물은 미모보다도 기개와 절개와 인품을 본받을 만한 분들입니다.

이런 사람들의 미인상은 외모만을 중시하는 오늘날 미인상과는 확연하게 다른데, 과거에 미인은 어떤 존재였는지, 또 미인의 개념이 왜 이렇게 달라졌는지 한번 짚어봤으면 합니다.

조용진　제가 조선 미인에 대해서 관심을 보이게 된 계기는 앞서도 말한 바 있는 채용신의 〈팔도미인도〉라는 병풍화였습니다.

그 병풍에는 우리나라 각 도를 대표하는 미인들의 특징이 잘 나타나 있는데, 그 여덟 분은 미모가 출중했을 뿐만 아니라, 역사적으로 의로운 행적, 아름다운 자취를 남긴 분들입니다. 그러니까, 여기서 말하는 미인이란 단지 용모만 아름다운 사람을 가리키는 말이 아닙니다.

예를 들어서 〈팔도미인도〉에서 평양을 대표하는 미인, 계월향은 임진왜란 당시 평안도 병마절도사 김응서(金景瑞, 1564~1624)의 애첩으로, 적장을 속여 김응서로 하여금 목을 베게 한 후에 자결한 것으로 유명합니다. 그림에서 이분은 북방계형 미인의 특징을 잘 나타내고 있어요.

그런데 여기서 궁금한 점이 있습니다. 앞서 〈운낭자〉의 경우에도 그랬지만, 화가 채용신은 1850년에 태어나신 분이니 임진왜란 때 생존했던 계월향 같은 분을 당연히 만나볼 수 없었을 텐데, 어떻게 북방계형 미인, 평양 미인의 특징을 그토록 사실적으로 잘 묘사할 수 있었을까요?

그래서 추측건대, 당시에는 양반 지식인 사이에서 미인에 대한 기준이나 개념이 보편화했던 것 같습니다. 〈팔도미인도〉를 통해서도 알 수 있듯이, 미인으로 기억되려면 반드시 후세가 기릴 만한 의로운 행적을 남겨야 했거든요. 그러니까, 미모만이 아니라 고결한 정신적 가치를 구현해야 온전한 미인으로 인정되었음을 알 수 있죠.

김갑수   한 사람의 외모만이 아니라, 외모를 뒷받침하는 인격, 품성, 교양과 같은 정신적 가치가 성숙해야 진정한 미인으로 완성된다는 말씀은 반짝 외모에만 몰두하는 오늘날 세태에서 시사하는 바가 크다고 하겠습니다. 이제 우리 사회에서는 외모를 가꾸고, 바꾸고, 외모로 사람을 평가하는 일이 당연시되고 있는데, 과거에는 이처럼 외모에 집착하는 현상을 어떤 시선으로 바라보았는지, 외모와 관련하여 어떤 가치를 추구했는지 살펴보았으면 합니다.

조용진   아시다시피, 과거에는 외모보다 정신적 가치를 더 중요시했고 특히 여성에게는 덕(德)이 중요한 가치로 요구되었습니다. 그래서 사회에서는 미모에 집착하는 태도를 부정적인 시선으로 바라보았습니다. 고려 충렬왕 때 '추적(秋適)'이란 사람이 공자님 말씀 같은 좋은 가르침을 모아놓은 《명심보감(明心寶鑑)》은 조선시대에도 널리 읽혔는데, 거기 〈부행편(婦行篇)〉을 보면 여성이 갖춰야 할 네 가지 덕목을 부덕(婦德), 부용(婦容), 부언(婦言), 부공(婦工)으로 제시합니다.
부덕(婦德)은 올바른 행실과 분수를 지키는 자세를 말하고, 부언(婦

강릉미인 일국(一菊), 평양기생 월향(月香), 청주미인 매창(梅窓), 정평미인 취련(翠蓮)(왼쪽 위부터 시계방향)

장성관기 취선(翠仙), 화성관기 명옥(明玉), 한성관기 홍랑(洪娘), 전주관기 산홍(山紅)(왼쪽 위부터 시계방향)

言)은 예의를 갖춰 말을 가려 하는 것을 말하고, 부공(婦工)은 가사나 손님 접대를 잘하는 것을 말하는데, 여성의 용모를 말하는 부용(婦容)의 가르침은 예쁘게 꾸미고 미모를 가꾸라는 뜻이 아니라, 몸을 깨끗이 유지하라는 개인위생이나 청결을 말합니다. 이처럼, 여성의 미모는 미덕이 아니라, 오히려 경계해야 할 대상이었죠.

사실은 이런 현상도 어찌 보면, 사회가 너무 용모에 집착하는 경향을 보일 때 발생하는 문제를 미리 방지하려고 성현들께서 가르침을 주신 것은 아닌가, 하는 생각도 듭니다.

그런데 한 가지 흥미로운 사실이 있어요. 우리와 비교할 때 일본은 미모에 대한 집착을 매우 보수적인 시선으로 바라본다는 점입니다. 역사적으로 우리보다 훨씬 먼저 개화의 길을 걸었고, 서양문화를 수용하는 폭도 우리보다 훨씬 넓었지만, 일본 사회에서는 미모에 집착하는 사람을 백안시하는 풍조가 있는 것 같습니다. 그래서 예를 들어 성형수술을 한 여성에게 "너 성형수술 했지?" 이렇게 말하면 일본에서는 원수 되기 십상입니다. 나를 성형수술이나 하고 다니는 여자로 보느냐는 식으로 반발하는 거죠. 우리나라에서는 오히려 자기 삶을 더 나은 것으로 만들려는 적극적인 자세로 평가하여 부끄럽게 여기지 않는 풍조가 있는 것 같습니다만.

김갑수 '적극적'이라고 말씀하셨지만, 어찌 보면 '자본화'했다고 볼 수 있지 않을까요? 그것은 요즘 흔히 말하듯이 자신의 '스펙'을 높이겠다, 즉 상품성을 높이겠다는 의도라고 보는데요, 이 '스펙'이라는 기술용어나 '상품성'이라는 상업주의 용어가 자연인에게 적용되는 것이 씁쓸

하긴 합니다.

"미모보다는 매력적으로 사람의 마음을 끄는 경우가 많다, 그것은 테두리보다 담겨진 내용을 취하는 현대인의 지성 때문이다." 이것은 《토지》의 작가 박경리 선생의 말씀입니다만, 여기서 테두리라는 것은 겉모습을 말하겠죠. 겉모습보다는 그 안에 담긴 내용이 그 사람을 규정하는 요소가 되어야 한다는 말씀이라고 생각하는데, 겉보다는 안에 무엇을 채울 것인가를 곰곰이 생각하는 풍조가 우리 사회를 조금 더 살 만한 곳으로 만들고, 긴 세월의 역사성이 담보된 아름다움을 존중하는 자세를 촉구하지 않겠습니까?

조용진   오늘날 외모지상주의나 외모에 대한 지나친 집착은 우리가 전통적 사고에서 너무 빨리 벗어나면서 생긴 현상이 아닐까요? 너무 급속하게 경제가 발전하고, 사회가 자본화하면서 인간관계 역시 이전에 미덕으로 삼았던 가치들을 기준으로 삼기보다는, 효율과 생산성을 기준으로 형성되기 때문에 외모에 대한 지나친 집착이라는 사회병리적 현상이 만연한 것 같습니다. 바쁘게 돌아가는 현대 사회에서 자신의 인격이나 소양, 도덕성과 같은 정신적 가치를 남에게 보여주기란 쉬운 일이 아닙니다. 그런 가치는 시간이 흐르면서 자연스럽게 드러나는 법인데, 그러기에는 요즘 같은 대인 관계에서 시간이 절대적으로 모자라죠. 그러나 외모는 순식간에 상대가 호불호를 결정하게 하고, 외모가 뛰어날 수록 상대에게 선택될 확률은 그만큼 높아집니다.

예를 들어볼까요? 회사에 취직하려고 면접시험을 볼 때, 어떻게 자기 인품과 교양과 선한 마음을 그 짧은 시간에 심사관들에게 보여줄 수 있겠습니까? 그럴 때 자신이 가진 것을 가장 신속하고 직관적이고 감성적으로 보여줄 수 있는 것은 이력서 한 장과 외모뿐입니다. 신입사원을 모집할 때 1차 선발에서 이력과 학력은 이미 검토가 끝났을 테니, 취업을 좌우하는 결정적인 요소는 결국 외모밖에 없습니다. 이처럼 외모는 오늘날 사회에서 경쟁력이자 생산성, 우열을 가르는 새로운 기준이 된 지 이미 오래입니다.

그러나 뭐든지 지나치면 부정적인 요소가 그만큼 많이 생기게 마련입니다. 저는 이런 풍조가 우리 사회의 특성을 형성한 것은 틀림없지만, 이처럼 본연의 인간을 소외시키는 말초적인 욕구를 조금 자제하고 우리 조상이 중요시하던 정신적 가치를 돌아보는 것이 좋지 않을까, 생각합니다. 그것이 돌이킬 수 없이 추락하는 인간의 존엄성을 회복하는 길이기도 하니까요.

제3부
한국인, 누구인가

김열규 한국인의 죽음

"인간으로서 삶과 죽음의 세계를 자유롭게 내왕하는 영혼이 있다는
믿음, 그건 대단한 믿음이죠."

최준식 한국인의 문기(文氣)

"저는 우월감도, 열등감도 없이 문화를 상대적으로 바라보는 것이
선진 국민의 자세라고 생각합니다."

이종묵 한국인의 한시

"잠시 걸음을 멈추고 시를 읽을 수 있는 자세가 갖춰진다면 세상을
조금 더 넉넉한 마음으로 살아갈 수 있지 않을까요?"

한명희 한국인의 음악혼

"진정으로 우리 국악을 즐기고 사랑하여 우리의 음악이 고유한 빛을
발하게 된다면, 세계인이 스스로 부러워하는 문화 자산으로 거듭나
리라고 생각합니다."

김삼진 한국인의 춤

"우리 춤의 특징을 흔히 정중동에서 찾는데, 저는 한국무용의 가장 근본
적인 법칙은 '숨'에 있다고 생각해요."

김봉렬 한국인의 집, 한옥

"이제 새로운 한옥을 만들어야 할 시점이 된 거죠. 최근 한옥 붐이 일었
지만, 한옥을 현대화하지 못한다면, 혹은 미래화하지 못한다면 한때의
유행으로 끝나버릴 확률이 높습니다."

한국인의 죽음

| 김열규 |

"사람이 사는 동안에 가끔 죽음을 생각하지만, 마치 영원히 살 것처럼 살아가죠. 따라서 '메멘토 모리'라는 말의 숨은 뜻은 '너 또한 죽는다는 사실을 잊지 마라'는 것입니다. 늘 죽음을 생각하며 살라는 것인데, 겁먹고 절절매라는 뜻은 아니에요. 죽음이 있으니 삶을 더욱 거룩하게 간직하라, 죽음이 있으니 삶을 더욱 엄숙하게 길러가라, 죽음이 왔을 때 후회하지 않을 삶을 살라는 겁니다. 그러니까 삶의 가치를 더 높이기 위한 교훈으로서 '메멘토 모리'라는 말을 되새겨야 한다고, 저는 생각합니다."

김열규

서강대학교 국어국문학과 명예교수.
서울대학교 국어국문학과 졸업, 동 대학원 국문학 및 민속학 전공.
서강대학교 국어국문학과 교수, 하버드대학교 옌칭연구소 객원교수 역임.
주요 저서 : 《메멘토 모리, 죽음을 기억하라》, 《한국민속과 문학연구》, 《한국문학사》

죽음, 사랑, 문학

김갑수 라틴어로 '메멘토 모리(Memento mori)'는 늘 죽음을 기억하라는 뜻입니다. 죽음을 기억하라… 그 말은 우리에게 남은 하루하루를 더 소중히 여기고 살아가라는 다그침처럼 들립니다.

우리 한국인에게 죽음은 어떤 의미로 다가올까요? 죽음 앞에서는 누구나 숙연해지고 비장해지지 않습니까? 그러나 문화권마다 지역마다 죽음에 대한 인식은 각기 다르리라고 봅니다. 미국 뉴욕의 월스트리트에서 맞이하는 죽음과 인도의 바라나시에서 기다리는 죽음은 결코 같을 수 없겠지요.

우리 한국인은 죽음을 어떻게 바라보고 어떻게 경험해왔을까요? 김열규 선생님은 《메멘토 모리, 죽음을 기억하라》라는 저서에서 죽음에 대한 한국인의 인식을 치밀하게 분석하셨는데, 특히 제게는 선생님의 개인적인 체험이 감동적이었습니다. 어린 시절 어머니께서 소리 내어 읽으시는 제문을 들으며 문학적 꿈을 키웠다고 하셨지요?

김열규   그렇습니다. 제가 아주 어릴 적에 어머니께서 밤중에 언문으로 된 제문을 읽으시는 뒷모습을 자주 보곤 했습니다. 돌아가신 아버님께 바치는 글이었죠. 망자의 영혼에 바치는 글이 제문이니까요.

저는 잠든 척하고 어머니께서 제문 두루마리를 쭉 펼쳐놓고 눈물을 뚝뚝 흘리시며 읽는 모습을 훔쳐봤는데, 그때 제게 죽음은 슬픔이나 서러움만으로 다가오지는 않았습니다. 그보다는 돌아가신 분과의 인연을 다시 맺고, 정분을 나누고, 돌아가신 분이 우리 가슴 속에 더 오래, 짙게 살아 계시게 하는 계기처럼 느껴졌습니다. 지금 돌이켜 보면 어머니는 제게 생사일여(生死一如)의 경지를 느끼게 해주셨고, 그와 동시에 글 읽는 재미, 글 읽는 보람 같은 것을 제 가슴속 깊이 새겨주셨던 것 같습니다.

짐작하시겠지만, 그 시절에는 밤이면 촛불이나 등잔불을 켜놓으니 까 어머니께서는 불빛 아래 고개를 숙이고 글을 읽으셨죠. 그 모습 은 제게 인간의 가장 성스러운 모습의 하나로 비쳤고, 글이란 저런 거구나, 나도 저렇게 살아야겠다, 하는 각성도 어머니는 아울러 제 가슴에 심어주신 겁니다.

김갑수   어머니께서 읽으신 제문을 통해 일찍이 죽은 사와 산 자를 연결하는 생사불이(生死不二)의 세계를 넘겨다보신 거로군요.

김열규   네, 막연하게나마 죽음을 그렇게 느꼈던 것 같습니다, 그러지 않았다 면, 제가 생각하는 죽음은 다른 모습을 하고 있을지도 모르죠.

김갑수   죽음과 관련하여 어머니에 대한 추억을 들려주셨지만, 꼭 그것만이겠습니까. 죽음이라는 문제에 천착하시게 된 배경이라고 할까요, 다른 동기가 있다면 어떤 것이었습니까?

김열규   저는 어릴 때부터 병골이어서 아예 병원에서 살다시피 했습니다. 오죽하면 우리 집사람이 시집을 오니까, 우리 어머니께서 그러시더라는 겁니다. "나는 네 남편이 나이 사십만 넘겨도 좋겠다." 그처럼 저는 늘 단명하리라는 생각을 품고 살았던 거죠. 어린 시절에는 죽음이 곧 두려움이니까, 저는 '이 공포에서 어떻게 벗어나지? 이걸 어떻게 사귀어서 덜 무섭게 만들지? 하고 궁리하지 않을 수 없었던 겁니다. 죽음과 화해하고 우정 같은 것을 쌓아가야 했던 체험이 제게는 죽음을 생각하게 된 가장 큰 동기였다고 말할 수 있을 거예요.
그리고 덧붙이자면, 중학교에 들어가서 읽은 비극적인 작품들에서 영향을 받았죠. 음악이나 소설이나 드라마에서 비장한 죽음으로 끝나는 마지막 장면이 큰 감동으로 다가왔습니다. 예컨대, 로미오와 줄리엣의 종말은 죽음과 사랑의 합일이잖아요. 죽음이 사랑의 절정이고 사랑이 죽음의 절정이니까요. 나도 삶이 죽음에서 절정에 이르는, 그런 경지에 도달할 수 있을까… 그렇게 내가 나를 지각하는 하나의 길로서 죽음을 생각하기 시작했다고 말씀드려도 좋을 겁니다.

한국인은 세 번 죽는다

김갑수   범위를 넓혀서 보자면, 일단 인간과 동물이 구분되는 지점에 죽음에
대한 인식이 있다고 말할 수 있지 않겠습니까? 동물이 죽음을 의식
해서 문화화한 흔적은 찾아보기 어려우니까요. 인간이 죽음을 삶에
서 매우 중요한 의미가 있는 계기로 삼고, 죽음을 하나의 예식으로
승화하는 데에는 일종의 문화화 과정이 개입한다고 볼 수 있겠죠?

김열규   대단히 중요한 점을 지적하셨네요. 인간의 모든 종족이 나름대로 죽
음을 제식화하고, 또 그것이 다른 동물과의 다른 점이지만, 전통적
으로 죽음과 관련된 한국인의 의례는 매우 까다롭습니다. 죽음을 몇
단계 거쳐 가게 했으니까요. 돌아가시는 분의 임종이 가까워지면 가
족들이 모두 둘러앉아서 그분의 마지막 말씀을 듣습니다. 그러고 나
서 그분 코 위에 얇은 비단 천을 얹어놓죠. 그러면 그 천이 숨결따라
움직이다가 삭 가라앉습니다. 숨지신 거죠. 이 과정을 '숨결 죽음'이

라고 합니다. 인류학에서 실제로 사용하는 용어입니다.

그다음엔 손을 잡아보고, 살결이 차가운 걸 확인합니다. 이것을 '살결 죽음'이라고 하지요. 돌아가신 분의 손을 잡을 때 그 감회가 어떻겠습니까. 이승에서 마지막으로 그분의 손을 잡는 거니까요. 그럴 때 가족들의 가슴에는 뭉클한 것이 좍 올라올 겁니다. 내가 이분을 결코 소홀하게 보내서는 안 되겠다. 내가 지금 손을 잡은 것처럼, 이분이 두고두고 내 가슴에 남아야 한다는 생각이 들 테니까요.

그렇게 숨결 죽음, 살결 죽음을 거친 다음에 영혼이 나가는 겁니다. 그게 영혼의 죽음인데, 돌아가신 분이 입었던 속옷 가운데 하나를 들고 친족이 집 근처 높은 곳에 올라가서 옷을 돌리면서 '복, 복, 복!' 하고 소리를 지릅니다. 돌아오시라는 뜻이죠. 이게 당신 옷인데 지금 어디를 가고 계십니까. 갓 저승으로 떠난 영혼을 보고 돌아오라고 말하는 겁니다. 그렇게 해도 숨결이 돌아오지 않으면 그제야 곡을 시작합니다. 그전에는 곡을 해서는 안 돼요. 그리고 염을 합니다. 시신은 피부가 변색하고 굳어지지요. 그것을 '세포 죽음'이라고 부릅니다. 이렇게 한국인의 죽음은 여러 과정을 거칩니다.

김갑수   그러고 나서야 드디어 시신을 매장하는군요. 산소를 쓸 때 명당자리를 찾는 것도 중요하겠죠?

김열규   물론이죠. 그런데 선조를 명당자리에 모시는 것은 우리 살아 있는 영혼과 소통이 잘 되기를 바랐기 때문이지, 요즘처럼 속되게 선조의 덕이나 보려고 명당을 찾은 게 아닙니다. 그건 치사한 짓이죠.

김갑수 선생님 말씀을 들으면서 한국인에게 죽음의 의례가 얼마나 경건하고 세밀한 것이었는지 알 수 있을 것 같습니다. 저도 친구의 손을 잡고 임종을 지켜본 적이 있었어요. 그러면서 참 온갖 생각이 들었는데, 무엇보다도 그 친구에게 말할 수 없이 미안했습니다. 따지고 보면 제가 그 친구한테 뭘 잘못한 게 없는데도, 먼저 보내는 것이 무척 죄스러웠는데, 생각해보니까 우리에게는 먼저 떠나는 사람에 대한 죄의식 같은 게 있는 것 같아요. 이것은 인류의 보편적 감정이겠지만, 한국 사회의 장례 전통에도 이런 죄의식이 바탕에 깔렸겠죠?

김열규 그렇습니다. 우리는 '부모가 돌아가셨다'라고도 하지만, '부모를 돌아가시게 했다'라는 말을 흔히 하잖아요. 전에는 부모가 회갑, 진갑 지내고 돌아가시면 그러지 않는데, 그전에 돌아가시면 우리가 잘못해서 돌아가시게 했다고 말합니다. 그러면 어떻게 되느냐. 내 가슴에 상처가 남는데 그 상처가 그 돌아가신 분을 운기(雲氣)가 되게 하는 겁니다. 네가 나에게 정성을 다하지 않아서 죽게 했지? 그러면서 그 넋이 원귀(冤鬼)가 되고, 원한이 남으면 저승으로 떠나지 못하고 이승을 헤맨다고 믿었던 겁니다. 그것을 좋게 말하면 나그네 귀신, 객귀(客鬼)이고, 나쁘게 말하면 잡귀(雜鬼)죠. 자기 가족은 객귀가 되고, 남의 가족은 잡귀가 되는 거예요. 그러면 삶이 온통 공포에 휩싸입니다. 그래서 그 원한을 달래는 굿이 필요했던 겁니다. 오구굿, 지노귀굿이 바로 그거죠. 가톨릭에서 말하는 레퀴엠(requiem)이 되었던 겁니다.

김갑수   우리는 누군가 돌아가시면 '영면하셨다', '서거하셨다', '명을 달리하 셨다'라는 등 엄청나게 많은 표현을 사용합니다. 가만히 보면 '죽었 다'라는 직설적인 표현을 피하려는 의도가 역력한데, 한국 전통사회 에서 죽음은 이렇게 피해야 할 대상이었나요?

김열규   수사학에서는 직접 말하기 거북해서 에둘러 말하는 것을 '우원법 (circumlocution)'이라고 합니다. 예컨대, 성에 관련된 어휘들이 대표 적이죠. 직접적으로 사물이나 행위를 지칭하지 않고 그것, 그 짓, 거 시기 등으로 둘러서 표현하잖아요. 그처럼 죽음에 대한 우원법 또한 대단히 많습니다. 숨지다, 돌아가다, 세상을 뜨다, 하직하다, 절명하 다, 저승 가다 등 셀 수 없이 많죠. 이웃나라 일본과도 비교가 안 될 만큼 많아요. 그런 현상은 두 가지로 해석할 수 있습니다. 하나는 죽 음을 그렇게 여러모로 생각했다는 거죠. 그만큼 죽음을 존중했다는 얘기도 되지만, 다른 한편으로는 소극적으로 죽음이라는 생리적 현 실을 될 수 있으면 피하려고 했다는 거죠.

문화현상으로서의 곡(哭)

김갑수 죽음에 관련된 전통·제례를 보면 몇 가지 인상적인 요소가 있습니다. 대표적인 것이 곡을 하는 건데요, 어린이들은 노래라도 부르는 줄 압니다. 이처럼 곡을 한다는 것은 슬픔을 자연스럽게, 있는 그대로 표현하는 행위는 아닌 것 같아요. 심지어 장례 때 곡하는 사람을 고용하기도 하잖아요. 대체 곡이란 뭘까요?

김열규 그렇습니다. 옛날에는 돈을 받고 대신 울어주는 대곡제(代哭制)도 있었죠. 곡 풍습은 고대 중국에서 비롯되었는데, 한국에서 곡이 의식화한 것은 《주자가례(朱子家禮)》가 전래된 이후의 일로 추정됩니다. 이전에도 곡이 없었던 것은 아니지만, 조선시대처럼 울음의 형식까지 정한 것은 아니었죠.
곡은 울음이 아닙니다. 울음은 슬픔이나 비통함이나 애절함이 그대로 표출되는 생리적인 현상이지만, 곡은 그것을 표현하는 문화적인 현상입니다. 예컨대 문상객이 오면 상주가 일어서서 아이고~ 아이고~ 하고 곡을 하는데 그게 세마치장단입니다. 삼박자라는 겁니다. 아리랑도 그렇지만, 우리 민요가 원래 세마치장단으로 되어 있어요. 그런데 이웃 일본 민요는 두 박자고, 중국 민요는 네 박자고, 우리만 삼박자입니다. 그런 점에서 삼박자 비엔나 왈츠와 통하는 겁니다. 그런데 잘 아시겠지만, 비엔나 왈츠는 첫 박자가 살짝 짧죠. 그래서 비엔나 필 하모니가 아니고서는 그 살짝 짧은 첫 박자를 제대로 표현하지 못한다는 말도 있잖아요. 그런데 우리 민요의 삼박자에서는 마시막 박자가 가장 길죠. 아이고오~ 아이고오~ 이렇게 되잖아요. 그러니까 노래 부르듯이 곡을 하게 되는데, 곡소리가 클수록 그 집안의 위세를 이웃에 떨치게 겁니다. 그래서 옛날에는 '곡녀(哭女)'라고 해서 전문적으로 곡을 하는 여자를 채용하기도 했어요. 곡녀 중에는 강화 여인들이 가장 유명했어요. 왜 그런고 하니까, 고려시대에 중국 원나라 군대가 쳐들어왔을 때 고종이 강화로 수도를 옮기고 저항하지 않았습니까? 그때 강화에서 무수히 많은 사람이 죽었기에 강화 여인들이 곡을 잘하게 되었다는 이야기가 있습니다.

곡이 문화적 현상이라는 것은 달리 말해서 죽음을 슬픔으로만 대한 것은 아니라는 거죠. 죽음이 하나의 의식이 되고, 장중하고 엄숙한 제례가 되도록 하는 첫 단계에 기본적으로 삼박자, 세마치장단의 곡에 있었던 겁니다.

영혼은 어떤 존재인가

김갑수   전통사회 장례에서 곡은 아주 중요한 요소였지만, 사실 요즘 장례식에서 유족들이 곡하는 모습을 보기는 어렵습니다. 그처럼 죽음의 의미도 시대에 따라 변한다는 생각이 드는데, 변하지 않는 것이 있다면 죽은 사람의 영혼이 살아 있는 사람의 삶을 잘 돌봐주기를 바라는 기복(祈福)적인 자세인 것 같습니다. 그러니까, 죽음을 산 자에게 필요한 것으로, 도움이 되는 것으로 삼고 싶다는 의지가 우리 내면에 잠재한 것은 아닐까요?

김열규   아마도 그런 욕구를 부인하기는 어려울 겁니다. 죽은 자의 넋이 산 자에게 계속 영향을 끼친다는 믿음은 묏자리를 정하는 데에도 관여하지요. 풍수설에서는 산세가 좋은 명당에 묻힌 죽은 자의 넋이 대자연의 위대한 기운이 되어 산 자에게 영향을 끼친다고 믿으니까요.

김갑수   그렇다면, 죽은 자는 영원히 존재한다고 믿었던 건가요? 죽음에 대한 한국인의 인식에 영생에 대한 관념도 포함되어 있나요?

김열규   우리 상고대에는 '중장(重葬)'이라고 해서 장례식이 두 번 있었습니다. 먼저 육장(肉葬), 육신을 묻습니다. 그럴 때 육신을 땅에 묻기도 하고, 그냥 바깥에 버려두기도 했습니다. 시신에서 살이 떨어져 나가기를 기다리는 거죠. 어차피 살은 썩는 거니까. 남해나 서해 섬 지역의 초분(草墳)을 떠올리시면 될 겁니다. 그러나 뼈는 영혼의 집이

부안군 계화도 살금마을 초분, 2002.

니까 영원하다고 믿어서 뼈를 별도로 모아 무덤을 만든 중장제의 뚜렷한 증거가 여전히 남아 있습니다. 그런 점에서 우리는 뼈의 미라를 모셨다고 생각해도 좋을 것 같습니다.

김갑수 　뼈가 영원한 것이라면, 혼령은 어떻게 되는 겁니까? 혼령도 영원한가요?

김열규 　요즘 우리는 영혼이 하니뿐이라고 생각하지만, 영혼을 복수로 생각하는 민족도 있습니다. 예전에 우리도 세 영혼이 있다고 믿었습니다. 육체의 혼인 육혼(肉魂)이 있고, 골혼(骨魂)이 있고, 그리고 그 둘을 떠난 영원한 영혼(靈魂)이 있다고 믿었던 거죠. 그중에서 육혼은 육체가 썩으면서 함께 사라지고, 골혼은 골이 있는 동안 존재하고, 마지막으로 그 둘을 떠난 영원한 혼은 대대로 존속한다고 믿은 겁니다. 그래서 옛날에 고조, 증조, 조부, 아버지의 신주를 집안 사당에 모시는 사대봉사(四代奉祀)를 하면서도 시제(時祭) 때는 역대 조상을 다 모셨던 겁니다.

김갑수 　그렇다면, 영혼이 거주하는 곳은 어디였습니까? 이승인가요, 저승인가요?

김열규 　그 질문에는 대답하기가 조금 복잡한데, 우리 토속신앙인 샤머니즘에서는 오직 무당의 혼만이 삶과 죽음의 세계를 자유롭게 내왕합니다. 보통 사람은 한번 가면 그만이죠. 우리 무속 신앙에 따르면 죽음의 세계가 바로 생명의 본고장입니다. 거기서 영혼이 이 세상으로 와서 잠시 살다가 돌아가는 겁니다. 그리고 또 일정 기한이 지나면 그 영혼을 다시 지상에 내보내는 거죠.

김갑수 그럼, 원래 영혼의 집은 저승이군요.

김열규 예컨대 그리스 신화에서 여행자의 신으로 불리는 헤르메스(Hermes)는 이승을 하직한 나그네를 저승으로 인도하는 저승사자의 역할을 하지요. 이승과 저승을 자유롭게 오간 신은 아마도 헤르메스뿐일 겁니다. 그처럼 무당도 삶과 죽음의 세계를 자유롭게 오가는 존재입니다. 인간으로서 삶과 죽음의 세계를 자유롭게 내왕하는 영혼이 있다는 믿음, 그건 대단한 믿음이죠.

메멘토 모리

김갑수   선생님 저서에도 나오고 저도 앞서 인용했습니다만, 이제는 많은 사람이 이 말을 압니다. 메멘토 모리. 죽음을 기억하라… 그런데 이것이 과연 어떤 의미인지, 제대로 아는 사람은 드문 것 같습니다.

김열규   그렇습니다. 사람이 사는 동안에 가끔 죽음을 생각하지만, 마치 영원히 살 것처럼 살아가죠. 따라서 '메멘토 모리'라는 말의 숨은 뜻은 '너 또한 죽는다는 사실을 잊지 마라'는 것입니다. 늘 죽음을 생각하며 살라는 것인데, 겁먹고 절절매라는 뜻은 아니에요. 죽음이 있으니 삶을 더욱 거룩하게 간직하라, 죽음이 있으니 삶을 더욱 엄숙하게 길러가라, 죽음이 왔을 때 후회하지 않을 삶을 살라는 겁니다. 그러니까 삶의 가치를 더 높이기 위한 교훈으로서 '메멘토 모리'라는 말을 되새겨야 한다고, 저는 생각합니다.

김갑수 　로마시대에 그런 지혜를 찾았다는 걸 생각하면, 인류가 이토록 놀랍게 발전하고 성장한 것도 겉모습뿐이 아닌가 해요. 오히려 옛날 사람들이 더 지혜로운 삶을 살았던 것은 아닐까요? 글쎄요, 죽음은 누구나 피하고 싶죠. 피한다고 해서 피할 수 있는 것도 아닌데 말이죠. 죽음을 연구하신 분으로서 우리 같은 일반인이 죽음을 어떻게 인식하고 받아들여야 할지 한 말씀 들려주셨으면 합니다.

김열규 　저도 그 질문에는 제대로 대답할 자격이 없습니다. 이 나이에도 죽음이 무섭고, 피하고 싶으니까요. 그러나 고향으로 돌아가 노년을 보내면서 조금은 죽음을 덜 무서워하게 되었다는 것이 보람이라고 할 수 있겠죠. 인간은 누구나 몇 살이 되더라도, 설령 죽음을 한 달 앞둔다 하더라도, 죽음을 피하고 싶다는 마음을 버리긴 어려울 겁니다. 그러나 의연하게 죽음을 맞는 경지에 도달하려는 노력을 평소에 해야죠. 죽음과 친해지고, 죽음과 정겨워지고, 마지막 순간에 '죽음아, 너 잘 왔다'라고 할 수 있게 자신을 관리해야겠죠. 그러려면 삶이 바르고 온건하고, 할 일을 다 해야 죽음을 두려움 없이 맞이할 수 있다고 믿어요. 그래서 제가 지금도 기를 쓰고 컴퓨터 앞에 앉아서 일하는 것은, 자판을 두드릴 때마다 '죽음이여, 안녕!' 하는 것이나 마찬가지 의미입니다.

김갑수 　결국, 현재 자신의 삶을 치열하고 충실하게 살아가면 죽음 앞에서도 당당할 수 있지 않겠느냐는 말씀이지요?

김열규 그렇습니다. 릴케가 쓴 《말테의 수기》를 보면 말테가 릴케의 또 다른 자아라는 것을 알 수 있습니다. 거기서 릴케는 지나가는 임신한 여자를 보고 '저기 죽음이 깃들어 있다'고 말합니다. 그보다 더한 사람이 있죠. 영국의 딜런 토머스는 대단히 난해한, 그러나 위대한 시인인데, 그는 시에서 지나가는 임신한 여자를 보고 '저 뱃속에 있는 아기가 어머니의 두 발을 가위 날로 삼아서 자기가 장차 입게 될 수의를 미리 마름질하고 있다'고 말합니다. 시인의 소름이 끼치는 심안이죠. 이런 대목이 우리에게 어떤 가르침을 줍니까? 삶이 시작할 때 이미 죽음 또한 시작하고 있다는 거지요. 다시 말해 삶이 성숙해가는 동안 죽음 또한 길러야 한다는 것을 우리에게 일깨워주는 겁니다. 이처럼 평생을 죽음에 바친 예술가들이 있습니다. 시에는 라이너 마리아 릴케가 있고, 음악에는 구스타프 말러가 있고, 그림에서는 에드바르 뭉크가 있어요. 이 셋은 각각 장르는 다르지만, 오직 죽음에 그들 예술의 전부를 바친 사람들입니다.

Rainer M. Rilke, 1875~1926

Dylan Thomas, 1914~1953

Edvard Munch, 1863~1944

또 다른 고향

윤동주

고향에 돌아온 날 밤에
내 백골이 따라와 한방에 누웠다.

어둔 방은 우주로 통하고
하늘에선가 소리처럼 바람이 불어온다

어둠 속에 곱게 풍화작용하는
백골을 들여다보며
눈물짓는 것이 내가 우는 것이냐
백골이 우는 것이냐
아름다운 혼이 우는 것이냐

지조 높은 개는
밤을 새워 어둠을 짖는다.

어둠을 짖는 개는
나를 쫓는 것일 게다.

가자 가자
쫓기우는 사람처럼 가자

백골 몰래
아름다운 또 다른 고향에 가자.

죽음은 삶의 주춧돌이다

김갑수 사람마다 죽음에 대한 정서가 각기 다를 텐데 윤동주 시인은 무엇보다도 허망함을 느꼈던 게 아닌가 싶습니다. 죽음은 누구에게나 닥치는 딱 한 번뿐인 사건이지만, 누구나 죽어야 한다는 사실 때문에 사회에서는 아주 중요한 제의가 되는 게 아니겠습니까? 그래서 죽음을 신성시하고 종교적 의미를 부여하는데, 전통 장례가 복잡하고, 절차가 까다로운 것도 그만큼 죽음을 존중한다는 의미가 되겠죠.

그런데 오늘날 장례는 너무 허무하지 않습니까? 장례를 병원 영안실에서 간단히 치르고, 되도록 빨리 마치려는 경향이 눈에 띄는데, 선생님은 저서에서 이것이 '죽음이 박탈당하는 행위'라고 말씀하셨지요?

김열규 그렇습니다. 저는 그런 광경을 볼 때마다 죽음을 박대하고 삶을 박해하고 있다는 생각을 떨칠 수가 없어요. 죽음을 존중하지 않는 사람이 삶을 존중할 리 없습니다. 나는 마땅히 이러이러한 죽음을 맞이할 터이니, 이러이러한 삶을 살아야겠다, 그래서 삶의 비중만큼 죽음의 비중이 크다는 인식이 필요한데, 오늘날 장례식 치르는 모습을 보면, 정말 대단히 죄송한 말씀이지만, 죽음을 마치 폐기물 처리하듯 해치워버리거든요. 그것은 아예 삶을 모독하는 일입니다. 죽음을 그렇게 간편하게 다루는 것은 스스로 자기 죽음에 침을 뱉는 일이라고 생각합니다.

김갑수   현대인의 삶이 복잡해지다 보니 그런 현상이 생기는 것 같습니다. 그래서 죽음에 대한 정의 역시 복잡해진 것 같아요. 어디까지를 삶으로, 어디까지를 죽음으로 볼 것이냐는 문제이기도 한데, 가령 뇌사나 존엄사, 안락사, 심지어 임신중절 등 죽음을 둘러싼 여러 쟁론이 있지 않습니까? 선생님은 자연스러운 죽음이 아닌 이런 죽음에 대해 어떤 견해를 갖고 계신지요?

김열규   시대가 달라지면 죽음관도 달라진다고 생각합니다. 방금 자연사가 아닌 여러 죽음을 말씀하셨지만, 기왕 돌아가실 분이 장기를 남에게 기증하기로 작정하고 맞이하는 죽음을, 저는 '희생사'라고 부릅니다. 그런 죽음은 전에 없던 개념이죠. 인간의 의지로 죽음을 결정하는 문제를 도덕적으로 혹은 법적으로 규정할 때 죽음 그 자체보다도 삶과 생명에 대한 가치를 반드시 고려해야 한다고 생각합니다. 앞서 말씀드렸듯이, 릴케나 뭉크나 말러가 죽음에 천착했던 이유도 결국 죽음을 삶의 주춧돌 같은 것으로 여겼기 때문입니다. 집에 주춧돌이 없으면 어떻게 됩니까? 모든 것이 무너져 내리겠죠. 릴케는 말합니다. 삶은 한 번뿐이다. 삶의 일회성을 말하는 거죠. 삶이 한 번뿐이기에 우리는 허무감에 빠지고, 공포를 느끼고 인생이 덧없다고 말하지 않습니까? 그런데 릴케는 반대로, 삶은 한 번뿐이니까 절대로 실수해서는 안 된다, 한 번뿐이니까 끝까지 성실해야 한다고 말합니다. 그래서 죽음의 일회성이야말로 진지한 삶의 기틀이 되어야 한다는 거죠. 오늘날 여러 가지 새로운 형태의 죽음을 규정할 때에도, 이처럼 죽음이 삶을 떠받치는 근간이라는 점을 잊지 않는다면 동시대적인 공감대를 형성할 수 있으리라고 봅니다.

김갑수 조금 어리석은 질문이 되겠지만, 그처럼 죽음이 삶을 떠받치는 주춧돌 같은 것이라면, 인간은, 아니 범위를 더 좁혀서 우리 한국인은 왜 그렇게 죽음을 그토록 두려워하고, 피하고 싶은 대상으로 삼게 된 걸까요?

죽음을 승화하라

김열규   한국인의 기복신앙에는 영혼이 차지하는 비중이 작습니다. 영혼은 내 속에 있기도 하지만 나를 넘어선 존재인데, 한국인의 기복신앙에서는 영혼을 그렇게 인식하지 않기 때문이죠. 이 세상에서 내가 잘 살게 해달라고 비는 것이 기복신앙이니까요. 예컨대 제가 존중하는 석가의 가르침은 욕심을 버리라는 겁니다. 어느 스님께서는 "우리 집에 오실 때 욕심을 가지고 오지 마십시오"라고 말씀하시더군요. 그런데 현세적인 욕심이 서린 것이 기복신앙인 만큼, 죽음은 곧 현실적인 부귀와 영화의 종말을 뜻하지 않겠습니까? 그러니 당연히 죽음이 두렵고, 피하고 싶은 거지요. 영혼에 대한 믿음이 있다면 내 온 삶을 바쳐서 내 영혼을 아름답게 가꿔야겠다는 생각이 들 겁니다.

김갑수   그러나 선생님께서는 죽음과 친해야 하고, 늘 죽음이 곁에 있어야 한다고 지론처럼 말씀하시지 않습니까? 그리고 그것이 우리 한국인 고유의 정서에 뿌리 박고 있다고 설명하지 않으셨습니까?

김열규   가을이면 제가 사는 집 텃밭에 단감이 조롱조롱 열립니다. 바람이 불어 나무가 흔들리면 그 단감이 툭! 떨어집니다, 그렇게 농익어 떨어진 감의 맛은 이루 말할 수 없이 좋아요. 가을날 푸른 하늘과 새빨간 감의 단맛… 제가 말하고 싶은 것은, 감이 완전히 익었을 때 저절로 떨어진다는 겁니다. 물론, 우리 죽음 가운데는 태풍을 만나서 익지도 못하고 갑자기 떨어지는 감과 같은 죽음도 있죠. 하지만, 살 만큼 살다가 떠나는 사람은 과일이 익어 절로 떨어지듯이 죽음을 누려야 한다는 겁니다. 그래서 저는 제 죽음이 제 삶의 완숙이기를 빕니다. 죽음이 제게는 농익어 떨어지는 홍시 맛 같기를 바라는 거죠.

그러나 죽음을 대하는 방식은 사람마다 다를 겁니다. 뭉크의 그림을 보는 순간 어떤 느낌이 듭니까? 전율이 흐르죠. '그래, 죽음이 얼마나 무서운가 보자!' 뭉크에게서는 결연히 죽음과 맞서는 투지를 읽을 수 있습니다. 그런가 하면 〈대지의 노래〉에서 말러는 삶과 죽음의 화해를 노래합니다. 이처럼 각기 죽음을 대하는 방식은 다르더라도, 죽음에 이르기까지 삶을 치열하고 성실하게 살았다는 것이 그들의 공통점이 아닐까요?

Gustav Mahler, 1860~1911

김갑수   선생님께서 늘 죽음을 기억하라고 말씀하시듯이 말러는 단 하루도

〈마돈나〉, 뭉크, 1895~1902.

죽음을 이야기하지 않은 날이 없었다고 하죠. 그의 아내 알마의 증언입니다. 철학자 화이트헤드는 진리를 정의할 때 '비극적 장중성'이라는 표현을 사용합니다. 아무리 눈을 가리고, 왜곡하고, 치장한다 해도 분명히 거기에 있고 누구도 피할 수 없는 유일한 것이 바로 진리라는 것인데, 그 '진리'라는 말을 '죽음'

A.N. Whitehead, 1861~1947

이라는 말로 대체해도 의미는 같다는 생각이 듭니다. 언젠가 반드시 찾아올 죽음을, 누구도 속이거나 피할 수는 없으니까요. 그러나 세상에 행복한 죽음은 없을 겁니다. 누구든지 이 세상에서 사랑하는 사람들 곁에 오래 남아 있고 싶을 테니까요. 그래서 심지어 '쇠똥에 굴러도 이승이 좋다'는 우리나라 속언까지 있지 않습니까?

그러나 죽음이라는 '비극적 장중성'을 우리가 삶에서 수용하고 죽음을 더 높은 차원으로 승화하는 것이 인간으로 태어난 우리의 과제가 아닌가, 저는 그런 생각이 듭니다.

김열규 　잘 아시겠지만, 말러는 뤼케르트의 시를 읽고 〈죽은 아이를 그리는 노래〉라는 가곡을 작곡하지요. 그때 말러는 알마와 결혼하여 가장 행복한 시간을 보내고 있었죠. 그런데 이 곡을 작곡하고 나서 사랑하는 어린 딸 마리아 안나가 세상을 뜹니다. 그래서 세간에서는 이 작품에 예언적 기운이 있다는 소문마저 나돌았습니다. 그런데 공교롭게도 1904년 여름에 작곡한 교향곡 6번 마지막 악장인 〈운명의 세

번이 타격〉역시 1907년 말러가 겪게 되는 세 가지 운명적 타격, 즉 딸의 죽음, 비엔나 오페라에서의 해임, 심장병 발병을 운명을 예고한 셈이 되지요.

딸의 죽음과 심장병으로 쇠약해진 말러는 우연히 친구인 테오발트 플라크에게서 시집을 한 권 받게 되는데, 그 책을 읽고 영감을 얻어 작곡한 곡이 바로 〈대지의 노래Das Lied von der Erde〉입니다. 이 곡의 마지막 악장, '고별'은 이렇게 끝납니다.

그는 말에서 내려와 그에게 이별주를 건넨다.
그리고 묻는다, 어디로 가는지, 왜 그래야 하는지.
그는 대답한다, 목소리를 숨긴 채.
여보게, 친구 나는 이제 이 세상이 행복하지 않네.
내가 어디로 가느냐고? 나는 산으로 가네.
내 고독한 마음의 안식을 찾고자
내 고향, 내 집으로 간다네.
결코 낯선 곳에서 길을 잃지 않겠네.
내 마음 고요히 때를 기다린다네.

사랑하는 대지가 도처에 꽃을 피워내고
봄이 와 새로이 신록이 싹트리.
만상이 영원히 멀리까지 푸른빛을 보내리
영원히… 영원히…(Ewig…Ewig…)

1908년에 완성된 이 곡은 원래 교향곡 9번으로 할 예정이었지만, 베토벤, 슈베르트, 부르크너 등 앞서 세상을 떠난 작곡가들이 모두 9번 교향곡을 마지막으로 사망했다는 불길한 징크스가 있어서 말러는 이 곡을 일련번호 없이 발표했어요. 그러나 예정된 운명을 피할 수 없었는지, 이 곡을 마지막으로 말러는 3년 후에 사망합니다.

그의 마지막 곡이 된 대지의 노래 끝 부분, '영원히… 영원히…' 하는 대목, 독백인지, 안녕인지 알 수 없는 이 대목을 듣다 보면 정말 비장한 아름다움이 느껴집니다. 이 음악으로 우리 영혼은 슬픔으로 거룩해지고, 슬픔이 아름다움으로 승화하는 것을 우리 내면에서 실제로 느끼게 됩니다. 이처럼, 죽음이 단순히 슬픔으로만 끝나서는 안 됩니다. 죽음이라는 운명에 맞서는, 그 운명을 수용하는 높은 차원의 비장한 아름다움으로 승화해야 한다고, 저는 늘 생각합니다.

김갑수 언젠가 청소년을 대상으로 장례를 체험하게 하는 행사를 본 적이 있습니다. 직접 관속에 들어가 보는 체험이죠. 처음엔 얼핏 왜 저런 걸 하나? 했는데, 오늘 선생님 말씀을 들으면서 자신의 죽음을 깊이 생각하는 계기를 만든다는 것이 참 중요하다는 생각이 듭니다. 죽음을 생각한다는 것은 이미 로마시대부터 강조된 지혜이니, 어쩌면 인류의 영원한 과제라고도 할 수 있겠습니다. 죽음을 일상에서 생각하는 것이 오늘날 우리 한국인에게 왜 의미 있고 중요한 일인지, 마지막으로 한 말씀 부탁합니다.

김열규 한 번 태어난 삶, 한 번 맞는 죽음. 모두 한 번뿐입니다. 한 번뿐인 삶

죽음을 잊지 말자

손이 떨렸다.

〈한국인의 죽음론〉이라는 부제를 덧붙여서 《메멘토 모리, 죽음을 기억하라》를 써나가 자니까 손끝이 나도 몰래 떨렸다.

'메멘토 모리', 죽음을 기억하라!

이것은 삶이 그 자신의 숨결을, 그리고 핏기 운을 다그치기 위해서 있는 말이라야 한다. 죽음을 잊으면 삶이 덩달아 잊어진다. 그러기 에 우리들이 그 사이 '죽음론'을 한 권의 책으 로 엮어내지 못했다면 삶도 제대로 들여다보지 못했음을 의미할 것이다.

두려움과 몸서리, 비통과 탄식, 좌절감과 절망, 상실감과 허무, 그러면서도 엄 숙함과 장중함. 우리는 이것들을 죽음과 더불어서 경험한다. 더 이상 비길 게 없는 엄청난 감정의 복합체다. 그 안을 하나하나 들여다보고 싶었다. 그러자니 어둡고 습지고 침울했다. 공포롭기조차 했다.

하지만 끝내는 밝음과 환함으로 책을 끝맺자고 생각했다. 책에 더러 중복을 저질러가면서까지 염화시중의 미소로 마무리한 것은 바로 그 때문이다.

'메멘토 모리'

삶을 다그치듯 죽음을 잊지 말자.

김열규, 《메멘토 모리, 죽음을 기억하라》 중에서

을 함부로 살 수 없죠. 삶에는 낙제도 없으니까요. 한 번뿐인 삶이니 소중히 살아야 하듯이 한 번뿐인 죽음 또한 중요하고 거룩하게 맞이해야 합니다. 한 번뿐인 삶을 올곧게 살아야만 비로소 제대로 된 한 번뿐인 죽음을 맞이합니다. 그 거룩한 죽음을 위해서 우리 모두 바르고 성실하게 살아가자고 말씀드리고 싶습니다.

한국인의 문기(文氣)

| 최준식 |

"우리 문화만 뛰어나다는 생각은 망상입니다. 제가 한국 문화를 공부할수록 다른 문화도 그렇게 아름답고 훌륭해 보일 수가 없어요. 경제적으로 어려운 나라라고 해서 문화가 뒤진 것은 결코 아니거든요. 저는 우월감도, 열등감도 없이 문화를 상대적으로 바라보는 것이 선진 국민의 자세라고 생각합니다. 그런데 제 눈에는 한국인이 아주 고귀한 집안의 자손이라는 사실을 잊어버리고 천민으로 살아가는 사람들처럼 보입니다. 그래서 자기 본연의 모습을 깨닫게 해주면 한국인은 잃어버렸던 긍지를 되찾고 다시 세계 문화의 주역이 되는 날이 오리라고 믿습니다.

우리는 엄청난 잠재력을 지닌 민족입니다. 지방에 답사를 갈 때마다 저는 우리 문화가 워낙 거대하고 엄청나기에 한국학의 틀로는 도저히 이 한국이라는 나라를 담을 수 없음을 새삼 깨닫곤 합니다."

최준식

이화여자대학교 한국학과 교수.
서강대학교 사학과 학사, 미국 템플대학교 대학원 종교학 박사.
국제한국학회 회장, 한국문화표현단 이사장, 한국죽음학회 회장.
주요 저서 : 《세계가 높이 산 한국의 문기》, 《한국인을 춤추게 하라》, 《한국인에게 문화는 있는가》

문기와 신기

김갑수 한때 우리나라를 홍보할 때 자주 쓰던 표현이 있습니다. '다이나믹 코리아!' 이 말은 한국인 특유의 신명이나 흥을 표현한 것 같습니다. 이것을 한국인의 신기(神氣)라고 한다면, 오랜 세월 우리가 축적한 인문적 역량을 한국인의 문기(文氣)라고 부르면 어떻겠습니까? 신기와 문기. 마치 철학자 니체가 말했던 인간의 디오니소스적 요소와 아폴론적 요소의 양면성 같은 느낌도 듭니다만, 우리 문기는 세계의 다른 어느 문화와 비교해도 뒤지지 않는다고 봅니다. 그런데 이상하게도 우리는 자부심을 느끼기보다는 오히려 외국 문화, 특히 서구 문화에 대해 묘한 열등감을 느끼는 것 같습니다.

어떻게 한국인의 문기를 제대로 인식하고, 우리 문화에 대한 자부심을 회복할 것인지, 최준식 교수님의 의견을 들으려 합니다. 최 교수님은 《한국인에게 문화는 있는가》라는 책을 저술하셨을 때 한국인들의 문제점을 지적하고 호되게 질타하셨는데, 그 후의 저술을 보면 태도가 상당히 긍정적으로 바뀌신 것 같습니다. 어떤 계기로 그런 변화가 생겼는지요?

최준식   제가 그 책을 쓴 지 벌써 십 년이 넘었습니다. 그동안 나이를 먹고, 연구를 계속하다 보니까, 우리 문화의 장점이 한둘이 아니라는 것을 깨닫게 되었습니다. 그리고 우리 문화가 좀 더 좋은 방향으로 나아가기를 원한다면, 단점을 지적하기보다 장점을 찾아내어 한국인들이 자긍심을 가지게 하고, 그러다 보면 단점도 자연스럽게 고쳐지지 않겠느냐는 생각이

《한국인에게 문화는 있는가》

들었습니다. 그렇게 우리 문화를 더 자세히 알아가는 과정에서 새로운 모습, 뛰어난 장점들을 발견하게 된 거죠.

김갑수   제가 아는 어느 단체장이 이런 말을 하더군요. 사람은 잘 변하지 않는 존재여서 단점은 쉽사리 고쳐지지 않는다. 그러니 장점을 더 키워서 단점이 묻히게 해야 한다. 최 교수께서 저술하신 《한국인은 왜 틀을 거부하는가》, 《한국인을 춤추게 하라》, 《세계가 높이 산 한국의 문기》 등 일련의 책이 바로 그런 의도에서 나온 것 같습니다. 우선, 그 '문기'라는 용어의 의미를 설명해주시죠.

최준식   제가 문기, 신기를 나눈 의도는 대체로 이런 것이었습니다. 문기는

상층문화를 대표하고 신기는 기층문화를 대표하는 원리로 설정한 것인데, 이 '문(文)'이라는 것이 아주 포괄적인 개념 아닙니까? 저는 그것을 인문정신이라고 보았고, 거기에 문자나 활자, 역사기록처럼 책과 관계된 폭넓은 개념이 포함된다고 생각했습니다. 그리고 기운, 원리라는 뜻의 '기(氣)'를 합하여 '문기'라는 말을 만들었죠.

한국인은 왜 문화적 열등감을 느끼는가?

김갑수   최 교수께서 《한국인에게 문화는 있는가》라는 책을 쓰셨을 때 한국
인에 대해 어떤 안타까움 같은 것을 느끼신 것 같은데, 사실 그런 감
정은 최 교수님만 느끼시는 것은 아니죠. 앞서 말씀드렸습니다만,
대부분 한국인은 서구 문화에 대해 일종의 콤플렉스 같은 것을 느끼
니까요. 그런데 비판적 지식인으로 잘
알려진 노암 촘스키 교수조차도 한국을
2차 대전 이후 전 세계에서 경제적 성장
과 민주화를 동시에 달성한 가장 성공
적인 나라라고 높이 평가하지 않았습니
까? 그런데도 우리가 선진 문화 앞에서
늘 주눅이 들고, 콤플렉스를 느끼는 원
인은 무엇이라고 보십니까?

N. Chomsky, 1928~

최준식 원인이야 뭐, 일제시대를 거치면서 우리 민족의 문화적 자존심이 한 풀 꺾였고, 동족상잔의 전쟁을 겪었고, 미국 문화가 너무 거세게 들어왔다는 데서 찾을 수 있겠습니다만, 저는 오히려 한국인들이 열등감을 갖는다는 것이 이상합니다. 주눅이 들 이유가 전혀 없는 멋진 나라이고, 또 대단한 문화유산이 있는 나라인데 왜 그러는지 모르겠습니다. 정서적으로 이해는 하지만, 정말 이상한 현상입니다.

어느 프랑스인이 한 얘기인데 한국은 조선 초, 중엽까지 세계 13대 선진국 가운데 하나였답니다. 이런 말을 들으면 한국 사람들은 믿지 못하겠다는 표정을 지어요. 그러나 여러 가지 근거가 있습니다. 가령, 당시에 청자나 백자를 만들 수 있는 나라는 고려와 송(宋)나라밖에 없었어요. 일본도 못 만들었고, 유럽 사람들은 그걸 만들고 싶어서 아등바등하다가 18세기 초에 겨우 만들어내는데, 고려는 이미 12세기에 세계에서 가장 아름다운 청자를 만들었던 겁니다. 그리고 한글이 있다는 사실 하나만으로도 우리가 대단한 문화국이라는 사실을 방증하죠. 이런 예는 너무도 많아서 무엇부터 말씀드려야 할지 모르겠습니다.

경이로운 인쇄문화

김갑수 먼저 인쇄문화를 살펴보죠. 우리는 초등학교 시절에 구텐베르크(J. Gutenberg, 1397~1468)가 세계 최초로 금속활자를 이용하여 《성서》

구텐베르크 《성서》, 1455.

를 인쇄했다고 배웠죠. 실제로 우리가 먼저 금속활자를 주조했을 수는 있으나, 후대에 인쇄문화가 번성했어야 그것이 역사적으로 의미 있는 사건이 되지 않겠느냐고 말하는 사람도 있습니다만, 인쇄문화와 관련하여 최 교수님은 우리가 어떤 수준에 있었다고 보십니까?

최준식   저는 어느 나라가 금속활자를 먼저 발명했느냐는 문제도 중요하겠지만, 그 배경에 대한 이해가 더 중요하다고 생각합니다. 학교에서는 그저 고려시대에 세계 최초로 금속활자를 발명했다는 연대기적 사실을 가르치는 데서 끝나거든요. 그러나 그것을 만들 수 있었던 당시 고려의 정치력, 문화력, 경제력 등을 고려하는 것이 중요하죠. 고려가 얼마나 선진화한 사회였으면 그런 훌륭한 활자기술이 나올 수 있었는지를 살펴봐야 합니다. 당시에 그런 활자를 만들 수 있었던 나라는 역시 중국과 고려뿐이었거든요. 그런 여러 가지 사정을 고려해보면 고려는 상당한 수준의 선진국이었고, 그런 문화가 오늘날 우리가 뒤늦게나마 선진국 대열에 합류할 원동력이 되었다고 생각합니다.

김갑수   최근 몇십 년간 경제적 고도성장이 아무 배경 없이 불쑥 실현된 것이 아니라, 아주 깊은 뿌리가 있었다는 말씀이군요. 금속활자 얘기가 나왔는데, 최초의 금속활자 인쇄본이라는 《직지심체요절(直指心體要節)》(1372)은 어떤 책인가요?

최준식   《직지심체요절》은 고려 말 큰스님 가운데 한 분이셨던 백운화상(白雲和尙) 경한(景閑, 1299~1374)이 원나라 스승에게 받은 선불교에 관한

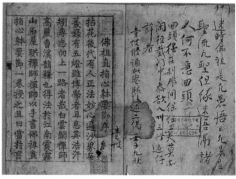

《직지심체요절》, 1372.

책에 자기 견해를 덧붙여 새롭게 꾸민 겁니다. '직지심체'는 '직지인심 견성성불(直指人心 見性成佛)'이라는 구절에서 온 것으로, 참선을 통하여 사람의 마음을 직시하면 그 마음의 본성이 곧 부처님의 마음이라는 것을 깨닫게 된다는 의미입니다. 이 책에는 깨달음에 관한 우화와 예화가 많이 담겨 있죠. 《직지》의 판본은 청주 흥덕사에서 백운화상의 제자인 석찬과 달담 등이 비구니 묘덕의 시주를 받아 금속활자로 간행한 금속활자본입니다. 원래 상·하권이었지만 상권은 없고 하권만 남아 있어요.

그런데 대한제국 말기에 주한 프랑스 공사였던 사람이 이 책을 프랑스로 가져갔습니다. 그것을 앙리 베베르(Henri Vever)라는 사람이 구입해서 소장하고 있다가, 1950년경 사망하면서 유언을 남겨 프랑스 국립도서관에 기증되었던 겁니다.

이 책이 최초의 금속활자 인쇄본이라는 사실을 밝혀낸 분은 박병선 박사입니다. 박 박사님은 프랑스 국립도서관에서 1967년부터 13년간 근무하면서 《직지심체요절》 외에도 외규장각 도서 297권을 찾

아내셨죠. 원래 《직지》의 제목은 '백운
화상초록 불조직지심체요절(白雲和尙抄
錄佛祖直指心體要節)'이라고 해서 아주 길
어요. 박 박사님이 이 책을 찾아내긴 했
지만, 금속활자로 인쇄했다는 사실을
증명해야 하잖아요. 그런데 전혀 연구
가 되어 있지 않은 거예요. 그래서 당신
이 직접 활자를 만들어 찍어보기도 하

朴炳善, 1928~

시다가 불까지 내셨답니다. 결국, 그런 노력이 결실을 봐서 1972년 5
월 파리에서 열린 〈책의 역사〉라는 전시회에 출품하셨는데, 이를
계기로 세계 최고(最古)의 금속 활자본으로 공인받았고, 2001년에는
유네스코 세계 기록문화재로 지정되었죠. 결국, 구텐베르크 《42행
성서》보다 78년 앞서 금속활자로 인쇄한 책으로 인정받은 겁니다.

김갑수 앞서 말씀하신 대로 금속활자의 발명은 단순히 활자를 다루는 기술
이 발달한 덕분이라기보다 그것의 배경이 되는 전반적인 산업과 문
화가 있었기에 가능했겠죠. 이것은 고려조에 대단히 번성한 문화가
있었다는 증거이기도 하겠죠.

최준식 그런데 참 안타까운 일이 서양 사람들에게 우리가 금속활자를 최초
로 발명했다고 하면 믿으려 하지 않아요. 설령 인정한다고 해도 인
쇄기술을 발전시킨 것은 결국 구텐베르크의 기술이 아니냐고 되물
어요. 사실, 컴퓨터 사식이 나오기 전까지 인쇄는 구텐베르크식 기

술이 발전한 결과거든요. 하지만, 중국이나 우리나라에서는 목판술이 워낙 발달했기 때문에 복잡하고 까다로운 금속활자 인쇄를 굳이 고집할 필요가 없었던 것뿐이죠. 기술이 없거나 경제력이 모자랐던 것이 아닙니다.

김갑수   금속활자와 관련해서 살펴볼 것이 종이겠죠? 우리나라 제지술이 상당한 수준에 있었다고 하죠?

최준식   그렇습니다. 종이는 중국에서 발명되지 않았습니까? 그런데 중국에서도 고려 종이의 우수성을 인정합니다. 소동파(蘇東坡, 1036~1101)가 송대(宋代) 천하명품 열 가지를 골랐는데, 그중에 우리나라 고려청자와 고려지가 포함되었습니다. 제지술은 그리 어려운 기술은 아니고, 원료로 쓰는 한국산 닥나무가 질기고 섬유질도 잘 구성되어 있어서 좋은

고려청자 매병

종이를 만들어내는 거죠. 한국 종이는 세계에서 가장 좋은 종이, 천 년을 가는 종이로 평가받고 있어요.

김갑수   네. 천 년 전에 글을 다루는 일의 인프라가 이렇게 훌륭하게 구축되

어 있었다는 것을 생각하니, 선생님이 말씀하시는 한국인의 문기가 우리 문화에서 어떤 위치에 있었는지 짐작이 갑니다. 특히 인쇄술을 말할 때 최초의 목판인쇄물인《무구정광대다라니경(無垢淨光大陀羅尼經陀羅尼經)》을 빼놓을 수 없는데, 이 경문에 얽힌 사연은 일반에 그리 널리 알려지지 않은 것 같습니다. 설명을 좀 해주세요.

최준식　《직지》는 그 유물이 귀속국에 없으면서도 유네스코 기록문화유산으로 등재된 유일한 책이라고 해요. 우리 유산인데 아직도 프랑스에 있으니까요. 그에 비해서《다라니경문》은 귀속국 문제가 불거져서 유네스코에 문화유산으로 등재되지 못했습니다.

이 책은 1966년 어느 날 아침 불국사 스님들이 예불하러 나왔다가 석가탑이 도굴된 흔적을 발견하고 복원을 위해 탑을 해체하는 과정에서 발굴되었어요. 석가탑이 751년에 세워졌으니 그전에 만든 것으로 추정할 수 있는데, 그렇다면 일본에 있는《다라니경문》보다 약 20년 앞서는 겁니다. 그래서 세계 최초의 목판인쇄물로 간주했는

《무구정광대다나리경》

데, 중국에서 반론을 제기했습니다. 자기네가 인쇄해서 신라에 줬다고 주장한 거죠. 그 주장에도 일리가 있어요. 경문에 측천무후(則天武后, 624~705)가 만든 한자 몇 자가 들어 있거든요. 우리나라에서는 신라 먹과 신라 종이를 썼으니 우리 것이라고 주장하고 있죠. 그다음 문제는 학계의 주장인데,《다라니경문》이 석가탑을 세울 때 들어간 것이 아니라, 고려 초에 개수할 때 넣었을 가능성이 있다는 겁니다.《다라니경문》발견 당시에 묵서지편(墨書紙片)이 함께 나왔는데, 이것은 고려시대에 석가탑을 중수하면서 그 과정을 기록한 문서

석가탑

출판이라는 문화적 행위

"저는 이전부터 우리나라 출판사에 대해서 의문을 갖고 있었습니다.

현재 한국인들은 책을 안 읽기로 정평이 나 있습니다.

저도 학교에서 학생들을 가르치면서 항상 느끼던 것입니다.

(중략)

그런데 마치 국민이 담합이라도 한 것처럼 책을 안 읽는데도 출판사는 하루가

멀다 하고 생겨납니다.

물론 이 가운데 참고서나 어린이용 도서가 많은 부분을 차지하지만, 어쨌든

엄청난 양의 책이 매일 출간되고 있습니다.

책을 이렇게 안 읽는데도 책이 많이 나오는 이유는 무엇일까요?

여러 가지 이유가 있겠지만, 우리 한국인에게는 워낙 강한 문기 전통이 있어

서, 다시 말해 책을 내는 행위가 문화적으로 내재화되어 있어서, 우리 자신도

모르는 사이에 조상에게 물려받은 대로 행동하는 것은 아닌지 모르겠습니다.

요즘 잘하는 말로 한국인에게는 출판이라는 문화적 행위가 그네들의 DNA에

들어 있어서 그저 그 내장된 프로그램에 따라 자신의 행위를 펼쳐나가는 것이

라고도 할 수 있겠습니다."

합천 해인사에 보관 중인 팔만대장경

입니다. 거기 보면 탑을 중수하면서 《다라니경문》도 함께 봉인했다는 사실이 기록되어 있거든요. 아직 결론이 나지는 않았지만, 이런 문제들이 불거져서 유네스코에 등재되지 못한 거죠.

김갑수 구텐베르크의 인쇄술이 지난 천 년간 서양에서 일어난 가장 중요한 사건이라면서요?

최준식 1997년 미국의 시사주간지 《라이프(Life)》는 지난 천 년간 세상을 바꾸어놓은 인류의 100가지 업적 가운데 구텐베르크의 활판 인쇄술을 1위로 선정했어요. 천 년 동안 이 세상에 얼마나 많은 일이 일어났습니까? 그런데 그 모든 것을 다 제치고 인쇄술이 인류에게 가장 중요한 변화를 가져왔다는 것은 되새겨볼 구석이 있다고 봅니다. 이런 말이 있어요. '종이와 인쇄가 있는 곳에는 혁명이 있다.' 종교혁명, 과학혁명, 기술혁명, 개인주의의 발달, 세속주의 등 모든 것이 인쇄문화의 발전 덕분에 가능하다는 겁니다. 저는 이 말이 타당하다고 봅니다. 앞으로 어떤 세상에서 어떤 매체가 개발되든, 문자매체로서 책이 지니는 근원적인 힘이 그 바탕이 되리라고 봅니다. 정보를 축적하고, 보존하고, 공유하는 가장 기본적인 활동이 바로 문자에서 출발하거든요. 저는 인류문화가 도약할 전기는 책에 있다고 믿습니다.

한국인의 기록 정신

고려대장경

김갑수   조선시대 선비들의 책에 대한 열정을 보면 놀라지 않을 수 없습니다. 자신을 책만 읽는 바보, 간서치(看書癡)라고 불렀던 이덕무(李德懋, 1741~1793)는 처절할 정도로 가난하고 고된 삶을 살면서도 평생 책을 손에서 놓지 않았는데, 규장각에서 서적 편찬에 몸을 돌보지 않고 일하는 그를 보고 정조가 건강을 걱정하는 이야기는 후세 사람들에게도 진한 감동으로 남아 있죠. 이처럼, 책으로 대변되는 기록문화는 우리의 정체성을 규정하는 중요한 요소 가운데 하나인데, 유네스코에 기록문화유산으로 등재된 우리 서책이 꽤 있죠?

최준식   네. 여섯 종이 있어요. 《직지심체요절》, 《훈민정음 해례본(訓民正音解例本)》, 《승정원일기(承政院日記)》, 《조선왕조실록(朝鮮王朝實錄)》,

《고려대장경(高麗大藏經)》, 《조선왕조의궤(朝鮮王朝儀軌)》, 이렇게 여섯 책입니다.

김갑수   먼저 《고려대장경》 이야기를 해보도록 하지요.
고려대장경의 무게가 자그마치 280톤이라고 하는데, 수백 년 전에 그 무거운 것을 어떻게 합천 해인사까지 옮겼을까요?

최준식   아마도 배로 운반했겠지요. 남해로 내려가서 낙동강을 따라가다가 육로로 해인사까지 갔으리라고 추측합니다. 일제시대 때 데라우치 (寺內正毅) 총독이 이것을 일본으로 반출하려고 했는데, 4톤 트럭으로 무려 70대 분이 되니까 감히 엄두를 못 냈던 모양이에요.

김갑수   일제 때 빼앗겼다면 우리는 지금 얼마나 애통할까요.

최준식   그보다는 6·25전쟁 때 큰 위기를 맞았어요. 북한군이 빨치산 활동을 할 때 대부분 절을 거점으로 삼았거든요. 그래서 국군이 절을 모두 불태워버렸는데, 해인사 폭격 명령이 떨어진 겁니다. 그때 김영환 대령이 이끄는 부대가 출격했는데, 김 대령은 절대로 해인사를 폭격할 수 없다며 그냥 되돌아왔습니다.

金英煥, 1920~1957

전시에 명령 불복종은 총살감 아닙니까? 그러나 김 대령은 이 국보

대장경판(大藏經板), 해인사 소장

고려대장경을 조조한 것은 불교를 융성하게 하려는 목적도 있었으나, 외세의 침략으로 나라가 위기에 처했을 때 불력(佛力)으로 국난을 타개하고 호국하겠다는 강한 의지가 담겨 있었다.

거란의 침입을 계기로 시작되어 77년에 걸쳐 6,000여 권의 경판으로 조조한 《초조대장경(初雕大藏經)》은 대구 부인사에 보존되어 있었으나 대부분 소실되었고, 현재 일본 교토의 난젠사[南禪寺]에 1,715권이 남아 있다.

그 후 대각국사 의천이 《속장경(續藏經)》을 간행하여 모두 1,010부 4,740여 권을 조조했다. 《속대장경》은 순천 송광사와 고려대학교 도서관, 그리고 일본 나라의 도다이사[東大寺], 나고야의 신후쿠사[眞福寺] 등에 흩어져 겨우 47권만 남아 있다.

이어 몽골군의 침입으로 서울을 강화도로 옮긴 고려는 부인사의 《대장경》이 소실되자, 다시 조조하여 《재조대장경》을 새로이 완성했다. 이것은 강화도성 서문 밖의 대장경 판당(板堂)에 수장되어 있다가 강화의 선원사로 옮겨졌고, 그 후 조선 초기에 서울 서대문 밖 지천사로 옮겼다가 다시 합천 해인사로 옮겨 지금까지 보존되고 있다.

이 《재조대장경》은 모두 6,778권(혹은 6,783권)이며, 경판의 수가 8만 1,258판이 되어, 이것을 세칭 《팔만대장경》이라고 부른다.

《대장경》의 조조는 고려가 국난의 시기에 240년이라는 긴 세월 추진한 거국적 사업으로, 대장경의 인쇄를 둘러싸고 경쟁하던 송·거란에 대해 문화국으로서의 위신을 드높였을 뿐 아니라, 인쇄술과 출판술의 발전에도 크게 공헌하였다.

를 목숨 걸고 지키셨는데, 지금 그분을 기억하는 대한민국 국민이 얼마나 될까요?

조선왕조실록

김갑수   박병선 박사나 김영환 대령 같은 분들이 진정한 애국자입니다. 소중한 문화유산이 외세에 의해 강탈당하고, 불에 타서 사라지고, 돈에 눈이 어두운 사람들에 의해 외국으로 팔려가는 등 온갖 수난을 겪었는데, 그나마 지금 남아 있는 유산이 오히려 기적처럼 느껴지는군요. 자, 이제《조선왕조실록》에 대해 이야기해볼까요? 실록이 유네스코 지정 문화유산에 등록된 것이 1997년이니까, 그리 오래되지 않았어요. 어떤 점에서 실록이 세계적인 평가를 받았는지, 또 다른 나라의 왕실 기록과 어떤 차이가 있는지 궁금하군요.

《조선왕조실록》

최준식   《조선왕조실록》은 세계 최대의 단일 왕조 역사서입니다. 태조부터 철종까지 25대 472년간(1392~1863)의 역사적 사실을 연월일순에 따라 편년체(編年體)로 기술해서 총 1,893권 888책으로 구성되었죠. 다른 나라를 돌아보면 단일 왕조가 350년 이상 지속한 사례가 없어요. 유네스코는 그 긴 세월에 일어난 역사적 사실들을 아주 세밀한 기록으로 남겼다는 점을 높게 평가했던 겁니다. 그리고 《실록》의 객관성과 공정성 역시 강한 인상을 남겼으리라 봅니다. 《실록》은 왕의 사후에 작성되었기에 생전에 왕은 실록의 내용을 절대로 볼 수 없었죠. 그래서 엄격한 객관성을 유지할 수 있었던 겁니다. 게다가 사관은 독립성과 비밀성이 보장되어서 자유롭게 자신의 의견을 기록할 수 있었어요. 그리고 기록에 사관의 이름을 적지 않게 되어 있었기에 나중에 문책당할 일도 없었죠.

김갑수 절대 권력을 가진 왕조차도 역사의 엄정성 앞에서는 무력할 수밖에 없었군요. 역사적 사실에 대한 공정하고 객관적인 기록이 얼마나 중요한 것인지, 새삼 경건한 마음이 듭니다. 요즘 TV에서는 역사극이 대세인데, 드라마에 나오는 왕의 모습을 보면 최 교수님은 어떤 생각이 드십니까?

드라마 〈바람의 화원〉에서 신윤복 역할을 맡은 여배우(좌)

최준식 제가 TV 사극을 잘 안 봅니다. 아무리 드라마라지만, 너무 사실과 다른 내용이 많아서 화가 나서 그럽니다. 시청률에 목을 매는 방송 제작자로서는 역사적 사실을 왜곡해서라도 재미만 있으면 된다고 생각하겠지만, 국민이 드라마를 통해 잘못된 역사를 배우는 현상은 심각한 문제가 아니겠습니까?

김갑수   심지어 신윤복(申潤福)을 여자로 둔갑시키기도 하니까요. 사전 지식이 없는 사람은 혜원(蕙園)을 여자로 알겠죠.

최준식   있을 수 없는 일이죠. 수라간에 여자가 들어가는 것도 있을 수 없는 일이고, 중궁전에 남자들이 드나드는 것은 더더욱 말이 안 되는 얘기죠.

사극에서는 왕이 신하와 독대하는 장면이 부지기수로 나옵니다. 그런데 조선조에는 있을 수 없는 일이었습니다. 《왕조실록》을 쓰는 사서(司書)나 승정원일기를 쓰는 주서(注書), 이 두 사람 가운데 적어도 한 사람이 배석하지 않으면 왕은 누구와도 대화할 수 없습니다. 그런 엄정한 규칙에 따라서 사관이나 주서는 왕의 모든 언동과 신하들의 이야기도 빠짐없이 적었습니다.

김갑수   왕의 사사로운 말까지도 모두 기록되는군요.

최준식   그럼요. 왕은 아침에 눈을 뜨고 나서 밤에 잠들 때까지, 한 순간도 혼자 있을 수 없었습니다. 그래서 비록 실행에 옮기지는 못했지만, 왕이 자는 침실에 여자를 사관(史官)으로 변장시켜 들여보내려는 계획을 세운 사람도 있었습니다. 이처럼 왕의 언동은 낱낱이 기록으로 남았어요. 그런데 정작 왕 자신은 그 기록을 절대로 볼 수 없었죠.

김갑수　만약 왕이 자신에 대한 기록을 볼 수 있다면, 사관의 객관성이나 공정성은 유지될 수 없었겠죠.

최준식　중국에서는 왕이 사관의 기록을 마음대로 볼 수 있었고, 나중에는 아예 사관 자리를 없앴습니다. 그런데 우리나라에서는 절대로 그런 행동이 용납되지 않았죠. 한번 상상해보세요. 아침에 일어나서 잠들 때까지 누군가 그림자처럼 따라다니며 시시콜콜한 대화까지 모두 적고 있다면, 그리고 그런 생활이 수십 년 지속한다면 견딜 수 있겠습니까? 사람이 할 일이 아니죠. 그러나 그렇게 한 덕분에 왕을 견제할 수 있었고, 따라서 조선의 정치도 잘 됐고, 왕조가 오래갈 수 있었던 겁니다. 폭군으로 악명 높은 연산군도 사관의 기록을 보지 못했습니다. 그래서 세상에 두려운 것이 아무것도 없는데, 오직 사관만은 두렵다는 말을 남기기도 했어요. 자신의 패륜 행위가 후세에 알려지는 것이 몹시 마음에 걸렸겠죠.

김갑수　그런데 《조선왕조실록》은 양이 엄청나서 역사학 전공자들이 속독법을 배워서 읽더라고요. 그러지 않으면 전체적으로 파악하기가 너무 어렵다는 거죠. 《실록》에 포함된 정보가 그토록 풍부한 이유 가운데 하나는 그 내용이 우리나라 왕실에 대한 기록만이 아니라, 당시의 만주, 몽골, 일본 등 여러 나라에 대한 기록도 들어 있어서 그렇다는군요. 게다가 그런 정보는 사료적으로 아주 중요한 역할을 한다고 해요.

최준식 중국의 《실록》은 그들이 중심 국가이기 때문에 한국, 일본, 몽골, 베트남과 같은 주변국과의 교류에 대해 상세히 기록하지 않습니다. 반면에 우리 실록은 중국을 포함한 다른 나라와의 교류에 대해 아주 자세하게 기록해놓았습니다. 예를 들어 중국에서 환관이나 궁녀를 계속 바치라고 한다는 기록이 있거든요. 그러나 중국 사서(史書)에는 이런 내용을 적을 수 없죠. 이게 좀 떳떳하지 못한 요구가 아닙니까? 그래서 중국 사신이 와서 직접 구두로만 전달하거든요. 그런데 조선왕조실록에는 이 모든 것들이 기록되어 있습니다. 이런 상황으로 미루어 볼 때 중국 역사가들이 주변 국가들의 역사를 연구하려면 조선왕조실록을 봐야 한다고 그러더군요.

승정원일기

김갑수 《왕조실록》이 흥미로운 건 물론입니다만, 사실 흥미의 측면에서 보자면 또 하나의 위대한 기록이 바로 《승정원일기》죠. 정치체제가 공화정인 오늘날과 비교할 순 없습니다만, 조선시대 승정원과 비슷한 기관을 굳이 찾아보자면 아마도 청와대 비서실쯤 되는 곳이 아니겠어요? 그래서 왕의 사생활, 사사로운 담화들까지도 모두 기록했다고 하지요.

최준식 네, 《승정원일기》는 인조 1년(1623) 3월부터 1910년 8월까지 왕명을 담당하던 기관이었던 승정원에서 처리한 사건들과 취급하였던 행정사무, 의례적 사항 등을 매일 기록한 것입니다. 《조선왕조실록》이 국사 전반을 기록했다면, 《승정원일기》는 왕을 중심으로 기록한 자료라는 점이 특색입니다. 양이 모두 3,243책에 이르러 《조선왕조실록》보다도 양이 네 배나 많고, 글자 수로 따지면 2억 자가 훨씬 넘습니다. 그래서 세계 최대 역사서라고 평가받고 있어요.

이 책은 활자로 인쇄한 것이 아니라, 초서(草書)로 빠르게 써내려간 것입니다. 그래서 마치 왕의 옆에 있는 듯이 생생한 기록을 전한다고 해요. 예를 들어 상소문(上疏文)이 올라오면 《왕조실록》은 그 내용을 요약하고 정리해서 기록하는데, 《승정원일기》는 전문을 그대로 옮겨 적었죠. 조선시대에는 유생(儒生)이나 사족(士族)들이 정부의 잘못된 시책에 대해 집단적으로 소(疏)를 올리곤 했는데, 18세기 후반이 되면 1만 명 가까운 사람들이 집단적으로 상소를 올리곤 합니다. 그것을 '만인소(萬人疏)'라고 하는데, 대표적인 것으로 정부의 개화정책에 반대해서 봉건 유생들이 고종에게 올렸던 만인소가 있죠. 그때에도 승정원일기를 보면 전문은 물론이고 그 1만 명의 이름을 하나하나 다 기록했어요. 그것을 어떻게 다 옮겨 적었는지 모르겠어요.

"인간은 역사가 있기에 위대하다"라는 말이 있지 않습니까? 우리가 살아가는 지금 이 순간은 과거의 결과이자 연속이죠. 이처럼 자랑스러운 과거를 돌아보는 일은 그 위대한 업적을 남긴 선조의 후손으로서 가슴이 뿌듯합니다. 그런데 그런 역사적 사실들이 무관심 속에서 잊힌다면 미래는 삭막한 것이 되겠죠. 과거에 선조가 이룩한 위대한 업적은 후손의 기억을 통해서만 살아남고 보존될 수 있으니까요.

최고의 문화유산, 한글

김갑수   앞서 최 교수님은 우리 선조가 이룬 업적이 이루 헤아릴 수 없이 많
아서 무엇부터 이야기해야 좋을지 모르겠다고 하셨습니다. 그러나
이것만은 빼놓을 수 없겠죠. 바로 한글 말입니다.

지구상에서 한글을 모국어로 삼아 쓰는 이의 수는 놀랍게도 세계에
서 11위라고 합니다. 영어나 중국어, 식민지를 많이 거느렸던 제국
들의 언어가 널리 쓰인다는 것은 이해가 가지만, 모국어 대한 자부
심이 대단한 프랑스어보다도 한국어를 사용하는 인구가 더 많다는
것은 놀라운 일입니다.

한글의 우수성은 세계가 인정하고 있습니다. 1997년에 유네스코에
서 훈민정음을 세계 기록 유산으로 지정했고, 해마다 인류의 문맹률
을 낮추는 데 공적을 끼친 단체나 개인을 뽑아 상을 주는데 그 상의
이름을 '세종대왕상(King Seojong Price)'으로 정한 것만 봐도 알 수 있
지 않습니까? 또 언어학 연구로는 세계 최고인 영국 옥스퍼드 대학

에서 합리성, 과학성, 독창성 등의 기준으로 세계 모든 문자에 순위를 매겼는데 한글이 1위를 차지했어요.

최 교수님은 외국에서 공부하셨으니 우리 문화를 상대적으로 바라볼 기회가 많으셨을 텐데, 현장에서 바라본 한글에 대한 평가를 어떻게 생각하십니까?

최준식   제가 전공자는 아닙니다만, 한글을 공부하다 보니까 세계 모든 언어 가운데 가장 신비스러운 사례라는 평가를 자주 보게 됩니다. 왜냐면, 어느 언어체계든 그 기원이나 창시자가 명확하게 밝혀진 사례는 없잖아요. 그런데 한글은 만든 사람을 알고, 만든 원리도 알고, 창제일, 반포일까지 정확하게 명시되어 있다는 거죠. 이처럼 정교하고 탁월한 문자체계가 어느 날 갑자기 탁! 튀어나왔다는 거예요. 이건 있을 수 없는 일이다, 미스터리다, 이렇게들 말하죠.

세계적인 언어학자들이 한국어의 천재성, 우수성을 찬탄한 사례는 무수히 많습니다. 예를 들어 미국의 메릴랜드 대학에 있는 언어학자 로버트 램지(Robert Ramsey) 교수는 한글이 세계에서 가장 뛰어난 문자라고 했지요. 한글은 소리와 글이 서로 체계적인 연계성을 지닌 과학적인 문자라면서 "다른 어느 문자에서도 찾을 수 없는 위대한 성취이자 기념비적 사건"이라고까지 평가했어요. 영국의 석세스 대학 제프리 샘슨(Geoffrey Samson) 교수도 "한글은 의심할 여지없이 인류의 가장 위대한 지적 성취 중 하나로 꼽아야 한다"고 했죠. 샘슨 교수는 한글을 '자질문자'라고 규정한 최초의 언어학자예요. 사실 한글은 세계 유일의 진정한 음소 문자거든요. 한 부호가 하나의 소리만을 대표하는 문자 체계는 전 세계적으로 한글밖에 없어요. 샘슨 교수가 한글을 '자질문자'라고 하는 까닭은 한글이 너무나 세밀하게 소리를 분석해서 표기하고 있기 때문에 음소를 뛰어넘어 음의 자질을 표기하고 있다는 뜻이거든요.

미국의 미시간 대학 맥컬리(J.D. McCawley) 교수는 20년 전부터 매년 한글날이 되면 축하파티를 연다고 해요. 한글이 현존하는 문자 체계 가운데 가장 독창적이고 문장을 단어로, 음절로, 그리고 음소로 분해하면서도 기본적으로 음절 문자의 형태를 유지하는 유일한 문자 체계인데, 그 놀라운 업적을 1440년대에 이루었다는 것을 언어학계가 당연히 축하해야 한다는 거예요.

김갑수   한글의 독창성이나 과학성, 사용상의 편의성 등 여러 가지 장점은 전 세계가 인정하고 있는데, 최 교수께서는 개인적으로 한글의 어떤 점이 정말 우수하다고 생각하시나요?

최준식   제가 수업시간에 학생들에게 한글이 어떤 점에서 훌륭하냐고 물어보면, 세계에서 가장 과학적인 문자이기 때문이라는 대답이 가장 많아요. 그럼, 제가 묻죠. 한글이 왜 과학적이냐. 그러면 모두 입을 다물어요. 이상하지 않아요? 말로는 우리 한글이 훌륭하다, 세계적으로 가장 우수한 문자다, 그러면서도 정작 왜 훌륭하고 왜 우수한지를 아는 사람은 거의 없어요. 이게 도대체 웬일입니까?

한글을 '아침글자'라고 한다는군요. 누구나 아침부터 배우면 저녁에 자기 이름 정도는 쓸 수 있다는 것인데, 한글이 그만큼 배우기 쉽다는 얘기겠죠. 게다가 한글은 모음 열 개와 자음 열네 개를 조합해서 11,000가지 이상의 음을 만들어낼 수 있다고 해요. 일본어의 300가지 음, 중국어의 400가지 음과 비교하면 한글의 음성적 표현 능력은 월등합니다. 얼마나 과학적이고 경제적인 언어입니까?

그 정도만 해도 대단한데, 세계적인 언어학자들이 정말 정신을 잃을 정도로 놀라는 점은 문자와 발음의 상관관계가 어느 문자보다도 높다는 데 있습니다. 샘슨 교수는 한글이 세계 유일의 진정한 음소 문자라는 점에 주목합니다. 하나의 부호가 하나의 소리만을 대표하는 문자 체계는 전 세계적으로 한글밖에 없어요.

한글의 정교하고 절묘한 구성을 예를 들어 볼까요? 한글의 자음, ㄱ-ㅋ-ㄲ, ㄷ-ㅌ-ㄸ, ㅈ-ㅊ-ㅉ, ㅂ-ㅍ-ㅃ, ㅅ-ㅆ을 각각 살펴보면 기본 글자에 한두 개 획을 더해서 된소리, 거센소리를 표기합니다. 모양이 비슷하니까, 어떤 소리에서 어떤 자질이 더해졌는지 금세 알 수 있잖아요. 이 체계가 얼마나 과학적인지는 영어와 비교해보면 쉽게 알 수 있어요. 우리말의 ㄷ, ㅌ에 해당하는 영어의 d, t를 보면 둘 사이에 아무런 관련성이 보이지 않잖아요.

제가 자주 드는 예입니다만, 영어의 city를 빨리 발음하면 '씨리' 이렇게 되잖아요. 이처럼 t와 l, r은 서로 왔다갔다할 수 있는 소리입니다. 그리고 gentleman을 발음하면 '제늘맨' 이렇게 되거든요. t가 n의 영향을 받아서, 혹은 n이 탈락되고 t가 n으로 바뀌는 거예요. 이렇게 t, n, r, l 은 모두 같은 어군에 속하는데, 다른 언어도 그렇지만, 영어에서는 글자와 글자 사이에 아무런 상관관계가 없어요, 모두 제각각이죠. 그런데 세종대왕은 그런 점까지 고려하셔서 혀끝소리(舌端音)

438

ㄴ, ㄷ, ㄸ, ㄹ, ㅅ, ㅆ, ㅌ을 같은 그룹에 모아놓으셨어요. 이것을 본 세계적인 언어학자들이 아, 이건 사람이 만든 문자가 아니다, 이건 과학의 정수다, 이렇게 경악하는 거죠.

모음은 더 대단하지 않습니까? 세상에 그 복잡한 모음체계를 점 하나 작대기 두 개로 다 해결했잖아요. 이런 것을 보고 전 세계인이 세종대왕은 인간이 아니다, 천재 중의 천재라고 말하는 거죠. 세상에서 가장 어려운 일이 가장 간단하면서도 가장 많은 것을 표현하는 거잖아요. 게다가 한글 체계의 근간에는 하늘, 땅, 사람의 우주적인 철학이 깔렸잖아요. 이런 점에서 한글의 우수성을 전 세계가 인정하는 거죠.

한글 창제의 배경

김갑수   세종대왕께서 한글을 만드신 직접적인 동기나 배경이 궁금합니다. 물론, 왕께서 백성을 어여삐 여기셔서 글을 주셨다는 것은 초등학교 때부터 배워서 알고 있지요. 그러나 그 외에 정치적 배경이나 당시의 흐름 등 짚어볼 점들이 있을 텐데요.

최준식   한글 창제는 왕실의 비밀프로젝트였다는 말이 나올 정도로 세종은 수양대군이나 안평대군 등 왕자들과 이 계획을 도모했고, 극히 소수 학자와 일을 진행했습니다. 사람들은 한글 창제에 집현전 학자들이 대거 참여한 것으로 알고 있는데, 실상은 그런 것이 아니었습니다.

김갑수   요즘으로 치자면 태스크포스팀이 따로 있었군요.

최준식   네, 그랬던 거 같아요. 제가 책을 쓰면서 왕조실록을 검색해봤더니,

뜻밖에도 훈민정음에 대한 이야기가 아주 적게 나옵니다. 그만큼 세종이 이 계획을 발설하지 않았다는 거죠. 왜 그랬을까요? 조금 거칠게 말하자면, 조선의 정치는 왕권(王權)과 신권(臣權)의 싸움이 아니었나 싶어요. 신권이라면 정도전에서부터 시작해서 후세로 이어지는 신하들의 세력을 말합니다. 왕은 신하들과의 힘겨루기에서 백성을 자기편으로 끌어오는 것이 세력을 키우는 방편이라고 생각했고, 백성을 제대로 가르친다면 같은 길을 걸을 수 있겠다고 판단했던 것이 아닐까요?

김갑수   지지기반을 확대하는 포석이라고 할 수 있겠군요.

최준식   그래서 집현전(集賢殿) 부제학이었던 최만리(崔萬理, 1398~1445)를 비롯하여 양반, 관리들이 입에 거품을 물고 반대한 거죠. 백성이 글을 깨우치면 자신의 기반이 줄어들 테니까요. 이것이 교과서에 나오는 설명입니다. 그리고 또 하나 중요한 사실이 있습니다. 세종은 당시 중국 한자 발음을 정확하게 적기를 원했습니다. 그러려면 발음기호가 필요한데, 그런 기능을 하는 장치로 훈민정음을 만들었다는 것도 아주 강력한 이유 가운데 하납니다.

김갑수   중국어를 표기하는 발음기호가 필요했기에 한글을 만든 것이다.

최준식   초기에는 그랬던 것 같아요. 세종은 중국 문화를 아주 좋아했던 것으로 보입니다. 그래서 중국 한자어가 조선에 들어와서 다른 발음으로 읽히는 것을 싫어했어요. 예를 들어 이런 겁니다. 영어로 radio를 '래디오'라고 발음하지 않습니까? 그런데 우리 외국어표기법에는 '라디오'로 되어 있고, 또 그렇게 발음합니다. television도 '텔리비전'이 아니라 '텔레비전'이라고 쓰고 발음하잖아요. 예를 들어 세종은 그런 것이 싫었던 거예요. 왜 그렇게 발음하느냐. 정확히 '텔리비전', '래디오'로 발음하라는 겁니다. 그래서 한글을 발음기호 삼아서 중국어를 정확하게 표기할 수 있었다고 생각했는데, 그 근거가 바로 《동국정운(東國正韻)》입니다. 이 책은 한글이 반포된 다음해에 출간되었는데, 한자음의 정확한 발음을 표기해놓았습니다. 15세기 한자의 발음을 가장 정확하게 기록한 책이기에 중국 언어학자들은 이 책을 안 볼 수가 없는 거죠.

문기, 한국인의 잠재력

김갑수 지금까지 한국인의 문기가 어떻게 발현되었는지, 특히 조선시대 국
보적인 자료를 통해 살펴보았는데, 이 문기가 과거의 유물로 그치지
않고, 현재 우리 삶에서 약동하고, 또 미래를 향해 나아가는 강력한
힘이 되려면 우리는 어떤 노력을 기울여야 할까요?

최준식 간단합니다. 도서관을 많이 세우면 됩니다. 우리 국민이 너무 책을
안 읽는다고 걱정이 많잖아요. 이웃나라 일본 국민보다 독서량이 10
분의 1에도 못 미친다고 하죠. 빌 게이츠도 오늘날의 자신을 만든 것
은 자기 동네 도서관이라고 하잖아요. 저는 도서관을 동마다 하나씩
짓고, 제발 그것을 독서실로 만들지 말고 좋은 책을 계속 들여와서
주민이 늘 책을 가까이할 수 있게 해줬으면 좋겠습니다. 그래도 책
을 안 읽는다면, 그것은 국민의 책임이에요. 그런데 책을 읽을 기회
조차 주지 않았잖아요.

한국의 문기

씨가 아무리 좋아도 토양이 시원치 않으면, 그런 곳에서는 좋은 열매를 맺을 수가 없습니다. 한국은 워낙 토양이 훌륭했기 때문에 조금만 여건이 좋아지고 성숙해지자, 바로 반도체, 혹은 자동차 산업, 휴대 전화 같은 분야에서 좋은 결과를 내게 된 것 아닐까요?

지금 한국의 문기 정신은 분명 서서히 이전의 모습을 되찾고 있습니다.

그러나 그 올라오는 속도가 더뎌서 안타깝습니다.

이것은 그만큼 인문 문화가 생성되는 데에는 시간이 많이 걸린다는 것을 뜻합니다.

물론 우리가 그동안 팔짱만 끼고 속수무책 방관만 했던 것은 아니지요.

다만 지난 반세기 이상 동안 여러 가지 사회 문화적 여건 때문에, 우리의 인문 문화가 바닥을 쳤다가 다시 시작하느라, 시간이 많이 걸리는 것뿐입니다.

현대 한국의 문기는 지금도 계속해서 생성 중인데, 이것이 앞으로 어떤 방향에서 또 어떤 내용으로 채워질지는 아무도 모릅니다.

제 개인적인 생각에, 새로운 한국 문화가 생성되는 것은 바로 이 문기가 새롭게 형성될 때가 아닌가 싶습니다.

최준식, 《세계가 높이 산 한국의 문기》 중에서

김갑수 네. 문기가 새롭게 형성되어야 한국 문화도 거듭 태어난다는 말씀인데요, 어떻게 해야 우리가 또 한 번 세계를 놀라게 할 문화의 주인공이 될 수 있을지 마지막으로 한 말씀 부탁합니다.

최준식 우리 문화만 뛰어나다는 생각은 망상입니다. 제가 한국 문화를 공부할수록 다른 문화도 그렇게 아름답고 훌륭해 보일 수가 없어요. 경제적으로 어려운 나라라고 해서 문화가 뒤진 것은 결코 아니거든요. 저는 우월감도, 열등감도 없이 문화를 상대적으로 바라보는 것이 선진 국민의 자세라고 생각합니다. 그런데 제 눈에는 한국인이 아주 고귀한 집안의 자손이라는 사실을 잊어버리고 천민으로 살아가는 사람들처럼 보입니다. 그래서 자기 본연의 모습을 깨닫게 해주면 한국인은 잃어버렸던 긍지를 되찾고 다시 세계 문화의 주역이 되는 날이 오리라고 믿습니다.

이런 생각은 자화자찬이 아닙니다. 국제적인 금융회사 골드만 삭스는 한국이 2050년에 세계 2위 국가가 되리라고 예측한 바 있습니다. 프랑스의 지성 자크 아탈리(Jacques Attali, 1943~) 역시 한국이 2050년에 세계 최강국 가운데 하나가 되리라고 했죠.

우리는 엄청난 잠재력을 지닌 민족입니다. 지방에 답사를 갈 때마다 저는 우리 문화가 워낙 거대하고 엄청나기에 한국학의 틀로는 도저히 이 한국이라는 나라를 담을 수 없음을 새삼 깨닫곤 합니다.

한 가지 안타까운 점은 한국이 그 멋진 날개를 펴고 세계의 정상에 우뚝 서는 2050년에는 김 선생님이나 저나 이미 이 세상 사람이 아닐 거라는 사실입니다.

한국인의 한시

| 이종묵 |

"시를 받아들일 마음이 필요한 것 같습니다. 우리는 너무 급하게 살아가기 때문에 어찌 보면 시간이 정지된 세계, 잠시 멈춰 서서 세상을 돌아보는 시의 세계를 받아들일 준비가 되어 있지 않은 것 같습니다. 아무리 목전의 일이 급하고, 도달해야 할 목적이 있고, 주위를 돌아볼 여유가 없더라도, 잠시 걸음을 멈추고 시를 읽을 수 있는 자세가 갖춰진다면 세상을 조금 더 넉넉한 마음으로 살아갈 수 있지 않을까요? 가슴을 울리는 한시 한 줄을 감상할 수 있는 그런 삶을 살 수 있다면 지금보다는 삶이 훨씬 더 행복해지리라고 확신합니다."

이종묵

서울대학교 국어국문학과 교수.
서울대학교 국어국문학과 졸업, 동 대학원 박사.
제2회 우호학술상 한국문학부문(2009).
주요 저서 : 《우리 한시를 읽다》, 《글로 세상을 호령하다》, 《조선의 문화공간》

한국인의 한시

김갑수   우리 유산 가운데 정말 아름다운 한시(漢詩)가 많습니다. 그러나 애석하게도 학창시절에 한자를 배우지 않은 사람이 많으니, 한시를 즐기기는 쉬운 일이 아니죠. 그리고 한시를 즐기려면 어느 정도의 교양이 담보되어야 하고요. 그래서 한시에 대해 거리감을 느끼는 분이 많은데, 이 거리감을 없애려고 노력하는 학자들이 계십니다. 이종묵 교수도 그중 한 분인데, 한시를 소개하는 여러 저술도 내셨죠. 선생님은 일반인에게 어떻게 한시를 읽으라고 충고하십니까?

이종묵   우선, 소리 내어 읽을 때 귀에 전달되는 느낌, 시를 읽을 때 떠오르는 이미지, 그리고 시에서 비롯하여 오각을 자극하는 모든 것이 몸과 마음속으로 들어온다면 그것이 제대로 한시를 즐기는 길이라고 생각합니다.

김갑수 눈으로 읽고 마는 게 아니라, 모든 감각을 동원하라는 말씀이군요. 그런데 제가 전부터 품고 있는 의문이 하나 있습니다. 원조라 할 수 있는 중국의 한시와 우리 한시는 어떻게 다릅니까?

이종묵 사실, 한시를 연구하는 사람에게 가장 큰 질문이 바로 그것입니다. 과연 한국 한시에는 독자성이 있느냐는 문제를 두고 많은 학자가 매달렸는데 제가 지금까지 공부해보니, 대략 이런 것 같습니다. 중국인들은 시를 읽을 때 음악적인 효과를 중시하는데, 우리 한국인이 중국어를 완벽하게 구사할 수도 없고, 소리의 높낮이를 잘 알지도 못하니까, 대부분 뜻이 들어 있는 시, 요즘 말로 하면 '아이디어의 시'와 같은 것을 선호했던 것 같습니다. 기발한 생각, 기발한 표현을 높이 평가하는 것이 우리 한시의 특징이 아닌가 합니다.

김갑수 그렇니까, 중국 한시는 음향효과를 포함한 운율(prosody)적 요소가 중요한데, 우리 한시는 의미 쪽에 중점을 뒀다는 거군요.
서양에서는 시의 위상이 우리보다 훨씬 높은 것 같습니다. 전에 자크 시라크 프랑스 전 대통령이 국제 행사에서 이백(李白, 701~762)의 시를 낭송한다든가, 후진타오 중국 주석이 백악관에서 한시 한 편을 낭송하는 모습을 보면서 오늘날 한시가 고급문화로 통용될 여지가 있는 게 아닌가 하는 생각이 들었습니다.

이종묵 사정은 우리나라에서도 마찬가지였습니다. 예전에 중국에서 사절이 왔을 때 우리나라 관리 중에서 최고 수준의 시인이 영접하러 나가서 시를 통해 서로 대화합니다. 말하자면 문화수준을 테스트하는 거죠. 중국은 문화가 이렇게 뛰어난데 과연 너희 조선의 수준은 어느 정도냐. 그럴 때 조선 사람이 조선의 문화수준이 상당하다는 것을 보여줘야 그때부터 외교적인 대화가 성립되는 겁니다. 이런 단적인 예에서도 시가 오늘날 우리가 생각하는 것과는 달리, 단순히 서정적이고 개인적인 취미활동이 아니라 한 나라의 문화적 수준과 역량을 나타내는 지표였기에 왕이 직접 나서서 뛰어난 시인을 양성하려고 관리들에게 휴가까지 주면서 시 공부를 하게 했던 겁니다. 예를 들어 세종 자신은 시를 한 수도 짓지를 않았지만, 신하들에게 '내가 시를 좋아하지 않는다고 해서 너희가 시를 짓지 않아서야 되겠느냐?'라고 하면서 시 공부를 독려했다고 합니다.

설중매(雪中梅)

김갑수   꽃을 노래한 한시도 많지만, 옛 선비들에게 꽃구경은 시흥을 불러일으키는 풍류의 하나였던 것 같습니다. 그리고 상황에 따라 꽃구경도 각기 다른 명칭으로 불렀다는데, 조금 자세히 설명해주시겠습니까?

이종묵   18세기 권상신(權常愼, 1759~1825)이라는 분이 친구들과 남산에 꽃구경을 가면서 몇 가지 규칙을 정합니다. 예를 들어 바람이 불 때 꽃구경 가는 것은 꽃을 보호한다는 명목으로 '호화역(護花役)'이라고 했고, 안개가 끼었을 때 꽃구경은 '윤화역(潤花役)'이라고 했습니다. 윤은 윤기, 꽃을 촉촉하고 윤기 있게 하는 일이라는 뜻입니다. 비가 올 때 꽃은 무엇을 합니까? 목욕을 하죠. 그래서 비올 때 꽃구경은 꽃이 씻는다는 뜻에서 '세화역(洗花役)'이라고 했습니다.

김갑수   멋진 표현이군요. 한시에는 꽃이 자주 등장합니다만, 그중에서도 매화의 기상이 단연 으뜸인 것 같습니다. 퇴계(退溪) 이황(李滉, 1501~1570)은 매화를 유달리 사랑해서 100편이 넘는 매화시를 지었고, 숨을 거둘 때 남긴 마지막 말이 '저 매화 나무에 물을 좀 주거라'였다고 하죠.

사람들은 '설중매(雪中梅)'라는 표현 때문에 매화가 한겨울 눈 속에서 피는 꽃으로 알고 있지만, 그런 것은 아니죠?

이종묵   자연 상태에서 매화는 겨울에 피지 않죠. 사람이 인공적으로 그렇게 만든 겁니다.

예전 사람들은 봄에 구불구불하고 운치 있는 살구나무 가지에 매화를 접붙여놓습니다. 그러고 나서 가을에 화분에 담아 방 안에 들여놓습니다. 그런데 그대로 내버려두면 먼지가 앉아서 깨끗함을 생명으로 하는 매화의 운치에 방해가 되니까, '매합(梅閣)'이라는 조그마한 감실을 만들고 거기에 장막도 달아서 매화 화분을 넣어둡니다. 그런데 이 감집을 따뜻한 아랫목에 놔두면 매화는 봄이 온 줄 알고 꽃망울을 터뜨리죠. 그러면 눈 내리는 창가에 두고 감상하는 겁니다. 매화 감실에 대해서 18세기 문인 정극순(鄭克淳, 1700~1753)은 〈이소매기(二小梅記)〉라는 자신의 글에서 이렇게 썼습니다.

우리나라 사람이 백 가지가 서툴지만 볼 만한 것은 매화를 기르는 것이다. 그 법이 매우 좋은데 예전에는 없던 것이다. 매화는 청고소담(清高疎淡)한 것이 꽃에 있고 애초에 그 둥치는 여러 꽃나무 중에 아름다운 것들과 다름이 없었다. 그런데 그 둥치가 예스럽지 않으면 그 아름다움

매화의 절조(節操)

매화는 추운 겨울 눈이 펑펑 내릴 때 꽃을 피워야 제 맛이다. 그러나 우리나라에서는 자연 상태에서 설중매를 보기는 어렵다. 전문가의 솜씨를 빌려 화분에 담아 키워 인공적인 환경에서 꽃이 피게 하고서, 벗을 불러 매화음(梅花飮)을 즐겼을 뿐이다. 그러니 부귀한 이가 아니면 설중매는 구경하기 어려웠다.

조선에는 명품 매화가 많았다. 강회백(姜淮伯, 1357-1402)이 젊은 시절 벼슬에 오르기 전에 지리산 자락 단속사(斷俗寺)에 심었다는 정당매(政堂梅), 사명대사(泗溟大師, 1544~1610)가 일본에서 가져와 봉은사에 심었다가 나중에 정릉으로 옮겨진 정릉매(靖陵梅), 이정귀(李廷龜, 1564~1635)가 중국에 사신 갔다가 어사(御史) 웅화(熊化)와 내기 바둑을 두어서 얻게 된 황제가 감상하던 만력매(萬曆梅) 등이 유명하다.

이러한 이름난 매화를 두고 문인들은 많은 시를 지어 눈 속에 핀 맑은 절조를 노래하였다. 그러나 뜻이 곧은 선비 남명(南冥) 조식(曺植, 1501~1572)은 그러하지 않았다.

寺破僧羸山不古 前王自是未堪家
化工定誤寒梅事 昨日開花今日花

절이 낡고 중이 파리해도 산은 늙지 않았건만
전조의 왕은 절로 국사를 감당하지 못하였구나.

조물주가 정말 겨울 매화를 잘못 처리하여
어제도 꽃을 피우더니 오늘도 꽃을 피웠구나.

조식, 〈단속사의 정당매(斷俗寺政堂梅)〉

전조의 왕이 국사를 감당하지 못하였다는 것은 고려의 문인이었던 강회백이 절조를 지키지 못하고 조선에 출사한 것을 은근하게 비판한 것이다. 강회백을 매화에 비하지만, 매화가 겨울철이 아닌 봄철에 다른 꽃과 함께 꽃방울을 더뜨렸으니, 절조를 찾을 수 없다는 말이다. 선비라면 겨울이 아닌 봄에 피는 매화를 질타하여야 한다.

정당매와 함께 영남에서 이름이 높은 매화가 백매원(百梅園)이다. 백매원은 한강(寒岡) 정구(鄭逑, 1543~1620)가 1583년 고향집에 초당을 짓고 정원에 손수 대나무와 매화 백 그루를 심고 이름 붙인 집이다. 세상에 이름난 이 매화를 두고 분개한 선비가 있었으니 바로 남명의 문인 수우당(守愚堂) 최영경(崔永慶, 1529~1590)이다. 최영경은 음력 2월 무렵 백매원을 지날 때 매화가 활짝 핀 것을 보고는 하인을 시켜 뜰 가득한 매화를 도끼로 모두 찍어 없애게 하였다. 사람들이 놀라서 만류하자 최영경은 이렇게 답하였다. "매화가 귀한 것은 눈 덮인 골짜기에서 혹독한 추위를 당하여 온갖 꽃보다 먼저 피어나는 데 있다네. 이제 복사꽃이나 오얏꽃과 봄을 다툰다면 어찌 귀할 것이 있겠소? 공들이 그만두게 하지 않았더라면, 매화는 아마도 죽음을 면하지 못하였을 것이오." 이현일(李玄逸, 1627~1704)이 지은 행장에 전하는 이야기로 최영경의 눈에 정구가 절조를 지키지 못하는 것으로 비쳤기에 이런 일화가 남은 것이다. 매화라 하여 늘 절조를 자랑하는 것만은 아니었다.

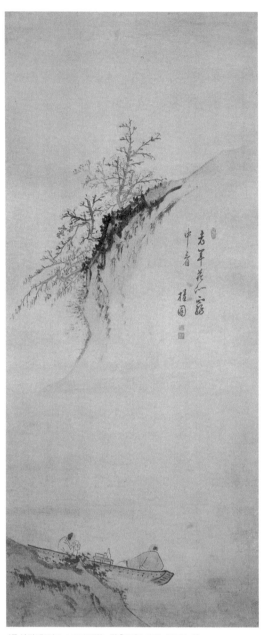

〈주상관매도(舟上觀梅圖)〉, 김홍도(金弘道, 1745~?)

을 칭할 수 없기에, 이에 기이함을 좋아하는 선비들이 산골짜기를 뒤져 복숭아와 살구나무 고목을 찾아 베고 자르고 쪼개고 꺾어 그루터기와 앙상한 뿌리만 겨우 남겨놓는다.

비바람이 깎고 갈고 벌레가 좀먹은 다음에, 무너지고 깎아지른 벼랑에 거꾸로 매달리고, 오래된 밭의 어지러운 돌 더미에 비스듬히 눌려, 구불구불 옹이가 생기고 가운데 구멍이 뚫려 마치 거북과 뱀, 괴물 모양으로 된 것을 가져다가 접붙인다. 운치 있는 꽃이 평범한 가지에서 훌훌 떨어지고 나면, 그 위에 접을 붙인 다음 흙 화분에 심는다.

날이 차기 전에 깊숙한 방에 넣어두는데 또 왕성한 기운이 흩어져 빠져나가 꽃을 피우지 못할까 우려되면, 작은 합(閤)을 만들어 담아둔다. 먼지와 그을음이 절대 바깥을 오염시키지 않게 하여 맑은 싹이 안에서 자라날 수 있게 한다.

적당한 장소가 생기면 옮겨서 북돋워주고 물을 주되 또 합당한 재배법대로 한다. 이 때문에 온 천지가 한창 추울 때가 되면 꽃을 피운다. 마치 신선이나 마술사가 요술을 부려 만들어낸 것 같다. 아아, 신기하다.

기록을 보면 매화가 눈 속에서 피게 하려고 온갖 노력과 엄청나게 많은 돈을 들이지만 쉽게 얻을 수 없었습니다. 장유(張維, 1587~1638)의 시 〈강가의 매화(臘前江梅)〉를 보면 "서울의 귀족들은 화분 매화를 애지중지하여, 더운 물로 따뜻하게 해도 도통 피지 않는다(洛中豪貴重盆梅, 煖護湯熏苦未開)"라는 구절이 있습니다. 그래서 설중매는 더욱 가치가 있었죠.

김갑수　중국에도 설중매를 만드는 기술이 개발되었다면서요?

이종묵　중국에서는 화병에서 꽃을 피우는 기술이 발달해서 원굉도(袁宏道)가 쓴 《병사(瓶史)》라는 책도 나왔습니다. 이런 자료를 보면 중국에서는 소금물이나 따뜻한 물을 화병에 부어 일찍 꽃을 피우게 하는 '병화법(瓶花法)'이 발달했던 것을 알 수 있지만, 우리나라에서는 이런 방법을 개발한 적은 없는 것 같습니다.

감갑수　그토록 정성을 들이는 일이라면 웬만한 사람은 구경도 못했겠군요.

이종묵　매화 값이 상당히 비쌌습니다. 기록을 보면 김홍도가 매화 화분 하나를 20냥을 주고 샀다고 하는데, 지금 돈으로 환산하면 100만 원입니다. 그것도 쌀값을 기준으로 한 것이니까, 평범한 서민은 넘보기 어려운 고급 문화재였죠..

김갑수　그런데 선비들이 매화에 대해 거의 집착이라고 할 만한 관심을 보인 이유는 무엇일까요? 추위를 이기고 꽃을 피운다는 그 고결함에서 선비의 기개를 엿보았기 때문인가요?

이종목　기본적으로 그런 정서가 깔렸죠. 홍매는 붉은색이 아니라 흰색에 약간 붉은빛이 감도는 매화입니다. 흰빛은 고결한 정신을 뜻하고, 붉은빛은 일편단심, 충절을 상징했는데, 이 두 가지가 어우러진 모습 때문에 선비들이 특히 홍매를 좋아했습니다.

458

기본적으로는 매화의 깨끗함이 선비와 사대부들 사이에서 가장 큰 호소력을 지녔던 것이 아닌가 합니다. 매화는 더러운 환경에서는 절대로 피지 않고 작은 먼지가 끼어도 안 되었으니까요.

매합에 푸른 장막을 드리우고
(梅閣垂靑紗帳)

羅浮身世閣爲家 未臘枝枝欲綻花

羞露嬌容如處子 故敎前面障靑紗

나부산에 있던 신세 감실로 집을 지어

세모 전에 가지마다 꽃망울 터뜨릴 듯,

이슬을 부끄러워하는 교태는 처자와 같아

짐짓 앞면을 푸른 장막을 치게 하였네.

조문명(趙文命, 1680~1732)

〈매화서옥도(梅花書屋圖)〉, 조희룡(趙熙龍, 1789~1866)

김갑수   18세기 서울 명문가에서는 앞다퉈 매합을 만들었다고 하는데 왜 그런 유행이 있었던 거죠?

이종묵   중세 봉건사회 해체 이후 근대사회가 도래했음을 가시적으로 보여주는 특징 가운데 하나가 바로 '청결'에 대한 추구입니다. 그런 배경에서 18~19세기 문인들에게서는 정신적인 가치와 결합된 '깨끗함'에 대한 동경이 상당히 강하게 드러납니다. 서양 선교사들이 조선 문인들의 집에 가보고 가장 놀란 점이 바로 깨끗함이었다고 해요. 매화 역시 그을음이나 먼지가 앉지 않는 가장 깨끗한 환경에 두려고 매합을 사용했던 거죠.

김갑수   선생님은《매사본말(梅史本末)》이라는 고서를 찾아 소개하는 글을 쓰셨는데, 이 책에 대해 말씀해주세요

이종묵   내용은 이렇습니다. 어떤 사람이 설중매를 보려고 매화를 화분에 키웠는데 매화가 한기에 몹시 약해서 얼어 죽습니다. 그런데 매화를 아주 사랑하는 유본정(柳本正)이라는 사람이 얼어 죽은 매화를 얻어다가 정성을 들여 살려냅니다. 그러자 원래 매화 주인이 이것을 보고 원래 자기 매화이니 돌려달라고 합니다. 그러자 유본정은 원래 이 매화가 자네 부인이었지만 이제 내가 부인으로 삼았는데 어찌 내 부인을 돌려달라고 하느냐는 우스갯소리를 하면서 그 이야기를 배경으로 시를 짓습니다. 이처럼 매화를 일종의 놀이수단으로 삼는 특별한 문화 현상이 생기는데 그런 분위기를 잘 드러낸 책입니다.

시중유화, 화중유시

김갑수   지금까지 조선조 지식인들이 매화에 대해 품었던 대단한 열정을 돌아봤는데, 매화만이 아니라 꽃과 한시는 떼려야 뗄 수 없는 관계에 있죠. 우선, 한시 한두 편을 감상하면서 그 느낌을 살펴보도록 하죠.

농가의 노래(田家行)

沙融溪暖荻芽微　靑靄初收白鷺飛
田婦亦知春色愛　鵑花一朶揷釵歸

언 모래 녹고 개울 따스하고 억새 순이 고운데
파란 이내 막 걷히자 흰 해오라기 날아오르네.
시골 아낙도 또한 봄빛을 사랑할 줄 아나보다,
진달래꽃 한 가지를 비녀에 꽂아서 돌아오니.

이규상 (李奎象, 1727 ~ 1799)

이종묵　일몽(一夢) 이규상이라는 분은 거의 알려지지 않은 18세기 문인입니다. 그러나 이분이 남긴 《일몽고(一夢稿)》는 조선 후기의 인물지(人物誌)라고 할 수 있는데, 그중에서도 화가들의 약전과 같은 〈화주록(畵廚錄)〉은 미술사적으로 중요한 저술입니다.

일몽은 당시 농촌풍경 같은 것을 아주 감각적으로 그려냈습니다. 그리고 특히 부친이 인천부사를 지내서 젊은 시절에 인천에서 살았기에 그 지역 어민들의 모습도 잘 포착해서 시로 표현했죠. 〈농가의 노래〉는 봄의 서정을 잘 표현한 시인데, 봄바람이 부니 시골 아낙조차도 봄기운에 젖어 저도 모르게 흥얼흥얼 콧노래를 부르면서 길가에 핀 진달래 한 송이를 꺾어 비녀 뒤에 꽂고 걸어가는 모습을 그리고 있습니다. 한 폭의 그림 같은 아름다운 시골 풍경이 구체적으로 눈앞에 그려지지 않습니까?

양주 객관에서 사랑하는 이와 헤어지면서(題梁州客館別情人)

五更燈影照殘粧　欲語別離先斷腸
落月半庭推戶出　杏花疎影滿衣裳

새벽녘 등불이 희미한 화장을 비추는데
이별을 말하고자 하니 장이 먼저 끊어지네.
지는 달빛 빈 뜰에 문을 밀고 나서니
살구꽃 성긴 그림자 옷에 가득하네.

정포(鄭誧, 1309~1345)

설곡(雪谷) 정포라는 분은 고려시대 문신입니다. 충혜왕 때 좌사의대부(左司議大夫)가 되었으나, 악정(惡政)을 상소했다가 면직되고, 무고로 유배되었던 사람이죠. 시문에 뛰어났고 《설곡시고(雪谷詩藁)》라는 문집도 남겼습니다.

이 시에서 주인공은 새벽에 사랑하는 사람과 헤어져 문을 밀고 밖으로 나옵니다. 그런데 살구꽃 성긴 그림자가 옷에 가득 어립니다. 살구나 매화나 꽃이 지고 나면 그때 잎이 돋거든요. 주인공이 달빛 비치는 살구나무 밑으로 지나가는데 살구꽃 붉은빛이 흰 옷에 불그스름하게 어립니다. 그럴 때 느낌이 어떻겠어요? 마치 두고 온 여인이 가지 말라고 잡는 듯한, 애틋한 심정이 들겠죠. 그렇게, 떠나는 임을 꽃향기로 잡고, 매화 가지로 잡고, 살구 가지로 잡는 거죠. 첫 구절을 보면, 새벽녘까지 남녀가 차마 헤어지지 못해 눈물을 흘렸는데 시에는 눈물이라는 직접적인 표현은 나오지 않습니다. 다만, '지워진 화장'이라고 했죠. 봄을 맞아 남녀가 헤어지는, 그러나 버리지 못하는 미련이 이 한시 몇 글자에 아주 압축적으로 잘 드러나 있습니다. 참 아름다운 시죠.

김갑수 이런 시를 읽으면 마치 그림처럼 장면이 마치 눈앞에 잡힐 듯이 선명하게 그려집니다.

이종묵 그렇습니다. 한시는 기본적으로 '시중유화(詩中有畵)'라고 해서 시 속에 그림이 있고. 또 '화중유시(畵中有詩)'라고 해서 그림 속에 시가 있다고 했습니다. 그런데 시와 그림이 별개로 존재하는 것이 아니라,

〈매화초옥도(梅花草屋圖)〉, 전기(全琦,1825~1854)

서로 상응해서 시가 그림을 환기하고, 또 그림을 이해하는 데 시가 꼭 필요하죠. 그림은 눈으로 보는 것이지만, 시가 그림에 소리를 부여합니다. 시에서 바람이 분다, 시냇물이 흐른다고 묘사함으로써 그림에서 소리가 들리게 해주는 거죠. 앞서 꽃 이야기를 했습니다만, 그림이 향기를 낼 수 없지만, 시는 향기를 묘사할 수 있어요. 이처럼 모두에 말씀드린 대로 오감이 작동해서 눈만이 아니라 코, 입, 귀를 통해 즐기는 것이 바로 한시입니다.

임금, 시를 짓다

김갑수   한시는 정서적 표현일 뿐 아니라, 군신 간의 소통 수단이었다고 들었습니다. 조선조 태조(太祖)에서 철종(哲宗)까지의 역대 임금의 시문을 모아놓은 《열성어제(列聖御製)》에 보면 세조, 정조 등 왕의 시가 수록되었고, 또 《연산군일기》에도 연산군이 지은 시가 여러 편 실려 있습니다. 왕은 어떤 의도로 시를 썼나요? 단순히 왕 개인의 문학적 취향을 발산한 건가요?

이종묵   그런 것만은 아닙니다. 임금이 신하를 불러 잔치를 하고, 직접 쓴 시한 수를 신하에게 내리면, 그 신하는 감동하여 그 시를 가져가서 작은 집을 짓고, 거기에 임금이 내린 시를 걸어두고 특별한 의미를 부여했습니다. 그 효과를 한번 생각해보세요. 임금과 신하가 시를 통해서 서로 정을 나누고, 서로 마음을 헤아렸던 겁니다. 이처럼 시의 소통 기능은 아주 중요했죠.

실제로 신하에게 유별나게 시를 많이 지어준 임금을 보면 대체로 위기 상황에서 왕위에 오른 사람들입니다. 특히 세조나 정조 같은 분이 신하들과 어울려서 시를 지으면서 결속을 다지고 소통의 노력을 기울였는데, 시에는 그런 정치적인 함의도 들어 있습니다.

김갑수   앞서 세종도 신하들에게 시를 짓도록 권면했다고 하셨는데, 그것은 결국 유학을 부흥하려는 일종의 방법론이었습니까?

임금과 한시

세력 있는 신하들의 견제를 받으며 왕위에 등극한 정조는 자신을 지지하는 신하들과 소통의 길에 한시를 놓았다.
성균관에 나아가 시험을 보게 하고, 구절을 하사해 어제를 내리면 성균관 유생과 신하들이 시를 지어 올렸다.
신하들에게 시와 함께 술잔을 내리는 전통도 있었다. 그 전통은 태종 때 시작되었는데, 세종이 '백준화종(白樽畵鍾)'이라는 이름의 술잔을 하사하면 신하들이 다투어 시를 지었다.
효종 역시 성균관 유생이 올린 시문에 답해 은배 둘을 하사했다. 이처럼 한시에는 정치적인 의도가 있었으며, 소통을 간절히 원하는 임금의 열망이 담겨 있었다.

이종묵 　임금이 시를 짓는 데에는 여러 가지 목적이 있었습니다. 상하 간에 정을 소통시키려는 의도도 있었지만, 방금 말씀하신 것처럼 유학을 진흥하려는 목적도 있었죠. 그래서 예를 들어 시제(詩題)를 줄 때 논어에 어느 구절, 맹자에 어느 구절을 가지고 시를 지으라면서 신하들에게 문제를 내는 거죠. 그래서 시를 잘 지으면 상도 주면서 시와 학문을 동시에 발전시키는 두 가지 효과를 본 것입니다.

그리고 좀 독특한 예입니다만 연산군은 시를 정치에 이용했습니다. 예를 들어 신하들에게 중국의 고시에서 시제를 찾아 '비명에 살해되다', '참소로 인해 친한 이가 원수가 된다' 등의 제목으로 시를 짓게 합니다. 연산군의 숨은 의도는 어머니 폐비 윤씨에 대해 신하들이 어떤 생각을 품고 있는지, 시를 보면 그 복심을 알 수 있다고 판단해서 그리한 것이죠. 그렇게 신하들의 심중을 떠보고 마음에 들지 않으면, 벌을 내린 일도 있었습니다.

조선의 시인들

김갑수   문인들이 연회석, 경연장에서 서로 시로 화답하기도 했지만, 편지로 시를 주고받는 일도 흔하지 않았습니까? 박은(朴誾, 1479~1504)과 이행(李荇, 1478~1534)이라는 선비는 늘 편지로 시를 주고받았다고 하는데, 그 내용을 소개해주시죠.

이종묵   박은과 이행은 당대 뛰어난 문장가로 두 분이 단짝 친구였습니다. 기록을 보면 박은은 어려서부터 영민했고, 정신과 골격이 맑고 눈썹과 눈이 그림처럼 아름다워 속세에 사는 사람 같지 않았다고 합니다. 당시 연산군 재위 시절이어서 정국이 몹시 어지러울 때인데, 박은은 목에 칼이 들어와도 바른 소리를 하는 아주 강직한 분이었습니다. 스무 살 약관에 간신을 탄하는 소를 올렸다가 평소에 직언을 꺼린 연산군에게 오히려 파직을 당합니다. 이때부터 자연에 묻혀 밤낮으로 술과 시로 세월을 보냈죠. 어려운 살림에 아내가 스물다섯 나이에 죽고, 갑자사화 때 스물여섯 젊은 나이로 사형을 당합니다. 이행 역시 갑자사화 때 연산군의 생모인 폐비 윤씨의 복위를 반대하다가 유배되었죠.

그런데 박은과 이행이 젊은 시절 5~6년간 아침저녁으로 시를 지어 서로 주고받았는데 박은의 문집을 보면 시의 제목이 대부분 이행의 자가 들어갑니다.

보통 친한 사람이 둘 다 문학적으로 뛰어나거나 재능이 뛰어나면 사이가 좋지 않을 수도 있는데 두 사람은 자타가 공인하는 최고의 시인이었는데 아주 절친했고, 심지어 사돈을 맺어서 그 후손 중에 이안눌(李安訥, 1571~1637)처럼 이태백에 비유되는 대단한 문장가도 나왔습니다.

김갑수 　한시의 소재는 꽃, 봄, 우정, 군신 간의 소통 등 참 다양합니다. 그런데 정약용의 〈기민시(飢民詩)〉나 〈애절양(哀絶陽)〉과 같은 시를 읽으면 피가 끓습니다. 한편에서는 홍수와 가뭄으로 굶주린 백성이 양식을 절약하려고 생식기를 잘라내며 연명하는데, 다른 한편 '사또님네 집안에는 주육이 낭자하고 풍악 소리 울리면서 명기 명창 화려하고' 술이나 기울이며 춘흥이나 돋우자는 탐관오리들이 있습니다. 이런 처절한 고발은 요즘 말로 하자면 리얼리즘 시가 아니겠습니까? 한시의 세계가 그만큼 넓고 다양했다고 볼 수 있을까요?

이종묵 　네. 다산(茶山)은 "시대를 아파하고 세속에 분개하는 마음이 없이 쓰는 시는 시가 아니다(不傷時憤俗非詩也)"라고 했습니다. 그분은 의식

있는 지식인으로서 백성을 위해 해야 할 일이 무엇인가를 진지하게 고민했습니다. 그래서 백성의 실상을 임금에게 알리는 일, 아래 위를 서로 연결하는 일이 지식인의 의무라고 생각했기에 지극히 사실적인 수법으로 백성의 현실을 정확하게 그려서 보고해야 한다는 사명감에서 그런 시를 많이 지었던 겁니다. 이런 시를 두고 〈유민도(遺民圖)〉라고 하는데, 그 연원은 중국 송나라 정협(鄭俠)이라는 사람이 큰 가뭄이 들어 유리걸식하는 백성의 모습을 그림으로 그려서 상소문과 함께 왕에게 바친 데서 찾습니다. 조선에도 임진왜란 때 지독한 굶주림과 고통에 시달리는 백성의 모습을 그린 유민도가 있었다고 하는데, 조선시대 관리들은 그림이 아니라 시로 유민도를 그리기도 했습니다. 조선 초기 성현(成俔, 1439~1504)은 강원도 관찰사로 나가 있을 때 〈벌목행(伐木行)〉이란 시를 지어 산속에서 벌채하는 백성의 참상을 묘사한 적이 있죠. 그리고 조선 중기에 조위한은 우리말로 〈유민탄(流民嘆)〉이라는 가사를 지었는데, 세상에 널리 알려졌습니다. 그래서 급기야 광해군의 귀에까지 들어가서 왕이 저자를 물색하게 했다고도 합니다. 그 외에도 이하곤(李夏坤, 1677년~1724)은 광주 분원에서 도자기를 궁에 진상하는 하층민의 고통을 그리기도 했고, 박제가(朴齊家, 1750~1805)도 함경도 종성 지역에서 핍박받던 민중의 삶을 시로 담아내기도 했죠.

앞서 말씀하셨듯이 정약용은 1794년 11월 암행어사가 되어 경기 북부 지역 민정을 살피다가 '적성'이라는 마을에 당도해서 그곳 주민의 비참한 삶을 보고 〈기민시〉를 지었는데, 말미에서 정협의 〈유민도〉를 시로 옮겨 임금께 보고하겠다는 뜻을 밝힙니다. 이 시의 내용

어무적(魚無迹), 〈유민탄(流民歎)〉

蒼生難 蒼生難	백성들 어렵구나, 백성들 어렵구나.
年貧爾無食	흉년이 들었는데 너희들 먹을 것 없구나.
我有濟爾心	나에게 너희를 구제할 마음이 있건만
而無濟爾力	너희를 구제할 힘이 없구나.
蒼生苦 蒼生苦	백성들 고달파라, 백성들 고달파라.
天寒爾無衾	날이 찬데도 너희들 입을 것 없구나.
彼有濟爾力	저들에게 너희를 구할 힘이 있건만
而無濟爾心	너희를 구할 마음이 없구나.
願回小人腹	내 바라는 것, 소인의 배를 뒤집어
暫爲君子慮	잠시 군자의 마음으로 바꾸고.
暫借君子耳	잠시 군자의 귀를 빌려다가
試聽小民語	백성의 말을 듣게 하는 것.
小民有語君不知	백성은 할 말이 있어도 임금을 알지 못해
今歲蒼生皆失所	올해 백성들 모두 집을 잃어버렸네.
北闕雖下憂民詔	대궐에서 백성을 근심하는 조칙을 내려도
州縣傳看一虛紙	고을에 전해지만 한 장의 빈 종이뿐.
特遣京官問民瘼	특별이 서울 관리 보내 고통을 물어보려
馹騎日馳三百里	천리마로 매일 삼백 리를 달리지만
吾民無力出門限	우리 백성 문지방 나설 힘조차 없으니
何暇面陳心內思	어찌 마음에 둔 생각을 직접 말하랴?
縱使一郡一京官	한 군에 서울 관리 한 명씩 둔다 해도
京官無耳民無口	서울 관리 귀가 없고 백성은 입이 없으니
不如喚起汲淮陽	한나라 때 급장유를 살려 일으켜서니
未死孑遺猶可救	살아남은 고아라도 구하는 게 낫겠네.

조위한(趙緯韓, 1567~1649)

〈왕명을 받들고 염찰사로 적성 시골 마을에 이르러 짓다 (奉旨廉察到積城村舍作)〉

臨溪破屋如瓷鉢　　시냇가 찌그러진 집 사발처럼 부서졌는데
北風捲茅椽齾齾　　북풍에 이엉 날려 서까래만 앙상하다.
舊灰和雪竈口冷　　묵은 재에 눈이 덮여 아궁이는 싸늘한데
壞壁透星篩眼豁　　구멍 난 체처럼 뚫린 벽에 별빛이 비쳐드네.
(중략)
銅匙舊遭里正攘　　놋수저는 지난 번 이장에게 빼앗기고
鐵鍋新被隣豪奪　　무쇠솥은 다시 인근 양반에게 빼앗겼다네.
青錦敝衾只一領　　닳아빠진 푸른 이불 오직 한 채 남았으니
夫婦有別論非達　　부부유별 그 말 따져보았자 무엇하겠나.
餉米前春食五斗　　지난봄에 꾸어 먹은 환자가 닷 말이라
此事今年定未活　　이러하니 금년은 정말 넘길 수 있으랴.
只怕邏卒到門扉　　나졸이 문밖에 들이닥칠까 겁이 날 뿐
不愁縣閣受笞撻　　관아의 몽둥이질은 걱정조차 되지 않네.
嗚呼此屋滿天地　　아, 이런 집들 온 천하에 가득하건만
九重如海那盡察　　바다처럼 깊은 구중궁궐 어찌 다 살펴보랴.
直指使者漢時官　　암행어사 벼슬은 한 나라 때 벼슬인데
吏二千石專黜殺　　마음대로 높은 지방관도 내쫓고 죽였다지.
獘源亂本棼未正　　폐해의 근원이 어지러워 바로잡기 어려우니
龔黃復起難自拔　　뛰어난 관리가 살아나도 뿌리 뽑지 못하리.
遠摹鄭俠流民圖　　그 옛날 정협의 유민도를 본받아서
聊寫新詩歸紫闥　　시 한 편에 새로 그려 대궐에 바치노라.

정약용(丁若鏞, 1762~1836)

을 보면 기아 직전에 몰린 참담한 농촌의 현실이 마치 눈앞에 펼쳐지듯 그려집니다.

정약용은 목민관의 지침서인 《목민심서(牧民心書)》에 자신이 지은 〈유민도〉 계열의 시를 함께 실었습니다. 백성의 뼈를 깎는 고통을 담은 〈기민시〉, 가난을 이기지 못해 자신의 양물을 자른 남성의 이야기를 전하는 〈애절양〉이 실린 겁니다. 〈애절양〉은 정약용이 1803년 강진에 유배되었을 때 지은 것으로, 당시 노씨 성을 가진 농부의 사연을 기록한 것입니다. 농부가 아이를 낳자, 사흘 만에 군적에 들고 마을 이장은 소를 빼앗아갑니다. 분노하고 절망한 농부는 스스로 양물을 잘라버리고 '나는 이 물건 때문에 이러한 고통을 받게 되었구나!'라고 탄식합니다. 피가 뚝뚝 흐르는 남편의 양물을 들고 그의 처가 관아로 가지만, 문지기가 여인을 내쫓습니다. 이런 모습을 묘사한 시입니다.

이처럼 우리 한시에는 사회비판적, 고발적인 시도 찾아볼 수 있습니다. 이 또한 시의 매력이라고 할 수 있겠죠.

김갑수   우리 한시를 이야기하면서 빼놓을 수 없는 분이 김득신(金得臣, 1604~1684)입니다. 이분은 임진왜란 때 진주성 전투로 이름 높았던 김시민 장군의 손자였는데, 어릴 적 천연두를 앓아 노둔했다고 하죠. 이분은 시가 어떤 수단, 특히 출세나 입신양명의 수단이 되어서는 안 된다고 하셨죠. 다시 말해 시는 시 자체를 목적으로 삼아야 한다는 것인데, 시의 본질을 일깨워줬다고도 할 수 있겠습니다. 김득신은 어떤 사람이었는지, 또 어떤 작품을 남겼는지 소개해주시죠.

嬰兒喃喃語　　어린아이 재잘거리는 소리는
其母皆能知　　그 어미라면 다 알아듣는 법
至誠苟如此　　지극 정성이 정말 이와 같다면
荒政豈難爲　　흉년에 정치가 무엇이 어렵겠는가

이용휴, 〈연천 사또로 가는 신광수를 전송하며〉 중에서

失手誤燭刺　　실수로 가시에 찔리면
不覺發痛聲　　저도 모르게 소리를 친다네
須念訟庭下　　유념하게나 재판 받는 자리는
露體受黃荊　　나체로 가시에 찔리는 것임을

이용휴, 〈문주 사또로 가는 김조윤을 전송하며〉 중에서

蜜蜂喧蕎花　　꿀벌이 메밀꽃에 윙윙거리고
菼雞出穉稗　　물새가 논 이삭에서 나오면
謂御且徐驅　　마부에게 천천히 말 몰라 하시게
恐傷田畔稼　　논밭의 곡식을 상하게 할까봐.

이용휴, 〈문주 사또로 가는 김조윤을 전송하며〉 중에서

이종묵 백곡(栢谷) 김득신은 머리가 아주 나빴습니다. 아마 우리 역사에 이름을 남긴 분들 중에서 가장 머리가 나빴던 사람이 아닌가 싶습니다. 그래서 남들이 글을 열 번, 백 번 읽을 때 자신은 천만 번, 억 번을 읽어야만 외울 수 있다고 해서, 자기 서재에 '억만재(億萬齋)'라는 이름을 붙였습니다. 그만큼 남보다 많은 노력을 기울여야 한다고 다짐했던 거죠. 그래서 이분은 글을 읽은 회수를 적어놓았는데. 만 번 이하는 아예 적지도 않습니다. 물론, 그때 억이라는 것은 나중에 계산해보면 십만 번입니다. 그러나 밀이 십만 번이지 하나의 글을 십만 번 읽으며 노력했다는 것은 보통 일이 아니죠. 그런 점이 천재적인 많은 학자, 시인보다 더 우리의 마음을 움직이게 하는 것 같습니다. 그렇게 열심히 노력해서 김득신은 당시 한문 사대가의 한 사람인 이식(李植, 1584~1647)으로부터 "그대의 시문이 당금의 제일"이라는 평을 듣게 되었고 세상에 이름이 알려졌습니다. 저술이 병자호란 때 많이 타 없어졌지만, 《백곡집(栢谷集)》이라는 문집에 많은 글이 전해지는데 그중 시가 반이 넘어서 산문보다는 시에 능했음을 알 수 있습니다.

김갑수 그리고 이용휴(李用休, 1708~1782)라는 대단한 시인이 있었다고 하죠? 어떤 분인지, 어떤 시를 썼는지 소개해주시죠.

이종묵 18세기 시인 이용휴는 성호(星湖) 이익(李瀷)의 조카로 성호학파의 대표적 문인이었습니다. 그는 평생 벼슬을 하지 않았지만, 당시 문단에 영수로 통했습니다. 한국의 8대 문장가 중 한 사람인 창강(滄江)

김택영(金澤榮, 1850~1927)도 그의 문학을 높이 샀고, 정약용도 《여유당전서(與猶堂全書)》에서 이용휴에 대해 이렇게 말했습니다. "영조 말년에 명망이 당대의 으뜸이었다. 대개 탁마하여 스스로 새로워지고자 하는 자들이 모두 그에게 배워 문자를 다듬었으니, 몸은 포의(捕衣)로 있었으나 문원(文苑)의 권(權)을 잡은 것이 삼십여 년이었다. 이는 옛날부터 없었던 일이다."

제가 앞서 소개한 두 편의 시를 보면, 짧은 형식을 통해 뚜렷한 메시지를 전달하고 있습니다. 첫 번째 시에서는 어린 아기가 옹알거리는 소리를 통해 무엇인가를 요구하는데, 어머니는 그것이 무엇인지를 잘 압니다. 정치하는 사람들도 어머니의 마음이 되어 아기의 옹알거림 같은 백성의 말을 귀담아 잘 듣는 것이 중요하다는 겁니다. 친구가 군수로 갈 때 지어준 시입니다.

두 번째 시는 재판장에서 재판을 받는 백성은 벌거벗은 몸으로 가시에 찔리는 현장에 있는 것과 같다고 했습니다. 벌거벗은 몸에 가시가 찔리면 자기도 모르게 소리를 지르듯이 재판받는 사람의 아픈 처지를 재판하는 사람은 꼭 상기하라는 겁니다. 이어지는 시에서도 목민관의 자세를 말합니다. 메밀밭에 꿀벌이 있거나 벼이삭 사이에 물새가 있으면, 말을 천천히 몰아서 벌과 새가 놀라지 않게 해야 한다고 하였습니다. 혹 갑자기 날아오르다 꽃이나 이삭이 다칠까 걱정해서입니다. 이러한 미세한 부분에까지 신경을 쓸 때 백성은 절로 편안해진다고 한 것입니다. 이 두 편의 시 모두 위정자는 백성, 국민의 마음을 돌아봐야 한다는 내용을 담고 있습니다.

김갑수　지금 말씀하신 내용이 시로 응축되어 있으니, 읽는 사람에게 전해지는 메시지와 울림이 더욱 강렬한 것 같습니다.

오늘날 현대인에게 한시는 어떤 역할을 하는지, 그리고 어떻게 하면 우리가 한시를 가까이할 수 있는지 마지막으로 한 말씀 부탁합니다.

이종묵　시를 받아들일 마음이 필요한 것 같습니다. 우리는 너무 급하게 살아가기 때문에 어찌 보면 시간이 정지된 세계, 잠시 멈춰 서서 세상을 돌아보는 시의 세계를 받아들일 준비가 되어 있지 않은 것 같습니다. 아무리 목전의 일이 급하고, 도달해야 할 목적이 있고, 주위를 돌아볼 여유가 없더라도, 잠시 걸음을 멈추고 시를 읽을 수 있는 자세가 갖춰진다면 세상을 조금 더 넉넉한 마음으로 살아갈 수 있지 않을까요? 가슴을 울리는 한시 한 줄을 감상할 수 있는 그런 삶을 살 수 있다면 지금보다는 삶이 훨씬 더 행복해지리라고 확신합니다.

한국인의 음악혼

|한명희|

"국악이 어렵다는 말은 낯설다, 한 번도 친숙해질 기회가 없었다는 말과 같습니다. 모르니까 어려운 거죠. 처음 서양의 교향악을 들을 때 얼마나 큰 인내심이 필요합니까? 실내악을 들으면서 졸지 않으려고 기를 써야 끝까지 듣잖아요. 그렇게 자꾸 듣다보면 조금씩 그 매력을 알게 되고, 그런 경험이 축적되어 어느 순간 아! 하고 감탄사가 나오면서 그 음악을 사랑하게 되는 거죠.
솔직히 말해서, 라디오를 통해서라도 국악을 한 번도 들어보지 않은 사람이 국악이 어렵다고 합니다. 들어보니 어렵더라고 말하는 게 아니라, 아예 듣지도 않아요. 그런데 그런 사람도 둥둥 둥둥 굿거리장단을 쳐주고 얼씨구! 추임새만 들려줘도 금세 무언가를 느낍니다. 국악은 우리 핏속에 녹아 있는 음악이에요. 절대로 어렵지 않습니다."

한명희

대한민국예술원 회원.
서울대학교 국악과 졸업, 동 대학원 석사, 성균관대학교 대학원 철학박사.
이미지 문화서원 좌장. 서울시립대 음악학과 교수, 국립국악원장 역임.
주요 저서 : 《우리가락 우리문화》, 《하늘의 소리 민중의 소리》, 《우리 국악 100년》

국악의 뿌리

김갑수 이미 작고하셨지만, 제가 아는 분의 할아버지 이야기가 떠오릅니다. 이분이 살아생전에 참 술 좋아하시고, 구경 좋아하시고, 소리 좋아하시는 분이었는데, 돌아가시기 얼마 전부터 장구로 박자 맞추시며 소리 하시기를 그렇게도 좋아하셨답니다. 마지막 그 모습이 손자 가슴에 턱! 들어와 박혔다고 해요.

그래서 지금도 할아버지를 생각하면 그 구슬픈 가락이 떠오른다고 하는데, 어찌 보면 그 어르신에게 창(唱)은 음악이라기보다 마지막 삶이 녹아 있는 모든 것이었던 것 같습니다.

이처럼 '국악은 음악이 아니라 삶이다'라고 주장하시는 분이 계시는데, 저 유명한 〈비목〉이라는 가곡의 작사가이기도 합니다. 예술원 회원이시자, 이미시문화서원 좌장이신 한명희 선생님은 평생 우리 음악을 연구해오신 분인데 정작 '국악(國樂)'이란 용어를 불편해하신다죠? 우리가 학교에서 배운 바로는 '국악'이란 이름이 조선 고종 때 궁중에서 음악과 무용에 관한 일을 담당하던 장악원(掌樂院)에서 처음 사용되었다고 하는데, 아마도 외래 음악이 이 땅에 들어오면서 서양음악에 대한 우리의 고유 음악이라는 뜻으로 그렇게 부르게 되었겠죠?

한명희　'국악'이라는 용어가 불편하다기보다는 뭔가 케케묵은 것을 연상하고 현재의 삶과는 거리가 멀다고 생각하는 분이 많다는 겁니다. 사실, 음악은 시대에 따라 그 명칭이나 내용도 달라져야 합니다. 요즘 예닐곱 가지 우리 문화유산을 브랜드화한다고 해서 한옥, 한식, 한복, 한지 등의 이름으로 부르는데, 우리 음악도 한국 음악이라는 뜻에서 '한악(韓樂)'이라고 부르는 것이 좋겠다는 거죠.

김갑수　네. 국사를 '한국사'라고 부르자는 제안과 같은 맥락이라는 생각도 듭니다. '국(國)'을 강조할 때 뭔가 강압적이고 배타적인 느낌이 드는 것은 사실이니까요.
　　　그러니까, 선생님은 우리 음악이 과거의 문화유산으로만 남을 것이 아니라, 지금 이 순간에도 생성되고, 실현되고, 또 많은 사람이 즐겨서 늘 살아 숨 쉬는 것이 되어야 한다고 생각하시는 거겠죠.
　　　그런데 서양에서도 고전음악은 대중의 일상과는 좀 떨어져 있지 않습니까? 대중음악이 소비적 성격이 강하다면, 고전음악은 그 시대의 문화를 대변하고 후세에 전해지는 전통적 측면이 강하다고 하는데, 그런 점은 우리 국악도 마찬가지가 아닐까요? 문화로서 음악에는 어떤 특성이 있다고 볼 수 있을까요?

한명희   음악은 시대마다 지역마다 그 의미가 달랐기에 한마디로 요약하기는 어렵습니다. 그러나 서양에서나 동양에서나 상고시대 음악은 인간의 감정을 표현했다기보다는 신의 의지나 우주의 질서를 표방했다고 말해야 할 것 같습니다. 예를 들어 서양의 고대 철학자 피타고라스도 음악을 우주 조화의 표현으로 보았거든요. 이런 사고는 6세기경 베티우스라는 사람이 더욱 체계화해서 소위 '우주음악'이라는 개념을 제시합니다. 그리고 소우주 인간의 음악인 '인체음악', 그리고 우주와 인간의 오묘한 조화를 소리로 재현하는 '실제음악'을 규정해서 음악의 전개를 3단계로 구분했습니다.

동양에서도 장자(莊子, BC 369~BC 289)는 음악을 천뢰(天籟, 하늘의 음악), 지뢰(地籟, 땅의 음악), 인뢰(人籟, 인간의 음악)의 3단계로 나누었는데, 실크로드를 통한 동·서양의 문화적 교류가 있었는지는 몰라도 동·서양에서 음악을 체계화하는 골격이 이상하리만큼 똑같아요.

김갑수   하늘과 땅의 소리가 음악의 기원이라는 점은 동·서양이 같군요. 어리석은 질문 같습니다만, 사람들은 왜 자연에서 음악을 발견하게 되었을까요?

한명희   악기가 발명되기 전 까마득한 옛날에 소리로 듣는 것은 오로지 천둥, 바람, 물, 동물과 같은 자연에서 나는 소리가 아닙니까? 게다가 늘 쳐다보는 것이 변화무쌍한 하늘이니, 우주의 경이로움에 대한 호기심과 두려움을 느꼈겠죠. 그런 상황에서 인간이 세계와 자신을 이해하려는 지적인 노력은 자연철학이 되었을 터이고, 음악적 요소를

지뢰, 인뢰, 천뢰

남곽자기(南郭子綦)는 책상에 몸을 기대고 앉았다. 하늘을 우러러보며 조용히 호흡을 가다듬는 사이에 온몸에서 생기가 사라지면서, 마치 혼이 나간 빈껍데기 처럼 변해갔다. 곁에서 모시던 그의 제자 안성자유(顔成子遊) 언(偃)이 그 모습을 보며 중얼거렸다.

"어떻게 된 일일까? 살아 있는 몸뚱이가 마른 나무처럼 굳어버리고, 마음 또한 불 꺼진 재처럼 되어버리다니… 지금 책상에 기대어 앉은 스승님은 앞서 책상에 기 대어 앉았던 그분이 아니로구나."

이때 정신을 차린 자기가 제자에게 말했다.

"언아, 그와 같이 묻는 것을 보니 기특하구나. 방금 나는 나 자신을 잃었다. 네가 그것을 알았느냐? 너는 인뢰(人賴)를 들었겠지만, 지뢰(地賴)를 듣지 못했다. 혹시 네가 지뢰를 들었다 해도 천뢰(天賴)를 듣지는 못했을 것이다."

"자세한 말씀을 듣고 싶습니다." 자유가 말했다.

"땅이 토해내는 숨결을 바람이라고 한다. 바람이 일지 않으면 별일 없지만, 일단 바람이 일면 땅 위의 모든 구멍이 소리를 낸다. 너는 혼자 긴 바람 소리를 들은 적 이 있느냐? 그 바람이 산의 숲을 흔들면 백 아름이나 되는 거목의 갖가지 구멍, 즉 우리 몸의 코나 입이나 귀, 혹은 병이나 절구와 같은 모양, 혹은 땅의 연못이나 웅 덩이처럼 모양과 깊이가 가지각색인 구멍이 저마다 다른 소리를 낸다. 그 구멍에 따라 물이 흐르는 소리, 화살이 날아가는 소리, 나오는 소리, 들어가는 소리, 외치 는 소리, 곡소리, 아득히 먼 소리, 새 우는 소리, 위잉 하고 울리면 휘익 하고 받으 며 바람의 힘에 따라 때로는 약하게, 때로는 강하게 자연의 교향악을 연주한다.

이윽고 큰 바람이 한 번 지나가면 모든 구멍은 일제히 울음을 그친다. 그러나 아직도 하늘거리는 나뭇가지와 잎들에서 방금 지나간 바람의 흔적을 볼 수 있는 것이다."

"지뢰란 땅 위의 구멍들이 바람을 받아 울부짖는 소리로군요. 모든 구멍이 소리의 근원이라고 한다면 인뢰는 인간이 불어 연주하는 악기 소리가 되겠습니다만… 천뢰란 어떤 것입니까?"

"천차만별의 사물에 작용하여 스스로 소리를 내게 하는 것이다. 모두 스스로 취하지만, 노하게 하는 것은 무엇이겠느냐? 바람이 다른 온갖 것에 불어 그것이 저마다의 특유한 소리를 자신의 내부로부터 일으키게 하는 것, 그것이 천뢰이다. 만물이 발하는 온갖 소리는 만물이 스스로 택한 것임이 틀림없다. 그렇다면, 참된 노호의 소리를 발하는 것은 과연 누구이겠느냐?"

〈장자〉, 〈제물론(齊物論)〉에서

체계화한 것이 음악이론이 아니겠습니까?

서양이나 동양이나 음악의 자연과 밀접한 관계가 있다는 것은 탄생의 설화에서도 확인할 수 있어요. 중국 설화를 보면 곤륜산 북쪽 계곡에서 자란 대나무 한 마디를 잘라다가 음과 양의 열두 음을 내는 황종율관(黃鍾律管)을 만들었더니 온갖 동물이 동화되어 우줄우줄 춤을 추었다(百獸率舞)고 하죠.

그리스 신화도 마찬가지죠. 올림포스는 '음악(music)'이라는 말의 어원이 되기도 한 아홉 뮤즈(Muse)가 거처하던 곳인데, 이 올림포스 근처에 있는 피에리아에 오르페우스가 나타나서 노래를 하고 악기를 연주하니 산천초목도 감동했다는 이야기가 전해지죠.

우리나라 경우는《삼국사기(三國史記)》에 고구려의 왕산악(王山岳) 이야기가 나와요. 당시 높은 자리에 있던 왕산악이 진(晉)나라에서 들어온 칠현금을 여섯 줄 거문고로 개작해서 자기가 만든 악곡을 연주하니까 홀연 검은 학이 날아와서 춤을 추었다고 하죠.

이처럼 음악은 자연에서 태어나서 자연을 춤추게 하는, 그래서 인간과 자연이 교감하는 문화적 활동이라고 할 수 있어요. 그리고 자연과 우주와 동격이었던 신에게 올리는 제사에 음악이 중요한 요소로 쓰였다는 점도 간과할 수 없겠죠.

김갑수   그런데 서양음악을 보면 그 기원에서부터 현대에 이르는 역사적 전개 과정이 비교적 분명하거든요. 6세기에 처음으로 그레고리오 성가가 등장하고, 9세기에 악보에 기록되기 시작하고, 르네상스, 바로크, 고전주의, 낭만주의, 민족주의 음악을 거쳐 현대음악에 이르는 변화가 일목요연하게 보이지 않습니까?

그런데 우리 전통음악은 기원이라든가 전개 양상을 구체적으로 파악하기가 쉽지 않은 것 같습니다.

한명희 우리 역사나 음악사를 현재 고착된 우리 영토, 국경의 관점에서만 바라본다면 오류를 범하게 됩니다. 동아시아 문화권이라는 큰 범주에서 생각해야죠. 그렇게 같은 문화권에 속한 여러 집단의 교류 관계를 고려해야 정치도 문화도 제대로 바라볼 수 있다고 생각합니다. 예를 들어 아악(雅樂)은 고려시대 때 송(宋)나라에서 처음 들어왔는데 국악을 잘 모르시는 분들은 흔히 '그럼, 그게 중국음악이지 무슨 우리 음악이야?' 그렇습니다. 중국에서 아악의 개념은 어떻게 형성되었습니까? 옛날 은(殷)나라, 주(周) 나라 때부터 음양오행(陰陽五行)에 입각한 음악 개념에서 발원하지 않았습니까? 하늘에 제사를 지내고 신을 경배하는 제도가 정립되면서 음악도 자리를 잡지 않았습니까? 그런데 은나라를 세운 민족이 동이족(東夷族)이라는 사실은 중국의 학자들도 인정합니다. 그렇다고 해서 중국의 음악이 동이족 음악이라고 할 수는 없지 않습니까? 당시에 유목하던 민족에게 국경의 개념은 오늘날과 같지 않으니, 동아시아를 무대로 여러 민족이 역사를 공유했다고 보는 편이 더 합리적이라고 생각합니다.

김갑수 사실, 개인이나 민족이나 자기중심적으로 사고하게 마련이니까, 남과 차별화된 우리 고유의 것에 대한 집착이 강할 수밖에 없는 것 같습니다. 그래서 중국이나 서구의 문화와는 다른, 우리 전통사회의 고유한 문화를 찾고 싶어하는데, 선생님은 문화가 어느 한 지역에 고착되었다기보다는 끊임없이 타 문화와 교류하는 과정에서 우리 고유의 문화가 형성되었고, 음악도 그와 마찬가지라고 말씀하시는군요.

한명희   그렇죠. 큰 문화권의 뿌리를 공유하는 각 지역의 특성을 통해 민족성이나 정체성이 발현된다고 봐야겠죠. 역사적으로 어떤 문화도 외부와의 교류 없이 자생적으로 생성되고 완성된 사례는 없다는 점을 의식하고, 우리 문화를 바라봐야 균형감 있는 정확한 이해가 가능하다는 얘깁니다.

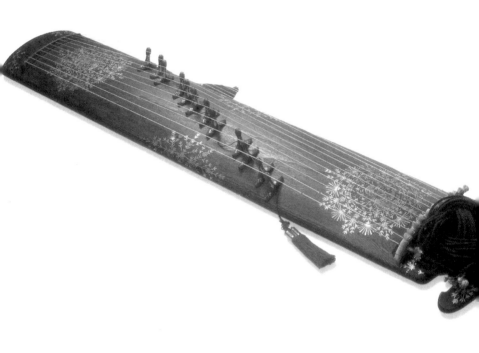

우리 음악의 특징

김갑수　　그렇다면, 우리 음악은 문화권이 전혀 다른 서양음악과 어떤 점에서 어떻게 다른지 궁금합니다. 그 차이를 보면 우리 나름의 독자성이 선명히 드러나 보일 것 같거든요.

한명희　　서양음악과 우리 음악은 음계의 체계나 악기, 발성법 등이 모두 다르지만, 무엇보다도 우리가 음악에 부여하는 가치에 차이가 있다고 봅니다. 서양음악에서는 기교가 중시되지만, 동양음악에서는 정신적 자세가 중요합니다. 고사(故事)를 하나 들어보죠.

가야의 우륵은 가야고를 가지고 신라로 가서 후학을 열심히 가르쳤습니다. 그에게는 세 명의 수제자가 있었는데 각기 다른 분야를 가르쳤어요. 계고(階古)에게는 가야고를, 법지(法知)에게는 노래를, 만덕(萬德)에게는 춤을 가르쳤습니다. 말하자면 당시의 전형적인 음악 형태였던 악(樂)·가(歌)·무(舞)를 모두 가르친 셈이죠.

그런데 우륵이 가야고 열두 곡을 지어 배우게 했더니 제자들은 스승의 음악이 '번차음(繁且淫)'해서 좋지 않다고 평가합니다. 곡이 '빠르고 음탕하다'는 것이죠. 제자들은 선생의 음악을 뜯어 고쳐서 다섯 곡으로 만들었어요. 처음에 우륵은 불같이 화를 냈지만, 들을수록 제자들의 개작곡이 더 좋다는 것을 알게 되었습니다. 그래서 마침내 우륵은 '낙이불류 애이불비(樂而不流 哀而不悲) 하니 가히 아정(雅正)한 음악이라'고 하며 감탄했다는 일화가 전해집니다.

이 일화에서 '낙이불류 애이불비'라는 말은 기뻐도 방종에 흐르지 않고, 슬퍼도 비탄에 빠지지 않는다는 뜻으로 《논어》의 '낙이불음 애이불상(樂而不淫 哀而不傷)'에서 연유한 말입니다. 과(過)하지도 불급(不及)하지도 않는 중용(中庸)의 경지를 지키고 있음을 뜻하는 거죠. 즉, 감정의 중용을 무너뜨리고 한쪽으로 치우친 '번차음'의 분위기를 좋게 보지 않았던 겁니다.

김갑수   기교에 치우쳐 현란한 음악, 품격 없이 재주만 선보이는 음악보다는 군자의 품격을 담은 음악을 선호했던 거군요.

한명희   그렇죠. 선인들이 남긴 고악보를 보면 그분들 특유의 음악관을 이해할 수 있습니다. 악기를 연주할 때도 제멋대로 소리만 잘 내는 데 치중하지 않아요. 연주자로서의 지켜야 할 법도가 중시되죠. 예를 들어 '오불탄(五不彈)'이라고 해서 세찬 비바람이 불거나, 속인 앞이거나, 의관을 제대로 갖추지 않았거나, 저잣거리이거나, 정좌하지 않았을 때에는 거문고를 탄주하지 않습니다.

이처럼 음악이 단지 '소리'만이 아니라, 음악 외적인 대상을 추구했던 단적인 예는 금(琴)은 곧 금(禁)이라는 말에서도 찾아볼 수 있어요. 악기(琴)를 연주하는 궁극의 목표는 완벽한 음향을 만들어내는 데 있는 게 아니라, 모든 사기(邪氣)를 금하고 씻어내는 데 있다는 거죠. 바꿔 말하면 인성의 함양이나 인격완성에 있는 것이지 아름다운 음향 자체에 있는 게 아니라는 겁니다.

김갑수 그 말씀을 들으니, 공자님 말씀이 생각납니다. 《논어》에서도 '흥어시 입어예 성어악(興於詩 立於禮 成於樂)'이라고 하지 않으셨습니까? 인격완성의 최후단계는 결국 음악을 통해서 도달할 수 있다는 말씀이죠. 그리고 사람이 어질지 않으면 예는 해서 무엇하며 악은 해서

〈포의풍류도(布衣風流圖)〉, 김홍도

무엇 하느냐(人而不仁 如禮何 人而不仁 如樂何)는 말씀 또한 음악과 인격완성 사이의 깊은 관계를 언급하신 사례죠.

한명희   유교적 관점에서 음악은 단지 개인의 문제가 아니라 사회나 국가, 우주의 조화에까지 이어집니다. 유가의 음악관을 보면, 성(聲)의 단계에서 출발해서 음(音)의 단계, 악(樂)의 단계로 점차 확대되는 구조를 보이죠. 그리고 악(樂)으로 통칭되는 보편적인 음악 역시 작게는 개인의 심성에서 출발해서 점차 사회와 국가와 우주로 연결되잖아요. '치세지음(治世之音)'이니 '망국지음(亡國之音)'이니 하는 것도 음악이 궁극적으로 공동체의 존망과 직결되어 있다는 점을 시사하는 표현입니다.

반면에 서양에서는 음악을 소리 자체의 예술로 파악하려는 경향이 두드러집니다. 특히 인본주의 사상이 풍미하던 16세기부터 음악의 최고 가치는 인간의 감정을 잘 '표현'하는 데 있다고 보았거든요. 그래서 다양한 표현기법이나 양식, 현란한 기교가 주목받은 거죠.

우리나라에서도 상영된 〈파리넬리〉라는 영화를 보면 카스트라토의 창법이 얼마나 현란합니까? 거세를 하면서까지 아름다운 소리를 내려고 했던 카스트라토 창법이라든가, 낭만주의 협주곡에서 연주자들이

영화 〈파리넬리〉

아주 화려하고 즉흥적인 기교를 발휘하는 카덴짜(cadenza) 같은 것들은 기교주의의 극치를 보여주죠. 이처럼 서양음악에서는 탁월한 기교를 지닌 대가(Virtuoso)들이 스타가 되었고, 또 지금도 많은 사람의 추앙을 받고 있죠.

그러니까, 우리 음악에서는 이런 기교주의 음악을 '번차음'하다고 해서 폄하하고, 정신적 가치를 존중했지만, 서양에서는 대조적으로 기교와 실연(實演)의 완성도가 지향해야 할 가치로 존중되어 온 거죠.

김갑수   서양음악과 우리 음악 사이의 차이점을 살펴볼 때 또 하나 두드러진 현상이 음악 분야의 분화인 것 같습니다. 우리 농악이나 탈춤을 보면 그야말로 악(樂)·가(歌)·무(舞)가 한데 어울려 종합예술적인 구조를 보이고 있지 않습니까?

서양에서는 오페라 같은 형태의 예술장르가 남았을 뿐, 역사적으로 봐도 원래의 종합예술에서 음악과 무용이 갈라지고, 성악과 기악이 갈라지는 분화의 과정이 매우 선명한 것 같습니다. 그러다 보니, 우리 국악에서 볼 수 있는 종합예술의 현장성이나 자유분방함을 찾아보기는 어려운 것 같습니다. 이것 역시 우리 음악의 특징으로 봐도 되겠습니까?

한명희   그것은 특히 민속악의 특징이기도 합니다. 민속악은 자유분방하고, 즉흥적이고 틀에 얽매이지 않습니다. 그때그때 흥에 따라 변화무쌍

시베리아 샤먼

하죠. 판소리가 그 대표적인 예가 아닙니까? 판소리는 악보로 고착하면 죽어요. 화석이 되어버려요. 창(唱)하는 사람의 내면에 축적된 신과 흥과 정서를 마음껏 발산하면, 번뜩번뜩한 애드리브가 나오면서 즉흥성이 빛을 발합니다. 그 묘미가 바로 민속악의 특징이라고 생각합니다.

원래 우리 민족이 동아시아 시베리아 샤먼(shaman) 문화권에 속하지 않습니까? 둥둥둥둥 북소리에 샤먼은 자기 최면에 빠져서 몰아(沒我)의 경지로 들어가죠. 우리 문화가 '신바람 문화'라고 하잖아요. 우리는 체질적으로 신바람, 신명이 많은 민족입니다. 어려운 한자로 쓰면 고무진신(鼓舞盡神)한다고 해요. 북을 둥둥둥둥 치면서 덩실덩실 춤추고, 몰아의 경지, 신(神)의 경지, 엑스터시에 도달하는 거예요. 거기서 에너지가 발산되고 불가사의한 일이 일어나죠. 굿판에서는 무당이 작두를 타고 춤을 춰도 발이 멀쩡하잖아요. 이것이 우리 민중의 DNA고, 우리 문화의 원형질이라고 생각해요.

김갑수 그럼, 정악(正樂)은 어떻습니까? 넓은 의미로 아악을 정악이라고 한다는데, 이름이 말해주듯이 아정하고, 고상하며, 바른 음악이니 속악과는 많이 다르지 않겠습니까?

한명희 정악은 궁중음악이나 민간 상류층에서 하던 음악인데, 대부분 거문고나 가야금 같은 현악기가 중심이 됩니다. 속악의 신바람이나 자연스러운 감정 표현을 찾아보기 어렵죠. 서양 고전음악도 감성적이라기보다는 이성적이고 사색적인 음악인데 우리 정악이 그렇습니다.

김갑수   기악 중에는 대금 소리가 참 구슬프고도 아름다워서 제가 아주 좋아
하는데, 선생님께서 대금에 대해 언급한 글이 있습니다. "싸늘한 냉
기가 도는 가을의 강심에 드리워진 달빛만큼이나 청정하고, 구중심
처의 삼경을 지새가는 사창가의 실솔성만큼이나 적료한가 하면, 파
란 하늘의 일점 백운처럼 더없이 순수하고도 부드럽기만 한 청성곡.
그것은 필경 대나무 줄기가 내는 소리이되 대나무 소리가 아니며,
그것은 정녕 사람이 만들어내는 소리이되 사람의 소리가 아니다."

한명희   음악의 기본적인 속성은 네 가지로 요약됩니다. 고저, 장단, 강약, 음
색이 그것인데, 서양 사람들이 '토운칼라(tone color)'라고 하는 음색
(音色)은 음을 듣는 사람에게 가장 직접적으로 전달되는 요소입니다.
음색에 따라 음악의 내용이 완전히 달라지지 않습니까? 그래서 음악
을 잘 모르는 분도 서양음악과 한국 음악을 들을 때 금세 차이를 느
낄 수 있는 것은 바로 음색 때문입니다. 가야금은 줄을 금속이 아니
라 명주로 만들고, 앞판은 오동나무, 뒷판은 밤나무로 만들어 음색이
따뜻하고 부드럽습니다. 대금 역시 오직 대나무에서만 날 수 있는
고유한 소리가 나옵니다. 바로 그런 음색이 한국 음악의 특징이죠.
한마디로 식물성 재질의 음색들입니다. 반면에 서양 악기의 음색은
뭔가 냉랭하고 이지적입니다. 하나같이 금속성 재질에서 우러나는
소리들입니다. 그렇게 음색을 보면 두 음악의 분위기 차이가 확연히
난다는 걸 느낄 수 있어요.

만고강산

만고강산 유람헐제 삼신산이 어디메뇨 일봉래 이방장과 삼영주 이 아니냐.

죽장 짚고 풍월 실어 봉래산을 구경하고, 경포 동령의 명월을 구경허고,

청간정 낙산사와 총석정을 구경허고, 단발령을 얼른 넘어 봉래산에 올라서니

천봉만학 부용들은 하날 위에 솟아 있고, 백절 폭포 급한 물은

은하수를 기울인 듯 선경 일시가 분명하구나.

때마침 모춘이라 붉은 꼭 푸른 잎과 나는 나비 우난 새는 춘광춘색을 자랑헌다.

봉래산 좋은 경치 지척에 던져두고 못 본 지가 몇해던고.

다행히 오날날에 만고강산을 유람하여 이곳을 당도허니 옛 일이 새로워라.

어화 세상 벗님네야 상전벽해 웃들 마소, 엽진화락 없을손가.

서산에 걸린 해는 양루사로 잡아매고, 동령에 걸린 달은 계수야 머물러라,

한없이 놀고 가자, 아니 놀고 무엇을 할거나…

또 하나 서양음악과 우리 전통음악의 근본적인 차이는 템포(tempo)에 있습니다. 같은 곡이라도 템포의 기준을 어디에 두느냐에 따라 양상이 전혀 달라지죠. 예를 들어 곡이 빠르지도 느리지도 않은 적당한 속도를 '모데라토(moderato)'라고 하지 않습니까? 이 템포를 메트로놈 수치로 말하면 서양인의 경우에는 90 정도라고 한다면, 우리는 20이 될 수도 있고 30이 될 수도 있어요.

우리가 국악을 들을 때, '느리다'고 느끼잖아요? 사실, 한국 전통음악은 서양 고전음악보나 한 배 느립니다. 예를 들어 〈이삭대엽(貳數大葉)〉이라는 전통 가곡은 45자 정형 시조를 가락에 얹어서 부르는데, 무려 10분 넘게 걸립니다. 이것은 메트로놈으로도 측정할 수 없는 느린 속도예요. 굳이 메트로놈 수치로 따진다면 25쯤 되니까, 가장 낮은 눈금이 40인 메트로놈으로는 측정도 할 수 없죠.

김갑수 　우리 전통음악이 서구 음악보다 그렇게 느린 이유가 뭘까요?

한명희 　거기에는 문화적이고 민족적인 특질이 작용하겠지만, 무엇보다도 템포의 측정 단위인 박(beat)의 준거를 어디에 두느냐에 따라 서양음악과 우리 음악 사이에 큰 차이가 생겼다고 봅니다.

한국의 전통문화에서는 호흡을 중요시하잖아요. 숨을 한 번 내쉬고 들이마시는 동안을 '일식간(一息間)'이라고 해서 시간의 단위로 구분하기도 하죠. 그리고 일상생활에서도 늘 호흡을 중요시하고, 사람이 죽으면 '숨이 끊어졌다'고 하잖아요. 그런데 서양에서는 심장 박동을 기준으로 삼죠. 생명의 근원이 심장에 있다고 생각하고, 사람이 죽으면 우리와는 달리, '심장 박동이 멈췄다'고 하잖아요.

이처럼 서양의 템포 개념은 맥박, 곧 심장의 고동에 기준을 두고 있고, 우리는 호흡의 주기, 즉 폐부의 운동에 뿌리를 두고 있어요. 서양의 박자의 단위인 박을 비트(beat), 혹은 펄스(pulse)라고 하잖아요. 펄스는 인체의 맥박을 의미하죠. 반면에 한국의 전통음악은 모음 변화를 일으키면서까지 길게 늘여서 호흡의 리듬을 타잖아요. 그런 걸 보면 근원적으로 호흡에 뿌리를 둔 음악이라는 걸 알 수 있어요.

실제로 서양음악에서 모데라토의 박수는 1분간 심장 박동수에 가깝고, 우리의 음악은 앞서 말한 〈이삭대엽〉 같은 곡에서 확인할 수 있듯이 1분간 호흡 주기에 가까워요. 서양음악보다 세 배쯤 느리죠.

결국, 한국의 전통음악은 호흡 문화를 바탕으로 한 '폐부의 음악'이고, 서양의 고전음악은 맥박의 고동을 기준으로 한 '심장의 음악'이라고 할 수 있겠죠.

김갑수 그래서 한국의 전통음악에는 유장한 맛이 있고, 정적이고 명상적인 성격이 강하게 드러나고, 서양의 전통음악에는 발랄한 분위기에 동적인 진취성을 강하게 드러나는 거군요.

단가(短歌), 판소리, 사물놀이

김갑수   어렸을 적, 어른들이 단가를 부르는 모습을 흔히 보았던 기억이 납니다. 그중에서도 〈만고강산〉은 아주 잘 알려진 곡인데, 낯선 지명도 많이 나오고 한자도 많아서 내용을 이해하기가 쉽지 않군요. 단가는 구체적으로 어떤 곡입니까?

한명희   제목 그대로 짧은 노래입니다. 판소리는 대개 한번 부르면 네 시간, 특히 춘향가는 완창하는 데 여덟 시간이 걸립니다. 그런데 단가는 보통 4~6분 정도입니다. 그래서 긴 판소리를 부르기 전에, 청중과 교감도 하고 목소리 조정도 하려고 짤막하게 단가를 부른 다음에 판소리로 들어가는 게 관례였어요. 단가의 주제는 대개 자연경관의 아름다움이나 인생의 허망함입니다. 사실, 단가에는 한자 표현이 좀 많이 나오는데, 고사(古事)나 지명의 유래를 살펴보고 거기에 담긴 내용만 이해하고 들어도 노래가 아주 흥미로워지고, 또 교양도 쌓게 됩니다. 일반인도 단가 한두 가락 정도는 배우서서 풍류를 즐겨보시는 것도 좋을 것 같습니다.

김갑수 그리고 판소리야말로 국악의 결정체처럼 느껴지는데, 이 독특한 음악장르를 우리가 어떻게 접근하고 이해해야 할까요?

한명희 판소리는 '판소리학'이라는 분야가 생길 정도로 다각적인 연구가 이뤄지고 있습니다. 2003년 유네스코에서도 '인류 구전 및 세계 무형유산 걸작'으로 지정하지 않았습니까? 그만큼 전 인류가 공감하는 예술성이 있다는 거죠. 판소리의 우리말 사설을 이해하지 못하는 외국인조차도 거기서 인간의 희로애락과 다양한 정서를 발견하고 감동합니다. 판소리는 다양한 연극적 요소와 다채로운 감정을 담고 있고, 또 창자(唱者)가 그 긴 시간을 혼자서 공연하면서 그 모든 것을 전달하는 매우 독특한 음악 양식입니다.
얼마 전 한불수교 120주년 기념행사에서 안숙선 씨가 프랑스 파리 기메(Guimet) 박물관 소극장에서 판소리를 했습니다. 공연이 끝나자 극장장이 눈물이 글썽해서 크게 감동했다고 하더군요. 그때 저는 판소리가 정말 인류 공통의 정서 그 밑바닥 뿌리라는 것을 다시 한 번 확인했습니다. 하여간 판소리는 재미있고, 묘하고, 한계가 없는, 그런 분야 같아요.

김갑수 국악에는 변형되거나 새롭게 변형되는 요소도 있을 것 같습니다. 오래전에 제가 민속극연구소장으로 계시던 심우성 선생을 만나 뵌 적이 있었는데, '사물놀이'라는 이름을 당신이 지어주셨다고 하셔서 깜짝 놀랐습니다. 저는 사물놀이가 아주 오랜 전통이 있는 장르로 알고 있었거든요. 심 선생님 말씀은 네 개의 악기로 하는 연주한다는

명창 안숙선

뜻에서 '사물(四物)놀이'라고 하셨다는데, 전통적 요소들을 현재의 정서에 맞는 형태로 재창조하고 대중의 관심을 유도하는 것은 좋은 시도라고 생각합니다. 초중고 교과 과정에도 적극적으로 도입되어서 학생들이 사물놀이 하는 모습을 흔히 볼 수 있는데, 참 대견하죠?

한명희　세상 모든 것은 원래 생명의 근원이라고 할 수 있는 리듬으로 나타나지 않습니까? 음악은 리듬을 전제로 하니까, 사물놀이의 신나는 리듬에 듣는 사람도 저절로 신바람이 나는 거죠. 사물놀이는 우리 샤먼적인 체질과 연계되면서 더욱 강한 생명력을 얻은 것 같습니다. 하지만 옛것만 반복하면 식상하죠. 새로운 요소를 개발해서 늘 새롭게 태어나는 것이 중요합니다. 예를 들어 탭댄스 리듬을 접목한다든가, 전위무용을 가미한다는 등 시대에 따라 변신하고 새로운 방향을 모색하는 노력이 필요할 것 같습니다.

국악, 어떻게 즐길 것인가?

김갑수   지금까지 우리 전통음악의 특징을 알아봤는데, 국악에 대한 일반의
반응은 '어렵다'는 겁니다. 가령 80년대에 우리나라에서 재즈가 유행
했는데, 그때 사람들의 반응 역시 '어렵다'는 것이었죠. 고전음악도
어렵다, 오페라도 어렵다, 교향곡도 어렵다고들 하는데, 이 '어렵다'
는 말을 달리 표현하자면 '낯설다'는 뜻이 아니겠습니까?

사실, 국악은 우리 선조와 선배들이 늘 해오던 우리 음악인데 늘 우
리 주변에 있었다면 익숙하고 친근해서 '어렵다'는 반응을 보이지 않
았겠죠. 결국, 그런 음악 전통이 이어질 수 없었던 '단절' 때문에 이렇
게 낯설어지고, 어려워진 것이 아닐까 해요. 젊은 세대가 국악을 낯
설지 않게 느끼고, 편안하게 즐기는 국악의 미래를 선생님은 어떻게
전망하시나요?

한명희   잘 짚으셨는데, 국악이 어렵다는 말은 낯설다, 한 번도 친숙해질 기

회가 없었다는 말과 같습니다. 모르니까 어려운 거죠. 처음 서양의 교향악을 들을 때 얼마나 큰 인내심이 필요합니까? 실내악을 들으면서 졸지 않으려고 기를 써야 끝까지 듣잖아요. 그렇게 자꾸 듣다보면 조금씩 그 매력을 알게 되고, 그런 경험이 축적되어 어느 순간 아! 하고 감탄사가 나오면서 그 음악을 사랑하게 되는 거죠.

솔직히 말해서, 라디오를 통해서라도 국악을 한 번도 들어보지 않은 사람이 국악이 어렵다고 합니다. 들어보니 어렵더라고 말하는 게 아니라, 아예 듣지도 않아요. 그런데 그런 사람도 둥둥둥둥 굿거리장단을 쳐주고 얼씨구! 추임새만 들려줘도 금세 무언가를 느낍니다. 국악은 우리 핏속에 녹아 있는 음악이에요. 절대로 어렵지 않습니다. 그래도 대중이 쉽게 접근할 수 있게 대중에게 다가가는 노력이 필요하겠죠.

김갑수 특히, 젊은 세대가 우리 전통음악을 살아 있는 음악으로서 접근하게 하려면 어떤 노력이 필요할까요?

한명희 제가 예술위원회에서 일할 때 문화운동을 벌이자고 제안했습니다. '세중굿 운동'이라고 해서 우리 음악의 가장 기초적인 세 가지 장단을 널리 알리고, 실제로 사람들이 그것을 즐기게 하자는 취지에서 시작했죠. '세중굿'이란 세마치장단, 중모리장단, 굿거리장단을 말하는데, 세마치장단은 경기민요처럼 조금 빠른 3박의 장단형입니다. 매박이 3분박으로 나뉘기에 보통 9/8박으로 적어요. 밀양아리랑이나 도라지타령과 같은 민요의 박자를 생각하시면 됩니다.
중모리장단은 판소리, 산조(散調)나 민요 등에 쓰이는데, 앞서 말한 단가는 모두 중모리장단으로 반주해요. 보통 빠르기의 12박으로 1박을 4분음표로 나타내면 4분의 12박자가 됩니다. 첫 번째 박과 아홉 번째 박을 강하게 치죠. 판소리에서는 득히 서술적이거나 서정적

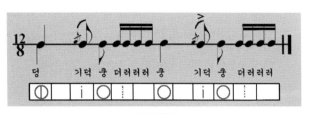

굿거리 장단

악, 정말 어려운가?

흔히 국악이 어렵다고들 한다.

그러나 이 말처럼 그럴듯한 허구도 없다. 실
은 전혀 어려운 게 아니기 때문이다.

우리가 그동안 국악에 대한 애정도, 관심도,
필요성도 느끼지 않고 살아왔기 때문에, 그러
한 선입견을 갖게 된 것이다.

다른 문화·예술을 이해하기 위해 기울이는
노력의 몇 분의 일만 기울여도 국악의 문에
쉽게 들어갈 수 있다. 그만큼 국악은 우리가
쉽게 접근하고 쉽게 친해질 수 있는 역사적
속성과 숙명적인 친연성을 지니고 있다.

문제는 관심인 것이다.

무릇 예술이건 학문이건 대상에 접근하는 데는 나름대로의 적절한 접근법이
있다. 강남의 귤이 해수를 지나면 탱자가 되듯이, 문화구조가 다르면 음악 또
한 달라질 수밖에 없다.

국악이 여느 음악과 다른 점이 있다면 그것은 곧 우리의 문화풍토가 그렇기
때문이다. 따라서 전통음악의 올바른 이해는 우리문화와의 상관관계에서 출
발해야 한다.

이 같은 접근법이 아닌 국악의 만남은 자칫 맹자단청(盲者丹青)격의 엉뚱한 왜
곡과 독선에 빠지기 쉽다.

한명희, 〈우리가락 우리문화〉 중에서

인 대목에 중모리장단을 쓰는데, 가장 유명한 대목은 《춘향가》 중에서 〈쑥대머리〉 같은 겁니다.

굿거리장단은 12박(拍)이 한 구(句)를 이루는데 국악 전반에 사용됩니다. 속도는 보통보다 약간 빨라서 흥겨운 분위기를 냅니다. 《박연폭포》, 《베틀가》, 《창부타령》, 《천안삼거리》 같은 민요에서 흔히 들어보셨을 겁니다.

노래를 들을 때 장단만 짚을 줄 알아도 흥이 배가 됩니다. 아무것도 모르니까 새미가 없고 어렵게만 느껴지는 겁니다. 앞서 말씀드렸듯이 우리는 샤머니즘적인 신바람이 체질에 있어서 리듬으로 조금만 일깨워주면 곧 그 신명을 느낍니다. 이런 장단들은 오랜 세월에 걸쳐서 자연스럽게 무르익어서 사람들 의식에 퇴적된 리듬이거든요. 누가 만들어낸 리듬이 아니에요. 우리 국민의 정서로 걸러낸, 민족이 체화한 리듬이거든요. 굿거리장단 쳐주면 싫어하는 사람 없어요. 다 신바람 나죠.

김갑수   선생님은 국악이 어렵다는 말이 사실은 허구라고 하셨는데 어떤 마음에서 그런 글을 쓰셨는지요?

한명희   과거의 우리 교육 현장에서나 삶의 현장에서나 우리는 서구 문명은 우리보다 앞섰기에 반드시 따라잡아야 할 대상으로 삼았습니다. 그러다 보니까 자연히 국악을 포함해서 우리 전통문화에 관심을 두지 못했던 것 같습니다. 그 결과로 국악에 거리감을 느끼고, 즐기기보다는 배움의 대상으로 삼아 어렵게만 여겼던 것으로 보입니다.

오늘날 우리는 이미 세계화의 한가운데로 들어와 있습니다. 그렇다고 해서 이념적으로 문화적 주체성을 지켜야 한다는 교조적인 사고만 고집할 것이 아니라, 세계화의 흐름을 내재화하는 일이 매우 중요하다고 생각합니다. 잘 아시다시피 세계화의 핵심은 국제적 표준에 자신을 끼워맞추는 데 있는 게 아니라, 여러 개성이 한데 모이는 세계무대에서 각자의 고유성을 발휘하는 데 있지 않겠습니까? 무지개가 아름다운 것은 여러 가지 색깔이 함께 조화를 이루기 때문인 것처럼, 세계화라는 것도 각 민족의 색다른 문화가 한데 어우러져서 다채로운 색깔을 내야만 성공적이라고, 저는 생각합니다. 따라서 진정으로 우리 국악을 즐기고 사랑하여 우리의 음악이 고유한 빛을 발하게 된다면, 세계인이 스스로 부러워하는 문화 자산으로 거듭나리라고 생각합니다.

한국인의 춤

| 김삼진 |

"우리 춤의 본질은 정형이 아니라 자연스러움에 있는 게 아닌가 해요. 지금까지는 눈으로 확인할 수 있는 형식적인 측면에만 주목해서 한국무용의 틀을 묶어두었던 것 같습니다. '한국적'이라는 것은 움직일 수 없는 규칙이나 정해진 패턴에 있는 것이 아니라, 그것을 넘어서서 고유한 문법과 언어와 정서를 계속 만들어나가는 데 있다고 봐요. 이천 년 전에 심었던 씨앗이 오늘날 우리가 먹는 것과 똑같은 맛을 내는 열매를 맺을 수는 없잖아요. 토양도 달라지고, 기후도 변하니까요. 하지만 여전히 그 열매는 같은 씨앗이 대를 거듭하면서 만들어낸 열매들과 같은 종(種)이라고 불리겠죠. 그처럼 한국춤도 새로운 토양과 기후에서 전통이라는 씨앗이 만들어낸 새로운 열매가 되어야 하지 않을까요?"

김삼진

한국예술종합학교 무용원 창작과 교수.
한양대학교 무용학과 졸업, 동 대학원 석사, 박사.
한국예술종합학교 연극원 연기과 전임강사. 미국 캘리포니아 주립대학교 교환교수 (Fulbright Mid-Career Lecturing Award) 역임, 캘리포니아 얼바인대학교 초청 예술가.
주요 작품 : 〈터미널〉, 〈사계〉, 〈빈집(Vacant House)〉

한국춤

김갑수　제가 아는 분의 추억담입니다만, 아버님이 아주 엄한 분이셨답니다. 평소 행동에 한 점 흐트러짐이 없고, 음주가무를 즐기시는 법도 없고, 자식들 앞에서 감정을 내비치는 일도 없는 아주 완고하고 단정한 분이셨는데, 환갑날 자식들이 모여 잔치하는 자리에서 주머니에 들어 있던 무명 손수건을 꺼내시더니 살풀이춤 한 자락을 멋들어지게 추셨답니다. 처음 보는 아버지의 그런 모습에 자식들이 깜짝 놀랐다는데, 육십 평생 그분 삶의 내면에는 춤이 그런 모습으로 녹아 있었던 거죠.

사실, 얼마 전까지만 해도 우리 주변에서 전통춤을 추는 분들을 일상에서도 흔히 볼 수 있었죠. 농촌에 가면 명절 때 자주 보는 농악대뿐만 아니라, 농부들이 김을 매고 타작할 때에도 노래 한 가락에 어깨춤을 추시며 일하시는 모습을 심심찮게 볼 수 있었어요.

그래서인지, 우리 춤이 정해진 형식이나 규정된 동작이기 이전에 일상(日常)이라고 말씀하시는 김삼진 선생님의 주장이 더욱 설득력을 얻는 것 같습니다. 선생님은 한국예술종합학교 무용원 창작과에 재직하고 계시는데, 새로운 춤을 개발하는 작업을 하시는 겁니까?

김삼진 춤사위를 새롭게 개발하는 작업도 하지만, 특히 이야기가 있는 작품을 만들고 있어요. 우리가 한국춤이라고 하면 우선 전통무용을 떠올리는데, 그 전통무용이란 것도 오늘날 관점에서 말할 때 전통무용이지, 그 당시에는 일상의 행동양식을 정제하고 유형화한 일련의 동작이었겠죠. 같은 맥락에서 오늘날 우리 일상의 서사(敍事)를 무용으로 작품화한 것도 오랜 세월이 흐르고 나면 '전통'이라는 이름으로 부르지 않겠어요?

김갑수 우선, 우리가 '한국춤'이라고 부르는 대상을 정의할 필요가 있을 것 같은데, 한국춤이면 궁중무용이나 민속무용 같은 전통무용은 물론이고, 1920년대 이후 서양에서 들어온 신무용, 발레, 현대춤, 창작춤 등을 모두 포함한다고 봐야겠죠. 그중에서도 우리 관심의 대상은 전통무용인데, 사실 어떤 예술 장르가 언제 어떻게 발생했는지를 규명하려는 시도는 자칫 뜬구름 잡는 이야기가 되기 십상입니다. 그래도 춤의 기원에 대한 추측이나 학설이 있을 텐데, 선생님은 어떻게 보십니까?

김삼진 춤의 기원을 찾는 일이나, 역사적인 변천과정을 통시적으로 돌아보는 일은 학문적으로 매우 중요하지만, 그보다는 공시적으로 현재의 삶에서 어떤 계기가 춤으로 발전할 수 있는지를 살펴보는 일이 춤에 대해 더 설득력 있는 이해를 제공하지 않을까 해요. 예를 들어 우리 일상에서 똑같은 동작이 습관적으로 수없이 반복된다면, 그리고 거기에 어떤 의미가 부여되기 시작한다면, 저는 그것이 춤이 된다고 봅니다.

김갑수 일상적인 동작이 패턴화하면 춤이 된다는 말씀이군요?

김삼진 예를 들어 대표적인 전통무용으로 알려진 살풀이춤은 우리 현실과 멀리 떨어져 있는 것처럼 보이지만, 사실은 정서적으로 우리와 아주 가까운 춤이에요. 살풀이춤에는 죽은 사람이든, 멀리 외국에 가 있는 사람이든, 어떤 사연이 있어서 만날 수 없는 그리운 사람을 춤이 이루어지는 곳으로 살짝 초대한다는 의미가 담겨 있어요. 그래서 그 사람에게 자신의 마음을 전하고, 그 사람의 이야기도 들어주고, 또 한(恨)이 있으면 함께 슬퍼하고, 울기도 하다 보면 맺혔던 것이 풀리면서 신이 나잖아요? 그렇게 울다 웃고 슬픔 속에서도 어깨춤을 추는 과정이 바로 살풀이춤이거든요. 그래서 한스럽게 징징대는 곡이라도 거기에 맞춰서 웃으면서 춤을 출 수 있는 거죠. 서로 마음이 통하고 이심전심(以心傳心)이 되었을 때 울면서도 신명이 나는 게 우리 춤이에요. 이처럼, 일상에서 경험하는 정서와 의미를 정제된 동작으로 표현하는 것이 바로 춤이죠.

살풀이춤

무형문화재 97호. 가장 오랜 역사가 있는 예인춤으로 한(恨)의 정서를 예술로 담았다. 살풀이춤의 기원은 고대신앙의 무속에서 현실의 액(厄)을 제거하고 행복을 초래한다는 굿 양식에 있다. 무속음악 중에서 살풀이 장단이라는 독특한 무악 장단에 맞춰 춘다. 호남의 씻김굿, 영남 오구굿, 서울 진오귀굿 등이 이에 해당한다. 이매방류 살풀이춤과 한영숙류 살풀이춤, 김숙자류 도살풀이춤으로 전해진다.

'살'이란 인간 물건 등을 해치는 귀신의 독기를 말하는데, 살을 예방하여 살이 끼지 못하게 풀이하는 춤이다.

살풀이에서 수건은 매우 중요한 구실을 해서 '수건춤'이라고도 불린다. 서무(序舞)에서 짐짓 느리게 거닐다가 이따금 수건을 오른팔, 왼팔로 옮기고, 때로는 던져서 떨어뜨린 다음 몸을 굽히고 엎드려 두 손으로 공손히 들어 올리기도 한다. 떨어뜨리는 동작은 불운의 살이라 할 수 있고, 다시 주워드는 동작은 기쁨과 행운의 표현이라 할 수 있다.

문헌상 1934년 조선음악무용연구소를 창립한 한성준이 1936년 부민관에서 제1회 한성준 무용발표회를 열었는데 이때 최초로 '살풀이춤'이라는 명칭을 사용한 것으로 보인다.

차분하고 차가운 분위기, 섬세하고 다정다감한 무태, 신비롭고 환상적인 느낌이 특징이다. 반주는 피리 2개, 대금·해금·장구·북이 각각 1개씩으로 다른 무용의 반주 때와 다름없으나 간혹 징을 곁들일 때도 있다. 그러나 장단은 항상 단장고(單杖鼓)이며 입타령으로 가락을 흥얼거려 효과를 높인다.

한성숙류 살풀이, 정재만

한국춤의 유래와 전개

1) 상고시대

한국춤은 기원전 2333년 단군의 개국과 함께 원시적 형태로 존재했던 것으로 보인다. 단군이 풍성한 수확과 백성의 안녕을 빌었던 제천의식은 집단적인 행사로서 가무가 수반되었을 것이다. 그 형태는 가(歌), 무(舞), 시(詩)가 일체가 된 종합예술의 성격을 띠었고 국가적 행사로 중요시되었다는 기록을 《조선왕조실록(朝鮮王朝實錄)》에서 찾아볼 수 있다. 음악과 무용을 통틀어 '악(樂)'이라 하고, 남성들이 의식적이고 격조 높은 춤을 추었다고 기록되어 있다.

《삼국지(三國志)》〈위지동이전(魏志東夷傳)〉에 의하면 부여의 영고(迎鼓), 고구려의 동맹(東盟), 동예의 무천(舞天)과 해마다 5월과 10월 두 차례에 걸쳐 치러진 삼한의 제천행사에서 하늘에 제사지내고 성원(成員)들이 모여 함께 노래하고 춤추었다고 한다. 여기서 한국 무용의 원초적인 형태를 찾아볼 수 있다.

2) 삼국시대

가야금이나 거문고, 노래 반주에 맞춘 춤, 민간의 집단 가무, 백희가무(百戲歌舞)와 같은 기예(技藝)형태의 춤, 무격 의식과 관련된 춤 등이 삼국에 걸쳐 공통으로 나타났다.

고구려 무용은 고분벽화와 《삼국사기(三國史記)》 등 문헌에 전하는 단편적인 자료에서 그 모습을 찾아볼 수 있다. 백제 무용에 대해서는 전해지는 자료가 거의 없지만, 특기할 만한 것은 기악무(伎樂舞)에 관한 기록인데, 《일본서기(日本書紀)》에 의하면 백제인 미마지(味摩之)가 오(吳)나라로부터 들여와 일본에까지 전하였다고 한다. 불교 포교를 목적으로 한 내용이 주를 이루며, 오늘날 볼 수 있는 양주산대도감(楊州山臺都監)·봉산탈춤과 같은 탈춤 형태로 되어 있었다. 신라 무용은 노래·가야금과 함께 연출된 무용이 가장 대표적이며 기록도 많이 남아 있다. 《삼국사기》 등에 의하면 일반 백성이 생활 속에서 집단적으로 참여하는 가무, 무속신앙과 관련된 춤 문화가 성행했음을 알 수 있다. 《삼국사기》〈악지(樂志)〉에는 가야의 악사였던 우륵(于勒)이 신라로 망명하면서 금(琴)·가(歌)·무(舞)의 연출 형태를 전한 것으로 기록되어 있다. 가야금과 노래, 춤이 한데 어우러진 이러한 형태는 궁중 연악(宴樂)으로 채택되어 통일신라에 전승되었으며 신라를 대표하는 가무 형태로 자리 잡았다.

3) 통일신라시대

활발한 대외교류와 문화를 꽃피웠던 이 시기의 가장 큰 특징은 춤의 영역이 전문화하는 경향을 보였다는 점이다. 독자적 이름과 구체적 구성을 보이는 춤이 등장했으며, 국가적 제례의식인 팔관회(八關會)가 본격적으로 행해지면서 이와 관련된 춤과 여러 가지 놀이의 백희가무가 이루어졌다. 처용설화를 근거로 한 〈처용무(處容舞)〉, 헌강왕이 경주(慶州) 포석정에 행차하였을 때 남산의 신이 나타나 추었다는 〈상염무(霜髥舞)〉, 원효(元曉)가 포교를 위해 호리병을 들고 다니면서 추었다는 〈무애무(無㝵舞)〉 등의 춤이 간단한 고사와 함께 전해진다. 이 밖에 〈금환(金丸)〉 〈월전(月顚)〉 〈대면(大面)〉 〈속독(束毒)〉 〈산예(狻猊)〉 등 다섯 가지 춤의 내용과 형태가 최치원(崔致遠)의 《향악잡영(鄕藥雜詠)》에 서술되어 있다. 〈금환〉은 공 던지는 기예의 하나이며, 〈대면〉 〈속독〉 〈산예〉는 탈을 쓰고 추는 춤으로 알려졌다.

4) 고려시대

문종 때에는 송(宋)나라 무용이 들어와 여러 연향(宴享) 및 팔관회·연등회와 같은 국가의식에서 행해졌으며 춤을 추는 무용수는 주로 '무동(舞童)'이라는 남자아이와 직업적 무용수인 여기(女妓)였다. 전통춤과 중국에서 전래한 춤을 구분하여 향악정재(鄕樂樂才), 당악정재(唐樂樂才)라 하였고 문무(文舞)와 무무(武舞)로 구분되는 '일무(佾舞)'라는 새로운 형태의 춤도 나타났다.

5) 조선시대

무악을 관장하는 전악서(典樂署)가 설치되고 무악(舞樂)을 정리한 《악학궤범(樂學軌範)》이 편찬될 정도로 가무가 성행했으며 궁중 행사와도 밀접한 관계가 있었다. 향악정재와 당악정재의 엄격한 구분이 점차 희미해져 중기 이후에는 그 개념에도 변화가 생겼다. 또한, 민중문화가 발달하면서 농업이나 어업 등에서 풍요를 기원하는 놀이로 발달한 춤, 무속이나 기타 민간신앙에서 비롯된 춤, 오락이나 예술적인 춤이 널리 이루어졌다. 생동감 넘치는 무당춤·탈춤·농악·승무 등이 행해졌으며, 후기에 들어서는 가면극인 산대놀이와 인형극인 꼭두각시놀음 등도 성행했다. 일무는 종묘제례와 문묘제례에서 연행되었으며, 세종 때 회례악무(會禮樂舞)로 창작되고 세조 때 개작하여 종묘제례악에 사용하기 시작한 데서 현행 종묘제례악의 일무가 비롯되었다.

김갑수 역사를 거슬러 올라가 보면, 단군 선조가 나라를 열면서부터 춤이 있 었다고 하죠. 그리고 삼한시대 제천행사에서 춤을 추었다는 기록도 나옵니다. 이때 일종의 무당인 제사장의 지휘에 따라 백성이 흥겹고 경쾌한 군무를 추었다고 전해집니다. 고구려 무용총 벽화에 등장하 는 무용수들이 추는 춤, 신라시대 처용무, 고려시대 궁중무용, 조선 시대 종묘제례에서 연행되던 일무(佾舞) 등 우리 춤은 당당하고, 진중 하고, 저력이 드러나는 모양새였던 것 같은데, 우리가 흔히 보는 전 통무용의 정서는 대체로 슬프고, 한이 서려 있는 것 같잖아요? 이유 가 무엇일까요? 근세 이후 우리 역사가 너무 지난했기 때문일까요?

김삼진 상고시대 무당은 남성이고 백성의 지도자였으니까, 춤도 경건하고 씩씩했겠죠. 그런데 여러 시대를 지나면서 지배계급으로부터 소외 되거나 몰락한 계층이 생겼고, 또 우리의 역사가 그리 밝지만은 않 았으니까 춤에도 음(陰)이 들어가고 춤의 문화도 축소되지 않았나 싶 어요.

김갑수 그러니까, 일상적이었던 우리 춤이 근세에 들어 식민지 체험도 하 고, 서양무용도 들이오는 등 환경이 바뀌면서 대개 권번(券番)의 예 인들 중심으로 전수되고, 또 무대를 중심으로 이루어지면서 대중에 서 멀어진 것은 아닐까요? 그러면서 한계가 생기고 범위가 좁아졌을 가능성도 있을 것 같아요.

한국춤의 특징

김갑수   서양무용을 보면 매우 역동적입니다. 마치 곡예라도 하듯이 동작도 다양한데 우리 춤은 그렇지 않잖아요. 똑바로 서서 들썩들썩하지만, 자세에서 늘 평형이 유지되잖아요. 그래서 어떤 이는 서양무용이 기교적이고 형식적이라면, 우리 춤은 무기교(無技巧)의 기교, 정중동(靜中動)이 특징이라고 말합니다. 그래서 춤사위도 외향적이지 못하고 내향적이라는 거죠. 이것은 우리 춤이 동작의 완성을 추구하기도 하지만, 무엇보다도 정신을 다스린다는 측면이 강하기 때문이겠죠.

그리고 자세의 특징을 보면 서양춤은 하체를 중심으로 움직이고, 우리 춤은 손이나 팔, 어깨 등 상체가 중심이 되잖아요. 의상만 봐도 우리 옷은 폭이 넓고 길어서 하체의 움직임이 잘 보이지 않죠. 반면에 서양무용이 하체의 기교나 강약을 강조하는 것은 공연 장소의 특징도 영향을 미친다고 봅니다. 대개 서양의 춤 공연은 무대를 중심으로 이루어지니까, 관객이 위쪽을 바라보는 형국이니 하체의 표현이 발달할 수밖에 없었겠죠. 반면에 우리 춤 공연은 원래 평면적인 뜰이나 마당에서 이루어졌으니까, 수평적으로 관객의 시선이 집중되는 상체의 표현을 중시했겠죠.

김삼진 우리 춤의 특징을 흔히 정중동에서 찾는데, 저는 한국무용의 가장 근본적인 법칙은 '숨'에 있다고 생각해요. 사람들은 숨쉬기보다 더 쉬운 일은 없다고 생각하지만, 사실 호흡만큼 어려운 것도 없어요. 예를 들어 우리 춤이 한 동작 하고 쉬고, 또 한 동작 하고 쉬는 식으로 쉽고 느린 동작으로 연결되어 있다고 생각하기 쉬운데, 100미터 달리기 출발선에 있는 선수의 상태를 한번 상상해보세요. 그럴 때 순발력이 필요하기 때문에 숨을 크게 쉴 수도 없고 그렇다고 해서 안 쉴 수도 없는 상태에 있잖아요. 일상에서 그런 호흡을 계속 유지해야 한다면 아마도 숨이 차서 살 수가 없을 거예요. 그게 가장 어려운 호흡인데 겉으로 보기에는 몸이 정지된 상태에 있죠. 그럴 때 몸 안에서는 호흡이 공중에 있는 것도 아니고, 내 안에 있는 것도 아니고, 그 둘 사이의 균형을 유지하고 있거든요. 한국무용에서는 바로 그 상태로 동작을 계속하는 거예요. 그처럼 호흡을 유지하기가 매우 어려워서 힘들 때 한 번 풀었다가 또다시 맺기를 반복하는 거죠. 어떤 분은 우리 춤사위가 다양하시 않고 역동적이지 않다고 말씀하시는데, 그것은 아마도 우리 춤이 숨의 원칙을 따르기 때문에 겉으로 드러나지 않는 움직임을 포착하지 못하셔서 그런 인상을 받으신 게 아닌가 해요. 우리 춤은 기교나 외양을 중시하는 서양무용과 근본적으로 다르죠. 서양무용은 동작을 만들려고 호흡을 이용하지만, 우리 춤의 동작은 숨 자체가 그려내는 모습이라고 할 수 있으니까요.

김갑수   우리 민속무용 가운데 허튼춤은 형식이 비교적 자유로운 춤이 아닙
       니까? 아무 구속 없이, 그야말로 마음대로 추라는 건가요?

김삼진   허튼춤은 힘이 필요 없는 춤이에요. 숨으로 춰도 안 되고, 정교하게
       표현하려고 긴장해서도 안 돼요. 그러니까, 몸 안에 쌓아놓았던 숨
       과 내공을 모두 비워야만 출 수 있는 춤이에요. 우리 춤 가운데 가장
       자유로운 춤이라고 할 수 있죠.
       제가 〈천년의 꿈〉이라는 작품을 공연할 때 다시 한 번 확인한 사실
       이기도 하지만, 허튼춤은 말 그대로 즉흥적인 춤이에요. 신명나게
       춤을 추다 보면 관객이 미리 예측할 수 없는 춤사위가 나오고 동작
       이 이어지죠. 그렇게 춤추는 사람이 예측할 수 없는 움직임을 만들
       어가고, 그 춤을 보는 사람들을 전혀 예측하지 못했던 곳으로 순식
       간에 데리고 가는 거죠.
       허튼춤은 정형화된 춤사위를 흐트러트린다는 데 깊은 의미가 있거
       든요. 그래서 어떤 유형화된 동작이 아니라, 순간마다 새로운 동작
       이 형성되는 거예요. 예를 들어 춤출 때 감지하는 공기의 흐름이라
       든가 몸의 와닿는 공간이 있어요. 무대에 서 있는 상태에서 공간이
       저를 누르고 있다는 느낌이 들거든요. 팔을 뻗으면 제가 공간을 미
       는 듯한 느낌이 들어요. 그리고 특히 몸을 돌릴 때는 조금 전의 공간
       이 날카롭게, 아프게 저를 찌른다는 느낌을 받아요. 그 상태에서 계
       속 손으로 몰고 가는 거죠. 가만히 있을 때 찔리면 아프지만, 계속 휘
       돌 때는 아픔이 없잖아요.
       그리고 그 공간에는 표정이 있어요. 그런데 그 표정을 예측할 수 없

허튼춤, 김삼진

© 옥상훈

기 때문에 저는 아예 마음을 놔버려요. 긴장할 수도 없어요. 긴장해
봤자 막무가내고 당할 수가 없으니까요. 그래서 그 〈천년의 꿈〉이
라는 춤을 출 때 저는 어떤 동작을 하기 바로 직전에도 그 동작을 하
리라고 예측하지 못했어요. 이처럼, 허튼춤은 가장 자유롭고, 즉흥
적인 춤이죠.

김갑수   그렇다면, 허튼춤과 가장 반대되는 춤이 있다면 예컨대 궁중무와 같
은 것이겠군요? 미리 정해진 규칙, 설정된 정형에 가장 충실해야 하
는 춤이니까요.

김삼진   그렇죠. 하지만, 정형에 충실하다는 것은 무원(舞員)들이 한 치도 틀
림없이 춤사위를 똑같이 한다는 뜻은 아니에요. 무엇보다도 숨 쉬는
양을 정확하게 지키면서 동작하는 춤이 궁중무용이에요.

김갑수   그리고 우리 춤에서 독무(獨舞)와 군무(群舞)가 있지 않습니까? 독무는
혼자 추는 춤이겠지만, 여럿이 추는 군무에 별다른 규칙이 있나요?

김삼진   경우에 따른 규칙이 있죠. 전통적인 살풀이춤이나 승무(僧舞)를 두
사람이 추는 것은 경우에 맞지 않아요. 살풀이는 혼자 춤을 추지만,
거기에는 내가 살짝 불러온 누군가가 있잖아요. 예컨대, 내가 남자
무용수인데 큰 숨을 갖고 있어서 이순신 장군을 모셔온다고 한다면
감히 그 자리에 누가 서 있을 수 없잖아요. 이순신 장군이 왔다면 무
대 위에 나 같은 사람이 백 명쯤은 있어야 균형이 맞는 거예요. 그래

서 독무와 군무는 그런 기준으로 나뉘고, 우리 춤에서는 그렇게 군무를 추어 왔죠.

김갑수   우리가 가령 서양무용에서 〈백조의 호수〉와 같은 작품을 보면 군무를 할 때 여러 명이 춤을 추지만, 백조를 연기하는 무용수 한 사람에게로 시선이 집중되잖습니까? 우리 춤에서도 그런 관점에서 군무가 구성되나요?

김삼진   우리 민속무용은 대부분 사방에서 볼 수 있는 마당춤이었어요. 그런데 이것을 무대에 옮기다 보니까, 관객을 향해 전면만 노출되는 진열 방식을 따르게 되고 서양 방식이 많이 가미되었죠. 그러나 원래 우리 군무에서는 한 사람, 한 사람이 독무를 하는 것과 다름없이 춤을 춰요. 그렇게 각자 움직임은 다르지만, 춤에 대한 생각이나 감정은 공통적이에요. 예를 들어 운동경기장에서 응원할 때 모두 똑같이 손뼉을 치는데 몇 사람만 다르게 치면 마치 틀린 것처럼 보이잖아요. 그런 식으로 각기 다른 모양이지만 똑같이 군무를 추는 거죠.

김갑수   승무는 혼자 추는 춤인데 우리 전통춤의 정수라고 할 만큼 그 기교와 높은 예술성으로 평가받고 있죠. 승무는 어떤 춤인가요?

김삼진   승무는 앞서 제가 강조한 호흡조절과 동작이 조화를 이루어 춤꾼의 내재된 정신적인 힘이 발현되기 때문에 고도의 수련을 요구하는 춤입니다. 승무는 신체를 이용하는 동작 외에도 장삼을 움직여서 공간 안에 또 다른 공간을 만들기에 다른 춤에서는 찾아볼 수 없는 특징이 있어요. 다른 민속춤이 즉흥적이고 무릎의 굴신에 따라 상하가 가볍게 움직인다면, 승무는 전체적으로 무겁고 느린 정중동의 움직임을 갖고 있어요. 땅과 하늘의 자연스러운 합일의 형태를 이루고 있는 대표적인 우리 춤이라고 할 수 있죠. 정확히 언제 시작되었는지는 알 수 없고, 승무가 보편적으로 알려지기 시작한 것은 1900년대부터예요.

김갑수   우리 춤의 동작은 어디서 왔을까요? 물론, 각각의 동작에는 여러 가지 직접적인 기원이 있겠습니다만, 대체로 자연을 모방한 것이 아닐까요?

김삼진   우리 춤은 상형문자와 같죠. 그래서 상당히 추상적이라고 말할 수 있을 거예요. 그리고 우리는 자연과 가까운 곳에서 자연에 의지하며 낮은 자세로 살아온 사람들이니까, 자연의 온갖 현상을 춤으로 모방했겠죠. 그런 일상이 정제되고 유형화되어서 춤 동작이 되었을 가능성이 커요.

김갑수   서양무용은 장면적 요소가 강하죠. 무대에서 전개되는 장면에 관객이 빨려 들어갑니다. 다시 말해 공연이 객체화한 측면이 강하다는 겁니다. 반면에 탈춤이나 굿놀이 같은 우리 마당춤은 관객이 공연을 객체로서 구경하기보다는 그 공연의 일부가 되어 주체화하잖아요. 어깨를 들썩거리거나 신명이 나서 추임새를 넣기도 하고요. 그런데 전통무용이 극장 무대에 오르면서 감상의 대상물로 설정되고, 관객은 거기 함께 섞일 수 없게 되었어요. 마당에서 춤추는 사람들과 어우러져 함께 놀 때는 온종일 계속되어도 마냥 즐겁지만, 한 시간 이상 무대 공연을 관람하면서 긴장감을 유지한다는 것은 참 힘든 일입니다.

서양무용은 서사가 분명해서 관객이 줄거리를 따라가면서 즐길 수 있는데, 우리 전통무용에서는 미학적인 체험이 주된 요소이니까, 관객이 공연을 장시간 감상하기가 힘겨운 것 같아요.

김삼진 제가 창작 수업을 하면서 학생들에게 아침에 일어나서 눈을 뜨면 제일 먼저 눈에 보이는 것이 뭐냐고 물어보면 대뜸 시계요, 거울이요, 이렇게 대답해요. 학생들이 다른 것도 봤을 텐데, 그렇게 시계나 거울을 의식하도록 훈련된 것 같거든요. 듣는 것도 마찬가지에요. 가만히 눈 감고 있으면 수많은 소리가 들리지만, 우리 귀가 어떤 소리만 골라서 듣게끔 훈련된 것 같아요. 이처럼, 우리 춤도 어린 시절부터 익숙해져야 쉽게 다가갈 수 있는 분위기가 조성되지 않을까요?

민속무용

민중의 정서를 표현하는 서민들의 춤으로 특정인이 안무하지도 않고, 특별한 기록 방법도 없으며, 노동, 생산, 축제 등 삶의 현장에 있었다.

한국은 농경민족으로 예부터 많은 종류의 민속무용이 전래되었다. 농업이나 어업 등에서 풍요를 비는 놀이로 발전한 것, 무속이나 민간신앙에서 비롯된 것, 고장의 전설과 특정 서사에서 비롯된 것, 단순히 오락적인 것 등으로 대표적인 춤에는 무당춤, 풍물굿춤, 탈춤, 소리춤, 허튼춤, 모방춤 등이 있다.

무당춤	부족 신앙시대 무당을 매개로 신과 대화하고자 추는 춤.
풍물굿춤	농사의 고달픔을 잊고 능률적으로 일하는 데 도움을 주는 춤.
탈춤	사회의 비리와 모순을 풍자하여 갈등을 예술적으로 해소하고자 하는 춤.
소리춤	노동과 생활현장에서 노래하고 듣는 데 흥을 불러일으키는 춤.
허튼춤	일정한 형식에 구애받지 않고 자유롭게 추는 춤.
모방춤	사람, 농불, 새 등을 흉내 내며 상징의 수단으로 삼는 춤.

이 밖에도 강강술래, 소고춤, 장고춤 등 수많은 민속무용이 있다.

궁중무용

궁중무용은 정재(呈才) 혹은 정재무(呈才舞)라고 한다. 삼국시대 이후 나라의 행사나 의식, 궁중 연례 등에 춤이 쓰이기 시작하면서 틀이 잡혀갔다. 조선 후기에 부왕인 선조(純祖, 1790~1834)를 즐겁게 하고자 진연(進宴) 때마다 새로운 정재를 만들어 바쳤다는 익종(翼宗, 1809~1830) 때 황금기를 이루었다.

궁중무용은 형태에 따라 당악정재(唐樂呈才)와 향악정재(鄕樂呈才)로 나뉜다. 당악정재는 송나라 때 도입된 춤으로 시작과 끝을 죽간자(竹竿子)가 인도하고, 한문으로 된 창사(唱詞)를 부른다. 향악정재는 한국 고유의 춤으로 세종 이후 체계화하였다. 무원들은 죽간자 인도 없이 무대에 등장해서 한글 가사 창사를 부르다가 절을 하고 일어나 퇴장하는 형식이다.

조선 말기에 이르면 죽간자 유무와 상관없이 무원의 동작이 같아지고, 한문 창사가 보편화하는 등 각 정재에 따른 독특한 진행과 대형은 있지만, 전대까지의 향악정재, 당악정재의 구분은 사라진다. 춤다운 춤, 민족정서를 살린 한국 고유의 예술성을 찾은 것이다.

정재의 특징은 개인적인 감정이나 정서를 표현하는 것이 아니라, 조종의 공덕을 칭송하거나 군왕의 장수를 비는 등이 목적이다. 이러한 특징을 가진 춤들이 현재 국립국악원에 50여 종 전해진다.

한국춤의 명인들

김갑수　　한국무용이 중단 없는 창작의 연속이라고 하시지만, 분수령이 되는
　　　　시점은 있지 않겠습니까? 1910년도 전후를 그렇게 평가하는 것 같은
　　　　데요, 이 중요한 시기를 출발점으로 삼을 때 어떤 분들이 우리 춤의
　　　　맥을 이루셨나요?

김삼진　　단연, 한성준 선생님을 들어야겠죠. 전통적인 상황에서 창작무용의
　　　　혁신을 이야기할 때 누구나 한성준 선생님을 언급합니다. 1933년 조
　　　　선성아연구회, 1934년 조선음악무용연구소를 설립하시고 1935년 부
　　　　민관에서 첫 작품발표회를 하셨는데, 그것이 창작무용에서는 아주
　　　　중요한 계기가 되었어요.
　　　　그다음 큰 분수령으로 최승희 선생님, 김백봉 선생님이 계셨고, 그다
　　　　음 세대로 문일지 선생님부터 배정혜(裵丁慧, 1944~) 선생님, 김진걸
　　　　(金振傑, 1926~2008) 선생님을 위시해서 많은 분이 계시죠. 거기까지가

韓成俊, 1874~1942 　　　　　崔承喜, 1911~1967

한국 창작무용의 두 번째 르네상스라고 봐야 할 것 같아요. 시기적으로 1960년에서 1980년대 초반까지, 대략 20년 정도 되죠. 그분들이 우리 춤을 무대 무용화하셔서 규모나 구성 면에서 큰 발전을 이룩하셨던 것 같아요.

김갑수　우리 춤의 역사에서 한성준이라는 인물은 전면에 우뚝하게 서 있어요. 그전에도 춤에는 여러 예인이 있었을 텐데, 유독 한성준 선생만 언급하는 이유는 무엇일까요?

김삼진　춤은 도제(徒弟) 제도로 전승되었기 때문에 몸에서 몸으로 이어졌어요. 그래서 스승이 사라지시면 자료를 찾아볼 수가 없죠. 그러다가

근·현대 한국춤의 전개

20세기에 무용의 자유로운 형식과 인간의 내면세계를 표현하고자 하는 경향이 대두하여, 한국적 시대정신과 감각에 바탕을 둔 새로운 무용미를 추구하는 움직임이 나타났다. '신무용'으로 규정되는 이러한 경향은 1926년 일본의 이시이 바쿠(石井漠)에 의해 도입되어 최초로 1929년 배구자(裵龜子) 무용발표회가 개최된 이후 1930년대 민속무용의 무대화를 시도한 한성준(韓成俊)·최승희(崔承喜)·조택원(趙澤元)의 창작활동을 거치면서 본격적으로 전개되었다. 신무용이 더욱 적극적으로 발전하여 활성화된 것은 1950~1960년대 김백봉(金白峰)과 강선영(姜善泳), 한영숙(韓英淑) 및 국립무용단을 이끈 송범(宋范), 배정혜(裵丁慧) 등에 의해서였다. 궁중무용에서는 이왕직 아악부에서 아악수장을 지냈고, 1970년대부터 궁중무용 40여 종을 문헌 및 기록을 토대로 내용을 풀이하여 소개한 정재 계승자 김천흥(金千興) 등이 발전에 이바지했다.

발레는 1920년대에 도입되었으나 1945년 이전에는 활동기반이 미약하였으며, 1946년 조택원 등의 조선무용예술협회 결성과 함께 조직된 발레부를 통해 비로소 활동기반을 구축하였다. 1946년 한동인(韓東人)이 서울발레단을 창단하여 본격적인 발레운동을 주창하고 무용의 기업화를 꾀했다. 임성남(林聖男)은 1960년대 이후 1990년대 초까지 한국발레를 이끌어 고전발레에서 한국 민속을 소재로 한 창작 고전발레에 이르기까지 다양하고 수준 높은 작품을 남겼다.

1962년 국립무용단이 발족하여 무용계의 새로운 전기를 마련했으며, 1973년 홍신자(洪信子)의 전위무용 소개, 1975년 육완순(陸完順)이 이끄는 한국컨템포러리무용단의 현대무용 소극장운동, 1982년 문일지(文一枝) 중심의 한국무용아카데미 등이 활발한 활동을 전개했다.

이 밖에 1984년에는 최초의 민간 발레단인 유니버설발레단이 창립되었으며, 이매방(李梅芳)·김숙자(金淑子) 등의 활동으로 무용계는 다양성과 전문성을 확보해갔다. 한편, 1977년 공간소극장, 1985년 창무춤터, 1989년 두리춤터 등의 춤전용 소극장이 개관되면서 공간확보의 어려움을 덜어주었다. 또 문예진흥원(지금의 한국문화예술위원회)에 의한 대한민국무용제는 무용계에 큰 자극을 주었으며 1990년부터 한국무용협회 주최의 서울무용제로 명칭이 바뀌어 창작활동의 확산에도 크게 이바지했다.

기록을 남기기 시작하신 분이 바로 한성준 선생님입니다. 물론, 한성준 선생님도 스승에게서 배우셨고, 또 그분도 누군가에게 배우셨겠지만, 남아 있는 자료가 없는 거예요.

金白峰, 1927~

김갑수 그런데 한성준 선생에게서 배운 최승희 선생은 아주 대중화되어 있잖아요. 드라마, 영화, 소설, 다큐멘터리로 등 다양한 경로로 우리에게 소개되었는데 그 이유는 뭘까요?

김삼진 최승희 선생님에 대해서는 저도 그저 전설로만 알고 있죠. 그런데 한 가지 조금 아쉬운 점은 최승희 선생님의 미모나 개인사적 이야기가 너무 많이 알려져서 어쩌면 춤 자체에 대한 관심은 오히려 축소되지 않았나 싶어요. 최승희 선생님의 춤이 주는 감동이 어마어마했을 텐데요. 최승희 선생님의 춤은 정확히 말해서 코리안 발레예요. 일본에서 발레를 하셨는데 한국춤과 발레를 접목하신 거죠.
그리고 그분은 살아생전에 오늘날 우리가 누리는 자유를 누리지 못하셨잖아요. 시대적으로도 억압적인 식민 상황에 놓여 있었고요. 그런데도 예술가로서 스스로 자유를 희구하셨고, 날개를 펴고 높이 날아오르셨으니 우리 시대 무용가들에게는 전설이 되셨죠.

김갑수　최승희 선생의 제자 김백봉 선생도 많은 활약을 하지 않으셨습니까?

李梅芳, 1927~

김삼진　그럼요. 김백봉 선생님은 부채춤과 화관무를 만드셨죠. 물론, 그런 춤은 그전에도 있었지만, 그것을 정리하고 무대화해서 아름다운 춤의 결정판을 만드셨다는 점이 대단한 거죠. 민간에서 산발적으로 추던 춤을 검증된 레퍼토리로 만든다는 것은 지극히 어려운 일이에요. 여러 가지 복합적인 요소가 개입되어야 하거든요.

저의 스승 문일지(文一支, 1945~) 선생님은 김백봉 선생님의 제자이시죠. 전통적인 부채춤이나 태평무처럼 구성의 창작도 있겠지만, 정신적인 양식으로서 창작하신 문일지 선생님 역시 훌륭한 분이죠.

김갑수　김백봉 선생과 같은 연배의 이매방 선생 역시 대단한 활동을 하지 않으셨습니까?

김삼진　그렇죠. 이매방 선생님은 1970~80년대 일반에 널리 알려지셨는데, 살풀이춤의 명무(名舞)로 인정받으셨고, 승무의 예능보유자로 지정되셨어요. 살풀이춤은 이매방 선생님, 그리고 한성준 선생님의 손녀이신 벽사(碧史) 한영숙(韓英淑, 1920~1989) 선생님 역시 일가를 이루셨죠.

김갑수　우리 춤의 대가들을 몇 분밖에 소개하지 못했는데, 그 외에도 얼마나 많은 분이 계시겠어요? 그런데 문제는 춤의 시연이 글과는 달리 일회적이고 일시적이어서 영상 기록물이 없다면 후대 사람들이 다시 볼 수 없나는 데 있잖아요.

김삼진　명무로 기록되고, 인물사가 남는 것도 중요하겠지만, 개인의 명성이나 전설 같은 후광만 후대에 전달되는 것은 의미 없다고 봐요. 저는 그 인물이 감동을 주었던 춤 자체가 전해지는 것이 무엇보다도 중요하다고 생각해요.

김갑수　그러니까 선생님도 자신의 모습이 영상이나 기록물로 남아서 후대가 보는 것이 중요한 게 아니라, 창작하신 춤의 개념과 예술적 결과가 기록으로 남는 것이 중요하다고 생각하시는 거군요.

우리 춤의 미래

김갑수   예술에서 지역성, 국적성과 보편성의 관계는 매우 중요한 문제입니다. 다만, 오랜 세월 우리는 예술이나 학문 분야에서도 국가 정체성을 지나치게 강조했던 것 같습니다. 한국어도 '국어'로, 한국군도 '국군'으로 부르는 등 국가 이데올로기를 매우 강조했는데, 지역성과 보편성과 관련해서 우리 춤의 미래를 어떻게 내다보시는지 선생님 생각을 들려주셨으면 합니다.

김삼진   저는 이제 한국춤이 '한국'이라는 엄숙한 이름으로 보호받겠다는 생각은 버려야 한다고 생각해요. 한국춤, 서양춤, 전통무용, 현대무용, 장르를 구분하는 것은 어찌 보면 기록상의 편이를 위한 것이 아닌가 하는 생각이 들 정도로 이제는 장르 개념이 무너지는 것 같아요. 사실, 관객에게 중요한 것은 장르가 아니죠. 저는 관객이 춤을 보고 즐거워하고, 감동하고, 행복을 느끼고, 그런 감정이 일상에서도 한동안 여운으로 남아 있는 것이 더 중요하다고 생각하거든요.

김갑수   같은 맥락에서 전통무용의 현대화 과정에 대해서도 궁금한 점이 있어요. 앞서 말씀하신 대로 춤의 장르가 중요한 것이 아니라 창작을 통해 감동을 주는 새로운 작품을 시도하는 것이 중요하다면, 그 작품을 어떤 근거에서 한국춤이라고 부를 수 있다는 겁니까?

김삼진   현대무용도, 발레도, 전통무용도 모두 새로운 창작을 시도합니다. 단지, 표현하는 언어가 다를 뿐이죠. 예를 들어 한국무용은 한국무용의 동작을 바탕으로 창작하고, 발레는 발레의 춤사위를 언어로 삼아 창작한다는 차이가 있다는 거예요.
제가 몇 년 전에 비발디의 〈사계〉를 창작무용으로 공연한 적이 있어요. 〈사계〉는 서양음악이지만, 춤으로 형상화했을 때 사람들은 그것을 온전한 한국춤으로 인식했죠. 달리 말하면 우리 전통무용의 기본이 살풀이와 승무만이 아니라, 더 근본적인 것이 있다는 거죠. 살풀이춤이든 승무든 그것은 레퍼토리일 뿐이지, 우리 춤 자체의 기본은 아니에요. 기본을 익힌 다음에 하나의 레퍼토리로 배우는 거죠. 그리고 레퍼토리 역시 만들어질 때는 창작물이었거든요. 그렇게 모든 춤이 고유한 특성을 유지하면서 계속 새롭게 창작되어왔다고 봐야겠죠.

김갑수   선생님은 다양한 시도를 하셨죠. 예컨대 소설가 오정희 선생의 〈저녁의 게임〉이나 윤후명 선생의 〈모든 별들은 음악소리를 낸다〉 같

은 소설을 무용으로 창작하셨어요. 또, 톰 행크스가 나온 〈터미널〉
이라는 영화에서 영감을 받아 작품을 창작하기도 하셨죠. 다른 분야
의 작품을 보고 능동적으로 재해석하는 과정이 참 중요하다고 생각
하는데, 물론 작품마다 다르겠지만, 핵심을 짚어본다면 어떤 걸까요?

김삼진　저는 어릴 적부터 한국무용을 배우면서부터 전통의 틀에 갇혀 한 걸
음도 벗어나지 못했습니다. 그렇게 춤을 췄고, 전범과 비슷해지려
고만 애쓰다 보니까, 답답증에 걸렸던 것 같아요. 그리고 이런 생각
이 들었어요. 우리 춤이 아닌 다른 표현은 왜 할 수 없다는 거지? 왜
나를 표현할 수 없다는 거지? 그 갈림길에서 저는 무척 혼란스러웠
고 심하게 방황했던 것 같아요. 그렇게 답답한 상황에서 제가 배웠
던 한국무용의 기본을 완전히 터득해서 무의식적으로 동작이 나오
도록 죽도록 훈련하기로 작정했죠. 그리고 난 다음에 그걸 완전히
잊어버리고 제 나름대로 자유롭게 춤을 추기로 작정했던 겁니다. 결
국, 그동안 제가 시도했던 작품들의 핵심에는 이전에 익혔던 것들에
대한 부정이 아니라, 그것을 넘어서려는 의지와 끝없이 자유를 추구
했던 열정이 있었던 것 같습니다.

김갑수　그렇군요. 어찌 보면 그것은 우리 예술계 전반에 퍼져 있는 엄숙주
의에 대한 저항일 수도 있겠군요. 여태껏 우리가 무조건 지켜오던
규칙을 시험대에 올리는 작업도 필요하겠죠. 지금 하시는 작업처럼
현대적인 삶의 호흡과 밀착된 더 많은 창작이 필요하리라고 생각합
니다. 특히, 한국 영토에서 한국 사람에게만 호소하는 것이 아니라,

세계를 대상으로 창작하려면 전통에 대한 재해석이 필요하겠죠. 게다가 문화 수요의 축이 점점 젊은 세대로 옮겨가고 있잖아요. 이제 전 지구적으로 문화의 중심이 20대로 이동했다고 해요. 생산도 20대, 향유도 20대가 주축이 되어서 나이 드신 분들은 설 자리가 없다고 불평하시는 상황이 되었습니다.

한류 열풍이 불었다고 하지만, 이 한류에 대해서도 오해가 있어요. 사실, 외국인들이 무조건 한국적인 것을 좋아하는 게 아니거든요. 젊은 세대가 강하게 녹소리를 내서 우리식의 노래나 춤이 호소력을 지니는 거거든요. 그러니까, 한류 역시 국적성을 초월한 젊은 세대의 문화 패턴으로 봐야 할 것 같아요.

김삼진 미국에서 해마다 ADF(American Dance Festival)라는 춤의 축제가 열려요. 미국 정부와 록펠러 재단에서 지원하는 대규모 축제인데 전 세계 현대무용가들이 한자리에 모이죠. 거기 제가 안무자 겸 지도자로 두 차례 초대받아 간 적이 있어요. 대략 800명 정도 되는 학생 중에서 몇몇을 선발해서 공연도 했어요. 그런데 그곳 사람들이 저를 보고 뉴모던(New Modern)이라고 하더군요. 그때 저는 우리 춤의 핵심이 자연스러움에 있다는 깨달음을 얻었어요. 전통을 앞세워서 너무 심하게 포장하면 거부감을 줄 수도 있겠다는 생각이 든 거예요. 거기서 저는 외국 무용가들이 당시 유행하는 대중가요를 곡으로 선택해서 춤추는 모습을 보았습니다. 저는 그때 사물놀이 타악을 골랐는데, 사람들이 모여들어 함께 춤을 추더군요. 음악이나 춤이 국경을 넘어선 예술이라는 것을 실감한 순간이었어요. 제가 재즈로 작업

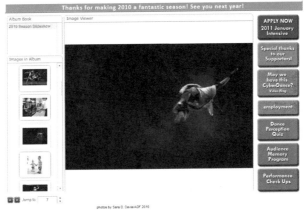

American Dance Festival 홈페이지(www.americandancefestival.org)

했던 적이 있는데, 재즈에는 영혼의 울림이 있잖아요? 그렇게 재즈와 춤의 울림이 서로 만나니까 정말 신이 나더군요. 그와 마찬가지로 젊은 친구들이 거리에서 추는 춤, 힙합 하는 친구들이 추는 춤에서 어떤 몸짓, 어떤 울림 같은 것을 발견할 때가 있어요. 아주 신나는 순간이죠. 신기하게도 제가 창작하는 춤과도 아주 잘 맞아요.

김갑수   앞서 잠깐 이야기했지만, 예술가들이 공통으로 고심하는 것이 역시 대중성의 문제 아니겠습니까? 대중에게서 더 많은 관심을 받아야 장르도 발전하고, 거기에 미래가 있을 텐데요. 우리 춤의 미래를 어떻게 모색하고 계십니까?

김삼진 한국춤의 백미라고 할 수 있는 즉흥적인 허튼춤을 많은 사람이 즐겼으면 좋겠어요. 보기에 쉬운 춤이니까 누구나 가깝게 다가갈 수 있거든요. 그렇게 다리 역할을 하는 춤을 많이 만들어야겠다고 생각해요. 어쩌면 우리 춤의 본질은 정형이 아니라 자연스러움에 있는 게 아닌가 해요. 지금까지는 눈으로 확인할 수 있는 형식적인 측면에만 주목해서 한국무용의 틀을 묶어두었던 것 같습니다. '한국적'이라는 것은 움직일 수 없는 규칙이나 정해진 패턴에 있는 것이 아니라, 그것을 넘어서서 고유한 문법과 언어와 정서를 계속 만들어나가는 데 있다고 봐요. 이천 년 전에 심었던 씨앗이 오늘날 우리가 먹는 것과 똑같은 맛을 내는 열매를 맺을 수는 없잖아요. 토양도 달라지고, 기후도 변하니까요. 하지만 여전히 그 열매는 같은 씨앗이 대를 거듭하면서 만들어낸 열매들과 같은 종(種)이라고 불리겠죠. 그처럼 한국춤도 새로운 토양과 기후에서 전통이라는 씨앗이 만들어낸 새로운 열매가 되어야 하지 않을까요?

한국인의 집, 한옥

| 김봉렬 |

"한옥은 밝고 위생적인 집이고, 생태적으로 자연을 잘 활용한 집이어서 요즘 사람들이 주목하는 웰빙이나 자연친화적인 삶, 생태적 삶에 가장 적합한 주거행태입니다.

한옥은 자연과 친한 집입니다. 도시에서 무슨 자연을 운운하느냐고 반문하실지 모르겠는데, 도시에도 자연은 엄연히 존재하거든요. 비가 올 때 들리는 빗소리, 불어오는 바람, 내리쬐는 햇볕, 빛나는 하늘도 모두 자연이잖아요. 그런 것들을 집 안에 담으려면 사실은 한옥의 가치밖에 다른 해법이 없는 거죠.

그리고 무엇보다도 주택은 한 가정을 성장시키는 그릇, 인큐베이터예요. 가정마다 각기 다른 인큐베이터가 있어야 하는데, 아파트는 모두 똑같이 생산해낸 기성제품이죠. 똑같은 기성제품에 각기 다른 가정이 들어가 똑같은 삶을 살라고 강요당하는 셈인데, 가정마다 특색을 살리고 가족이 평화롭고 생태적인 환경, 정신을 자극하는 환경에서 성장해야 집안 문제도 쉽게 풀릴 수 있다고 생각합니다."

김봉렬

한국예술종합학교 건축과 교수.
서울대학교 건축학과 졸업, 동 대학원 박사.
서울특별시 문화재위원, 국제기념물유적협의회(ICOMOS) 한국 위원.
주요 저서 : 《김봉렬의 한국건축 이야기》 1~3, 《한옥에 살어리랏다》(공저), 《가보고 싶은 곳, 머물고 싶은 곳》

한국인의 집

김갑수   차로 시골길을 달리다 보면, 허허벌판에 아파트 한 동이 댕그라니
서 있는 모습을 볼 때가 있습니다. 근린시설도 없이 인근 촌락에서
뚝 떨어져 아파트 한 동만 세운 까닭이 궁금해서 물어보니, 시골에
사는 처녀들이 총각들에게 아파트가 없으면 시집가지 않겠다고 해
서 생긴 일종의 아파트 특수 현상이라고 하더군요. 어느 사회학자가
쓴 책의 제목처럼 한국은 가히 '아파트에 미친' 나라라고 해도 과언
이 아닐 듯싶습니다.

'집'이라는 것이 개인 삶의 공간이라기보다 투자나 투기, 재산증식의
수단이 되어버린 오늘날, 집 본연의 가치를 간직한 공간이 때로 안
타깝게 그리울 때도 있습니다. 이제 우리 사회에서 그런 공간은 완
전히 사라진 걸까요? 그렇지는 않은 것 같습니다. 아직 그런 집이 남
아 있습니다. 바로 우리 전통가옥, 한옥이 그런 집입니다.

김봉렬 교수님은 한옥의 유래와 역사, 특징과 조형미 등 여러 방면

으로 연구하고 계신데, 조금 엉뚱한 질문을 먼저 드리자면, 한국 사람이 한국식 집을 구태여 '한옥'이라고 부르는 이유는 무엇인가요?

김봉렬　1890년 후반 〈한성순보(漢城旬報)〉를 보면 서양에서 들어온 주거형태라는 의미의 '양옥'이라는 표현에 대해 우리나라 기와집을 '한옥'이라고 부른 사례가 나옵니다. 양복이 없으면 한복이 따로 없듯이, 양옥이 없었다면 한옥은 여전히 집, 살림집, 이렇게 불렸겠죠.

김갑수　어린 시절 저도 한옥에서 살았습니다만, 요즘은 일반적으로 정신세계가 좀 특이한 사람이나 엄청난 갑부가 한옥에 산다고 생각하는 선입견이 있는 것 같습니다. 실제로 어떤 사람들이 한옥에 사나요?

김봉렬　한옥을 브랜드화한 사람들은 일제 때 국내 건설업자들이었습니다. 그 사람들이 당시 일본식 가옥과는 다른, 소규모 전통가옥을 서울의 사대문 안에 있는 원서동, 가회동과 같은 북촌 지역에 지었던 겁니다. 그리고 한참 뒤에 서울이 급격하게 팽창하던 1960년대에 주택이 모자라는 상황에서 당시 건축기술로는 한옥을 만드는 수밖에 없었으니까 보문동이나 창신동 같은 사대문 밖에 있는 지역으로 한옥들이 퍼져 나갔습니다. 이렇게 1970년대까지 서울에 몇 십만 채 한옥이 새로 세워집니다. 지금 서울 시내에 남아 있는 한옥을 대략 이만 채로 추정합니다.

김갑수　지금 말씀하시는 가옥은 전통한옥이 아니라 개량한옥이겠죠?

김봉렬　그전 인사동 등 북촌에는 오늘날과 같은 작은 도시형 한옥이 없었죠. 전통한옥은 '대갓집'이라고 하는 아주 큰 집들이었어요.

1970년대까지만 해도 한옥은 서민에게 꿈의 주택이었죠. 집을 한 채 소유한다는 것은 중산층에 진입했다는 징표와 같은 것이었으니까요. 그런데 70년대부터 '한국의 주거 혁명'이라고 부를 만한 아파트의 열풍이 불기 시작합니다. 그러면서 보편적 주택으로서 한옥의 수요는 사라집니다. 생태계에서 토종이 외래종에 잠식당하듯이 한옥은 아파트에 밀려서 지금은 거의 고사(枯死) 직전에 있죠.

그래서 대략 10여 년 전에 한옥보존 운동이 일어났는데, 이제는 한옥이 희귀종이나 고급 품종이 되어 다시 그 위상이 달라진 상황이죠.

서울에 아파트 건축 열풍이 불면서 반포지구에 들어선 남서울 아파트(1972. 5. 25. 촬영)

김갑수 지난 10여 년 사이 갑자기 증폭된 한옥에 대한 관심은 '열풍'이라고 부를 수 있을 정도로 붐을 이루고 있는데, 선생님은 그런 현상에 대해 약간 비판적인 태도를 보이시는 것 같습니다. 선생님 글을 읽어 보면 '한옥에 마법의 신비주의를 깔지 마라, 한옥도 그저 건축물일 뿐이다' 라는 말씀을 하시는데, 한옥에 대한 일반의 관심에 어떤 문제가 있다고 보십니까?

김봉렬 한옥은 주택인 만큼 거주자가 살림살이를 해야 하는데, 조선시대에 건축된 한옥, 우리가 이상적으로 생각했던 한옥에서는 실제로 현대적인 생활이 불가능합니다. 조선조 권세가의 저택은 수십 명의 하인이 일하는 상황을 전제로 해서 건축되었죠. 그리고 북촌 한옥은 중산층이 살던 집인데 그 시절에는 가구에 대한 개념도 없었고 자가용도 없었고, 또 가족 구성도 지금과는 전혀 달랐어요. 그런 작은 한옥에는 소파 하나 제대로 놓을 공간도 없고, 방에 침대를 들여놓으면 사람이 옴짝달싹 못합니다. 그리고 요즘 TV가 얼마나 큽니까? 마루에 TV 하나만 놓아도 자리를 온통 차지하죠.
그래서 20년 전만 해도 북촌 한옥은 거의 버려야 할 집으로 생각했어요. 당시 북촌 한옥 한 채 가격이 일억 원 정도였습니다. 그러니까, 삼백 억만 투자하면 삼백 채를 모두 살 수 있었죠. 그래서 제가 서울시와 세미나를 할 때 북촌 한옥을 사들여 임대주택으로 활용하면 좋겠다고 제안했는데 시에서는 예산이 없다고 했습니다. 그러다가 공교롭게도 세미나 일주일 후에 성수대교가 무너졌습니다. 성수대교 하나를 다시 놓는 데 꼬박 삼백 억이 들어갔습니다. 그래서 저는 성

북촌 한옥마을

수대교 볼 때마다 저 다리를 처음부터 잘 만들었으면 북촌 한옥을 다 살릴 수 있었을 텐데, 하는 아쉬운 마음이 듭니다. 그런데 지금 북촌의 문제는 거주 인구가 점점 줄어든다는 점입니다. 집에 사람이 살지 않으니까 대부분 카페나 음식점으로 전용되고 있는 거죠.

김갑수   옛 한옥을 잘 보존하려면 전범으로 삼을 만한 건축물의 가치를 부각하는 일이 필요한 것 같아요. 내셔널트러스트에서 서울 성북동에 있는 혜곡(兮谷) 최순우(崔淳雨, 1916~1984) 선생의 옛집을 시민 문화유산 1호로 지정했다는데 그런 시도를 더욱 활성화해야 할 것 같습니다.

최순우 선생 옛집

김봉렬   지방의 많은 한옥이 이미 문화재로 등록되어 있습니다. 그래서 국가나 지방자치단체에서 관리하고 있죠. 말씀하신 최순우 선생 고택 같은 한옥은 그 자체의 건축적 가치는 아직 조명되지 않은 상태입니다. 단지, 거기 살았던 분이 유명하고 훌륭한 업적을 남기셨기에 그분을 기념하는 한옥은 비록 문화재는 아니어도 보존해야 한다고 주장하는 분들이 계신 거죠.

내셔널트러스트는 영국에서 처음 시작된 일종의 국민신탁인데, 문화재로 등재되지 않아서 국가의 관리를 받지 못하는 가옥이나 기념물 등을 시민의 돈으로 사서 관리하고 보존하겠다는 의도에서 시작한 운동입니다. 그러니까, 절이나 서원 같은 큰 규모의 건축물이 아니라 살림하는 한옥에서부터 시작했다는 점에서 의미가 남다르죠.

김갑수　한옥의 가치는 새삼 강조할 필요조차 없을 것 같습니다. 그러나 오늘날 과반수가 넘는 국민이 사는 아파트와 한옥이 어떤 점에서 근본적으로 다른지, 한옥 고유의 특성은 무엇인지, 구체적으로 설명해주셨으면 합니다.

김봉렬　한옥이 아파트만이 아니라 서구나 일본의 주택과 가장 다른 점은 한 동의 건물이 아니라, 여러 동의 건물이 집합되어 있다는 점입니다. 과거에는 사랑채와 안채가 나뉘었지만, 지금은 살림채와 부속채가 나뉘고, 채와 채 사이에는 마당이 있습니다. 그 점이 바로 아파트에서는 찾아볼 수 없는 한옥만의 가장 큰 특징입니다. 그리고 마당은 외부 공간이면서도, 어떻게 보면 지붕이 없는 방처럼 내부 공간입니

안채 대청에서 바라본 안마당(경북 안동 양진당)

다. 그러니까, 마당은 외부이면서 동시에 내부인 셈이죠.

그래서 한옥의 마당은 서구식 마당(court yard)과 다릅니다. 서구식 마당은 정원이나 뜰의 기능도 하지만 한옥의 마당에는 대체로 작은 방들을 심리적인 차원에서 외부로 확장하는 기능이 있습니다.

한옥의 또 다른 특징으로 마루를 들 수 있습니다. 방만 있는 한옥은 없죠. 방이 있으면 반드시 마루가 있고, 마루가 있으면 그 옆에 방이 있습니다. 그리고 건물이 있으면 그 건물에 상응하는 마당이 있어서 늘 하나의 짝을 이룹니다. 옛날식으로 표현하자면 음양의 구조라고 할 수 있죠. 가득 찬 게 있으면 비어 있는 것이 있고, 따뜻한 게 있으면 차가운 것이 있어서, 상반된 성질의 공간이나 물체가 한 장소에 잘 배열되어 있는 거죠. 그러나 아파트 방들은 모두 따뜻하잖아요. 따뜻한 것들만, 가득 찬 것들만 줄줄이 이어져서 빈 부분이 없다는 점이 한옥과 가장 큰 차이점이라고 할 수 있어요.

목조에 기와지붕을 얹은 일본식 집은 우리 한옥과 비슷하다고 생각하실지 모르겠는데, 일본식 집에는 기본적으로 마당이라는 게 없습니다. 집 앞에 그저 넓은 뜰이 있을 뿐이죠. 이런 구조는 한옥과 큰 차이가 있어요.

제가 참 아쉽게 여기는 것이 하나 있습니다. 인사동 같은 곳에 가보면 한옥을 개조해서 만든 카페나 식당 같은 상업시설이 있지 않습니까? 안에 들어가 보면 앞마당 위에 지붕을 얹어서 막아놓았습니다. 그렇게 해서 영업 공간을 확보하겠다는 생각인 것 같은데, 손님들은 거기서 설렁탕도 먹고 한정식도 먹습니다. 그런데 옛날에는 하인들이나 마당에서 음식을 먹었잖아요. 자기 돈 내고 비싼 음식 먹으면서 왜 마당에서 밥을 먹어야 하죠? 어쨌든, 한옥에서 마당을 없애버리면 한옥 고유의 기능이나 성질이 사라진다고 생각합니다.

김갑수 그 점은 저도 전혀 생각하지 못했습니다. 한옥의 마당은 아주 중요한 요소군요. 그리고 한옥의 내부구조에서 대뜸 떠올릴 수 있는 것이 앞서 말씀하신 마루와 온돌 바닥 아닙니까? 요즘은 온돌방에도 보일러 시설을 설치합니다만, 온돌은 한옥의 가장 기본적인 요소겠죠?

김봉렬 그렇습니다. 바닥 난방이 한옥의 특징인데, 사실 온돌은 중국 동북부에서도 흔히 볼 수 있습니다. 그리고 마루 역시 전 세계적으로 보편화한 요소입니다. 그런데 한 건물 안에 온돌과 마루가 붙어 있는 구조는 한옥밖에 없어요. 그것이 바로 한옥의 가장 위대한 특징이라고 할 수 있습니다. 그런 구조가 형성되기까지에는 이천 년 정도의 시행착오가 있었습니다. 고려시대까지만 해도 온돌이 있는 건물과 마루가 있는 건물이 각각 별개로 있었습니다. 다시 말하면 한 집에 온돌이 있는 겨울용 주택과 마루가 있는 여름용 주택이 따로 있었던 거죠. 이것을 한 건물 안에 결합하는 데에는 획기적인 아이디어가 필요했고, 조선시대에 와서야 겨우 그런 구조가 만들어졌습니다. 여름과 겨울을 한 건물에서 지낼 수 있고, 여름에는 아주 시원한 마루가 있고 겨울에는 따뜻한 온돌이 있고, 또 비어 있는 부분과 차 있는 부분이 한 건물 안에 공존하는 한옥은 세계 주거의 역사에서도 높이 평가해야 할 건축구조입니다. 사람들은 여태껏 한옥의 온돌만 강조해왔는데, 온돌도 물론 중요하지만 그에 못지않게 마루 또한 그

런 복합성을 하나의 작은 집에서 해결했다는 점에서 위대한 발명이
라고 평가할 수 있죠.

김갑수 한옥을 보면 동양의 수묵화에서 볼 수 있듯이 여백이 있지 않습니
까? 아파트처럼 모든 것이 필요에 따라 꽉꽉 들어차고, 최소한의 동
선으로 구성된 형태가 아니라는 거죠. 그렇게 보면 한옥의 구조는
단순히 기능적인 측면만 고려한 것이 아니라, 시각적·미학적으로 상
당히 수준 높은 고려가 있다는 생각이 듭니다.
그러나 한옥이 운명적으로 안고 있는 몇 가지 문제가 있습니다. 예
컨대 한옥에서는 좌식생활을 해야 한다는 점도 그렇고, 부엌 구조를
보면 기본적으로 가부장적인 남존여비의 사고를 드러낸다는 점도
그렇습니다. 이런 문제점들을 두고 전통보존주의자들과 개량개발
주의자들이 서로 다투곤 하는데, 선생님 의견은 어떻습니까?

김봉렬 역사적으로 남존여비의 사고는 조선후기 사회의 지배구조를 반영
할 뿐입니다. 그전에는 남녀평등 사고가 지배적이었고, 심지어 집의
소유권이 주부에게 귀속된 시대도 있었습니다. 좌식생활 역시 조선
시대의 습관일 뿐, 고려나 신라시대에는 의자와 침대를 사용했고 실
내까지 신발을 신고 들어갔죠. 물론, 그 시절에 온돌은 없었어요.
이게 무슨 말씀이냐면, 집은 고정된 형태가 아니라, 시대와 환경에
따라 계속 바뀔 수밖에 없다는 것입니다. 오늘날 한옥은 기와지붕을
얹더라도 설비를 완벽하게 해결해야죠. 부엌도 입식으로 설계해야
하고, 다른 편의시설도 현대의 삶에 맞게 설계해야 합니다.

한옥이 태생적으로 안고 있는 진짜 문제는 땅의 밀도를 높일 수 없다, 고층화가 불가능하는 점입니다. 아파트와 비교할 때 한옥의 경제성이 떨어지는 부분이 바로 이 문제입니다. 따라서 이제 새로운 한옥을 만들어야 할 시점이 된 거죠. 최근 한옥 붐이 일었지만, 한옥을 현대화하지 못한다면, 혹은 미래화하지 못한다면 한때의 유행으로 끝나버릴 확률이 높습니다.

한옥의 재탄생

김갑수   이제 실제로 존재하는 한옥을 사례로 들어보는 것이 좋을 것 같습니다. 우리가 한옥을 이야기할 때 서울 종로구 팔판동에 있는 삼호당(三乎堂)을 예로 들곤 합니다. 게다가 그곳은 얼마 전 TV드라마의 배경으로 나오기도 했죠. 사람들이 삼호당에 주목하는 이유는 무엇입니까?

김봉렬   예전 북촌에는 당시 세력가들이 살던 큰 한옥들이 있었습니다. 그런데 60년대 들어서 집장수들이 큰 집을 사서 나눈 다음, 열 개 정도 작은 한옥으로 다시 지어서 팔았습니다. 요즘으로 말하자면 아파트 분양하듯이 나눠서 판 거죠. 그래서 북촌 한옥들이 모두 그렇게 작은데, 삼호당은 나누지 않고 원형을 보존한 한옥입니다. 팔판동은 거기서 여덟 명의 판서가 났다고 해서 이름을 그렇게 지었다는데, 그들 판서 가운데 한 사람이 그 주택의 주인이었다고 해요.

삼호당 내부

그런데 어떤 분이 그 집을 사서 헐고, 그 자리에 현대식 건물을 지으려고 했는데 건축가 승효상 씨에게 설계를 맡겼다고 합니다. 승효상 씨는 그 훌륭한 한옥을 부수고 다른 걸 만든다는 것이 옳지 않다고 판단해서, 그 집을 잘 개조해서 사용하라고 집주인을 설득했습니다. 집주인도 승효상 씨의 제안을 흔쾌히 받아들여서 원형은 그대로 보존하면서 부분적으로 개조한 겁니다. 그런데 승효상 씨만 삼호당의 건축가라고 한다면, 예전에 이 집을 건축한 분들이 섭섭해하겠죠. 승효상 씨뿐 아니라 그 이름모를 분들도 공동 건축가라 해야 할 겁니다. 한 집이 긴 세월 생명을 가지고 거듭난 좋은 사례이지요.

김갑수 삼호당은 전장이 10미터밖에 안 되는 작은 집입니다. 구조는 한자의

'包' 자 형태로 되어 있다고 하는데, 그런 구조의 특징이 무엇인가요?

김봉렬   200년 전만 해도 삼호당은 그리 큰 집이라고 할 수 없었죠. 북촌에는 유력 인사가 많이 살아서 실제로 '궁(宮)'이라고 이름을 붙인 집도 많았습니다. 그런데 삼호당은 터가 상대적으로 좁아서 프라이버시를 위해서는 담을 쌓든지 뭔가를 해야 하는데, 담을 쌓으면 그만큼 건물이 작아져야 하고, 비경제적이어서 건물 자체를 '包' 자 형으로 설계해서 담을 따로 만들지 않고 외벽이 담의 역할을 하게 한 겁니다. 그렇게 하면 보안 문제도 해결되고, 또 작은 집이지만 크게 보여서 여러 가지 면에서 경제적으로 사용할 수 있죠.

그리고 조선시대에는 흔히 있는 일인데 주택을 풍수지리적인 관점에서 여러 가지를 따지거든요. 예를 들어 '배산임수(背山臨水)'라고 해서 뒤에서 산이 감싸고 있고 물이 앞에서 흐르는 형국이 좋다는 것인데, 물이 직선이 아니라 곡선으로 도는 형상이면 '포' 자형 주택이 어울린다는 거죠.

김갑수   한옥이 양옥과 크게 다른 점으로 숨은 공간이 여럿 있지 않습니까?

김봉렬   아파트에서는 숨은 공간을 찾기 어렵지만, 앞서 말했듯이 한옥은 건물과 건물의 결합으로 이루어지니까 숨은 공간이 아주 많습니다. 지붕들이 이어지는 곳에 있는 작은 공간이라든가, 헛간이라든가, 천장과 지붕 사이 다락 같은 공간을, 한옥에서는 활용할 수 있습니다. 작은 공간을 '더그매'라고 해서 거기에 패물 같은 걸 보관하기도 합니

경북 봉화에 있는 만산(晩山) 고택의 지붕 밑 다락(좌). 전북 정읍에 있는 김동수 가옥의 벽장(우)

다. 또 '반침'이라고 해서 벽과 벽 사이에 아주 작은 공간을 만들어 사용하기도 했습니다. 요즘 말로 하자면 'built in closet'이 되겠죠? 그리고 농가에서는 툇마루 아래를 장작 쌓아두는 공간으로 사용합니다. 이처럼 한옥은 입체적으로 공간을 활용할 수 있죠. 이런 공간활용은 횃대에서도 볼 수 있어요. 횃대는 요즘 말하는 옷걸이라고 할 수 있는데, 벽에 붙어 있는 막대기로 된 옷걸이예요. 그래서 공간을 많이 차지하지 않죠. 거기에 도포나 두루마기를 걸면 마치 태피스트리나 벽걸이 같은 효과도 냅니다. 우리 옷이 대단히 평면적이기 때문에 거는 순간 하나의 장식품처럼 보이죠.

김갑수   앞서 삼호당을 소개했지만, 전주 교동에 있는 양사재(養士齋) 역시 한옥 체험 공간으로 유명하지 않습니까? 이곳은 어떤 곳입니까?

김봉렬   교동에는 대략 650채 정도의 한옥이 밀집해 있어요. 숫자로 따지면 서울보다 훨씬 많은 편인데, 그 한옥들에는 애틋한 사연이 있습니

전주 교동 한옥마을

다. 일제 때 전주에 일본 상인들이 많이 들어와서 일본식 주택도 짓고 일본식 상점도 여니까, 전주 근방에 있던 지주와 지식인들이 일본에 전주를 뺏길 수 없다는 생각에서 집단으로 교동에 한옥을 짓고 살기 시작했습니다. 당시로서는 거의 비밀결사 시민운동이라고 할 수 있었죠. 그 한옥촌에 양사재가 있는데 조금 오래된 집입니다. 조선시대에 지은 한옥이고 특징은 그리 많지 않은데, 사랑채가 아주 길어서 방을 여러 개 들일 수 있어요. 그래서 뜻있는 시민들이 그 집을 임대해서 수리한 다음, 우리나라 거의 최초로 한옥 민박집으로 만들었습니다. 방도 작고 아주 소박하죠. 그리고 방과 방 사이에 떼어내거나 열어둘 수 있는 복합문이 달려서 한 가족이 방을 넓게 쓰고 싶으면 문을 떼어내면 됩니다. 그러니까, 이것은 한옥을 보존하고 활용하는 방법 가운데 하나로 '민박'이라는 숙박시설로 활용했

던 거의 최초의 예라고 할 수 있죠.

김갑수   우리 보자기도 때에 따라 가방도 됐다가, 머플러도 됐다가, 줄도 되
는 등 여러 가지 용도로 사용할 수 있잖아요. 한옥 역시 용도의 확
장을 통해서 실리적이고 심리적인 만족을 줄 수 있는 여지가 있지
않겠습니까?

김봉렬   한옥의 가장 절실한 미래 과제는 설계입니다. 기존의 한옥구조를
그대로 사용할 수는 없으니 입체적으로 설계한다는 등의 노력이 필
요합니다. 예를 들어 지하층과 이층이 있는 한옥도 설계가 가능하
니까요.
한옥을 100퍼센트 옛날식으로 만들 필요가 있을까요? 주방, 거실,

식당, 침실 등은 현대적 건물로 만들고, 사랑방이나 서재는 별도의 한옥 한 동으로 만들어서 서로 잘 어울리게 설계하면 현대적 편리함과 한옥의 정신적 풍요로움을 잘 어울리게 할 수 있거든요. 그런 시도가 앞으로 한옥의 가능성을 열어주지 않을까 생각합니다.

김갑수   전통문화를 말할 때 무조건 옛것의 우수성만을 고집하는 분들을 종종 보게 됩니다.

그러나 주택은 박물관이 아니라, 사람이 실제로 거주하는 공간이고 문화도 그 삶을 통해 구현되어야 하지 않겠습니까? 한옥이 그 가치와 장점을 극대화하면서도 오늘날 한국인이 실제로 거주하는 편리한 공간이 되려면 어떤 방향으로 한옥의 재탄생을 모색해야 할까요?

김봉렬   한옥은 옛것이지만, 근대적 속성도 대단히 많습니다. 산업혁명으로 유리가 보편화하기 전에는 한옥이 전 세계에서 가장 밝고 깨끗한 집이었어요. 한옥은 밝고 위생적인 집이고, 생태적으로 자연을 잘 활용한 집이어서 요즘 사람들이 주목하는 웰빙이나 자연친화적인 삶, 생태적 삶에 가장 적합한 주거행태입니다.

한옥은 자연과 친한 집입니다. 도시에서 무슨 자연을 운운하느냐고 반문하실지 모르겠는데, 도시에도 자연은 엄연히 존재하거든요. 비가 올 때 들리는 빗소리, 불어오는 바람, 내리쬐는 햇볕, 빛나는 하늘도 모두 자연이잖아요. 그런 것들을 집 안에 담으려면 사실은 한옥의 가치밖에 다른 해법이 없는 거죠. 한옥의 재료도 모두 환경친화적이잖아요.

그리고 무엇보다도 주택은 한 가정을 성장시키는 그릇, 인큐베이터 예요. 가정마다 각기 다른 인큐베이터가 있어야 하는데, 아파트는 모두 똑같이 생산해낸 기성제품이죠. 똑같은 기성제품에 각기 다른 가정이 들어가 똑같은 삶을 살라고 강요당하는 셈인데, 가정마다 특색을 살리고 가족이 평화롭고 생태적인 환경, 정신을 자극하는 환경에서 성장해야 집안 문제도 쉽게 풀릴 수 있다고 생각합니다.

이제 물질의 시대는 지난 것 같아요. 이전에는 물질의 부족이 사회악을 낳았지만, 이제는 물질의 과잉이 사회와 국가, 시장 간에 폭력을 낳는 시대가 되었잖아요. 이제는 주택도 물질적인 풍요보다는 정신적이고 감성적인 가치를 구현하는 구조에 대한 요구가 높아지는 것 같습니다. 한옥 붐도 긍정적인 면에서 보자면 그런 경향을 반영하는 것 같아요. 지금까지 해볼 것은 다 해보지 않았나요? 콘도도 해보고 빌라도 해보고, 주상복합도 해봤는데 이제 눈길을 돌릴 가능성이 한옥에 있다고 판단한 것 같습니다. 단지, 좀 편하고 경제적이었으면 좋겠다는 요구가 있는데, 이런 것은 얼마든지 기술적으로 해결할 수 있는 문제니까 한옥의 가능성은 크게 열려 있다고 봅니다.

제가 건축인으로서 가장 아쉽게 생각하는 것은 우리나라 아름다운 산천을 건물들이 다 해치고 있는 현실입니다. 그런데 과연 무엇이 그렇게 경치를 해치는지 살펴보니 결국 주택입니다. 시청사 하나 잘 지었다고 도시경관 문제가 해결되지 않습니다. 전 국토와 도시를 대부분 주택이 뒤덮고 있는데, 그 풍경이 아주 어지럽고 무질서해서 혼란스럽습니다. 세계 어디에도 우리나라와 같은 경제 수준에서 자국 고유의 주거 형태가 없는 나라는 없습니다. 유럽은 말할 것도 없

개량 한옥 다락

고, 일본이나 중국도 고유의 주거형태가 정착된 상태입니다.

그런데 우리는 개발과 투자라는 명목으로 그걸 다 없애버렸죠. 비단 한옥이 아니어도 좋습니다. 현대 생활에 잘 맞으면서도 우리 정서가 잘 반영된 집들이 고유한 유형으로 만들어지고 그것이 널리 퍼지면 결국 오늘날 무질서한 아파트 일색의 전국 풍경을 바꾸고 도시 풍경을 바꾸게 되겠죠. 그래서 사실 가장 시급한 문제는 새로운 주거 형식이 만들어져야 한다는 겁니다. 그런데 그것을 새롭게 만들 수도 있겠지만, 많은 부분 기존 한옥의 요소를 접목하여 만들면 얼마나 좋을까 하고 많은 노력을 기울이고 있습니다.

이런 문제를 아파트가 해결해줄 수는 없으니 아파트를 대체할 새로운 주거 형식을 찾아내는 일이 중요하다고 봅니다. 이것은 한 동네가 좋아지는 일이 아니라 우리나라 전체가 좋아지는 일이니까요.

인문학 콘서트 (인문학 열전 1)

김경동 외 지음/15,000원/올컬러

인문학은 부활하는가? 우리 시대 대표적 석학과 중견 학자들이 들려주는 인문학 이야기. 과학과 교육, 철학과 윤리, 종교와 생명, 사회와 권력 등 이 시대 주요 화두로 부상한 주제들을 인문학적 시각에서 풀어냈다. 육성으로 전한 강의의 생생한 감동과 재미가 살아 있는, 쉽고도 유익한 인문교양서로 2010년 가장 주목받은 베스트셀러 중 하나가 되었다.

인문학 콘서트 2 (인문학 열전 2)

1판 1쇄 발행일 2010년 10월 30일
1판 5쇄 발행일 2015년 3월 31일

지은이 | 김봉렬, 김삼진, 김열규, 김정운, 박이문, 오세정, 이어령, 이종묵, 이종철, 임돈희, 임헌우, 장윤선, 조용진, 최준식, 하지현, 한명회(가나다 순)
펴낸이 | 임왕준
편집인 | 김문영
펴낸곳 | 이숲
등록 | 2008년 3월 28일 제301-2008-086호
주소 | 서울시 중구 장충동 1가 38-70
전화 | 2235-5580
팩스 | 6442-5581
홈페이지 | http://www.esoope.com
블로그 | http://blog.naver.com/esoope
ISBN | 978-89-94228-11-2 04040
      978-89-94228-10-5 (세트)

「이 도서의 국립중앙도서관 출판시도서목록(CIP)은 e-CIP 홈페이지(http://www.nl.go.kr/ecip)에서 이용하실 수 있습니다.(CIP제어번호: CIP2010003482)」